錢基博集

版本通義　古籍舉要

BANBENTONGYI　GUJIJUYAO

傅宏星／主编　傅宏星／校訂

国家出版基金项目
NATIONAL PUBLICATION FOUNDATION

華中師範大學出版社

新出圖證(鄂)字 10 號

圖書在版編目(CIP)數據

版本通義　古籍舉要/錢基博著;傅宏星主編、校訂.—武漢:華中師範大學出版社,2013.7
(錢基博集)
ISBN 978-7-5622-6200-8

Ⅰ.①版…　Ⅱ.①錢…②傅…　Ⅲ.①經籍—研究—中國—民國　②版本學—中國　Ⅳ.①Z126.276　②G256.22
中國版本圖書館 CIP 數據核字(2013)第 175936 號

版本通義　古籍舉要

錢基博著

傅宏星主編　傅宏星校訂

責任編輯:郭志剛　　**責任校對**:羅　藝
封面設計:甘　英　　**封面製作**:胡　燦
出版發行:華中師範大學出版社
社址:湖北省武漢市珞喻路 152 號　　**郵編**:430079
電話:027—67863426(發行部)　027—67861321(郵購)
傳真:027—67863291
網址:http://www.ccnupress.com　　**電子信箱**:hscbs@public.wh.hb.cn
印刷:湖北恒泰印務有限公司　　**督印**:章光瓊
字數:328 千字　　**印張**:21　　**插頁**:4
開本:787mm×980mm　1/16
版次:2013 年 10 月第 1 版　　**印次**:2013 年 10 月第 1 次印刷
印數:1—2500　　**定價**:45.00 圓

歡迎上網查詢、購書

錢基博先生 1929 年攝於上海光華大學

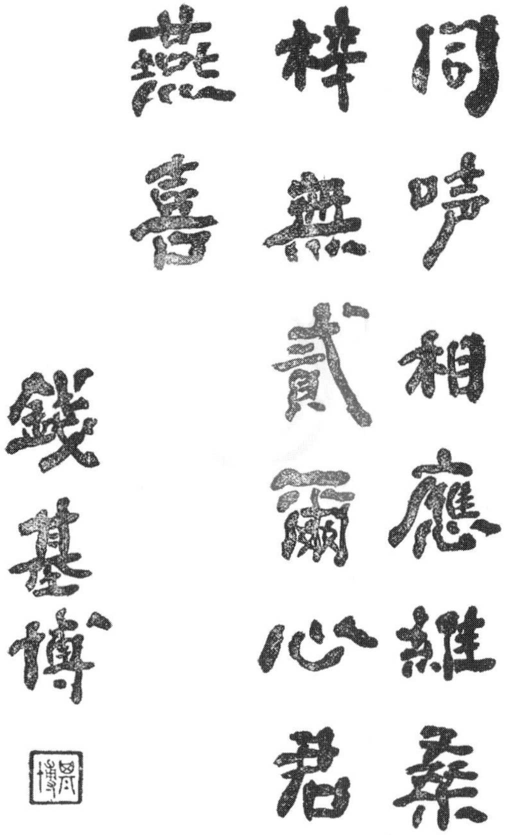

錢基博先生手迹

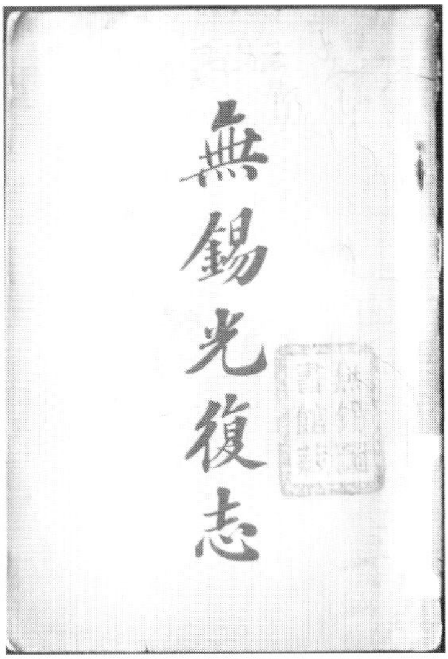

《無錫光復志》書影

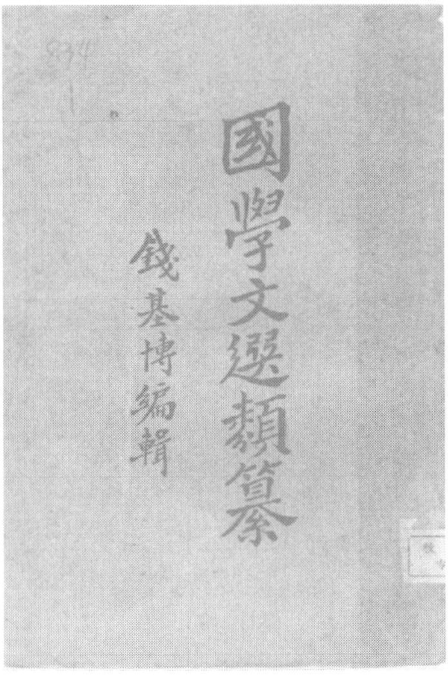

《國學文選類纂》書影

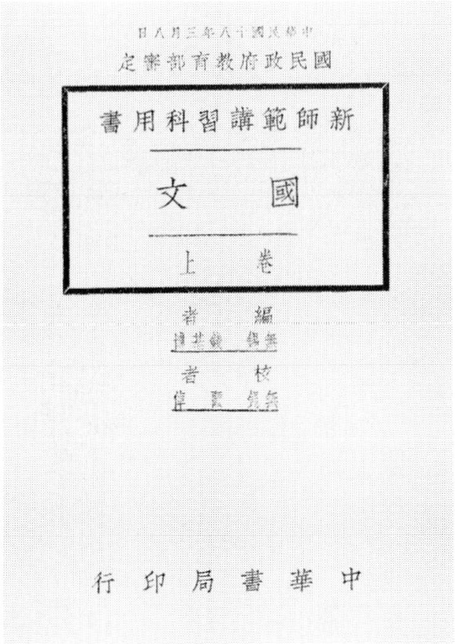
中華民國十八年三月八日
國民政府教育部審定

新師範講習科用書

國文

卷上

編者

校者

中華書局印行

《國文》卷上書影

《版本通義》書影

錢繩武堂

錢基博先生無錫故居

（梁溪清攝　無錫市錢鍾書故居管理中心提供）

出版説明

錢基博先生(一八八七——一九五七),字子泉,號潛廬、老泉,江蘇無錫人。現代著名學者、文史專家和教育家。他一生勤奮讀書,博涉古今中西,治學領域極其廣泛,曾自述:"基博論學,務爲浩博無涯涘,詁經譚史,旁涉百家,抉摘利病,發其闔奥。自謂集部之學,海内罕對。子部鈎稽,亦多匡發。而爲文初年學《戰國策》,喜縱横不拘繩墨。既而讀曾文正書,乃澤之以揚馬,字矜句鍊;又久而以爲典重少姿致,叙事學陳壽,議論學蘇軾,務爲抑揚爽朗。所作論説、序跋、碑傳、書牘,頗爲世所誦稱;碑傳雜記,於三十年來民情國故,頗多徵見,足備異日監戒。論説書牘,明融事理,而益以典雅古遒之辭出之,跌宕昭彰。序跋則以生平讀書無一字滑過,故於學術文章得失利病,多抉心發奥之論。"誠爲先生終生治學生涯的實録。可是對於當今一般學人而言,恐怕衹會注意錢老先生"文在桐城陽湖之外,别闢一塗"和"集部之學,海内罕對"兩個方面,殊不知他在史學、經學、子學等方面亦造詣宏深,不僅著作數量多,而且門類齊全,幾乎無人能及。而錢先生生前,雖未能對自己的所有著作進行彙編出版,但從目前僅存的八册綫裝本《潛廬集》钞稿中,仍可以看出他對於出版文集是有所考慮和規劃的。據説,上世紀五十年代初,江蘇古籍出版社就擬議出版《錢基博全集》,可惜由於歷史的原因未能實現。一九六一年,先生之弟錢基厚亦曾爲之編訂《潛廬家藏遺文集》,可惜現在下落不明。最可歎者,"文化大革命"運動中,先生遺留的五百餘册、綿歷數十寒暑的《日記》,遭到查抄、批判,並被付之一炬。因此,二十多年前,吴忠匡、周振甫、石聲淮等前輩學人就曾呼籲社會和有關學術團體、出版單位趕緊整理出版錢先生遺著,使其人其學不至湮没無聞。

一九八六年,臨近"錢基博先生誕辰百周年"的紀念日子,華中師範大學在章開沅先生的支持下,由錢先生弟子彭祖年、石聲淮、吴忠匡等人牽頭,做了大量富有成效的工作,如一九八七年底,華中師範大學以學報特刊的形式,首次將部分遺著結集面世，爲我們瞭解錢基博提供了極大的方便。同時，湖南嶽麓書社又重新出版了錢先生的《現代中國文學史》、《近百年湖南學風》等著作。十年之後，我校曹毓英先生以此次整理工作爲基礎，精心策劃，於一九九七年十二月編輯出版了《錢基博學術論著選》，此書對推動國内錢基博研究的深入開展可謂功不可没。此後又是一個十年期，我們委托傅宏星先生陸續對錢基博遺著在全國各大圖書館的保藏情况進行了一番細緻的普查，一份相對完善詳備的著作編年目録也隨之形成了。

綜觀錢先生一生，出版各類學術專著二十六部，編撰各類教材十二部，雜著十二部，稿本、油印本等未公開發行的著作二十一部，約計七十一部，目前均分藏於全國各大圖書館、大学和民間私人手中；而他的大量學術論文、碑傳雜記、書信則散見於解放前出版的地方報紙、學術刊物、鄉賢著述、譜牒家乘和私人手中，無人問津，漸致散佚。雖然先生逝世至今，大陸方面，他的一些代表性著作多次再版，甚至影印出版，如《經學通志》、《版本通義》、《〈周易〉解題及其讀法》、《〈四書〉解題及其讀法》、《現代中國文學史》、《(增訂新戰史例)孫子章句訓義》、《近百年湖南學風》等。港臺方面，臺灣商務印書館等出版機構亦有多部錢著多次重印出版。但這些重版的著作還不到錢先生公開出版物總數的五分之一。

華中師範大學是中國真正具有百年以上歷史的少數知名大學之一。在其一百多年的發展過程中，有一批又一批篳路藍縷、披荆斬棘的先驅者，他們嘔心瀝血，殫精竭慮，爲華中師大的奠基與成長作出了無可磨滅的貢獻。

隨着我們對大學學脈與傳承精神的感悟日深，出版社已將把挖掘百年老校豐富的學術資源作爲未來工作的重心之一。整理出版一代國學大師錢基博先生的文集，華中師範大學出版社責無旁貸。可以這麽説，正是在幾代學者的共同關心和努力下，經過二十年的醞釀和籌劃，二〇〇六年六月，我們才正式將《錢基博集》列爲我社在"十一五"期間的重點出版選題，計劃分輯推出。同時，精心組織，合理安排，從資料蒐集、點校、專審和圖書設計四個方面加大資金和人員的投入，努力打造好此項精品工程。

華中師範大學出版社

二〇一〇年十二月

凡　例

一、《錢基博集》以公開出版著作爲基礎，增補了目前已發現的未公開發表的手稿本、油印本等，還包括大量散落在《新無錫》、《無錫新報》、《錫報》、《通海新報》、《南通報》、《力行日報》、《江蘇民報》、《武漢日報》等報紙，以及《婦女雜誌》、《小説月報》、《教育雜誌》、《新教育》、《東方雜誌》、《無錫縣教育年刊》、《約翰聲》、《甲寅》、《國學叢刊》、《清華學報》、《清華週刊》、《光華大學半月刊》、《青鶴》、《國立師範學院季刊》、《國立師範學院旬刊》等雜誌上的散文、小説、方志、序跋、書牘、碑傳等佚文。當然還包括目前我們能夠見到的地方教育雜誌、譜牒家乘、鄉賢著述中的序跋文函、碑傳雜記等，亦予以收録。

二、關於底本的選擇和確定。專著方面，有修訂本、增訂本的，以修訂本、增訂本爲底本；如果没有修訂本、增訂本，則需要比較初版、再版，取其較優者爲底本。當然，港臺的重印本、盜印本也在此遴選範圍之内。散篇方面，某一篇文章可能會在多處發表，文字或不盡相同，則酌情取捨，若影響到對句意的理解，則用脚注説明，以利讀者判斷。部分油印本還有複本，則取其較優者爲底本。各卷所據底本，一般無標點或僅用舊式圓點者，均重新標點；底本未分段者，一般不予分段。

三、各册散篇在前，專著在後。卷内各篇（專著和散篇），一般均按成文（成書）時間先後編次。凡有年月可考而日無可考者，列於各月之末；凡有年可考而月、日無可考者，列於各年之末；年份不詳者，列入各卷之末。爲節省篇幅，避免重複，凡已經被收入專著中的篇目，又没有必要單獨歸類或按單篇發表時間分列的，則只收録一次。有改動處，酌加注釋。凡輯入《錢基博集》者，一般仍采用原有標題，個别的酌加改動。新收録的論著亦遵此例，但未經發表的書信短箋則由編者根據内容或收信人另加標題。

四、各册部分專著，注明出版机构名稱、版期。凡輯於報刊之散篇者，注明所據報刊雜誌之名稱、版期。所標時間一律采用西曆。

五、凡收入本文集的作品，均不做删改；作者的原用字、原譯名，習見的異體字、通假字，原則上保持原貌；標點符號用法，多依從作者習慣，未予改動。

六、《錢基博集》除署名主編之外，校訂者不一，亦同署名。各册由校訂者標點、校勘。底本原注用小字或（　）標明；錯别字、脱字、衍字等則用脚注予以説明；缺字用□標出。

版本通義 古籍舉要

目録

BANBENTONGYI GUJIJUYAO

論文

讀書稽古法(殘稿)

版本通義

古籍舉要

論　文 LUNWEN

潛廬書報提要[①]

《東方》第十九卷第三、四、五號：

華會閉幕後世界經濟之概觀　武堉幹著

華盛頓會議之目的，首重軍備限制，但經濟方面未得澈底之諒解，而專恃政治手腕之支配以求時局之安定，實不可能。歐洲承大戰之後，物力凋敝，工商業衰落，經濟利害之衝突，既不能於華會中求解決，是以繼之而有三月八日開幕之基諾亞會議。

基諾亞會議發起於英相路德喬治，其名義在謀歐洲經濟之改造，其實則因英國以歐戰之關係，失其在世界經濟上之重心，故發起茲會，一方欲使德國減輕賠款以求英德商業之復興，一方欲與蘇維埃俄國重修商約以謀經濟力之恢復。苟會議而有成功，大致要不出下列三項之外：一國際貿易之恢復，一經濟困難之排除，一相互猜嫌之諒解也。

---

① 題目爲編者所加。

歐洲戰亂影響於世界經濟局面最大者，厥惟國際貿易之衰退，各國欲圖經濟力之規復，因是不能不求補救之法。補救之法：一即促進對外貿易，一則控制産業基礎也。所謂促進對外貿易者，一方面固在獎勵本國産業，而他一方面則在激增經濟勢力於世界，而求所以消納自國之商品，其所采用之手段有三：一海運事業之獎勵，一關税保護政策之盛行，而一則生産效能主義之采用是也。所謂生産效能主義者，近代大企業之組織，常易陷生産於過剩之弊，而成本之增，尤足使生産品易於阻滯，各國有見於此，是以極力提倡生産效能主義。或節約生産費，或限制産額，或以行政的處分劃分銷場，務期不致因生産而激成恐慌。所謂效能與節約，浸成生産家之一般原則矣。然努力於促進對外貿易，而於其背景之産業基礎，尤必有相當之控制。所謂産業基礎者，蓋指原料與原動力而言。原料爲工業之肉體，而原動力則其靈魂也。世界各國有豐富之原料，而不克自拔者，非即五洲大陸上因均勢而保持之我國乎！戰後經濟壓迫愈甚，則我國在將來世界上經濟之地位愈益重要，我國民當自審爲何如耶！

中國人的人生哲學　杜威原著

杜威説：“民族爭鬥和仇隙，有一大半是因爲各種民族在習慣上都有各種不同的哲學的緣故。那麽，我們第一要想個方法使各民族的人生哲學，都能相互了解才好。中國人對於政治和社會的一切態度，都和兩個大哲學家的人生哲學有關係：一個是老子，一個是孔子。老子的教訓，並不像孔子那樣成爲經典，但是影響比孔教還大。老子的教訓，衹是自然超過於人爲的一種主張，衹是‘無爲主義’。所謂‘無爲’，並不衹是不動作，是教人積極的忍耐堅毅，靜待自然工作的一種教訓。因爲積極的行動與努力，都免不了干涉自然的。所以中國人的人生觀，是‘聽其自然’，是‘知足安分’。”

西方的定命論：“要發生的事情，免不了是要發生的；我們還是儘先向那要走的道路走去罷。”但是東方人的定命論説：“爲什麽要去做呢？爲什麽要用了精力去更變現狀呢？”一個美國農家著一部書，叫《四千年的農夫》，説世界上其餘的民族，從前也是農民。但他們想出種種“盡地力”的方法，把土壤的膏腴都吸收完了，他們便不得不棄去農作，改别的行業。但是中國人還是照舊的新種著，好好兒把他的土壤保守著，至今還是生産的。

中國人還有一種信仰，叫做風水説："死者精靈的順利，和活在世上的家族們的順利，是全仗着風水好；要是一動風水，死人和生人便都要遭殃。"這種信仰，固是有害於進步，中國造路開礦，第一個障礙，就是風水；但在一方面，却有他的理知的説明。是説："土地和土地的精力，是屬於過去和未來的全系統的人類的；現時代的人類，是家族和種族、祖先和後裔的受託者，所以土地的開發，必須顧及過去現在未來全人類的利益。"

中國人經歷過許多亂離的時期，但是過了不久，文化的勢力便依舊恢復過來。然而中國現在的對外關係，和向來不同：從前征服中國的民族，除了兵力，一切的文化都不如中國；現在可就不然。和中國交涉的民族，自然科學和利用自然科學以經營工商業的本領，都居於中國之上；倘使用了經濟勢力征服中國，使中國人在優勢的武力壓迫之下，替外國資本家做苦工，這就比從前那種武力的征服凶得多了。雖然這樣，現在列强對華組成一種行凶的團結，侵掠他的利益；但恐到了後來，團結内的列强，不免因利益不均，自家伙伴裏行起凶來，而於中國人却毫無損傷，中國人只是聽其自然。那時便微笑着説："如何?"

最近二十年間中國舊學之進步　抗父著

著者説：中國考證之學，於近二十年，爲空前之進步。

自來學術之興，無不本於古器古書之發見：有孔壁經傳之出，而後有兩漢以來古文家之學，有趙宋古器之出，而後有宋以來古文字古器物之學。而近二十年，尤爲古物出世之黄金時代，其最大者：

（1）光緒戊戌己亥，河南安陽縣西北五里殷虚出土之殷龜甲，不下四萬枚，其所刻文字，皆殷王所卜祭祀、征伐、行幸、田獵之事。瑞安孫詒讓考其文字，成《契文舉例》一卷。嗣是而上虞羅振玉之《殷商貞卜文字考》、《殷虚書契考釋》、《殷虚書契待問編》，海寧王國維之《戩壽堂所藏殷虚文字考釋》、《殷卜辭中所見先公先王考》、《續考》及《殷周制度論》。先後成書，其王氏之《殷周制度論》從殷之祀典世系以證嫡庶之制，始於周初。由是對周之宗法，喪服及封子弟，尊王室之制，爲有系統之説明。

（2）匈牙利人斯坦因博士於光緒壬寅至戊申間，遊新疆及甘肅發見之漢、魏、晉木簡一千一百餘枚。羅王兩氏加以考訂，著《流沙墜簡》三卷，《考釋》三卷，《補遺》一卷，《附録》二卷，其所發見如漢時西域兩道之分歧，塞上各烽燧之次第，魏晉間葱嶺以東之國數，及西域長史之治所，均足補史之闕文。蓋木簡者，大抵皆當時公牘及屯戍簿籍也。

（3）光緒末年，敦煌千佛洞石室發見之六朝唐人所書古籍萬數千卷，其四部書爲我國宋以後所久佚者。經則有未經天寶改字之《古文尚書孔氏傳》，及陸氏《尚書釋文》，麋信《春秋穀梁傳解釋》，鄭氏《論語注》，陸法言《切韻》。史則有孔衍《春秋後語》，唐時西州沙州諸圖經，慧超《往五天竺國傳》。子則有《老子化胡經》、《摩尼教經》、《景教經》。集則有《雲謡集雜曲子》，及唐人通俗詩、小説各若干種。羅氏寫爲《敦煌石室遺書》。其所考見如高昌鞠氏之年號世系，沙州張氏及曹氏之事實，皆前此所未知。

書與古器發見無關而斐然有作者，則經有瑞安孫詒讓之《周禮正義》，婁縣張錫恭之《喪服學》。史有長沙王先謙之《漢書補注》，宜都楊守敬之《水經注疏》，膠州柯邵忞之《新元史》，皆浩博繁大，著手數十年前，而皆出於此二十年間。

歐洲文化之危機及中國新文化之趨向　張君勱講演

張君説："諸君在上海所見租界秩序何等整齊！外人聲勢何等浩大！電燈何等光明！文明利器何等便人！何以歐洲人對於其文明起了反動？何以有所謂危機？則其原因有三：（1）思想上之變動，以近來哲學科學之趨勢論：昔之研究在物理者，今則在生命方面；昔之研究在自覺者，今則在非自覺；昔之研究在理性者，今則以爲非理性所能盡；昔之研究在分析者，今則在把捉實在全體。此則所謂主智主義，與反主智主義是也。（2）社會組織之動摇。歐州何以工商立國，而勞力者供資本家之牛馬走，於是社會主義起。甚至説'非廢大工廠不可'，'非重農而輕工不可'。乃至有人説'工商業由科學發達而來，工商組織之流毒如此'，故對於産生工商之科學，亦生疑問。（3）歐戰之結果。此次歐戰，死了數千萬人，費了數千百萬萬財産。所得者，到底有何好處，實在説不出來。乃至因戰敗後之失望，以德國爲尤甚，故甚至出了一書，名曰《歐洲之末運》。”

“歐洲文化之將來，吾是不敢斷定；然就大略觀：一國國内之文化，以反動狀況爲多。譬如漢儒之考據，至宋明爲理學，理學之反動，則又爲另一種之考據，然其爲考據一也。以我默察歐洲情形，今日人人於中世紀之制，羨之如中國人之稱唐虞三代，足以證吾文化反動之説之非無據。”嗚呼！此老子言“道”之所以曰“反”，周孔繫“易”之所以言“周”也！

張君又論中國文化方針，説：“文化爲物，發之自内其性質爲自我的；雖因外界之交通而有輸入，然一國固有文化之成立，必其國民自身有特種人生觀。故吾國今後新文化之方針，當由我自決。若謂西洋人如何，我便如何，此爲沐猴而冠。但中國舊文化腐敗已極，應有外來的血清劑來注射他一番，故西方人生觀中，如個人獨立，民主主義，科學實驗方法，應儘量輸入。如不輸入，則中國文化必無活力。然東西文化根本不同：如西洋人好言澈底，中國人好言‘中庸’或‘兼容’，西洋好界限分明，中國好言‘包容’，此兩種精神，以後必有一場大激戰，勝負分明之日，即中國文化根本精神決定之日。”

基諾亞會議與英法觀念之衝突　美國西蒙土原著

基諾亞會議之成功，繫於英法意見之調和。英之地位與法異，現已不畏德國。所懼者，歐洲經濟生活恢復遲緩，致彼國内之人口，因缺乏舊時市場而工業不振，彼現有二百萬人無工可作，回想從前中歐全部在經濟上皆貢獻於德國，德國不啻爲英國商務之媒介者。故英人亟望恢復歐洲之經濟組織，尤以恢復德國之經濟力爲要圖。法則不然。法國之恢復，祇藉自己，英則恃德國經濟力之復元，而德國之此種復元爲法國政策所不許。法國着眼在政治，而英則重在經濟。此即雙方根本衝突之點。

近五十年來西洋畫底趨勢　汪亞塵著

五十年前，法國巴黎舉行大博覽會，其時有中國畫陳列，很惹起歐洲畫壇的驚異，因此就生出一種所謂新畫。最近西洋風靡一時的畫派，是表現派，他們的主張，在畫面上單借物體的形，表現作家的思想。因爲依着物體爲主，不免是受動。讀者要曉得，我國的南宗畫，就是依着作家胸中的邱壑來描寫，在今日經過了許多變遷的西洋畫壇上，不過剛纔到了我國數百年前南宗畫的出發點！

南畫的成形，是假物體的形式，注意在精神方面。精神的表現，第一要有創造的能力。現在的中國畫，都是一種因襲的東西，仿摹臨橅，把自家思想的表現，丢得乾乾淨淨，這是南畫墮落的一個因。

消費者之希望　孫錫麒著

這篇文字，是説“現代經濟組織的缺點及其補救方法”。著者説：現代經濟組織的根本缺點，是什麼呢？一言蔽之，就是營利主義。什麼説得“天花亂墜”，欺人的廣告，奸滑的販賣術，引誘我們去買不需要的物品，甚至高抬物價，變造品質，浮報數量，做種種不道德的事情，無非是商人們要達到營利主義底目的，因爲商人們要營利，就不顧我們消費人死活！消費合作社，是消費者因欲避免受營利商人底盤剥而互相團結起來，直接從生産者或□賣商以最低的價格，批購日常的需用品，以之分售於消費者底一種組合，他有三個特點，和普通的商業公司不同，要注意。

（1）營業盈餘底分配，除股份紅利外，照購買額的大小分配與購買者。

（2）社員底權利的平等。因爲平常股份公司底股東，有若干股份，便有若干票表決權，所以一個人有了較多的股份便可以把持一切。合作社的社員，無論他有多少股，却衹有一票表決權。换句話説，合作社是以人格，不以金錢爲中心的。

（3）衹許現錢交易，不許賒欠。因爲常人的脾氣，能賒得動的東西，就不知不覺的養成濫費的惡習，所以賒欠是一件極不好的事。

中國古代名學論略　陳啓天著

這篇文字可算是現代雜誌上治中國學底罕有的著作，著者的眼光很鋭，評判很確，他説：世界名學可照學術的分野分爲三大派：

（1）西洋名學　明末李之藻譯《名理探》，爲西洋名學輸入中國之始。自後譯者漸多，其最著名而又可代表西洋名學精華的，要算嚴復譯的《穆勒名學》和《名學淺説》兩書。

（2）印度名學　叫做因明，譯本之較有系統者，是唐玄奘法師譯的《因明入正理論》，後經窺基注疏，更爲完備。

（3）中國名學　秦漢以前不但古代所謂名家有一種名學；即儒家、道家、法家也各有一種名學，尤以墨家爲較完備。

儒家何以不同於道家，墨家何以不同於儒家，所谓“孔老之争”，“儒墨之辨”，其最大的原因，就是由各家的名學殊異。老子和楊子的無名，孔子和荀子以及法家的“正名”，墨子的“實用”，莊子的“齊論”（莊子的齊物有二義：一爲齊物，二爲齊論），皆各家名學的根本觀念。不明這種根本觀念，也就無由知他們的真正異同了。

中國古代名學的缺點有四：（1）重人事不重自然；（2）重玄理不重事實；（3）重辯論不重實驗；（4）重達觀不重分析。既然不重自然的事和分析的實驗，自無西洋近代的科學産生了。現在我們多缺乏物的觀念和數的觀念，不喜研究自然科學，也由於薰染古代名學方法太深所致。

評非宗教同盟　澂濟著

著者説：“現時主張廢棄宗教的人所舉的理由，不外‘擁護科學’一句話。宗教果真是和科學勢不兩立的嗎？絶不是的。科學是理知的産物，宗教是情志的産物。如果是善處我們的感情、意志和理志三方面而使適劑於平，我們便永遠不會覺得科學和宗教間有甚麼互相不容的地方。一個人總得要有些非理性的信仰，非實用的情思，以調和其枯燥無聊的生活，這人才做得有味，若單憑着理知的盛氣，一往無前地追求下去，把理知以外的一切事情否定了，恐怕終久要連這條生命也算上了否定的賬上！所以理知太盛，的確不是人生的幸福，若果要事事懷疑，事事澈底，這個人根本就做不下去了，還説些甚麼！”

泰婁的科學的工場經營法　幼雄著

五十年來各國的勞動者對於他們所處的地位，逐漸自覺，儘量的發展實力，謀生活程度的向上，勞動者的勞銀便因是漸漸提高，享受的福祉也得以稍稍豐厚了。但是工場製造品的生產費從此就跟着增高，而製造品的價值，也非跟着提高不可。如是在社會方面消費者因價值提高，自然受着不少的害處，須得想個法子，才可以補救。那麼就不得不推科學的經營法。

凡用手足作事即所謂勞動作業，每每跟着所用的原料，工作的性質，職工的熟練，自成一種順序方法。這個順序方法，可稱做勞動作業的法則，是各人微有不同的。從父兄傳授子弟，從師父傳授徒弟，傳統上，習慣上，不知不覺的腕上起了變化。雖則大同小異，總是十人十色。科學的經營法，就是人間的勞動作業，用科學的方法研究，發見他的原理原則，編就最有效的作業方法出來。第一個着眼於這問題的，便是美國的技師泰婁，從此工場組織大加改革，采用專門業務主任制度，一切的創意圖案計畫，都歸之於設計部。設計部用指圖票發出對於製造作業的精神指圖，工作場受了，嚴守指圖家一點一畫，工人和主任齊心協力，操作事務，這樣勞動能率，便可昇高。工人們工資，儘管提高，而製造品價值却反低廉。這不是近來最大的發見嗎？

三論宗之人生觀　蔣維喬著

三論宗者，依龍樹菩薩所造《中論》、《十二門論》及龍樹弟子提婆菩薩所造《百論》之三論而立之宗也。此宗之立，在破障蔽大小乘之外道之執以申大小之兩正。三論宗之人生觀，據著者說："一切萬物，皆係因緣和合，虛妄名生。人之生也，亦從因緣而有。就人生之因緣觀之，則以無明行識爲因，四大和合爲緣。而有生老死之身，此則虛妄顛倒因緣之結果也。三論宗之人生觀：即悟我生本自不生，生尚不生，滅何所滅。既了生滅尚非生滅，即知內身外物，都無實事，畢竟皆空，如夢中事，如鏡中像，但誑惑於心實無真相，而衆生終日行於夢想顛倒之中，殊爲可閔，故有出世大哲教人超出顛倒夢想之見，解脱生死，以達人生之究竟目的。此究竟目的，即是永離一切戲論，名爲涅槃。涅槃者，不爲戲論，本無所得，無處可至，不斷不常，不生不滅，内息自心一切法不受，如此即得見真相，即得常樂涅槃。”

俄羅斯文學和社會改造運動　日本昇曙夢原著

俄羅斯文學，是以社會制度底改革爲始，而以一切人間關係底改造爲目的的文學。文學從純藝術底立脚點來；不消説是以表現藝術家底内的世界和對於社會的關係爲本質的，但在俄羅斯因爲有“農奴制”底特殊的事情，所以俄羅斯文學自然帶着反抗的性質，而早以社會制度底改造爲支配觀念了。任是那一國，真的文學，都是對於民衆表現最親密最尊貴的觀念的，才發生的。缺乏這根本觀念的文學，單不過美辭的連列和空想。給俄羅斯一切文藝思想運動以生命和意義，而成爲特色的根本觀念，實是農奴解放。俄羅斯文學，以農奴制底否定爲出發點，移到社會制度和人間關係的改造。更進而至於把個性解脱經濟的、道德的、家庭的束縛的解放運動。

法國文藝上特有的作品　尚一著

短篇小説的作風，各國各有特長。德國長於通俗的荒唐無稽的片話。俄國是神秘主義的一塗，還加些自由自在自然主義風味。英國作家的特徵，能從嚴重的壓迫下面顯現出他的特性。美國作家，却又能把各國的特色撮合攏來，但總趕不上法國能用極希少的言詞，體會出許多的事實，練就精美的技巧，含有刺激的風味。

法國小説分三種：（1）羅曼大概和英國浪漫小説相像。（2）諾惠爾更近似英國的短篇小説。（3）康德是“以散文體寫出的短詩”，這要算“法國文藝上特有的作品”。或者也當作英國短篇小説一般看待。但是英國的短篇小説，第一要緊的是有情節，而且是限定陳述具體的物質上的事情的。法國的康德却並不這樣，他没有情節，也不限制題材，無論什麽都可以選用。

《民鐸》第三卷第二號：

現代政治思潮　周綆生①著

現代政治思潮，是在混沌狀態。自其對於政治社會之狀態言之，有反動的，有保守的，有緩進的，有急進的，有革命的；自其與前代思想之關係上言之，有翻新的，有復古的；然據吾人之所觀察，現代政治思潮有三個特徵：

（1）十九世紀以還，實驗科學之勢力，日盛一日，政治思想自然受其影響，而以實驗科學之精神，客觀的方法，觀察社會事實，説明現存政治組織，而以適應現實生活與否之標準，定政治制度之存在與改良問題。

（2）以經濟狀態爲決定政治組織之重大因素。

（3）民族自決之原則，與國際互助之組織，納於一貫的政治主張。民族主義與國際主義，皆令自由發展，而使其並行不悖。

《少年中國》"宗教問題號批評"　嚴既澄著

作者是一個肯定宗教的，他説："宗教的本質，必須含有出世的主義，含有現世而外的標鵠，以爲人類感情之依歸；這就是感情的信仰。真正建立於人類感情上的宗教，便不借道於理知來誘致人心。因此我以爲討論宗教的問題，最好不拿我們的理知來定宗教的價值。然則用感情做立脚點來研究宗教，究竟能不假道於理知麼？不能的。我們無論取什麼態度來研究一個問題，總不能不借理知以爲用。可是我們簡然於研究討論時，不能不借理知的助力；然所得的結論，不應當是理知的結論，正猶梁漱溟先生所云：'固將以理解開蔽錮，尤重在以理解取消理解'，於此就可知'感情爲主，理知爲用'之説了。"

他又説："本來不以'出世之務'爲其基礎，我們就不能妄加以宗教之名名。孔教，赫克爾的一元教，和羅素所説的馬克斯教，都祇是立脚於現世人生的學派，實在不含有宗教之本質。""人類的軀體，不能不受自然之制裁，

---

① 周綆生，疑爲周鯁生之誤。

而囿於這短短的一綫生命上；然人類的精神，進化到今日地步，其價值比軀體高得多了！除了毫無思想的人外，終須會有神遊天外的時候，想像所及，須不受自然的束縛，我們究竟不能確然下一句‘人類將來是無宗教’的斷語！”

基爾特社會主義國家論　郭夢良著

學生對於基爾特社會主義的誤解與非難，都是關於“國家論”的方面居多，從來關於國家的學説，雖有許許多多，而大别不外兩種：一種是不要國家的，如無政府主義、工團主義之類，根本上否認國家的存在；若是承認國家的存在，便主張國家應有至高無上的權力。基爾特社會主義者，承認存在的國家，確實爲私産制度而存在，爲資本主義而存在，爲階級争鬥而存在，也和無政府主義，工團主義一樣。然而基爾特社會主義以爲資本主義是十九世紀産業革命的産兒。而國家則自古即有的。他們的現在的形勢，不過是早就有的國家被後來的發生的資本主義拿去利用罷了。若使將來民主主義得勢，一定也可以收同樣的效果。

基爾特社會主義者，雖然承認國家的存在；然而不主張國家應有至高無上的權力。大家都知道現在世界最大的潮流是自治，基爾特社會主義三大原理中有一個就是自治，有許多人叫基爾特社會主義做“自治的社會主義”，可以見基爾特社會主義的重視自治了！然而若使國家是一個統治權力，對於人民可以要求在社會上各方面的至高無上的權力；則國家自命就是全然與自治原理相反的東西。基爾特社會主義者以爲國民要真正自己管理自己，只有把現在國家所要求總理萬機的權力，分配給許多因職務而設立的其他權力團體。

他就叫國家去代表消費者的意志，叫基爾特去代表生産者的意志。基爾特是多數的國家則衹有主個①，然而在基爾特社會主義底下，基爾特與國家是絶對平等底關係。平等關係，是基爾特社會的活動力與平衡所根據的東西。若棄了這個平等的關係，無異把基爾特社會主義的本質宣告破産！

---

①“主個”疑爲“三個”之訛。

俄國的詩歌　鄭振鐸著

這篇文字，是敘俄國的詩歌——一一八五至一九〇〇，他開宗明義第一句話是説“詩歌是一切文學最初的方式，在各國文學史中，我們都可以看出他們第一部流傳下來的文學作品，必是用詩歌的形式來寫的”。這話真不錯！我們中國第一部流傳下來的文學作品，就是孔老夫子所稱的《詩三百篇》呀！

述古書中之代名詞　楊樹達著

作者述古書中代名詞之用法：如稱（1）我字用於領位表相親；（2）吾、我二字互用，則吾字用於主位，我字賓位；（3）予、吾二字互用，則予居主位，吾居領位；（以上自稱）（4）爾、汝二字聯用，表輕賤或親受；（5）爾、汝二字互用，則汝用於主位，與賓位，爾用於領位。（以上對稱）足徵讀書有得，可以補《馬氏文通》之缺焉。

（通訊）論柏格森哲學　朱謙之

作者是一個絶對否定知識的説人，他説：

“柏格森好似很有反知的傾向。其實他的直覺哲學，還未曾擺脱知識的材料，依他意思，必合知識和直覺，才能夠窺本體之全，所以直覺和知識，可以互相協助；而哲學和科學應該融合爲一。却不知真正的直覺，實和知識朝着兩相反對的方面去伸張，不但不可調和，而且調和的結果，反使直覺消失了。爲什麼呢？直覺所證得的絶對本體，就是完全的境界，所以直覺並没有不完全的缺憾，不必知識合攏起來，才見完全。即就哲學而言，亦實有他獨立的位置，定要把他和實驗科學聯合，恐怕是法蘭西哲學家的通病罷！

因爲柏格森還未絶棄知識，雖然他自命是超於直覺，不如説是和知識妥協的直覺。

柏格森排斥各種概念，説本體惟有用直覺體會才得，因而主張動的一元論。可是老實説，還不過是心物二元的變相。一般哲學家，總喜歡主張宇宙出於一元，以爲最普遍的最根本的是不可以不一。其實真正的一，是不可説不可念的，知有一，則不能不有二。今柏格森既以宇宙本源歸於不可分的動，就自然而然的有可分的靜一義發生，因動和靜，都是所謂“有爲法”，所以在這惟一不可分的動當中，自不免有順逆兩轉。當時候，便漸漸的靜起來，便是二元而不是一元了。不但如此，就是這一動爲着實際的需要，也是可分作一片一段的，因他有分析可能，就可見所謂“一也，不外多元而已”。

（原刊於《弘毅》第 1 卷第 2 期，1922 年 5 月）

三師《群書治要》叙目

鄭　樵《校讎略》

編次必謹類例論　編次必紀亡書論　書有名亡實不亡論　編次失書論　見名不見書論　闕書備於後世論　亡書出於後世論　亡書出於民間論　求書之道有八論　編次之訛論　崇文明於兩類論　泛釋無義論　書有不應釋論　不類書而類人論　編書不明分類論　編次有序論　編次不明論

四庫書目叙

經部　總叙　易類叙　書類叙　詩類叙　禮類叙　春秋類叙　孝經類叙　五經總義類叙　四書類叙　樂類叙　小學類叙

史部　總叙　正史類叙　編年類叙　紀事本末類叙　別史類叙　雜史類叙　詔令奏議類叙　傳記類叙　史鈔類叙　載記類叙　時令類叙　地理類叙　職官類叙　政書類叙　目録類叙　史評類叙

子部　儒家類叙　兵家類叙　法家類叙　農家類叙　醫家類叙　天文算法類叙　術數類叙　藝術類叙　譜録類叙　雜家類叙　類書類叙　小説家類叙　釋家類叙　道家類叙

集部　總叙　焚誦①類叙　别集類叙　總集類叙　詩文評類叙　詞曲類叙

章學誠《校讎通義》

原道　宗劉　互著　别裁　辨嫌名　校讎條理

補校《漢藝文志》之三、四、五、六、七、八、九七條　《漢志》六藝之三條　《漢志》諸子之四、五、十一、十二、十三、十九、二十、二十三、二十四、二十六十條　《漢志》詩賦之一、二、三、四四條　《漢志》兵書之二、三、四、五、六、七六條

曾國藩《聖哲畫像記》

曾國藩《諭子書》(自《曾文正公家訓》摘録)

咸豐八年七月二十一日　八月初三日　八月二十日　十月廿五日

咸豐九年四月二十一日　五月初四日　六月十四日　八月十二日

咸豐十年閏三月初四日　四月二十四日

咸豐十一年正月初四日

黎庶昌《周以來十一書應立學官議》

鄭孝胥《讀書淺言》

沈同芳《經史國文補習科答問》

問家塾既以經史爲主要中之主要如何可作世界觀願問其略　問讀經作世界觀於古有徵否　問學童知識未充驟與言讀經作世界觀未易明瞭究宜先讀何經用何種讀法　問孔子時未有經但教人以詩書易禮而後人稱之爲經願聞其略　問讀經何以必背誦於古有徵否　問讀史如何作世界觀

盎特魯博士之讀書法

胡　適《一個最低限度的國學書目》

梁任公《國學入門書要目及其讀法》

徐劍緣《評胡梁二先生所擬國學書目》

嘗聞諸生之相告語者曰:“讀書,無書可讀,奈何?”余正告之曰:“特

① “焚誦”疑爲“楚辭”之訛。

汝曹之不知何書可讀及書之如何讀耳！寧有無書可讀者!”遂寫此目付之。諸生欣然持去曰：“得此吾曹知所讀且知所以讀矣。”遂檢目分繕，都二十日畢事。來請序，曰：“願夫子有以進之。”因爲題册首曰“群書治要”。其中有言應讀之書者，蓋所謂“群書之要”，詒諸生知所讀也。有言讀書之法者，有言校讎之義者，則所以治此“群書之要”，而詒諸生以所以讀者也。夫所謂群書之要者，近儒胡適所謂“一個最低限度的國學書目”也。雖然，最低二字，殊亦未易論定。胡氏所云或爲大學而發，本校諸子已有仰之彌高之嘆。博在本校言本校，卑之無甚高論，就國文言國文，所志有其專鵠。蓋要之中，有其最要者焉。最低限度之下，又求低焉，於經曰《四書》，於史曰《通鑑輯覽》，於子曰《諸子文粹》，於集曰《古文辭類簒》，則庶幾要之又要，低無可低者也！雖然，諸生知所讀，尤不可不知所以讀。試論讀法。

(甲)《四書》之讀法

（一）明次第

朱子注《四書》，以《學》、《庸》、《論》、《孟》爲序；當有用意。然如有志治文學字；據博意，當先《大學》，次《孟子》，次《論語》，而以《中庸》殿焉。何也?《大學》是極有繩墨文字，看他頭緒儘紛繁，却如網在綱，有條不紊；讀一過，於古人謀篇成章，必有多少悟入處。然後讀《孟子》長篇大論局陣迷離，如五花八門；忽覺得另换一付眼光！須看他如何神明變化於規矩繩墨而不離規矩繩墨，所謂用法能得法外意也。次取《論語》讀之，却三言兩語，以少許勝《孟子》多許；絢爛極而歸平淡，又是一番境界。而終之以《中庸》者，固無論其説理之精，夐莫與京！即文字亦程子所謂“其書始言一理，中散爲萬物事，末復合爲一理，放之則彌六合，卷之則退藏於密，其味無窮”。天下之至文也！善讀者玩索而有得焉，于文章之道，思過半矣！此統合《四書》而論看之先後之次序也。如以看一書言之，平湖陸隴其曰：“作文須以看書爲急，每日應將《四書》一二章潛心味玩，不可一字放過。先將白文自理會一番，次看本注，次看大全，次看蒙引，次看存疑，次看殘説。如此做工夫，《四書》既明，讀他書便勢如破竹矣!”

（二）通大義

《四書》每一書中皆有大義百數十條，宜研究詳明，會通貫串，方爲有益。（新會梁啓超有《讀孟子界説》，載《清議報》；新城王樹枏有《中庸大義》，載《中國學報》，皆甚佳。）若僅隨文訓解，一無心得，仍不得爲通也。

（三）明界説

讀《四書》既通大義，然後分類體玩，以觀其異同處。如《論語》問孝爲類，而答各不同；知其所以異，即知其所以同。此外，問政、問仁、問知及一切言行，均當如是觀。孔子教人隨時指示，本甚明瞭。如曰“是聞也，非達也”，及君子、小人、泰驕、和同、比周之類；又論楚子文之忠，陳文子之清，臧文仲之知，皆絲毫不少假借，有一界綫存乎其間。故讀經之必有界説，猶治井田之經界，不可不正也。《孟子》更處處有界説，指不勝屈。舉一反三，要不能無望于善讀者！

（乙）《通鑑輯覽》之讀法

（一）就事論事

（1）切己體察。寧都魏禧稱：“伊川先生每讀文到一半，便掩卷思其成敗，然後再看；有不合處，又更思之。其間有幸而成，不幸而敗者，不得徇其已然之迹與衆人之論。”南豐謝文洊曰：“學明理于經，而習事于史。史于學居十之六，而閱歷煆煉又居其四；事變無窮，莫可究詰；然能舉古人之成案，精思而力辯之，置身當日，如親受其任而激撓衝突于其間；如是者久之，則閱歷煆煉已兼具于讀史之中矣。”

（2）參考地圖。太倉陸世儀曰：“人欲知利地，須是熟看《通鑑》，將古今來許多戰爭攻守去處，一一按圖細閱。天下雖大，其大形勢所在，亦不過數項。如秦蜀爲首，中原爲脊，東南爲尾。又如守秦蜀者，必以潼關、劍閣、夔門爲險；守東南者，必以長江上流荆襄爲險。此等處俱有古人説過做過，只要用心理會。其或因事遠遊，經過山川險易，則又留心審視，以證吾平日書傳中之所得。久之貫通，胸中自然有個成局。”

（二）得其會通

（1）貫穿讀法。中國斷代爲史，不能得其會通；然非無一二公例可籀也。

即如春秋之時，所號爲中國者，王畿以外，不過齊、晉、魯、宋、衛、鄭、蔡、陳、許中原數千里之地。山戎長狄，類皆錯處中土。又其時，荆蔡、吴越諸邦，其受封之始，雖皆神明之胄，然以僻處邊陲，後通中國，亦皆擯諸蠻服之列。然春秋之義，諸夏用夷禮則夷狄之，夷狄進於中國則中國之。是當日修史者，具有世界觀，而不存排外之成見。嗣後，吾國歷經五胡、六代、五季及女真、蒙古、滿洲相繼狎主；然其始以武力屈服我，而卒亡不漸漬我禮教，以期自進於中國，受我同化者，則春秋之教然也。即此一端，自黄帝戰敗蚩尤以迄今日，凡關於種族戰争之歷史，均應通五千年作貫穿讀法；方知我國民性愛和平、能以一視同仁之世界觀，稟春秋夷狄進中國則中國之之教，一旦爲異族武力所屈服，亦能以禮教之同化勝之，不自今日始，亦不自今日止也。舉此爲例，其餘治亂興亡之陳迹，無不當以貫穿之法讀之矣。

（2）比較讀法。非比較不能貫穿。司馬温公《資治通鑑》，朱子《通鑑綱目》，皆號稱能觀其會通，然以司馬公、朱子生兩宋之時，其眼光亦衹能作當日之現世觀，而借鑑於歷代得失，爲之比較。帝魏帝蜀之紛紛，亦以兩人之身世不同也。王船山在明季，其《讀通鑑論》，與温公時有牴牾，亦其所處之時有不同也。故博所謂比較讀法者，亦應切於今日之情形而以前者爲比較。猶之三代以前，河北勢力極盛；（堯都平陽，舜都蒲阪，禹都安邑。）其後寖移河南。（湯都亳，周公營洛邑。）春秋時，晉楚争伯，必有事於鄭。秦漢之際，劉項逐秦鹿，日喋血滎陽、成臯。又後移於江北，則三國之争荆襄，是也。自是以後，江南亦駸駸有事焉。（三國之吴，以及東晉、宋、齊、梁、陳，皆都南京；而京口號稱北府，兵尤爲天下雄。）而自漢迄今，全史之大部分皆演于黄河、長江間之原野。彼龍拏虎擲，甲興乙仆，殆未有出山東、安徽、江蘇、河南、湖北數省之外者也。自唐以前，湖南、浙江、兩廣、雲南諸省曾未嘗爲輕重于大局；自宋以後，而大事日出於此間矣。宋之南渡在浙，其亡也在廣東。明之亡也，始而江，繼而浙，而閩，而粤，而桂。此亦地運由南而北，由黄河、長江而漸趨于西江之明證也。湘中古之南楚，號稱大國；而二千年間用之者，惟一蕭銑（隋末）；乃清咸同以來，曾胡驟起，湘軍之聲譽，東至東海，南踰嶺南，西闢回部，西南震苗疆，至今尚赫赫在人耳目！近日南北争峙，且以是爲劉項之滎陽、成臯，三國之荆襄，日事喋血焉。湖南之有大影響于全國，不過五六十年以來也。兩廣亦然。疇昔，唯有尉佗

(秦漢之際)、劉隱（五代）等之羈縻。及洪楊發難，乃裹五嶺之民，凌勵蹴踏半天下。而民國以來陸榮廷、孫文用之以抗衡北政府，儼分天下半壁。故兩廣之有大影響于全國，亦不過五六十年以來也。雲南亦然。自古爲蠻瘴之鄉，去中原絶遠，無與于利害之數。乃袁世凱僭帝自娱，方以東南巨鎮大蕃，皆門生故舊，莫余毒也！不意蔡鍔用偏隅之滇發難，袁氏遂震仆不起。嗣後，唐繼堯襲其餘威，爲東南連帥。夫滇固西江之上流，而兩廣具中流也。故我國自周以前，以黄河流域爲歷史之代表。自漢以後，以黄河、長江兩流域爲歷史之代表。近五六十年以來，乃以黄河、長江、西江三流域爲歷史之代表。此皆以現世之情事比較而知其變遷者也。舉此爲例，其他治亂興亡之成迹，更無不當。以比較之法讀之，而求其貫穿矣。

(3) 籀明公例。世運遞變，有其必然之大例。而天下之群衆矣，夷考進化之階級莫不始於圖騰，繼以宗法，而成於國家。方其爲圖騰也，其民漁獵；至於宗法，其民耕稼；而二者之間，其相嬗而轉變者以遊牧。最後由宗法以進於國家，而二者之間其相受而蜕化者以封建。此其爲序之信，若天之四時，若人身之童少壯老，期有遲速而不可或少紊者也。徵之西史然，推之吾國歷史亦然。吾弱冠以前，反復讀《綱鑑易知録》七週，《資治通鑑》五過，事變紛紜，苦不得其要領！至十九歲，讀嚴復譯《社會通詮》，乃知世運遞變，有其必然之大例。然後嚮之所謂“二十四史，不知從何説起”者，至是如土委地，如冰得解，涣然釋然。迄今思之，猶醰醰有餘味！蓋嚴氏之書，實一籀明歷史公例之書也。故讀《通鑑》之後，匪讀《社會通詮》一書，不足以融貫數千年紛紜之事變而得其會通。

（丙）《諸子文粹》之讀法

（一）擇善本

諸子選本，古罕流傳。唐初魏徵奉勑撰《群書治要》，經史並録。其先後則有庾仲容《子鈔》，馬總《意林》，高似孫《子略》，斯爲最著。或其書已亡；或篇帙寥寥，割裂什九；致足惜也！近人武進李寶洤輯録是經，專主鴻篇巨著。而零珪碎壁，亦不輕棄，雖取之本書僅十之三四，然精言奥旨，雖有遺焉者寡矣！

（二）求訓詁

諸子道術不同，體制各别；然讀之亦有法。首在先求訓詁，務使確實可解，切不可空論其文，臆度其理。即如《莊子》寓言，謂其事多烏有耳；至其文字名物，仍是鑿鑿可解，文從字順。豈有著書傳後，故令其語在可曉不可曉之間者乎？以經學家實事求是之法讀子，其益無限，大抵天地間人情物理，下至猥瑣纖末之事，經史所不能盡者，子部無不有之，其趣妙處，較之經史，尤易引人入勝。故不讀子，不知瓦礫糠粃，無非至道；不讀子，不知文章之面目變化百出，莫可端倪也。此其益人又有在於表裏經史之外者矣！

（三）明流别

治諸子應知流别，而先儒論諸子流别者，莫詳於《莊子・天下篇》、太史公談《論六家要旨》、《淮南子要略》、《漢書・藝文志》諸篇略，諸書具在，可覆按也。然諸子學不純師，流别既明，當求其相互之關係。近人江瑔著《讀子卮言》，論諸子之所以異流，又進而論諸子之何以同源。詳證博引，條分縷悉，厥爲治諸子流别者不可不讀之書焉。

（丁）《古文辭類篹》之讀法

（一）分類看

學文之道，首在辨體。桐城姚氏是篹，分文體爲十三類：曰論辨，曰序跋，曰奏議，曰書説，曰贈序，曰詔令，曰傳狀，曰碑誌，曰雜記，曰箴銘，曰頌贊，曰辭賦，曰哀祭。長沙王氏因之，而其行文之得失，不可不依體爲斷。每體各有一定格律，凜然不可侵犯。寧都魏禧《論蘇明允上田樞密書》，開口便云："天之所以予我者，豈偶然哉！"竟是作論，古來書札中不見有此。書雖文，要與面談相似。此實不易之論，雖老泉復起，不能爲之辭也。姚氏亦稱韓愈《伯夷頌》似太史公論讚，非頌體。而曾國藩論文章之美分陽剛與陰柔，曰："陽剛者氣勢浩瀚，陰柔者韻味深美。浩瀚者噴薄而出之，深美者吞吐而出之。論詞賦、奏議、哀祭、傳誌、叙記宜噴薄，叙跋、詔令、書牘、典志、雜記宜吞吐。其一類中微有區别者：如哀祭雖宜噴薄，而祭郊社、祖宗則宜吞吐。詔令雖宜吞吐，而檄文則宜噴薄。書牘雖宜吞吐，而論事則宜噴薄。"亦各有所宜也。此外如曾氏評韓愈《殿中少監馬君墓誌銘》云："誌墓之文，懼千百年後谷遷陵改，見者不知誰氏之墓，故刻石以文告之。語氣須是對不知誰何之人説話，此文少乖。”須于此等處細意著眼，乃知一體有一體之格。

（二）分代分人看

文章一代有一代之風尚，一人有一人之面目。孟子論誦詩讀書，必推及于知人論世。然不分代分人看，亦無以知人論世也。讀姚、王二氏書，既分類看，以明文之因體而殊，尤不可不分代看，以知文之代殊；而一代之中，風尚攸同；然作者性情不能無異，尤必分人看以體認各家面目。曾國藩所謂“初學揣摩古人文，惟當先認其貌，後觀其神，久之自能分别蹊徑”是也。

（三）注意圈點

宜興吴德旋曰：“《古文辭類篹》，其啓發後人處，全在圈點。有連圈多而題下衹一圈兩圈者，有全無連圈而題下乃三圈者，正須從此領其妙處。末學不解此旨，好貪連圈，而不知文品之高乃在通篇之古淡，而不必有可圈之句。知此則於文思過半矣。”此看古人圈點也。然安邱王筠教學子看古人文，皆使圈之抹之，以爲總須自己拿出眼光去别擇古人好醜，方是切實工夫。工夫有進，即不妨圈其所抹，抹其所圈，曰：“不是圈古人抹古人，乃是圈我抹我也。”其用意尤精。

吾之所以誥諸生者止此矣！雖然，漢儒不云乎：“爲政不在多言，顧力行何如耳。”然則讀書寧在多言哉？蓋熟讀而强探，知人而論世，在諸生之自勉之耳。余欲無言！

民國十二年十一月二十八日，錢基博寫于三師

（原刊於《無錫新報·思潮月刊》，1923 年 12 月 16 日）

“古書治要”之教材舉例

吾友武進孟君憲承之草《六年師範國語課程》也，將有意詔後生以治學稽古之塗轍，而增設“古書治要”一學程於後期之三年。顧教學之無所取材，以爲大慮，曰：“願子有以命之。”博應之曰：“曾國藩之《聖哲畫象記》，黎庶昌之《周以來十一書應立學官議》，張之洞之《書目答問》，近逮胡適之《一個最低限度的國學書目》，梁啓超之《國學入門書要目及其讀法》，李笠之《國學用書撰要》，數君子者，類能挈要鈎元，固已詔後生以‘古書治要’之塗徑矣。吾子奚辱命之?”君曰：“唯唯，否否。不然。此古書之要目耳，未足以言‘古書治要’也。吾之所謂‘古書治要’者有二義焉：辨古書部次類例之大凡，一也；審古學源流沿革之要删，二也。”博應之曰：“若然，則又非僕所及也。昔湘鄉曾國藩氏讀班固《藝文志》、馬貴與《經籍考》，見所列書目叢雜猥多，作者姓氏至不可勝數；既爲文淵閣直閣校理，得觀《四庫全書》，其富又過前代遠甚。然存目之書數十萬卷，尚不在此列。而因致嘆‘書籍之浩浩，著述者之衆若江海然，非一人之腹所能飲也；雖有生知之資，累世不能竟其業，況下焉者乎！’嗚呼！此古書之所爲貴治要也。雖然，會稽章學誠氏不云乎，‘校讎之義，蓋自劉向父子部次條别，將以辨章學術，考鏡源流；非深明於道術精微、群言得失之故者，不足與此。後世部次甲乙、記録經史者，代有其人，而求能推闡大義，條別學術異同，使人由委溯源，以想見於墳籍之初者，千百之中不十一焉。'此又古書治要之所爲難能也。然章氏之所謂'校讎'者，其實不過'辨古書部次類例之大凡'耳，尚未及'審古學源流沿革之要删'也。僕文質無底，奚所能爲役?”獨念博學通人，稽古有作，亦有辨章學術，條析流派，以示塗轍，牖方來。謹以誦覽所及，寫著其目，以當舉例，都爲六類：曰小學源流，曰經部源流，曰子部源流，曰史部源流，曰集部源流，五者所以“審古學源流沿革之要删”，而終之以古書源流，則所以觀其會通，明其關係，而“辨古書部次類例之大凡”者也。條別源流，識以數語，其間或紹述舊聞，或略陳鄙懷。知言君子，儻有取於斯焉。

（甲）小學源流

段玉裁《注許慎〈説文解字〉叙》
丁福保《〈説文解字詁林〉自序》
章炳麟《小學略説》
江　聲《六書説》
章炳麟《轉注假借説》
章炳麟《文始序例》
江　謙《説音》
江　謙《古今音讀表》
陳壽祺《漢讀舉例》

右文六家九篇，皆辨章小學之源流者也。讓清諸老先生言：“讀古經古子，宜先識字，宜明訓詁。詁者，古言也，謂以今語解古語，此逐字解釋者也。訓者，順也，謂順其語氣解之，此逐句解釋者也。下筆宜寫今字，而識古書必識古字。讀書吟詩可用今音，而讀古書必審古音。語言筆札可用今義，而解古書必用古義。識古字之形，曉古語之聲，乃能明古書之義。大率字類定於形，字義生於聲，知古字之形，則可覺今音之非；知古讀之音，則可訂今形之訛。故形聲爲識字之本。形聲不審，訓詁不明，豈知經典爲何語耶?”小學者，蓋審形聲明訓詁之學也；故以小學源流冠焉。今録段玉裁《注許慎

〈説文解字〉叙》，丁福保《〈説文解字詁林〉自序》，章炳麟《小學略説》，所以考小學之沿革。録江聲《六書説》，章炳麟《轉注假借説》、《文始叙例》，所以明小學之條例。録江謙《説音》、《古今音讀表》，陳壽祺《漢讀舉例》，所以辨小學之音讀。而著目則不以作者時代爲先後，而以啓示塗徑之淺深爲順序。惟言非一端，義或有違。如江聲《六書説》，其説轉注，“以五百四十部爲‘建類一首’，以凡某之屬皆從某爲‘同意相受’；自謂前人所未發，其實本於南唐徐鍇，此爲古義。而段玉裁《注〈説文解字〉叙》，則伸其師戴震之‘互訓’之説，謂‘建類一首’者，謂分立其義之類而一其首。‘同意相受’，謂無慮諸字意指略同，義可互受，相灌注而歸於一首。如《爾雅》‘初哉首基肇祖元胎俶落權輿始也’一條，其於始義或近或遠，皆可互相訓釋而同謂之始是也。”至章炳麟《轉注假借説》，則又以爲：“‘建類一首’，‘類’者‘聲類’，‘首’者‘語基’。考、老同在幽類，其義互相容受，其音小變。按形體成枝別，審語言本同株；雖制殊文，其實公族。非直考、老，言壽者亦同。循是以推：有雙聲者，有同音者，其條例不異；適舉考、老疊韻之字以示一端，得包彼二者矣。是故明轉注者，經以同訓，緯以聲音，而不緯以部居。”此與段注“互訓”之説同爲後起新義。如此之類，樹義不同；正可折衷一是，擇善而從。奚所用暖暖姝姝，守一先生之言以自示不廣也哉！以此制例，後不贅論。

（乙）經部源流

龔自珍《六經正名》

章學誠《經解》上中下三篇

《漢書・儒林傳》

《後漢書・儒林傳》上下

魏　源《兩漢經師今古文家法考序》

姚文枏《六朝經師宗派并所著經注經説考》

江　藩《經師經義目録》

胡培翬《詁經文鈔序》

陳壽祺《經郛條例》

右文九家十[①]九篇内江藩《經師經義目録》七篇，皆辨章經部之源流者也。通經之法，要在明經傳之别，通今古文之殊。今録龔自珍《六經正名》，章學誠《經解》，所以考經傳之沿革。録《漢書·儒林傳》，《後漢書·儒林列傳》，魏源《兩漢經師今古文家法考序》，姚文枏《六朝經師宗派并所著經注經説考》，江藩《經師經義目録》，所以明今古文家法之殊及其流變。而殿之以胡培翬《詁經文鈔序》，陳壽祺《經郛條例》，蓋叙述先儒治經之法，而蘄於開設户牖、啓示塗轍者也。大抵漢京以來，垂二千年，儒者談經，學凡六變；其初專門授受，遞稟師承，非惟訓詁相傳，莫敢同異；即篇章字句，亦恪守所聞，其學篤實謹嚴，及其弊也拘。曹魏代漢，王弼、王肅稍持異議，流風所扇，或信或疑；越孔、賈、啖、趙以及北宋孫復、劉敞等，各自論説，不相統攝；及其弊也雜。洛閩繼起，道學大昌，擺落漢唐，獨研義理；凡經師舊説，俱排斥以爲不足信，王柏、吴澄攻駁經文，動輒删改；及其弊也悍。學派既成，攀援日衆，驅除異己，務宗朱子。自宋末以逮明初，其學見異不遷；及其弊也黨。主持大過，勢有所偏，材辨聰明，激而横決，自明中葉，王學極盛，罔不六經注我，各抒心得；及其弊也肆。空談臆斷，無徵不信。清代諸大師起，壹矯以實事求是；其學徵實不誣；及其弊也瑣。要其歸宿，則不過漢學、宋學兩家迭爲勝負。然經爲漢儒所傳，而注尤漢儒所創，義有師承，語有根據；去古最近，而多見古書，能識古字，通古語，故必須以漢學爲本，而推闡之，乃能有合。朱子論治經，謂："宜討論諸家之説，各立家法，而皆以注疏爲主。"而理學如魏鶴山，詞章如葉石林，亦皆以"爛熟注疏"見稱。可證宋儒治學，亦未嘗唾棄漢學也。此讓清諸老先生之言；然則漢學之源流明，而經學之源流不待考矣。

（丙）子部源流

《莊子·天下篇》

《淮南子·要略篇》

江　瑔《論子部之沿革興廢》

---

① "十"字疑衍。

太史公談《論六家要旨》

江　瑔《論九流之名稱》

《史記・老子韓非列傳》

夏曾佑《嚴評老子序》

章炳麟《齊物論釋序》

柳宗元《辨列子》

陳三立《讀列子》

江　瑔《論道家爲百家所從出》

《史記・孟子荀卿列傳》

陳三立《讀荀子一》、《讀荀子四》論荀、孟學術之異同

孫詒讓《墨子後語小序》

俞　樾《墨子閒詁序》

魯　勝《墨辨注序》

《史記・司馬穰苴列傳》

姚　鼐《讀司馬法六韜》考古兵家

《史記・孫子吴起列傳》

孫星衍《孫子略解序》

姚　鼐《讀孫子》

《史記・吕不韋列傳》

汪　中《吕氏春秋序》論雜家之兼儒墨，合名法

右文十五家二十四篇①，皆辨章子部之源流者也。讓清諸老先生言："子有益於經者三：一證佐事實，一證補諸經佚文、譌文，一兼通古訓、古音韻。然此猶淺之乎言諸子也。大抵天地間人情物理，下至猥瑣纖末之事，經所不能盡者，子部無不有之；其趣妙處較之經史，尤易引人入勝。故不讀子，不知瓦礫糠秕，無非至道；不讀子，不知文章變化，無可端倪也。"然讀子書，不可不知諸子之所自起與其派别以盡其流變。今録《莊子・天下篇》、《淮南子・要略篇》、江瑔《論子部之沿革興廢》，所以明諸子之所自起。録太史公談《論六家要旨》、江瑔《論九流之名稱》，所以明九流十家之派别。而録

① 二十四篇，當爲二十三篇。

《史記·老子韓非列傳》以下十二家，則所以盡諸子之流變也。

（丁）史部源流

龔自珍《尊史》

劉知幾《正史》

劉知幾《六家》

劉知幾《二體》

鄭　樵《通志總序》

馬端臨《文獻通考總序》

趙　翼《二十二史劄記》摘要八十事名史例目異同、《史記》編次、《史記》變體、《漢書》移置《史記》文、《漢書》多載有用之文、《後漢書》編次訂正、《後漢書》《三國志》書法不同處、《三國志》書法、《三國志》多迴護、《三國志》書事得實處、《三國志》立傳繁簡不同處、一人二史各傳、《晉書》《宋書》書晉宋革易之際、《宋書》書宋齊革易之際、《宋書》本紀書法、《宋齊書》帶叙法、《齊書》書法用意處、《齊書》類叙法最善、《梁書》多載飾終之詔、《梁書》有止足傳無方伎傳、《南史》仿陳壽《三國志》體例、《南北史》子孫附傳之例、《南史》删《宋書》最多、《南史》過求簡淨之失、《南史》增《齊書》處、《南史》增删《梁書》處、《南史》删《梁書》處、《南史》增《梁書》有關係處、《南史》增《梁書》瑣言碎事、《南史》於《陳書》無甚增删、《魏書》多曲筆、《北史》改編各傳、《北史》全用《隋書》、《南北史》兩國交兵不詳載、《北史》書法與《周隋書》不同、《舊唐書》源委、《新唐書》、《新唐書》本紀書法、《新書》本紀書安史之亂、《新書》改編各傳、《新書》增《舊書》處、《新書》增《舊書》有關係處、《新書》增《舊書》瑣言碎事、《新書》立傳獨詳處、《新書》删《舊書》處、《新書》改《舊書》文義處、《新書》盡删駢體舊文、《新書》好用韓柳文、《新書》詳載章疏、薛居正《五代史》、薛史書法迴護處、薛史亦多直筆、薛歐二史體例不同、歐史不專據薛史舊本、歐史書法謹嚴、歐史傳贊不苟作、宋遼金三史、宋遼金三史重修、《宋史》、《宋史》各傳迴護處、《宋史》各傳附會處、《宋史》數人於事傳各專功、《宋史》各傳錯謬處、《宋史》列傳又有遺漏者、《宋史》排次失當、史家一人兩傳、《遼史》、《遼史》立表最善、《金史》、《金史》失當處、《金史》迴護處、《金史》氏名不畫一、《宋史》金人名多與《金史》不符、《元史》、《元史》列傳詳記月日、《元史》迴護處、《元史》附傳有得失、《元史》人名不畫一、《明史》、《明史》立傳多存大體

姚文枏《擬彙刊宋人及國朝人補歷代史表志序目》

梁啓超《論過去之中國史學界》

劉知幾《雜述》

右文七家九篇①又八十事，皆辨章史部之源流者也。史之有學，其必與史俱興矣。沮誦以來，荒遠莫考。簡策記載之法，惟散見於《左氏書》，説者以爲周公之典也。然《春秋》筆削，議而不辨；其後三傳異詞，《史記》自爲序贊，以著本旨；而先黄老，後六經，退處士，進奸雄，班固復異議焉。馬班而降，體益變，文益繁，例亦益增。其間遞相掎摭，紛紜亡已。乃有考辨史體，卓然名家，如劉知幾、章學誠諸書，非博覽精思，不能成帙。卓哉乎載筆之圭臬也！然竊以爲治史之要，當探史源，次明史例，終覈史流，乃能辨其指歸，殫其體統。今録龔自珍《尊史》，劉知幾《正史》，所以探史源。録劉知幾《六家》、《二體》，鄭樵《通志總序》，馬端臨《文獻通考總序》，趙翼《廿二史劄記》節要八十事，姚文柟《擬彙刊宋人及國朝人補歷代史表志序目》，所以明史例。録梁啓超《論過去之中國史學界》，劉知幾《雜述》，所以覈史流。儻有品騭舊聞，抨彈往迹，鑿空生義，自抒所見者，卒之僻謬不情，則亦無所取裁焉爾。

（戊）集部源流

章學誠《文集篇》

惲　敬《大雲山房文稿通例》

惲　敬《大雲山房文稿二集叙録》

昭　明《文選序》

張惠言《七十家賦鈔序》

李兆洛《駢體文鈔序》

阮　元《文言説》

方　苞《古文約選序例》

姚　鼐《古文辭類篹序目》

王先謙《續②古文辭類篹例略》

曾國藩《經史百家雜鈔序目》

---

① 九篇，應爲十篇。

② 續，原作“讀”，今改正。

黎庶昌《續古文辭類篹序》

劉　勰《明詩》

王闓運《詩法一首示黄生》

包慎伯《答張翰風論詩書》

章炳麟《辨詩》

陳　衍《近代詩鈔序》

張惠言《詞選序》

沈曾植《彊邨校詞圖序》

曹元忠《彊邨叢書序》

王國維《論元劇之文章》

右文十九家①二十一篇，皆辨章集部之源流者也。世益進化，學益分科。章實齋言“子史衰而文集之體盛”，吾則謂文、學分而文集之名起。兩漢以前，文學者，學術之總稱。《韓非子·五蠹篇》力攻文學而指斥及藏管、商、孫、吴之書。李斯因博士諸生之議，請悉燒諸有文學《詩》、《書》、百家語。文學一名詞，冠於“《詩》、《書》、百家語”之上。是兩漢以前，文與學不分；逮兩漢以後，文與學始歧。六藝各有專師，而别爲經學矣。諸子流派益多，而蔚爲子部矣。史導源於《尚書》、《春秋》，而史部立矣。文章流别分於諸子，而集部興矣。經史子集，既分部居；而文之一名詞，漸爲集所專有。然治集部不可不知集部之所自起，與文集類次之體要而窮其流變。今録章學誠《文集篇》，惲敬《大雲山房文稿通例》，惲敬《大雲山房文稿二集叙録》，所以明集部之所自。而録昭明《文選序》，張惠言《七十家賦鈔序》，李兆洛《駢體文鈔序》，阮元《文言説》，方苞《古文約選序例》，姚鼐《古文辭類篹序目》，王先謙《續古文辭類篹例略》，曾國藩《經史百家雜鈔序目》，黎庶昌《續古文辭類篹序》，則所以明文集類次之體要而窮其流變者也。終之以劉勰《明詩》，王闓運《詩法一首示黄生》，包慎伯《答張翰風論詩書》，章炳麟《辨詩》，陳衍《近代詩鈔序》，張惠言《詞選序》，沈曾植《彊邨校詞圖序》，曹元忠《彊邨叢書序》，王國維《論元劇之文章》，斯所以辨詩、詞、曲之源流正變焉。

---

①　十九家，實爲二十家。

（己）古書源流

《漢書·藝文志》

《隋書·經籍志》

節録鄭樵《校讎略》十六論編次必謹類例論、編次必紀亡書論、書有名亡實不亡論、編次失書論、見名不見書論、闕書備於後世論、亡書出於後世論、求書之道有八論、編次之訛論、崇文明於兩類論、泛釋無義論、書有不應釋論、不類書而類人論、編書不明分類論、編次有序論、編次不明論。

章學誠《校讎通義》原道，宗劉，互著，別裁，辨嫌名，校讎條例，補校《漢藝文志》之三、四、五、六、七、八、九凡七條，《漢志》六藝之三條，《漢志》諸子之四、五、十一、十二、十三、十九、二十、二十三、二十四、二十六凡十條，《漢志》詩賦之一、二、三、四凡四條，《漢志》兵書之二、三、四、五、六、七凡六條。

右四家，皆辨章古書之源流者也。自西漢劉氏向、歆父子，總括群篇，撮其指要，著爲《七略》：一曰《輯略》，二曰《六藝略》，三曰《諸子略》，四曰《詩賦略》，五曰《兵書略》，六曰《術數略》，七曰《方技略》。大凡三萬三千九十卷。然後書籍之部次條別，始有法紀。光武中興，石室蘭臺，彌以充積；而集新書於東觀仁壽閣，校書郎班固、傅毅等典掌焉。并依《七略》而爲書部；固又編之以爲《漢書·藝文志》。董卓之亂，圖書掃地盡。魏氏代漢，采掇遺亡，藏在秘書中外三閣，魏秘書郎鄭默始制《中經》，秘書監荀勗又因《中經》更著《新簿》，分爲四部，總括群書：一曰甲部，紀六藝及小學等書；二曰乙部，有古諸子家、近世子家、兵書、兵家術數；三曰丙部，有史記、舊事、皇覽簿、雜事；四曰丁部，有詩賦、圖讚、汲冢書。大凡四部，合二萬九千九百四十五卷。自是四部之説興。迄晉司馬、五胡之亂，渠閣文籍，靡有孑遺。元帝渡江，漸更鳩聚。著作郎李充以勗舊簿校之，其見存者，但有三千一十四卷。充遂總没衆篇之名，但以甲乙爲次，自爾因循，無所變革。其後中朝遺書，稍流江左。宋元嘉八年，秘書監謝靈運造《四部目録》，大凡六萬四千五百八十二卷，皆仍荀勗四部之制。既而秘書丞王儉別撰《七志》：一曰《經典志》，紀六藝、小學、史記、雜傳；二曰《諸子志》，紀今古諸子；三曰《文翰志》，紀詩賦；四曰《軍書志》，紀兵書；五曰《陰陽志》，紀陰陽圖緯；六曰《術藝志》，紀方技；七曰《圖譜志》，紀地域及圖書；其道、佛附見。迺有意復劉氏之《七略》，而《圖譜》一志則增《七略》之所無。蓋《七略》之《輯略》，劉氏父子所以總群書之要而明編校之例者。自是厥後，迭有更替。齊秘書丞王亮監謝朏之造《四部書目》，梁秘書監任昉、殷鈞之作《四部目録》，皆用荀勗者也。然處士阮孝緒篤好墳史，博采宋齊已來，王公之家凡有書記，參校官簿，更爲《七録》：一曰《經典録》，紀六藝；二曰《記傳録》，紀史傳；三曰《子兵録》，紀子書兵書；四曰《文集録》，紀詩賦；五曰《技術録》，紀術數；六曰《佛録》；七曰《道録》。其分部題目，又折衷劉、荀二家者也。至唐長孫無忌等奉敕修《隋書》，經籍有志，都爲四部：曰經，曰史，曰子，曰集。自是四部垂爲定制，而劉氏父子之《七略》廢。獨鄭樵生千載而後，慨然有會於向、歆討論之旨，因取歷朝著録，略其魚魯豕亥之細，而特以部次條别，疏通倫類，考其得失之故而爲之校讎。蓋自石渠天禄以來，學者所未嘗窺見者也。顧樵生南宋之世，去古已遠，劉氏所謂《七略》、《别録》之書，久已失傳；所可推者獨班固《藝文》一志，而樵書首譏班固，凡所推論，有涉於班氏之業者，皆過爲貶駁之辭；而不能平氣以求劉氏之微旨。獨章學誠揚搉諸家，究其源委，而作《校讎通義》，勒成一家，斯足以同天下之文而治古書之要。故以四家殿於後，而觀其會通焉。然其中亦有鑿空生義，不可盡從者。鄭樵議論過於峻利，而未能推闡向、歆術業以究悉是非得失所在。章《義》已抨彈之矣。即如《漢志》崇《逸禮》而損《十七篇》，謂："《禮》古經者，出於魯淹中及孔氏，與十七篇文相似，多三十九篇及明堂陰陽王史氏記，多天子、諸侯、卿、士大夫之制，雖不能備，猶瘉倉等推《士禮》而致於天子之説。"不知《十七篇》古稱《士禮》，其實不皆《士禮》。純乎《士禮》者，惟《冠》、《昏》、《喪》、《相見》。若祭禮則《少牢饋食》、《有司徹》爲大夫禮。《鄉飲》、《射》，士夫所通行。《燕禮》、《大射》、《聘禮》、《公食大夫》爲諸侯禮。《覲禮》爲諸侯見天子禮，並非專爲士設。其通稱士禮者，蓋以《士冠》列首，遂並其下通稱爲士，而不復分别耳。且《士禮》何爲而不可推致於天子也？"自天子以至於庶人，壹是皆以修身爲本。"孔子曰："吾觀於鄉而知是道之易易也。"則是孔子推《士禮》而致於天子之説也。是故"禮者義之實也；協諸義而協，則禮雖先王未之有，可以義起也"。何不可推致之有？推《漢志》之意，以爲博考三十九篇，則天子之禮略備，可以無煩推致。然《逸禮》何可信者！北海鄭玄，蓋親見三十九篇之禮，而注三禮，於《逸禮》中之《天子巡狩禮》、《朝貢禮》、《烝嘗禮》、《禘於太廟禮》、《王居明堂禮》，引用甚尠。且於古大典禮，後儒所聚訟者，未嘗引《逸禮》以爲斷，仍不能不用倉等推致之意也。又如《隋志》之於《禮記》，謂："漢初河間獻王得仲尼弟子所記一百三十一篇，至劉向校經籍，檢得一百三十篇，因第而叙之。又得《明堂陰陽記》凡五種，共二百十四篇。戴德删其煩重，合而記之，凡八十五篇，謂之《大戴禮》。戴聖又删《大戴》之書，爲四十六篇，謂之《小戴記》。"夫二戴爲武宣時人，豈能删哀、平間向、歆所校之書？已爲荒唐可笑。而大戴亡篇四十七，然考其見存，有《投壺》、《哀公問》兩篇篇名與小戴同。其《曾子大孝篇》見《小戴·祭酒義》；《諸侯釁廟篇》見《小戴·雜記》；《朝事篇》自聘禮至諸侯務焉，見《小戴·聘義》；《本事篇》自有恩有義至聖人因殺以制節，見《小戴·喪服四制》。其它逸文可考見者：《漢書·王式傳》稱《驪駒之歌》在《曲禮》，服虔注云"在《大戴禮》"；《韋元成傳》引《大戴·祭義》；《毛詩·豳譜正義》引《大戴·文王世子》；《白虎通·畊桑篇》引《祭義》；《曾子問情性篇》引《閒傳》；《崩薨篇》引《檀弓》、《王制》；許慎《五經異義》引《禮器》；蔡邕《明堂月令論》引《檀弓》。其文往往爲《小戴記》所無。是《大戴》之於《小戴》，有篇名同者，有篇名不同而文字同者，亦有篇名同而文字爲小戴所無者。其它出入略可舉數，寧有《小戴》删《大戴》而異同參差若是者乎？至章《義》以《漢志·平原君》七篇，謂"是著書之人，自託儒家，而述諸侯公子請益質疑，因以名篇居首"。不曉平原固非趙勝，《漢志》本注謂是朱建，建與酈生、陸賈、婁敬、叔孫通並傳。陸、婁之書，亦在儒家。《漢書》明白，猶作狐疑，此固近儒章炳麟所譏評者也。凡此之類，多不可信，貴能善疑，以俟論定。

右目寫定，加以臆談。非以此爲盡古書之要；然竊以爲即此以治古書之要，則所從入有塗。世有讀書泛多，素無統紀者，則博聞未足饋貧，玩物適見喪志。劉勰有言："貫一爲拯亂之藥。"章炳麟亦云："學無繩尺，鮮不眯亂。"達人之言，豈虚誣哉？率布所懷，草成是篇；有道先生，或不棄諸。

（原刊於《新教育》第10卷第3期，1925年4月）

近五十年許慎《説文》學流别考論

十一月十五日夜，吴君公之①來，譚《説文》，而盛推閩人林義光《文源》一書。楊、陸二生旁侍聞焉，或疑莫明也。因述《近五十年許慎〈説文〉學流别考論》，而詔以許學研治之塗焉。

言小學者，兼文字之形、聲、義三者而言。許慎《説文解字》，則形書也。自叙歷舉古文、奇字、大篆、小篆、隸書、刻符、蟲書（漢曰鳥蟲書）、摹印（漢曰繆篆）、署書、殳書、艸書之十一體；而著見者三種：一古文，二大篆，三小篆。其自序稱"太史籀著《大篆》十五篇，與古文或異"；可見其大體不離古文，而改者少也。又稱"秦始皇帝兼天下，李斯作《倉頡篇》，趙高作《爰歷篇》，胡毋敬作《博學篇》，皆取史籀大篆，或頗省改"；則所改頗多。然"頗"字之上，加以"或"字，可見小篆之於古籀，或仍，或省改，而不必盡省改。其仍者十之七八，省改者十之一二而已。許君書叙篆文，合以古籀。仍則小篆皆古籀也，故不更出。省改則古籀非小篆也，則更出曰

① 吴在，字公之，江苏金山縣（今上海市金山區）人，秀才，早年留學日本。1912 年曾與凌銘之創辦上海南洋女子師範學校，先後任教江蘇省立第二師範學校和北京清華學校。撰著《宥言》一册，共八篇，皆申論馬克思主義。

“某古文某”或“籀文某”；如“弌，古文一”、“蓐，籀文蓐從茻”之屬是也。此外又有所謂“奇字”者，《說文》僅兩見：“儿”下云：“古文奇字人也。”“无”下云：“奇字無也。”叙所稱“即古文而異”者也。然自清儒據出土之金文，斠《說文》之字體而闡許學者，乃闢一新塗焉。

按許君書叙稱：“古文，孔子壁中書也。壁中書者，魯恭王壞孔子宅，而得《禮記》、《尚書》、《春秋》、《論語》、《孝經》。又北平侯張蒼獻《春秋左氏傳》。郡國亦往往於山川得鼎彝，其銘即前代之古文，皆自相似。雖叵復見遠流，其詳可得略說。”然則考文者蒐山川之鼎彝，證六書之古籀，固許君之家法也。漢以後，彝器之出，自宋始盛。而宋人所録金文，其書存者，有王俅、吕大臨、薛尚功諸家；而以薛尚功《歷代鐘鼎彝器款識》爲最著。然薛氏之旨，在於鑑别書法，而非斠校許書。迨清之乾嘉，言許學者大盛。《說文》十四篇校訂注釋考證之作朋興；而研討篆籀，多蒐證於鼎彝。儀徵阮元遂集諸家拓本，賡續薛書，纂《積古齋鐘鼎彝器款識》。南海吴榮光有《筠清館金石文録》，亦以金文五卷冠首。阮氏所录既富，又萃一時之方聞邃學，以辨證其文字；故其考釋精確，率可依據。吴氏釋文，蓋仁和龔自珍所纂，孤文瓿詛，偶窺扃奥，自詡冥合倉籀之指；而鑿空貤繆，見譏方來，往往有焉。道咸以後，名家者，有海豐吴式芬、濰縣陳介祺、吴縣潘祖蔭、吴大澂及福山王懿榮等。而式芬有《攈古録金文》，介祺有《簠齋集古録》，祖蔭有《攀古樓彝器款識》，大澂有《愙齋集古録》，蒐采咸稱精博；而其考釋文字，多一時師友互相賞析所得，非必著者一人私言也。惟古器日出，時多異文；而考文者，其初援許以釋器，繼乃因器以疑許。於是莊述祖撰《說文古籀疏證》，吴大澂撰《說文古籀補》，瑞安孫詒讓撰《古籀拾遺》、《古籀餘論》，以及晚近閩人林義光撰《文源》、黄縣丁佛言撰《說文古籀補補》；所不知者，蓋尚缺如。而依據金文，訂補許書，遂蔚成一時之風尚焉！夫許君得山川鼎彝以證古文，而近儒即據后出彝器以難許書，乃云：“李斯作篆已多承誤，叔重沿而不治。”獨餘杭章炳麟博學通人，不憙時論，信許書以不祧，陳彝器之可疑，作《理惑論》（見《國故論衡》上卷），猶曰未足，重著其說於《文始叙例》。自是譚小學者有宗許、訂許之殊。蓋章炳麟者，固宗許之大師；而訂許之名家，並世當推上虞羅振玉、海寧王國維二氏。

然羅、王二氏之所以訂許者，又非鼎彝而爲甲骨。甲骨者，光緒戊戌、己亥間，河南安陽縣西北五里之小屯洹水厓岸，爲水齧而崩，得龜甲牛骨，鐫古文字。羅氏考其地，環洹水三周而居，即《史記・項羽本紀》所謂“洹水南，殷虚上”；因名所得曰“殷虚甲骨文”，謂殷商貞卜文字之遺也。福山王懿榮、丹徒劉鶚始收藏之。而劉氏爲夥，選拓成書，曰《鐵雲藏龜》，凡十册。后鶚死，英人哈同得其所藏八百片，影行《戩壽堂所藏殷虚文字》一卷；則又出《鐵雲藏龜》之外者也。然尚不如羅振玉所藏之爲尤夥。傳者謂有三萬片。其拓墨影行成書者，有《殷虚書契前編》八卷，《後編》二卷，《殷虚書契菁華》一卷，所刻皆殷先王卜占、祭祀、征伐、行幸、田獵之事；其文字之數，比彝器尤多且古；故裨益於文字學者尤大。惟事類多同，故文字亦有重複。《鐵雲藏龜》未及别白；而羅氏之編，則分别部居，祛其重複；精審固視《鐵雲藏龜》過之。而瑞安孫詒讓先就《鐵雲藏龜》考其文字，成《契文舉例》二卷；而《名原》之作，亦多根據甲文；雖創獲無多，而殷虚文字塈討之塗，實自孫氏發之。然亦不如羅振玉、王國維之后來居上。振玉有《殷商貞卜文字考》、《殷虚書契考釋》、《殷虚書契待問》。國維有《戩壽堂所藏殷虚文字考釋》，而其中足以訂補許書者約有五事：一曰“甲骨文之不見《説文》者幾及千字，可以補許氏之所未備”也；二曰“甲骨文之與《説文》形體不同者，可以斠正許氏之譌訛”也；三曰“甲骨文有與大篆、小篆相同者，可以證籀、斯之或異或頗省改，不過董理前文，而匪師心自用，仍舊貫者亦不少”也；四曰“甲骨文之象形，怳若圖畫，可以悟象形之所由名”也；五曰“甲骨文之會意，有殊體而實一字者（例如牢之從牛從羊，或殊體而實一字），亦可以拾許氏之遺”也。論者多以爲發千古之秘藏。獨章炳麟尤盛疑之，謂：“《周禮》釁龜，未聞銘勒，其餘見於《龜策列傳》者，乃有白雉之灌，酒脯之禮，梁卵之祓，黄絹之裹；而刻畫書契無傳焉。夫骸骨入土，未有千年不壞。堊質白盛，其化非遠。龜甲何靈而能長久若是哉?”（見《理惑論》）然則地藏所發，訂許者崇爲鴻寶，宗許者疑爲雁器，取舍不同，亦勢然也。

惟章炳麟之治小學，實以音韻爲骨幹，通其殊變，然形體或非所長，獨推稱邯鄲淳書《正始三體石經》，謂：“通許氏字指，其間殊體，庶可采録。”（見《文始叙例》、《理惑論》。）而其以《三體石經》訂正許書傳寫之譌者，則有無錫丁福保，得洛中新出土拓本六頁，以證許書之“甲”從“十”而非

“丁”；“甶”爲“由”而非“甾”；“四”之古文爲“亖”；“文”之古文從“心”。其大指以爲：“十爲古文甲字，即押字，今田父野老猶慣用之。石經《尚書》有‘祖甲’、‘大甲’，兩‘甲’字皆作‘⿵冂十’；而后知《説文》‘甲’、‘早’、‘卓’等字體作‘⿵冂丁’不作‘⿵冂十’之爲傳寫訛也。《説文》‘苗’、‘迪’、‘胄’、‘笛’、‘宙’等三十一字皆從‘由’，而正文無‘由’字。今按石經《尚書》‘非克有正迪惟前人光’，‘天不可信，我迪惟寧王德延’，凡‘迪’字中之‘由’皆作‘甶’；而后知《説文》卷十二下‘甶’，‘東楚名缶曰由，象形’，‘缶’、‘由’聲近，正合方言音轉而變；而大小徐以‘甶’作‘甾’，音‘側詞切’者誤也。孫詒讓《名原》謂：《説文》‘四’字，古文作‘[illegible]’，籀文作‘亖’，考金文甲文皆作‘亖’；要以積畫爲近古，未必皆出史籀後，疑‘亖’爲古文，‘[illegible]’爲籀文，許書傳寫誤易耳。今考《三體石經》，古文‘四’字正皆作‘亖’；而后知孫説之不刊。吴大澂《字説》謂：《尚書》‘寧人’之‘寧’，乃‘文’字之誤；歷舉古文‘文’字有從‘心’者，與‘寧’字相似。今考《石經》‘寧’之古文，確可爲‘文’字之變形；而后知吴説之不刊。”（見《説文解字詁林後序》。）雖聲名不如羅、王二氏，然亦當代訂許之一家也。然丁氏之所以訂許者，取資於《三體石經》者少；而資之唐僧慧琳、遼僧希麟正續《一切經音義①》引許書者實多。據以補《説文》逸字，補《説文》説解中奪字，補《説文》説解中逸句，訂正《説文》説解中删改之句，訂正《説文》説解中傳寫之譌，考訂《説文》“某聲”，具見《一切經音義彙編》自序。惟丁氏之旨，在讎正許書寫刻之譌奪而已。與莊述祖、吴大澂以下諸人之致難于許者意又有殊。丁氏誦許書三十年，蒐藏許學之書，自南唐大小徐以迄晚近章炳麟、羅振玉、王國維諸家，積七百餘卷；依許書次第，逐字編注，纂《説文解字詁林》五百餘卷，而孜矻未有已。蓋吾鄉人之劬於許學者，莫之或先也。余籀誦許書，未遑博涉，粗述誦覽，明其流變，以當啓蒙而爲是篇。

（原刊於《清華週刊》第24卷第11期，1925年11月20日）

---

① “義”字原脱。

版本學（演講稿）

研究國學者，須研究版本學。版本學在中國，尚未成一種學問。今且將版本學上之重要問題，約略言之：

（一）版本之起源。宋時版與本有異，寫本爲本，雕版爲版；漢時簡册亦爲寫本，而雕版則從五代始。自吾錫尤文簡公著《遂初堂書目》，特開一書兼載數本之例，而於是治目録者始言版本；故尤公爲言版本之第一人。目録可分爲二：

（1）以書之本身研究，如《四庫全書提要》等爲目録學。

（2）以書本之本身研究，如《鐵琴銅劍樓書目》等即爲版本學。

（二）版本學之用塗。研究版本學，其大用在校讎。何謂校讎？一人讀書，校其上下，而得謬誤爲校；一人持本，一人讀書，若怨家相對爲讎。而版本成爲學，則始於常熟錢曾遵王著《讀書敏求記》以開風氣之先，同時有毛晉。至乾嘉時，而蘇州有黄丕烈、顧廣圻二人出，而版本學乃大成。至校讎則可分活校與死校二種：活校以數本互校，擇善而從；而死校衹以宋本爲藍本。

（三）版本學之入門書。研究版本學者，下列各書須加瀏覽：

（1）葉鞠裳之《藏書紀事詩》。

（2）葉德輝之《書林清話》、《續話》、《餘話》，江標之《宋元本行格表》。

（四）宋元本之異點。可分三方面論之：

（1）款式。宋本常多白口單邊，元本多黑口雙邊。而黑口分闊、細兩種。宋本亦常有黑口雙邊者，但多爲細黑口，粗黑口多明版。

（2）黑質。宋本紙硬字輭，墨色清淡。元本紙鬆字硬，墨質濃濁。

（3）字體。宋本字多歐體，元本字多趙體。其長方形之宋體，而帶顏、柳色彩者爲宋本名貴之品。

（原刊於《無錫圖書館協會會報》第3期，1932年）

選印《四庫全書》平議

《四庫全書》三萬六千三百册，著録經、史、子、集三千四百五十餘種，厥爲古今罕有之大叢書。十餘年來，屢有覆印之議。然其中未見刊本之書，頗復不多。而已有刊本，在咸同以前者，多經名家校補；至咸同以後，則用舊本模印，或原本繙影，遠駕"庫本"繕寫草率訛漏之上；自以選印爲宜。今教育部委託商務印書館，以"四庫本"照原式影印，定名爲《四庫全書未刊珍本》，而以三百種爲限。北平圖書館則出而主張以善本代"庫本"，非至萬不得已，不用"庫本"，定名爲《罕傳本》。而南北目録學者，則一致贊助北平圖書館之主張。議論蠭起，乃不以博爲無所知曉而徵詢及之，欲出一言以相折衷。然博細繹教育部及商務印書館函牘往復之指，意在選《四庫全書》之未有刊本，或有刊本而罕傳者以刊傳之；其意重在書而不重在本；其選擇之標準，在其書之有無刊本，而不在本之是否珍罕。而南北目録學者之所齗齗，則在本之未刊或罕傳，論鋒似未能相準。觀於教育部《復蔡孑民、袁守和兩君函》曰："《四庫全書》雖多刊本；而未刊者，確有二百餘種；或雖見著録，刊於宋元，而流傳已少，有同未刊。此次付印，即重在此項秘笈，是以定名爲《四庫全書未刊珍本》。"又張菊生先生《致袁守和先生書》曰：

"《四庫》所收，非盡善本；且有殘缺訛誤，無庸諱言。但其間有未經刊行，或雖已刊行而原本不易購求者，如能及早影印，俾得流傳，當亦大雅之所許。"是將書與本截分兩橛，詞甚婉而意極晰；明知"《四庫》所收"之"非盡善本"，而以其書之"未經刊行"，"或雖見著録，刊於宋元而流傳已少，有同未刊"，則亦何能舍"庫本"而他求；非不欲求也，以别無他本也。既已别無他本，則所謂"以足本换殘本，以原本代輯本"之主張，皆不成立。如其書而别有足本、原本，即不得謂爲"未刊"，即不得於"選印"之列，循名責實，理有必至；而在南北目録學者，衹須嚴覈其書之是否"未刊"，以觀厥成，可矣！所望平心静氣，勿徒揭己標高；如或意見相持，阻礙横生；未刊終於不刊，古籍寖以散佚；天下事未可知，誠竊爲斯文惜之！然天下未刊之書，不必盡有裨於問學之大。張南皮言："弇陋者當思擴其聞見。泛濫者當知學有流别。"徒侈博文，寧當説約；所貴好學深思，心知其意也。誠竊以爲選印"庫書"，"四部"不必求備。子部之精要者，不過周秦、漢魏數十種；而諸家刻本不少，往往一書有數本者。遜清子學，邁絶往古，名家讎刻，寧《四庫》所收子部諸本之能望項背！故子部可删不選。而經、史、集三部，則頗多罕傳之要籍，亟宜選刊以資探討者。然要當知學有流别，而匪所貴於矜奇嗜異，斷斷未刊。經部宜取其於漢許鄭、宋五子之外，别出名家以自開風氣者。史部宜擇其與"二十四史"、"《通鑑》"、"三通"互爲詳略，以資考異者。集部則宜擇取異軍特張以别出於詩聖李、杜、蘇、黄，文宗韓、柳、歐、蘇之外，而自出手眼，以成家數者，要之義取博識，事資異聞，文貴别裁，不必矜言未刊，而自卓出尋常，以與世所傳各叢書相爲經緯，互出詳略；而書不貴其復出，義則資乎參觀，如經之有内外傳，子之有内外篇矣！粗寫一目，以備觀覽。

（甲）經部　凡七十七部一千三百十卷[①]

（一）易類　凡二十四部二百四十九卷

《周易乾鑿度》二卷　其書稱出於先秦。自《後漢書》、南北朝諸史及唐

---

① 實爲八十二部一千三百十八卷。

人撰《五經正義》、李鼎祚作《周易集解》徵引最多，皆於《易》旨有所發明。至於太乙、九宫、四正、四維皆本於十五之説，乃宋儒戴九履一之圖所由出；朱子取之，列於《本義圖説》。誠稽古者所不可廢。

《易緯稽覽圖》二卷　是書首言卦氣起中孚，而以坎、離、震、兑爲四正卦，六十卦，卦主六日七分，又以自復至坤十二卦爲消息，餘雜卦主公卿侯大夫，候風雨寒温以爲徵應，蓋即孟喜、京房之學所自出，漢儒言《易》者悉本於此。至所稱軌筴之數以及世應遊歸，乃兼通於日家推步之法。唐一行《大衍曆議》即衍其術；故其本議言代軌德運，及《六卦議》言一月之策九六七八，《發斂術》言中節候卦，皆與《稽覽圖》相同。

《周易集解》十七卷　唐李鼎祚撰。孔穎達撰《周易正義》，用王弼注。暢義理以掃象數，遂開宋儒程子一派。而李氏此書，獨集虞翻、荀爽三十餘家，而以虞翻爲主，自謂"刊輔嗣之野文，補康成之逸象"，蓋唐人《易》家之别傳，而清儒易學之先河也。

《易數鈎隱圖》三卷附《遺論九事》一卷　宋劉牧撰。其説出於陳摶，與邵子先天之學異派同源；惟以九數爲《河圖》，十數爲《洛書》，與邵子異。宋人易數，以此書爲首。其《遺論九事》，皆奇偶陰陽之説，先儒之所未言者也。

《周易口義》十二卷　宋倪天隱述其師胡瑗之説，故曰口義，大指闡明義理。程子之易，源從此出。

《讀易詳説》十卷　宋李光撰。書中於卦爻之詞，皆引證史事。而援古事以證爻象，始自鄭玄。若全經皆證以史，則光書其始也。

《易小傳》六卷　宋沈該撰。其書以正體發明爻象之旨，以變體擬議變動之意。其占則全用《左傳》所載筮例。在南宋人易説之中，爲獨存古法。

《易變體義》十二卷　宋都絜撰。其書專明變體，即《左傳》所載諸占某卦之某卦者是也。於宋《易》亦爲别宗。

《周易經傳集解》三十六卷　宋林栗撰。其説每卦必兼言互體，約象覆卦。嘗與朱子論太極、兩儀、四象、八卦不合，至於互劾；故講學家最惡其書，幾於不傳。

《易原》八卷　宋程大昌撰。其書推闡數學。故謂之《易原》。於京、焦卦氣，馬、鄭爻辰，以及邵子、張行成諸説，皆一一掊擊，務申己説，而根據《繫辭》，匪盡鑿空立異。

《周易古占法》一卷，《古周易章句外編》一卷　宋程迥撰。其說本邵子加一倍法，據《繫辭》、《說卦》發明其義，用逆數以尚占知來。朱子作《啓蒙》，多用其例。

《楊氏易傳》二十卷　宋楊簡撰。簡爲陸九淵之弟子，故其說《易》，略象數而談心性，多入於禪，以禪詁《易》，自楊氏始。

《誠齋易傳》二十卷　宋楊萬里撰。其書大旨本程子伊川《易傳》，而參引《史傳》以證之，與李光《讀易詳說》同，初名《易外傳》，宋代書肆，曾與《程傳》並刊以行，謂之《程楊易傳》。

《古周易》一卷　宋吕祖謙編。自王弼以後，《周易》皆以傳附經。吕大防以下諸家，互有考定，而小有異同。吕氏乃以《上下經》、《十翼》各爲一篇，凡十二篇，自謂復古本之舊。朱子《周易本義》，即用其本也。

《童溪易傳》三十卷　宋王宗傳撰。其說力排象數而不免涉於虛無，大旨與楊簡相類。

《用易詳解》十六卷　宋李杞撰。以易爲有用之學，故名“用易”。其書多證以史事與李光、楊萬里同；惟頗参以老莊之説。

《易圖通變》五卷，《易筮通變》三卷　宋雷思齊撰。其《易圖通變》，以八卦配《河圖》天一至地八，而以五十爲虛數，與先儒不同；而揆以出震齊巽之義，亦頗有徵。其《易筮通變》，分《卜筮》、《立卦》、《九六》、《衍數》、《命蓍》五篇，亦多自出新義。

《易學濫觴》一卷　元黄澤撰。其說《易》以明象爲本，明象以序封爲本；其占法則《左傳》爲主；大旨不取王弼之玄虛，亦不取漢儒之附會，故折中以酌其平。其歷陳易學，不能復古者十三事，亦具有根據。

《大易象數鈎深圖》三卷　元張理撰。其書皆即陳摶、邵子之說，推廣成圖；朱子所謂“易外別傳”者，是也。

《讀易考原》一卷　元蕭漢中撰。是書凡三篇：一論分卦；一論序卦。大指雖亦出陳、邵，而推衍頗有精理。

《周易圖說》二卷　元錢義方撰。是書凡二十七圖，大抵衍陳、邵之緒餘。然如謂《繫辭》兼言《河圖》、《洛書》，乃言其理相通，非據《洛書》以作《易》。又謂陳摶因《易》而演《圖》，非伏羲據《圖》以畫卦，則一破宋儒矯誣之談。

《周易爻變義藴》四卷　元陳應潤撰。大指謂王弼所注，乃老莊虚渺之談；陳搏所圖，乃《參同契》爐火之術；均非《易》之本旨。又謂周子《太極圖》，别自一家之學，不可以釋《易》，皆能不域於門户。而宋以後，毅然破陳搏之學者，自陳氏始。所注用王弼本，惟《上下經》六十四卦。其曰爻變，即衍《左傳》某卦之某卦之古義。其謂一卦可變六十四卦，六爻可變三百八十四爻，亦焦、京舊法也。

《周易集注》十六卷　明來知德撰。專取《繫辭》錯綜其數之説，以錯卦綜卦論易象，自成一家之學。

《易象正》十六卷　明黄道周撰。於每卦六爻，皆即之卦以觀其變，蓋即《左傳》所載之古法。前列《目次》一卷，用漢人分爻直日之法，按文王卦序以推世運。後二卷以《河圖》、《洛書》自相乘除，推爲三十五圖，則均《易》外之别傳矣！

（二）書類　凡十一部一百三十卷

《尚書全解》四十卷　宋林之奇撰。其書頗多異説，如以陽鳥爲地名，三俊爲常伯，常任凖人，皆未嘗依傍前人。至其辨析異同，貫穿史事，覃思積悟，實卓然成一家言。吕祖謙之書學，即受諸之奇者也。

《禹貢指南》四卷　宋毛晃撰。其書大抵引《爾雅》、《周禮》、《漢書・地理志》、《水經注・九域志》諸書，而旁引他説以證古今山水之原委。而援據考證，獨不泥諸儒附會之説。故後來蔡沈《書集傳》多用之。

《禹貢論》五卷，《後論》一卷，《山川地理圖》二卷　宋程大昌撰。其論於江水、河水、淮水、漢水、濟水、弱水、黑水，皆能糾舊説之誤。

《禹貢説斷》四卷　宋傅寅撰。其書博引衆説，斷以己意，具有特解，不肯蹈襲前人。其論《孟子》"决汝漢，排淮泗而注之江"，爲古溝洫之法，尤爲諸儒所未及。清儒《禹貢》之學，多自寅變化而出。

《書説》十三卷　宋吕祖謙撰。以續其師林之奇書，故之奇書終《召誥》，而祖謙書始《洛誥》，本以終始其師説，爲一家之學。今"庫本"作三十五卷者，其《召誥》以前二十二卷，乃祖謙門人時瀾雜取同門所記之師説，補爲全經。

《尚書詳解》五十卷　宋陳經撰。其書采取注疏參以新意，與蔡沈《書集傳》同時並出，而宗旨不甚相同。觀其自序，蓋陸象山學派也；疏解詳明，往往得先儒所未發。

《書蔡傳旁通》六卷　元陳師凱撰。凡名物典制，爲蔡沈《書集傳》所遺者，皆一一補注，端委頗詳。其《蔡傳》歧誤之處，則置不復論；蓋如孔穎達《五經正義》，主於發揮注文，不主於糾正注文也。

《尚書考異》五卷　明梅鷟撰。其書辨正《古文尚書》，以爲孔安國《序》并增多之二十五篇，悉雜取傳記中語以成文，則指摘皆有依據。清儒閻若璩《古文尚書疏證》，即此書導其先河。

《尚書疑義》六卷　明馬明衡撰。自序稱："凡於所明而無疑者從蔡氏；其有所疑於心而不敢苟從者，輒録爲篇。"其書多求古義，兼采衆長；非故與蔡氏立異也。

《尚書砭蔡編》一卷　明袁仁撰。皆糾正《蔡傳》之誤，大抵皆引據古義以相詰難；雖不免有心立異，而中其失者居多。

《尚書注考》一卷　明陳泰交撰。其書糾正《蔡傳》之譌；凡引經注經前後互異者三條，同字異解者三百二十三條，皆直録蔡氏原文，不加論斷使人對校而自見，以矛刺盾，無可置辨者多!

（三）詩類　凡十部二百零六卷

《毛詩本義》十六卷　宋歐陽修撰。自唐定《五經正義》以後，與毛、鄭立異同者，自此書始。然歐陽氏不曲徇二家，亦不輕詆二家，大抵和氣平心，以意逆志，故其所説，往往得詩人之本旨。

《毛詩名物解》二十卷　宋蔡卞撰。所解《毛詩》名物，凡分十一類。卞爲王安石壻，故多用《字説》；陳振孫《書録解題》極詆之。然所徵引，頗有出於陸璣《毛詩草木鳥獸蟲魚疏》外者，亦足以備參考。

《詩總聞》二十卷　宋王質撰。於三百篇各説大意，各分《聞音》、《聞訓》、《聞章》、《聞句》、《聞字》、《聞物》、《聞用》、《聞蹟》、《聞事》、《聞人》十類，又有《聞風》、《聞雅》、《聞頌》三篇，冠於卷首。其説皆毅然自爲，不遵《小序》，亦不字字攻《小序》，與鄭樵同一廢序，而門徑又殊。

《慈湖詩傳》二十卷　宋楊簡撰。其書不信《小序》，併《左傳》、《爾雅》、鄭玄《詩箋》、陸德明《詩釋文》，皆遭詆斥，甚乃詆《大學》之釋《淇澳》爲牽合，然考證頗詳，而大旨歸本於無邪。

《吕氏家塾讀詩記》三十二卷　宋吕祖謙撰。其書以《小序》爲主，而博采諸家，存其名氏，先列訓詁，後陳文義，翦截貫串，如出一手。

《續吕氏家塾讀詩記》三卷　宋戴溪撰。是書以續《吕氏記》，補所未備；而持論宗旨小異。大抵涵泳文義，以求詩人之志，不甚墨守《小序》也。

《詩輯》三十六卷　宋嚴粲撰。以《吕氏讀詩記》爲主，而雜采諸説以發明之；舊説有未安者，乃斷以己意，多深得詩人之旨；於音調疑似，名物異同，考證尤爲精核。南宋説詩諸家中，惟粲與祖謙可以匹敵，他人莫能及也！

《詩傳旁通》十五卷　元梁益撰。以朱子《詩集傳》惟明作詩之意，而名物訓詁多所未詳；乃凡《集傳》所引故實，一一引據出典，辨析源委；猶陳師凱《書蔡傳旁通》意也。

《詩解頤》四卷　明朱善撰。不載經文，但每篇各爲總論，雖亦發明《詩集傳》，而意主於借詩立訓，務闡興觀群怨之旨，剴切著明，在經解中別爲一體。

《詩説解頤》四十卷　明季本撰。凡《總論》二卷，《正釋》三十卷，《字義》八卷，多出新意，不襲前人；而徵引賅洽，足以自申其説；蓋王質《詩總聞》之流也。

（四）禮類　凡九部四百零四卷

《周官新義》十六卷，附《考工記解》二卷　宋王安石撰。訓詁多用《字説》，而依經銓義，發揮殊多新穎。宋儒如王昭禹、林之奇、王與之等注《周禮》者，多用其説。

《周禮詳解》四十卷　宋王昭禹撰。多引王安石《字説》，爲宋儒所不喜，然闡發經義，頗有注疏所未及者。王與之作《周禮訂義》，頗采其説。

《禮書》一百五十卷　宋陳祥道撰。多掊擊鄭玄之説，而依據王安石新經義；然貫通經傳，綱舉目張，極爲精博！

《周禮復古編》一卷　宋俞庭椿撰。其説謂冬官不亡，特錯簡置五官之中，因割裂顛倒以足其數；遂開説《周禮》者補亡一派。

《太平經國之書》十一卷　宋鄭伯謙撰。其書爲目二十，大約借《周禮》以抒論。其欲重宰相之權，又謂人主不可崇儉約，則立論新特。

《周官總義》三十卷　宋易祓撰。其書研索經文，斷以己意，與舊説頗有異同；然大抵多引經證經，不爲鑿空。

《周禮訂義》八十卷　宋王與之撰。所采舊説凡五十一家，唐以前僅六家，其餘四十五家，則皆宋人，蓋以當代諸儒爲主。然宋人談《周禮》者，其精華約略盡此。

《禮記纂言》三十六卷　元吴澄撰。其書每一卷爲一篇，大旨以《戴記》經文龐雜，疑多錯簡，每一篇中，其文皆以類相從，俾上下意義聯屬貫通而識其章句於左。其三十六篇次第，亦以類相從；凡通禮九篇，喪禮十一篇，祭禮四篇，通論十一篇，各爲標目；排比貫串，最爲精密。他如《大學》、《中庸》，依程朱别爲一書；《投壺》、《奔喪》歸於《儀禮》；《冠義》等六篇，别輯爲《儀禮傳》，亦併與古不同。

《陳氏禮記集説補正》三十八卷　清納喇性德撰。專爲糾駁陳澔《禮記集説》而作。凡澔所遺者謂之補；澔所誤者謂之正；皆先列經文，次列澔説，而一一溯其本自何人，愜理厭心，頗爲詳核。

（五）春秋類　凡九部一百七十一卷

《春秋集傳纂例》十卷　唐陸淳撰。以釋其師啖助、其友趙匡之説。蓋掊擊三傳，自此發源。然大旨陰主《公》、《穀》，故稱《左氏》序事雖多，釋經殊寡，猶不如《公》、《穀》之於經爲密云！

《春秋微旨》三卷　唐陸淳撰。是書先列三傳異同，參以啖、趙之説，斷其是非。

《春秋集傳辨疑》十卷　唐陸淳撰。皆述啖、趙兩家攻駁三傳之言。

《春秋權衡》十七卷　宋劉敞撰。皆評論三傳之得失。其進退諸説，多依經以立義，自謂以經求經。

《春秋傳》十五卷　宋劉敞撰。其書節録三傳事迹，斷以己意。其褒貶義例，多取諸《公羊》、《穀梁》，惟好改竄三傳字句以就己説，是其一失。

《春秋傳説例》一卷　宋劉敞撰。精核得經意，而造辭簡奥，有意摹古。

《春秋讞》二十二卷　宋葉夢得撰。其説主於信經不信傳，多排斥《公》、《穀》兩家，而於《左氏》事迹亦斷其有誣，詞辯縱横，瀾翻不竭。

《春秋分紀》九十卷　宋程公説撰。取《左傳》事迹，以史家表志之例分編，凡《年表》九卷，《世譜》七卷，《名譜》二卷，《書》二十六卷，《周天王事》二卷，《魯事》六卷，《世本》三十五卷，《附録》三卷，經緯分明，於《左傳》可稱淹貫；參互考校，可以發明經義，不但排比傳文也。

《春秋師説》三卷　元趙汸撰。蓋本其師黄澤之説而演之，故曰“師説”。

澤説《春秋》以《左氏》爲主，而深戒刻削繁碎之弊。

（六）五經總義類　凡一部三卷

《七經小傳》三卷　宋劉敞撰。七經者，《尚書》、《毛詩》、《周禮》、《儀禮》、《禮記》、《公羊傳》、《論語》也。宋人説經，毅然自異於先儒，實自敞始；而學有根柢，故能自爲一家之言。

（七）四書類　凡五部四十五卷

《論語全解》十卷　宋陳祥道撰。祥道之學，出王安石；是書或以莊子之説證《論語》，而引據詳洽，乃多可取。

《中庸指歸》一卷，《中庸分章》一卷，《大學發微》一卷，《大學本旨》一卷　宋黎立武撰。程子門人歧爲數派，此書蓋傳郭忠孝、郭雍之學，故立論多與朱子異。

《四書辨疑》十五卷　元陳天祥撰。朱子《四書章句集注》，元初始行於北方，王若虚不以爲然，立説攻之。而天祥又推演王氏之説以成是書。亦多平心剖析，各明一義。

《四書通旨》六卷　元朱公遷撰。取《四書》之文，條分縷析，以類相從，凡爲九十八門，每門之中，又以語意相近者聯綴列之，而一一辨别，異諸部，始盡變《説文·玉篇》之例，其文皆用鐘鼎，其注雖用今文，又皆用小篆改隸書，其苦心考究，有不可盡泯者。

《問辨録》十卷　明高拱撰。取朱子《四書章句集注》疑義，逐條辨駁，當所獨得，時有新諦。

（八）小學類　凡六部五十七卷①

《切韻指掌圖》二卷，附《檢例》一卷　宋司馬光撰。其《檢例》一卷，則元邵光祖所補也，等韻之傳於今者，以此書爲最古。

《群經音辨》七卷　宋賈昌朝撰。聚諸經之字同而音訓各異者，以類相從，分爲五門，一一詳爲辨别。

《六書故》三十三卷　宋戴侗撰。其書以九類括江永等勘周秦古籍，以求古音，遞有推闡，而要不得不推楊氏爲開山。

《五音集韻》十五卷　金韓道昭撰。併舊韻二百六部爲一百六部，改舊韻

① 實爲“凡八部一百零二卷”。

之字紐，以三十六母分爲四等。於等韻之學深究要眇。[①]

《古今韻會舉要》三十卷　元熊忠撰。其書字紐用韓道昭例；部分用平水韻合併之例，古韻書之門目次第於是盡變！

《説文字原》一卷　元周伯琦撰。《説文》字原，於許慎五百四十部中，增十七部，删十七部，改其字者四部，移其次第，重爲編次，使輾轉相生，自成一家之説。

《六書本義》十二卷　明趙撝謙撰。其書併《説文》五百四十部爲三百六十部，雖多强合，然其辨别六書，研索亦具有苦心。

《古音略例》一卷　明楊慎撰。取《易》、《詩》、《禮記》、《莊》、《荀》、《管》、《楚辭》中有韻之文略爲標例；清儒顧炎武同，各以“右明某義”云云標立言之宗旨，融會貫通，要使讀者因此證彼，涣然冰釋。

（乙）史部　不用原類例，統分事實、典制兩類；每類以所分時代爲次；凡三十三部一千七百八十五卷

（一）事實類　凡二十三部一千四百四十四卷

《尚史》一百七卷　清李鍇撰。其書以馬驌《繹史》采摭百家雜説，上起鴻荒，下迄秦代，仿袁樞《紀事本末》，各立標題，以類編次，凡所徵引，悉録原文，苦不相屬。而離析其文，爲之翦裁連絡，改爲紀傳之體，作《世系圖》一卷，《本紀》六卷，《世家》十五卷，《列傳》五十八卷，《繫》六卷，《表》六卷，《志》十四卷，《序傳》一卷；仍於每段之下，各注所出書，其遺文瑣事，不入正文者，則以類附注於句下。蓋體例準諸《史記》，而排纂之法，則一用舊文，翦裁排比，使事迹聯屬，語意貫通，體如詩家之集句，於歷代史家特爲創格！

《春秋别典》十五卷　明薛虞畿撰。於《左》、《公》、《穀》三傳之外，掇拾春秋時事迹，分十二公編次，頗爲賅博；惟不注出典，是其一失。

《春秋戰國異詞》五十四卷，《通表》二卷，《摭遺》一卷　清陳厚耀撰。

① 《五音集韻》、《古今韻會舉要》、《説文字原》、《六書本義》、《古音略例》等五條原在《四書通旨》條之後，實誤排，今移至此處。

取諸書之文，與《春秋三傳》、《國語》、《戰國策》互異者，分國編次，以備考證，亦間爲辨正。又以《史記·〈十二諸侯年表〉〈六國年表〉》聯合之以爲通表，其瑣事異聞，無關體要者，則别爲摭遺附於末。

《西漢年紀》三十卷　宋王益之撰。其書排比西漢事迹，多捜采於馬、班二史之外，條下所載《考異》，亦多司馬光、三劉、吴仁傑所遺，頗爲精密。

《兩漢刊誤補遺》十卷　宋吴仁傑撰。初劉攽作《西漢刊誤》一卷，《東漢刊誤》一卷；此書蓋補所遺，然書中乃兼論劉敞、劉奉世之説，蓋當時嘗以敞父子所校《漢書》，與《兩漢刊誤》合刻一編故也，其書引據賅洽，考證精確，實出三劉之上。

《三國志辨誤》三卷　不著撰人名氏。其書兼訂陳志、裴注之誤；凡《魏志》二十一條，《蜀志》七條，《吴志》十四條。

《三國志補注》六卷　清杭世駿撰。裴松之《三國志注》本極精博，而杭氏乃捃拾殘剩以補其闕，參校異同，頗多精核。

《續後漢書》九十卷　元郝經撰。其書正陳壽帝魏之謬，即《三國志》舊文，重爲改編；而以裴注之異同，《通鑑》之去取，參校刊定；復以壽書無志，作《八録》以補其闕。

《建康[1]實録》二十卷　唐許嵩撰。所記六朝事迹，起吴大帝，迄陳後主，而以後梁附之；以六朝皆都建康，故以爲名。大旨類叙興廢大端，而尤加意於古迹，以其書作於唐至德中，去梁、陳未遠，多見舊文；故所綜述，往往爲唐以後書所不載。

《新唐書糾謬》二十卷　宋吴縝撰。分二十門，四百餘事，歐陽修、宋祁之作《新唐書》，意主文章，而疏於考證；縝自序歷舉八失，深中其病。

《五代史闕文》一卷　宋王禹偁撰。摭拾五代軼事以補舊五代史之闕，凡十七條，辯證精嚴。歐陽修《五代史記》多用其説。

《五代史補》五卷　宋陶岳撰。宋初薛居正等《五代史》成。陶氏嫌其多闕略，因取諸國竊據累朝創業事迹編次成書；大致與王禹偁書同意，而采摭益博，所記一百四事，首尾詳具，率得其實，故歐陽修《五代史記》、司馬光《通鑑》多采用之。

---

① 建康，原作“健康”，今改正。

《五代史記纂誤》三卷　宋吴縝撰。原二百餘事，今存一百一十二事。歐陽修《五代史記》義存褒貶，而考證則往往疏舛。此書抉其闕誤，無不疏通剖析，切中癥結。

《蜀檮杌》二卷　宋張唐英撰。據《前蜀開國記》、《後蜀實録》，仿荀悦《漢紀》體，編年排次；於王建、孟知祥據蜀事迹，頗爲詳備。歐陽修《五代史記》於《二蜀世家》删削太略，此可補其遺也。

《十國春秋》一百十四卷　清吴任臣撰。以歐陽修《五代史記》惟主書法，不核事實；於《十國世家》脱漏尤甚，乃蒐輯此書以補其闕；併自爲之注糾正譌謬，多所辯證，其五表考訂尤詳。

《京口耆舊傳》九卷　不著撰人名氏。所載京口人物，始於宋初迄於端平、嘉熙間，其體例全仿正史，與小説雜記不備端末者有殊。諸傳事迹，於史文時有異同，亦足以備考證。

《續資治通鑑長編》五百二十卷　宋李燾撰。司馬光修《資治通鑑》，先采合事迹，粘爲《長編》。李氏謙不敢自居於續《通鑑》，故以所采北宋一祖八宗事迹，編年條載，彙爲此書，謂之長編。自實録、正史、官府文書以逮家録野紀無不遞相稽審，質驗異同，淹貫詳贍，考北宋遺聞者以此書爲淵海焉！

《建炎以來繫年要録》二百卷　宋李心傳撰。其書述高宗一朝之事，與李燾《長編》相續；所采以國史日曆爲主，而參之以稗官野史、家乘誌狀、案牘奏議、百司題名，無不臚采異同以待後來論定；宏博而有典要，在宋人諸野史中最足以資考證。

《東都事略》一百三十卷　宋王偁撰。述北宋九朝之事，凡《本紀》十二，《世家》五，《列傳》一百五，《附録》八，叙事簡核，論斷持平，可以正託克託等《宋史》之謬。宋代私史，惟偁與李燾、李心傳三家書，可稱賅洽！

《宋史全文》三十六卷　不著撰人名氏。其書自建隆迄咸淳編年排纂，大抵北宋删掇李燾《長編》；高、孝兩朝，删掇留正中《中興聖政草》；光、寧以後，則不知何所藍本矣？翦裁頗有條理，所采宋人議論，尤爲精博。

《元史續編》十六卷　明胡粹中撰。胡氏以《元史》多詳世祖以前攻戰之事，而略成宗以後治平之迹；順帝一朝，尤爲闕失，乃作此以補之；大書分注，仿《通鑑綱目》。

《今獻備遺》四十二卷　明項篤壽撰。采明代名臣事迹，編爲列傳，起洪武，迄宏治，計二百四人；叙述詳備，凡年月先後，事迹異同，皆可爲博考參稽之助。

《嘉靖以來首輔傳》八卷　明王世貞撰。記世宗、穆宗、神宗三朝閣臣事迹；以明自嘉靖以後，閣臣之權始重；故王氏此書，斷自嘉靖爲始；於當時國事是非，及賢奸進退得失之故，叙次詳晰，可與《明史》相參證。

（二）典制類　凡十部三百四十一卷

《七國考》十四卷　明董説撰。采掇戰國制度，分十四門略如《會要》之體，援引諸書以相佐證。七雄雲擾，策士縱横，諸書但述戰攻之迹，未有彙次其典章者；説摭拾殘剩而爲之，亦足以資考證。

《漢制考》四卷　宋王應麟撰。因《漢書》、《續漢書》諸志，於制度多舉大端，略於細目，因采鄭玄《三禮注》及《説文》諸書以補其遺。於《鄭注》某物即今某物者，多不能詳解，亦一一博考諸書，疏通證明。

《唐六典》三十卷　唐元宗明皇帝御撰。李林甫奉敕注，其書以三師、三公、三省、九寺、五監、十二衛，列其職司官佐叙其品秩，以擬《周禮》。凡令或皆分入六司，其沿革則附見於注。

《唐會要》一百卷　宋王溥撰。唐蘇冕嘗次高祖至德宗之事爲《會要》四十卷。楊紹復等又采德宗至宣宗之事，續成四十卷。溥因二家原本，補輯宣宗至唐末以成此書，凡分目五百十四。

《五代會要》三十卷　宋王溥撰。五代俶擾，百度淪亡；其法度典章，僅見於各朝實録；溥因檢尋舊籍，條分件繫以成是編，後歐陽修作《五代史》，惟務刻畫《春秋》，鈎摹《史記》，於略朝掌故，屏棄蕩然；幸此編尚存其崖略也。

《宋朝事實》二十卷　宋李攸撰。其書輯北宋一代典制，分門編録，蓋亦會要之類；多《宋史》所未詳。

《建炎以來朝野雜記》四十卷　宋李心傳撰。取南渡以後事迹，分門編類，亦略如《會要》之體，分甲乙二集，各十三門。蓋所作《繫年要録》，備紀傳之取材；此則備表志之取材。

《大金集禮》四十卷　金明昌六年，禮部尚書張暐等奏進，其書分類排纂。《金史》諸志皆以此書爲藍本。而託克託等援引潦草，往往失其本意；存此一書，足以見金源一代之掌故，並可訂史志之譌。

《元朝典故編年》十卷　清孫承澤撰。取元代事迹，分年編次。正史以外，雜取文集説部附益之，足補託克託等記載之疏。後二卷一爲《元朝秘史》，一爲《遼金遺事》，則附録也。

《明集禮》五十三卷　明洪武三年，徐一夔等奉敕撰。原本五十卷，嘉靖中重修，增爲五十三卷，以五禮爲綱，分二十六子目，而别出冠服、車輅、儀仗、鹵簿、字學、鐘律、雅樂、俗樂，各自爲類。

（丙）子部　闕

（丁）集部　凡一百四十五部四千三百四十五卷

（一）别集類　凡一百十部二千六百九十九卷

《東皋子集》三卷　唐王績撰。績爲王通之弟，而天性真率，不隨通聚徒講學，獻策干進；詩文皆疏野有别致，其詩惟《野望》一篇最傳；然如《石竹咏》、《贈薛收詩》，皆風骨遒上。《古意》六首，亦陳子昂、張九齡《感遇》之先導。

《儲光羲詩》五卷　唐儲光羲撰。其詩源出陶潛，質而不俚，在開元、天寶間，能卓然自成一家。

《王司馬集》八卷　唐王建撰。元稹、白居易、張籍、王建並以樂府擅長。而元白多作長調，以曲折盡情，張籍及建多作短章，以抑揚含意，同工異曲，各擅所長。至《宫詞》百首，以詩紀事，其格亦自建開之。

《追昔遊集》三卷　唐李紳撰。中唐詩格，特矜卓鍊；而紳音節嘽緩，不能與同時諸人角勝；然春容恬雅，猶是盛世之音，不必以憔殺相尚！

《唐英歌詩》三卷　唐吴融撰。詩至晚唐，雕鏤而或涉纖靡；獨融音節諧雅，有初盛唐遺風。

《逍遥集》一卷　宋潘閬撰。閬才氣縱横，行事不甚拘繩墨；詩亦落落有奇致。

《南陽集》六卷　宋趙湘撰。方回作羅壽可詩序，稱宋剗五代舊習，有白體、崑體、晚唐體。列湘於晚唐體，與寇準、林逋、魏野、潘閬並稱。今觀其詳，詩雖源出姚合而無雕鏤瑣屑之失。其文亦掃除排偶，近皇甫湜、孫樵。

《武夷新集》二十卷　宋楊億撰。凡詩五卷，文十五卷，大致宗法李商隱，而精警不及；要其春容典雅，不失爲治世之音。

《文莊集》三十六卷　宋夏竦撰。其文章詞藻贍逸，襲燕張説、許蘇頲之芳躅，集中所載，多廟堂典册之文，蓋所長在是體也。自唐韓柳，創變文體；而李翺、皇甫湜羽翼韓、柳，解偶爲散以别揭古文之幟，裴度、段文昌紹述燕、許，寓偶於奇，以自成臺閣之體。騈騁文壇，旅鼓相當；迄於有宋，莫能相尚也！而後來言古文者，好侈古文以爲名高，遂知其一而不知其二矣！

《宋元憲集》四十卷　宋宋庠撰。其詩濃麗而出以精警，名章雋句，絡繹紛披；而文章多館閣之作，温雅瑰麗，與歐陽修、曾鞏分道揚鑣。蓋歐陽修、曾鞏，方沿洄韓、柳之波，而庠及夏竦則方駕燕、許之軌者也。

《宋景文集》六十二卷，《補遺》二卷，《附録》一卷　宋宋祁撰。祁撰《唐書》，務爲艱澀，又删除騈體，一字不登；其詩文乃博麗典雅，追唐人之格律，無所謂奇字難句者。

《文恭集》五十卷，《補遺》一卷　宋胡宿撰。所爲朝廷大制作，典重贍麗，追蹤燕、許，其五、七言律詩，波瀾壯闊，聲律鏗訇，亦可彷佛盛唐遺響。

《蘇魏公集》七十二卷　宋蘇頌撰。其文章清麗博贍，自成一家。頌生在宋代文格將變之時，故其體裁亦介於二派之間。

《華陽集》六十卷，《附録》十卷　宋王珪撰。其文多臺閣之體；其詩善言富貴，當時謂之至寶丹。論其詞華，固二宋之亞也！

《公是集》五十四卷　宋劉敞撰。敞談經好與先儒異；然淹通古義，發爲文章，根柢訓典。朱子稱其才思極多，湧將出來，每作文多法古，絶相似；又稱其氣平文緩，乃自經書中來，比之蘇公有高古之趣云。

附《公是先生弟子記》四卷　宋劉敞撰。曰“弟子記”者，託詞於弟子所記也；原入子部儒家類。敞窮經學古，介然自持，是書所論，於王安石之新學，無所假借；於程、蘇二黨，亦多所箴規；其兩無所歸，失援孤立亦坐此！然人品則超然遠矣！

《彭城集》四十卷　宋劉攽撰。朱子稱其文字工於摹仿，學《公羊》、《儀禮》。攽與兄敞齊名，敞性醇静；攽則才鋒敏捷，詞辨雋利。然沈酣典籍，文章爾雅則一也。世人稱北宋，言文章則曰歐、蘇、曾、王。而不知歐、蘇、曾、王，不足以盡北宋。北宋諸家，各自奮起。其中歐、蘇、曾、王沿洄韓、柳而益爲疏縱駿奔，是爲一派，宋氏庠、祁及胡宿輩方駕燕、許而出以温雅瑰麗，是又一派。劉氏敞、攽及司馬光，上追周秦而橅爲奥衍緊健，是又一派。世儒畏難，溺於卑近；疏縱駿奔，利爲速化；贍麗奥衍，必待功深；於是兩派垂絶，而歐、蘇獨盛。下暨南渡，歧而又歧；快利則橅洵、軾；容易則學歐、曾；而王安石巉刻斬絶，亦乖時好。朱子自名道學，文章學曾南豐，加邃密，亦爲詞宗。而永嘉學派别樹一幟。瑞安陳傅良、永嘉葉適爲之巨擘；然其學在考古今成敗，諳練掌故以濟世變，不專談心性，與道學不同。永康陳亮好談經世，論雜王霸，亦不同朱子之道學，可并隸永嘉學派，大抵永嘉之文出洵、軾，道學之文橅歐、曾，一有意爲暢肆，一掩抑學温醇，亦各從其類也！

《陶山集》十四卷　宋陸佃撰。佃本王安石客；而論新法與安石左，故不與政事，惟委以典禮；今集中郊廟諸議是也。其黜鄭尊王，雖不盡允，要爲根柢於經術，故有駁論，無遊詞。其詩具有唐音，尤工七言近體。

《雲溪居士集》三十卷　宋華鎮撰。其學以王安石爲宗，而文則才氣蔚豐。詞條暢達。

《摛文堂集》十五卷，《附録》一卷　宋慕容彦逢撰。才藻富贍，一時典册，多出其手。其文章雅麗，制詞典重温厚，尤爲得體。

《唐子西集》二十四卷　宋唐庚撰。庚與蘇軾同里，而頗不滿於蘇軾；其詩文毅然有以自立。

《跨鼇集》三十卷　宋李新撰。其詩氣格開朗，無南渡後啁哳之音；而文則以儷體入散體，亦多俊邁可誦。

《北山小集》四十卷　宋程俱撰。其制誥典雅温奥；而詩則取徑韋、柳，綽有自得之趣。

《檆溪居士集》十二卷　宋劉才邵撰。其詩源出蘇氏，詞氣縱横，雜文皆典雅，制誥尤有體裁。

《筠溪集》二十四卷　宋李彌遜撰。其詩盤空硬語，時參文句，可謂浩浩落落，自成一家。

《東牟集》十四卷　宋王洋撰。文頗温雅。詩誥尤有典則，詩則兀奡自喜。

《大隱集》十卷　宋李正民撰。其文制誥爲多，率温潤流麗。詩亦不失爲雅音。

《北海集》四十六卷，《附録》三卷　宋綦崇禮撰。凡詩文三十六卷，諸體寥寥；惟制誥長啓最多，亦惟是體最工；蓋其生平以駢體擅長故也。詞藻精麗，與汪藻俱稱南宋弁冕；而藻《浮溪集》刻入《四部叢刊》。

《鴻慶居士集》四十二卷　宋孫覿撰。爲文章工於四六，其詞采則汪藻、綦崇禮以外罕與抗行。

《茶山集》八卷　宋曾幾撰。其詩源出黄庭堅，而語多自造，不甚隸事，爲小異。一傳而爲陸遊，變而圓潤，與幾又異。

《雪溪集》五卷　宋王銍撰。其詩文大致近温、李，在南宋初年爲别調。

《格齋四六》一卷　宋王子俊撰。楊萬里稱其四六追步歐、蘇，不論汪藻、孫覿，推挹稍過。然即此一卷而論，與雅流麗，漸近自然，無組織之迹；與汪、孫亦分路揚鑣也。

《定庵類稿》四卷　宋衛博撰。其中表到劄、箋、啓，序、記、書、疏，代人作者十之九；蓋當時亦以四六擅場，故假手者衆。其文工穩流麗，頗有汪藻、孫覿①之遺音。

《浪語集》三十五卷　宋薛季宣撰。永嘉學派，季宣實爲開山；大致在博通古今以求實用，而讀其集，學問經濟文章，皆炳然具見。

《四六標準》四十卷　宋李劉撰。凡分七十一目，一千九十六首，大抵以流麗穩貼爲宗，無復唐以來渾厚之氣，沿波不返，遂變爲類書之外編，公牘之副本。然劉之所作，頗爲隸事精切，序事明暢，在此體中可謂名家！

《魯齋集》二十卷　宋王柏撰。柏好爲高論，敢於改竄六經，其疑古可謂勇；而詩則豪邁雄肆而一軌於理，在宋末作者間最爲挺出。

《則堂集》六卷　宋家鉉翁撰。其學源出陸九淵，故以三教歸一立論。詩文皆詞意真朴，文不掩質，亦無宋季纖仄之調。

《仁山集》六卷　宋金履祥撰。其詩源出邵雍《擊壤集》，自抒胸臆，不嫌俚近；而文則持論皆有根柢，蓋宋末講學諸家獨履祥能研究經史也。

《王氏拙軒集》六卷　金王寂撰。其詩戛戛獨造，刻露清新，文筆亦復清新。特以生長北方，不染宋南渡江湖派猥瑣之格，亦不染道學家冗沓之習，

---

①　孫覿，原作“孫麗”，今改正。

故能毅然自爲也。

《莊靖集》十卷　金李俊民撰。俊民以金代舊臣，不食元禄；其詩多侘傺幽憂，寄懷深遠，文格亦沖淡和平。論其詞章，蓋元好問之亞。

《陵川集》三十九卷，《附録》一卷　元郝經撰。其學出於元好問，具有本原；而文章亦差雁行，根柢盤深，南宋詞人莫之逮也！

《水雲村稿》十五卷　元劉壎撰。壎才力雄贍，尤工於四六，隸事鑄詞，具有精采。然壎之所長，在以散體爲四六；而壎所短，即在以四六爲散體，故其雜文不古不今，轉成僞體。

《松鄉文集》十卷　元任士林撰。其文刻意學韓愈，而其力不足以及愈，故句格往往拗澀，乃類乎劉蜕、孫樵。然宋季文體卑靡，古法殆絶；士林獨力而求諸古，雖明而未融，固宜過而存之矣！

《還山遺稿》二卷，《附録》一卷　元楊奂撰。其詩氣格俊偉，有中原文獻之遺。雜文所述諸古迹，尤可資考證。

《東庵集》四卷　元滕安上撰。元詩纖麗，多近晚唐。安上獨風骨遒健，七言古體，尤排宕縱横，雖或失於粗獷，要不同靡靡之音。

《雪樓集》三十卷　元程鉅夫撰。鉅夫文章典雅，有北宋館閣遺風。詩則近體稍膚廓，而古體落落不凡，七言尤多遒警。

《申齋集》十五卷　元劉岳申撰。其文根柢經訓，而取法於韓、蘇；碑誌居十之四五，尤可以考證史事。

《石田集》十五卷　元馬祖常撰。祖常才力富健，以博贍宏麗之文倡導海内。南宋以來猥瑣庸沓之習，殆盡湔除。

《中巷集》二十卷　元劉敏中撰。其詩文平正通達，所作碑誌足訂《元史》之譌。

《靜春堂集》四卷　元袁易撰。其詩吐言亮拔，出宋江西詩派，而不同山谷之鎔鑄劖削，亦不爲后山之深刻瘦硬。

《檜享集》九卷　元丁復撰。復詩不事雕飾，而意趣超忽，自然俊逸。

《所安遺集》一卷　元陳泰撰。其詩歌行居十之七八；大抵出入於李白、李賀之間，神鋒凌厲，不可一世。

《滋溪文稿》三十卷　元蘇天爵撰。波瀾意度，出入歐、蘇；碑版諸作，足補史闕；從沈酣典籍、練習掌故而來，有元一代，卓然大家！

《近光集》三卷，《扈從詩》一卷　元周伯琦撰。《近光集》乃後至元庚辰至乙酉，由編修歷擢崇文監丞時作。《扈從詩》爲至正壬辰隨蹕上京所作。《近光集》述朝廷典制爲多，《扈從詩》記塞外風土尤詳，足備《元史》參證。

《經濟文集》六卷　元李士瞻撰。《元史・順帝本紀》載至正二年，士瞻極論時政二十事，蓋本讜直之士。是集籌畫時事之書札，幾居全集之半。凡朝政之姑息，兵略之乖方，藩臣之跋扈，無不蒿目疚心，謀所以匡救彌縫之術，亦足以拾《元史》之遺。

《蜕庵集》五卷　元張翥撰。其近體、長短句極爲當代所推；然古體亦伉爽可誦，往往有香山諷諭之遺。

《五峰集》六卷　元李孝光撰。元詩綺靡，孝光獨力求復古。樂府古體，皆刻意奮厲，不作庸音。近體五言疏秀有唐調。七言頗出於江西派中，俊偉之氣，乃不可過。

《貞素齋集》八卷，《附録》一卷　元舒頔撰。其文章頗有古格。其詩縱横排宕，七言古體尤所擅長。《附録》一卷，皆達銘記之屬。

《一山文集》九卷　元李繼本撰。詩文皆俊偉明暢，歌行尤多逸氣，雖有學李白而不成，流爲盧仝、馬異格調者；蓋好奇仗氣之過，終勝於翦紅刻翠，以詞爲詩也。

《山窗餘稿》一卷　元甘復撰。其詩法得諸張翥，才力富健不及翥；而風懷澄淡，意境蕭散，五言古體綽有韋、柳遺音，其格韻乃似在翥上。

《梧溪集》七卷　元王逢撰。逢少學詩於陳漢卿，得虞集之再傳，故才氣宏放而法度謹嚴。集中載元、明之際忠孝節義事甚備，多作小序以誌其崖略。

《灤京雜咏》一卷　元楊允孚撰。凡一百八首，所記元上都軼事最詳，詞亦雅馴；蓋其體則王建宫詞；其意則孟元老《東京夢華録》也。

《王忠文公集》二十四卷　元王禕撰。禕與宋濂同遊黄溍之門；其文醇樸而宏肆，足與濂相雁行，卓然明初一大家也。

《翠屏集》四卷　明張以寧撰。以寧元季在翰林，繼虞集、黄溍、歐陽玄、揭傒斯後，以文章擅名；然其文神鋒太峻，頗乏渾涵。其詩則五言古體意境清遠，七言古體亦遒警，近體皆格意清新。

《説學齋稿》四卷，《雲林集》二卷　明危素撰。其文章演迤澄泓，視之若平易而實不可幾及，元、明之際，屹爲大宗。而《雲林集》則其詩集，氣格雄偉，風骨清剛，亦足以凌轢一時。

《林登州集》二十三卷　明林弼撰。弼官至登州知府，故以名集；凡詩七卷，文十六卷。其詩文皆雄偉跌宕，清峻之語，迥出塵表。

《白雲稿》五卷　明朱右撰。右嘗録韓愈、柳宗元、歐陽修、蘇洵、蘇軾、蘇轍、曾鞏、王安石文，爲八先生集。唐宋八家之目，實源於此。其文章格局即從之出，修潔自好，不爲枝蔓之詞，亦不爲艱深之語。

《始豐稿》十四卷　明徐一夔撰。其文皆謹嚴有法。與王禕論修《元史》書，洞明著作利病。《宋行宫考》、《吴越國考》、《錢唐鐵箭辨證》、《歐陽修十國年譜備證》尤爲典核。

《白石山房逸稿》二卷　明張孟兼撰。太祖與劉基論一時文士。基稱："宋濂第一，基次之，又其次則孟兼。"觀其詩文，儒雅清麗，具有體裁；而雄駿之氣，隱隱然不可遏抑。

《滄螺集》六卷　明孫作撰。其詩力摹黄庭堅，於元末明初，特爲别調。其文亦磊落奇偉。

《藍山集》六卷　明藍仁撰。其詩不爲唐人之纖濃，亦不爲宋人之生硬，大抵規橅唐調，馳驟於大曆以還。閩中詩派多稱林鴻，稱十子，實則林弼及藍氏仁、智兄弟爲之開山。

《藍澗集》六卷　明藍智撰。其詩清新婉約，足以肩隨其兄。五言結體高雅，七言亦頓挫瀏亮。

《鳴盛集》四卷　明林鴻撰。晉安詩派，以閩中十子爲祖，而鴻爲之冠，其詩力摹唐音，特以格調勝；舂容和雅，自協正聲。

《半軒集》十四卷　明王行撰。行桀黠之姿，不可一世；其文踔厲風發，縱横排奡，而不能悉歸於醇正。詩格清剛駿爽，在北郭十子内與高啓稱勁敵。

《西庵集》九卷　明孫蕡撰。其詩於元季綺靡之中，獨卓然有古格；雖神骨駿異不及高啓，要非林鴻諸人可及。

《竹齋集》三卷，《續集》一卷　明王冕撰。冕本狂生，天才縱逸，其詩排宕縱横，不拘常格；然高視闊步，浩浩落落，無楊維楨等詭俊纖仄之習。

《東里全集》九十七卷，《别集》四卷　明楊士奇撰。士奇詩文，爲明代臺閣之祖。末流日敝，至於膚廓庸沓，萬口一音，遂爲藝苑口實。然士奇著作，典則穩稱，雖乏新裁，不失古格，平正紆餘，自是宰相風度。

《楊文敏集》二十五卷　明楊榮撰。榮與士奇同主一代之文柄。其文章雍容和雅，有富貴福澤之氣，與山林枯槁者殊；而逶迤有度，醇實無疵，謂之高格不可，然不能謂之庸音也！

《頤庵文選》二卷　明胡儼撰。儼永樂中，久領成均，號爲碩學。其詩頗近江西派，詞旨高邁，與三楊臺閣之體蹊逕迴殊。其文爲虞集之再傳，深厚謹嚴，追蹤作者。

《武功集》五卷　明徐有貞撰。有貞以機智立功名，幹略本長，而見聞尤富。其文雖多參縱橫之學，而逸氣坌涌，博辯不窮，謂之不醇則可，謂非奇才則不可。

《襄毅文集》十五卷　明韓雍撰。正統以後，金華宋濂、青田劉基流風漸遠；茶陵李東陽亦尚未奮興；作者相沿，惟三楊舊格。獨雍以雄毅之才，自抒胸臆，雖體裁未變，而風格特高。

《竹巖詩集》一卷，《文集》一卷，《補遺》一卷　明柯潛撰。潛當景泰、天順之間，不能如七子之變文體，亦不循三楊之舊體。故其詩沖澹清婉，亦峻潔有法度，頗存明初作者之風。

《重編瓊臺會稿》二十四卷　明邱濬撰。記誦淹博，冠絕一時，故文章爾雅，迴勝遊談。

《懷麓堂集》一百卷　明李東陽撰。東陽主持文柄三四十年。迨何景明、李夢陽高唱秦漢，天下響應，壇坫遂微。其後何、李餘波，流爲剽竊。論者又復理東陽舊説，互相撑拄。然東陽源出虞集，繩尺唐宋，吐納和雅，具有典型；故殫何、李雄傑之才，能掩而勝之，終不能擠而廢之也。

《震澤集》三十六卷　明王鏊撰。鏊以制義名一代，實能以經史爲根柢，以子集爲波瀾；故其古文原本訓典，簡嚴峻遒，不下唐宋作者。

《容春堂前集》二十卷，《後集》十四卷，《續集》十八卷，《别集》九卷　明邵寶撰。其文以李東陽爲宗，雖氣象較狹，而文格遒簡，詩境恬澹，實皆無愧師門。

《羅圭峰文集》三十卷　明羅玘撰。玘文規橅韓愈，務出以深湛幽渺之思，多掩抑其意，迂折其詞，使人得之於言外。迹其爲文，殆如陳師道之爲詩。蓋是時臺閣之體，數見不鮮；故有志者恒欲别闢新塗，軼乎其外。玘亦其一也。

《吴文肅公摘稿》四卷　明吴儼撰。儼當何、李未出以前，其詩文亦沿臺閣之派，無鈎棘塗飾之習；雖才力不及李東陽，而文章局度春容，詩格亦復嫻雅，往往因題寓意，不似當時臺閣流派沿爲膚廓。

《熊峰集》十卷　明石珤撰。李東陽主持文柄，於門人之中，許以代興者，惟邵寶及珤。當何、李風靡之日，而珤堅守師説，其詩文平正通達，具有茶陵之體，不趨時好，可謂特立之士也。

《空同集》六十六卷　明李夢陽撰。明一代文章，體裁自夢陽而變；文章門户，亦自夢陽而分。毁譽交争，迄無定軌。平心而論：其詩才力富健，足以籠罩一世；而摹擬有痕，刻畫過甚，亦開剽竊之風，利鈍互陳，瑕瑜不掩。其文則故作聱牙，以云復古；然實韓愈之一體，而汲皇甫湜、孫樵之流者！

《浮湘集》四卷，《山中集》四卷，《憑几集》五卷，《續集》二卷，《息園存稿詩》十四卷，《文》九卷，《緩慟集》一卷　明顧璘撰。《明史·文苑傳》稱璘詩矩矱唐人，以風調勝，又稱其羽翼李夢陽；今觀諸集，遠挹晉安之波，近驂信陽之乘，在正、嘉間，不失爲第二流之首。

《華泉集》十四卷　明邊貢撰。貢爲宏治七子之一；其詩才力雄健，不及李夢陽、何景明善於用長；意境清遠，不及徐禎卿、高叔嗣善於用短；而夷猶於諸人之間，以不戰爲勝，屹然自成一軍。而文非所長。

《東田遺稿》二卷　明張羽撰。與洪武中張羽同姓名，非一人也。集中疏劄多中時弊。詩當體裁初變之時，不爲舊調之陳膚，亦不作新聲之塗飾；我用我法，乃多能不失唐音。

《對山集》十卷　明康海撰。其詩五七言古律多率意之作；又慕少陵，直抒胸臆；或同時名號爵里，韻至便押，不麗於雅。而文則逸氣往來，翛然自異，固在李夢陽等割剥秦漢者上也！

《大復集》三十八卷　明何景明撰。李夢陽倡復古之論，景明和之；然二人天分各殊，取境稍異，故論詩諸札，往復相持。究極而論：摹擬之弊，二人所短略同；至夢陽雄闊之氣，景明諧雅之音，亦各有所長；離之雙美，正不必爲分左右袒也！

《迪功集》六卷，附《談藝録》一卷　明徐禎卿撰。其論詩宗旨，見於《談藝録》及《與李夢陽第一書》，大旨亦以摹古爲主。特夢陽才雄而氣盛，故枵張其詞。禎卿慮淡而思深，故密運以意；當時不能與夢陽争先，日久論定，亦不與夢陽俱廢。

《升庵集》八十一卷　明楊慎撰。有明一代，博洽者無逾於慎，尤研索唐以前書；故其詩含吐六朝，於明代獨立門户。文雖不及其詩，然猶存古法，賢於何、李諸家，窒塞艱澀，不可句讀者；蓋多見古書，薰蒸沈浸，吐屬自無鄙語；譬諸世禄之家，天然無寒儉之氣矣！

《考功集》十卷　薛蕙撰。文體新變，何、李聲華方盛。蕙詩獨以清削婉約介乎其間；古體上挹晉宋，近體旁涉錢郎。核其遺編，雖亦議擬多而變化少；然當其自得，覺筆墨之外，别有微情，非生吞漢魏、活剥盛唐者比！

《夢澤集》二十三卷　明王廷陳撰。其詩意警而語圓，軒然出俗，如良馬走坂，美女舞竿。五言尤自長城。雜文則鏤金錯采，華掩其實。

《蘇門集》八卷　明高叔嗣撰。叔嗣初受知李夢陽。其詩擺落窠臼，自抒性情，乃與夢陽異調。王世貞比以空山鼓琴，沈思忽往，木葉盡脱，石氣自青。可謂善於名狀。詩凡四卷。其雜文四卷，不見所長。

《皇甫司勳集》六十卷　明皇甫汸撰。其古體源出三謝，近體源出中唐，雖乏深湛之思，而雅飭雍容，風標自異。

《皇甫少元集》二十六卷，《外集》十卷　明皇甫涍撰。古文非所刻意。其詩則憲章漢魏，取材六朝，古體多於近體，五言多於七言，雖取徑太狹，窘於邊幅，而婉麗綿邈，要皆翛然拔俗。其持論謂："王、宋反元習之靡，而不能不病於聲。何、李矯一時之弊，而不能不泥其迹。"可謂篤論！

《具茨詩集》五卷，《補遺》一卷，《文集》八卷，《補遺》一卷，《附録》一卷，《遺稿》一卷　明王立道撰。其詩微嫌婉弱，而沖融淡宕，不務奇險，猶有中唐錢、劉之遺。文則縱横自喜，與眉山爲近。

《滄溟集》三十卷，《附録》一卷　明李攀龍撰。李夢陽初變文體，尚與李東陽兩派並行。後七子出，尊崇北地，而長沙之焰遂熸；攀龍其首也。其古樂府割剥字句，不免效顰。諸體詩亦亮節較多，微情差少。文體更詰屈聱牙，誠如論者所譏。然資地既高，記誦亦博，其才力富健，陵轢一時，實有不可磨滅者。

《弇州山人四部稿》一百七十四卷，《續稿》二百七卷　明王世貞撰。四部者，賦部、詩部、文部、説部也。《續稿》則惟賦、詩、文三部，而説部闕焉。世貞初羽翼李攀龍，後巋然獨存，其聲價遂出攀龍上，而謗亦過之；要其才學富贍，規模廣闊，實足弁冕群倫，籠罩一世。

《宗子相集》十五卷　明宗臣撰。臣亦七子之一，其詩跌宕俊偉，頗步趨李白，雖爲王、李流派所染；而天才婉秀，吐納風流，無剽刻填砌之習；要爲王、李所不逮也！

《四溟集》十卷　明謝榛撰。榛終於布衣，而李攀龍、王世貞輩結詩社，推榛爲長；尚論有唐諸家，定稱詩三要，皆自榛發。及攀龍名盛，遂相排擠，終不能掩遏其名。是集抗行七子之間，曾無多讓。

《蠛蠓集》五卷　明盧柟撰。生當嘉、隆之間，王、李之焰方熾，而一意往還，真氣坌涌，無刻畫塗澤之習，磊磊落落，不與七子争聲名，亦不隨七子學步趨，亦可謂毅然自立矣！

《少室山房類稿》一百二十卷　明胡應麟撰。應麟以附王世貞得列名末五子中，所作亦規仿《四部稿》；然記誦淹博，冠絶倫輩，雖步趨世貞，而自有根柢，與剽竊者不同。

《宗伯集》十卷　明孫繼皐撰。是時七子交馳，三袁横騖。繼皐詩文，獨雍容恬雅，有承平臺閣之風；亦可見其不移於習俗矣！

（二）總集類　凡五部一千六百四十六卷

《古詩紀》一百五十六卷　明馮惟訥編。所録詩上起古初，下迄陳、隋，遺文佚句，一一登載。六朝以前有韻之文，以此編爲淵藪。後人間有補綴，不過掇拾畸零耳。

《詩紀匡謬》一卷　清馮舒撰。糾馮氏《詩紀》之謬，凡一百二十條。《詩紀》采摭浩繁，不能無所牴牾。舒一一校正，於馮氏頗爲有功。

《石倉歷代詩選》五百六卷　明曹學佺編。所録上自古逸，下至明嘉靖、隆慶，采摭頗爲繁富，去取頗有别裁。曹氏本自工詩，非徒取盈卷帙。

《文紀》二百零三卷　明梅鼎祚編。輯陳、隋以前之文，以配馮惟訥《詩紀》；上起古初，下窮八代；雖卷帙浩博，疏舛時有不免。然旁搜博采，罔羅繁富，使唐以前之文章源委相承，粲然可考，斯實藝苑之大觀！

《文章辨體彙選》七百八十卷　明賀復徵編。因吴訥《文章辨體》而廣之，上自三代，下迄明末，分列各體爲一百三十二類；每類之首，多引劉勰《文心雕龍》及吴訥《文章辨體》、徐師曾《文體明辨》之言，參以已説，以爲凡例。雖不免瑕瑜雜陳，然其别類分門，搜羅宏富，殆積畢生心力，鈔撮而成；故墜典秘文，往往有出人耳目之外，亦著作之淵海也！

凡右所録，中多罕本。然微意所存，在表章孤學，新裁别出；匪問學之别子，文章之異軍不與；而無貴於本之罕與不罕。亦有學非孤微，風靡在昔，而歲月遷流，漸歸寂滅者，則亦過而存之；要以發潛德之幽光，延斯文於一脈。如其短記小説，事涉俳諧，雖直罕本，無取乎爾！

（原刊於《光華大學半月刊》第 2 卷第 1 期、第 2 期、第 3 期、第 4 期，1933 年 10 月 10 日、10 月 25 日、11 月 10 日、11 月 25 日）

近代提要鈎玄之作者

韓愈《進學解》曰："紀事者必提其要，纂言者必鈎其玄。"此孔孟授受心法也。子貢多學而識；而孔子教以"一以貫之"，即教以提要鈎玄之法。故曰："《詩》三百，一言以蔽之，曰思無邪。""思無邪"一言，即《詩》三百之提要鈎玄也。孟子曰："博學而詳説之，將以反説約也。""説約"，即孟子之提要鈎玄也。漢唐以來，學無師法。有紀事而不知提要者：《晉書》比於稗官家言；《宋史》冗蕪尤甚。有纂言欲鈎玄，而摘比字句，無當宏旨者：如魏徵之《群書治要》，馬總之《意林》是也。亦有提要鈎玄而非近代者：論文則有劉勰之《文心雕龍》；論史則有劉知幾之《史通》；論理學則有朱熹之《近思録》；論考據則有王應麟之《困學紀聞》是也。若就近代而論，有欲提鈎一書之玄要者：如《史記菁華録》、《漢書菁華録》、《三國志捃華》、《南北史捃華》等是；然尋章摘句，不過擷其辭華，而無關體要。又有博綜群書，貫串旁騖，而爲之鈎提玄要者：如官書則有《淵鑑類涵》、《子史菁華》；私著則有顧炎武《日知録》、錢大昕《十駕齋養新録》。然官書如《淵鑑類涵》、《子史菁華》，有類例而無宗旨，不過類書之摘比，不足以自名一家言，顧炎武《日知録》、錢大昕《十駕齋養新録》，又有宗旨而無類例，可以自名一家言；而浩博無涯涘，非初學所得闚其門逕。若夫博綜群書，鈎提玄要，有宗旨以自名家學，有條貫以啓示塗轍，睹記所及，其人其書，經史子集，各得數種；而賅之以通論，遊之於餘藝，凡十三家，庶幾成學治國聞者可考覽焉。

（甲）經部　凡兩家

（一）皮錫瑞《經學歷史》，説明經學歷代之變遷及其趨嚮。

（二）陳澧《東塾讀書記》，每一經開示塗轍及其治學方法，有宗主，亦有不同；而融通漢宋，不爲拘虚。

（乙）史部　凡兩家

（一）梁啓超《中國歷史研究法》，提綱挈領，明史學之嬗變，觀其會通，而示以後治史學者應取之塗徑。

（二）趙翼《廿二史劄記》，每一史，融貫全書，而類族辨物，以互勘；極《春秋》屬辭比事之能事，遠勝錢大昕《廿二史考異》、王鳴盛《十七史商榷》之訓詁瑣碎，字句校勘。

（丙）子部　凡一家

（一）陳鍾凡《諸子通誼》，以《周官》爲根柢，以《漢書・藝文志》爲崖郭，窮究流變，根極於禮，遠勝胡適《中國哲學史大綱》之皮傅歐學，武斷不經。然胡氏《大綱緒論》開示治子之方法，有倫有脊，實爲古今奇作，不可不讀。

（丁）集部　凡兩家

（一）姚永樸《文學研究法》，明文章之利鈍，蒐録古今作家論文之言，采摭極博，而出以組織；有剖析，有綜合，洞明得失，極有經緯。

（二）劉熙載《藝概》，分文概、詩概、賦概、詞曲概、書概、經義概六卷，每論一藝，自古逮今，窮究流變，語本心得，益人神智不少。

(戊)通論　凡三家

（一）章學誠《文史通義》，辨章學術，而觀其會通；由藝文以見道原，推史意以窮經學；列篇數十，而義則一以貫之；道不離於事，學必致於用是也。言道之不離於事，將以實事求是，砭宋儒之空；明經之不外於史，亦以疏通致遠，救漢學之碎。理貴實證，言不離宗。

（二）張爾田《史微》，紹述文史，匡謬拾遺，不爲墨守。然章氏《文史》，以《周官》爲門户，媲於古文。張氏此書，以《公羊春秋》爲根極，所主今學；而張氏調停其說，頗多新義。

（三）章炳麟《國故論衡》，章學誠、張爾田宏通而不邃密。炳麟此書，宏通邃密，兼擅其勝；其論小學，尤臻獨絶。

(己)餘藝　凡三家

（一）葉德輝《書林清話》、《續話》，於古書版刻源流，貫串古今，殫見洽聞，而出以目驗，無徵不信。

（二）葉昌熾《語石》，敘述歷代碑版，明其嬗變，考鏡源流，足與《書林清話》稱爲“藝苑雙絶”！

（三）康有爲《續藝舟雙楫》，南海聖人，天挺霸才，高掌遠蹠，以其餘事論書，洞明正變，雖語或不經，而目光如炬，信足以開拓心胸！

右十三家之言，皆於古今流變，洞中奧會，讀一書通千百書，如振裘之得領，如絜網之有綱。余嘗欲彙爲一刻，題曰《群書治要》。善讀者玩索而有得焉，六通四辟，其運無乎不在。庶幾哉！經史之羽翮，記籍之冠冕也！

（原刊於《中國語文學研究》，中華書局，1935 年 3 月出版）

讀書稽古法（殘稿）

DUSHUJIGUFA(CANG

導　言

數年以來，譚國學者，洋洋焉盈耳矣。然匪讀書稽古，通知其意，徒事勦説雷同，無當也！此與耳食之士何以異！故博不言治國學而言讀書。

治國學而言讀書，舍經史子集，則又何求？然讀書匪難，稽古爲難。讀周秦以後之史與集猶易。《四庫全書總目》所著，祇《竹書紀年》、《逸周書》、《國語》、《國策》之史；《楚辭》之别集在秦前。讀周秦以前之經與子實難。蓋音有異讀，則諷誦難；字有異詁，則講説難；章有奇句，則條貫難；家有殊旨，則會通難。又不僅是。萬充宗以爲"匪通諸經，不能通一經"；章太炎以爲"治諸子者……淵源所漸，或相出入；非合六藝、諸史以證之，始終不能明其流别"。旁搜遠紹，則難之尤難。然博以爲未有一經之不能通，而能通諸經者也。一子之未畢治；而漫言合六藝、諸史以證之；皮之不存，而毛則何附乎？吾見今之高譚國學，經史子集，無乎不可者，大率一經之未能通，一子之未畢治者也。故卑之無甚高論，請毋侈譚通群經群子，而發凡起例，言婷讀一書之法。

欲知書之如何"讀"，必先知"讀"字何解？許慎《説文解字》曰："讀，籀書也。"段玉裁爲之注曰："竹部曰：'籀，讀書也。'讀與籀疊韻而互訓。《鄘風傳》曰：'讀，抽也。'《方言》曰：'抽，讀也。'蓋籀、抽古通用。《史記》'紬史記石室金匱之書'，字亦作抽，抽繹其義藴，至於無窮，是之謂讀。故卜筮之辭曰'籀'，謂抽繹易義而爲之也。《尉律》：'學僮十七已上，始試諷籀書九千字，乃得爲吏。'諷謂背其文。籀謂能繹其義。太史公作《史記》，曰'余讀高祖侯功臣'，曰'太史公讀列封至便侯'，曰'太史公讀秦楚之際'，曰'余讀《諜記》'，曰'太史讀春秋歷譜諜'，曰'太史公讀《秦記》'，皆謂紬繹其事以作表也。漢儒注經，斷其章句爲'讀'。如《周禮注》：'鄭司農讀火絶之。'《儀禮注》：'舊讀昆弟在下'，'舊讀合大夫之妾爲君之庶子女子子嫁者未嫁'者，是也。擬其音曰'讀'。凡言'讀如'、'讀若'，皆是也。易其字以釋其義曰'讀'。凡言'讀爲'、'讀曰'、'當爲'，皆是也。"是讀書者，當"審其音"，"釋其義"，"斷其章句"，"籀其事義"。竊取斯旨，籀爲八則：一曰曉音讀，二曰明訓詁，三曰辨析章句，四曰考核本事，五曰明定界説，六曰貫通大義，七曰比較異同，八曰蒐輯遺佚。

第一章　曉音讀

第一節　音

凡音之變轉，不外雙聲叠韻。而聲與韻之别，一爲發聲，即聲之頭，向稱聲。一爲收聲，即聲之尾，向稱韻。一聲一韻，相合而後始成爲音。同一音也，短促爲聲，延長爲韻。譬如“東”，延長呼之則爲“翁”；譬諸“張”，延長呼之則爲“盎”；“東”與“張”爲聲母；“翁”與“盎”爲韻母也。二音同出，謂之雙聲。二音同收，謂之疊韻。疊韻易知，雙聲難辨。然古人訓詁之通，皆由音轉。如“仁者，人也”，則爲同音。“義者，宜也”，則爲一音之轉。“庠者，養也”，則爲疊韻。“禮者，履也”，則爲雙聲，亦爲同紐雙聲。同紐雙聲者，同部而一紐。禮、履同屬舌部，而又同爲泥紐也。“洚水者，洪水也”，則爲旁紐雙聲。旁紐雙聲者，同部而殊紐，洚、洪同屬腭部；洚屬見紐，洪屬匣紐也。洪从共聲，則洚、洪古亦同紐。旁紐雙聲，是爲同部之通轉。“泄泄猶沓沓也”，則爲異部之混通。今讀泄音屬齒，沓音屬舌，而古則同爲舌頭音。易言以明之，則喋喋猶沓沓也。諧聲假借，其通轉多方，亦復如是。大抵同音易知，聲韻之轉難知。今韻易知，古韻難知。叠韻易知，雙聲難知。而雙聲之用最多；以字廣於同音，而義親於叠韻故也！《爾雅·〈詁〉〈訓〉〈言〉》三篇，用雙聲爲解者過半。劉熙《釋名》，每字皆詁以雙聲，斯其証矣。請先論古聲，而以古韻次焉。

第二節　古聲

唐沙門守温定聲母三十六聲者，音之發也；而音之所由發，不外腭、舌、齒、脣四者。而有深腭、淺腭：三十六母之見、溪、群、疑，深腭音也；一稱牙音。曉、匣、影、喻，淺腭音也。一稱喉音。舌有舌頭、舌上：端、透、定、泥、來，舌頭音也；知、徹、澄、娘、日，舌上音也。齒有齒頭、正齒：精、清、從、心、邪，齒頭音也；照、穿、牀、審、禪，正齒音也。脣有重脣、輕脣：幫、滂、並、明，重脣音也；非、敷、奉、微，輕脣音也。此三十六聲母也。凡同一聲母之字，謂之雙聲：如古、公、改、谷，同屬見母；苦、口、康、孔，同屬溪母；皆雙聲也。劉融齋謂：“韻有古今之分。雙聲無古今一也。”此語殆未深考焉。

夷考古聲之所爲不同於今者：

(一) 見、溪、群、疑，古讀剛聲。“見、溪、群、疑，今黄河流域、揚子江流域人，大抵讀柔聲；惟閩人概讀剛聲，尚存古音之舊。蓋發音有剛柔之殊。如見、溪、群、疑四字，讀爲‘吉衍’‘見’，‘吃奚’‘溪’，‘及云’‘群’，‘業夷’‘疑’，此柔聲也。若以剛聲讀之；即爲‘格衍’‘見’，‘克奚’‘溪’，‘揆云’‘群’，‘額夷’‘疑’矣。故同一屬於‘見’母之‘教’字‘監’字，用柔聲讀者爲‘吉效’、‘吉陷’，用剛聲讀者爲‘格效’、‘格陷’；同一屬於‘疑’母之‘嚴’字，柔聲讀‘業咸’，剛聲讀‘額咸’；是也。又如同義之‘啓’、‘開’二字，其聲皆屬‘溪’母；柔聲讀‘啓’；剛聲讀‘開’；猶之‘豈弟君子’之‘豈’讀‘愷’，初出一字也。於此可悟雙聲之字，有關係於聲母之剛柔者。如‘桔槔’、‘恭敬’、‘堅固’，之同屬‘見’母；‘契闊’、‘泣哭’、‘頃刻’，之同屬‘溪’母；‘仰昂’、‘吟哦’，之同屬‘疑’母；是也。”婺源江謙説。

（二）古無舌頭舌上之分。“古無舌頭舌上之分，‘知’、‘徹’、‘澄’三母，以今音讀之，與‘照’、‘穿’、‘牀’無別也；求之古音，則與‘端’、‘透’、‘定’無異。《説文》：‘沖’讀若‘動’。《書》：‘惟予沖人’；《釋文》：‘直忠切’。古讀直如特。沖子，猶童子也。字母家不識古音，讀沖爲蟲，不知古讀蟲亦如動也。《詩》：‘蘊隆蟲蟲。’《釋文》‘直忠反’；徐，‘徒冬反’；《爾雅》作‘爞爞’；郭，‘都冬反’；《韓詩》作‘烔’，音‘徒冬反’；是蟲與同音不異。古音‘中’如‘得’。《周禮·師氏》：‘掌王中失之事。’故書中爲‘得’。杜子春云：‘當爲得；記君得失若《春秋》是也。’《三倉》云：‘中，得也。’《史記·封禪書》：‘康后與王不相中。’《周勃傳》：‘勃子勝之尚公主不相中。’小司馬皆訓爲‘得’。《吕覽》：‘以中帝心。’注：‘中爲得。’古音‘陟’如‘得’。《周禮》：‘太卜掌三夢之法’；‘三曰咸陟’。注：‘陟之言得也，讀如王德翟人之德。’《詩》：‘陟其高山。’箋：‘陟，登也。’登、得聲相近。古音‘趙’如‘擱’。《詩》：‘其鎛斯趙。’《釋文》：‘徒了反。’《周禮·考工記》注引作‘其鎛斯擱’；大了反。《荀子》楊倞注：‘趙讀爲掉。’古音‘直’如‘特’。《詩》：‘實惟我特。’《釋文》：‘《韓詩》作直，云相當值也。’《孟子》：‘直不百步耳。’直，但也，但、直聲相近。《吕覽·尚廉篇》：‘特王子慶忌爲之賜而不殺耳。’注：‘特，猶直也。’《檀弓》：‘行并植於晋國。’注：‘植爲特。’《王制》：‘天子犆礿。’注：‘犆，猶一也。’《釋文》：‘犆，音特。’《玉藻》：‘君羔幦虎犆。’注：‘犆，讀如直道而行之直。’《士相見禮》：‘喪俟事，不犆吊。’定本作‘特’。《穀梁傳》：‘犆言同時’，本亦作特。古音‘竹’如‘篤’。《詩》：‘緑竹猗猗。’《釋文》：‘《韓詩》竹，作藩，音徒沃反。’與篤音相近。皆舌音也。篤、竺並從竹得聲。《論語》‘君子篤於親’，《汗簡》云：‘古文作竺。’《書》曰：‘篤不忘。’《釋文》云：‘本又作竺。’《釋詁》：‘竺，厚也。’篤、厚字本當作竺；經典多用篤，以其形聲同耳。《漢書·西域傳》：‘無雷國北與捐毒接’，師古曰：‘捐毒即身毒，天毒也。’《張騫傳》：‘吾賈人轉市之身毒國。’鄧展曰：‘毒音督。’李奇曰：‘一名天竺。’《後漢書・杜篤傳》：‘摧天督。’注：‘即天竺國。’然則‘竺’、‘篤’、‘毒’、‘督’四文同音。古讀‘禂’如‘禱’。《周禮・甸祝》：‘禂牲禂馬。’杜子春云：‘禂，禱也。’引《詩》云：‘既伯既禱’，後鄭云：‘禂，讀如伏誅之誅；今侏。大字也。’按《說文》引《詩》‘既禡既禱’，禱與禂文異義同。後鄭讀禂爲誅。是漢時‘誅’、‘侏’亦讀舌音。古讀‘豬’如‘都’。《檀弓》：‘洿其宮而豬焉’；注：‘豬，都也。南方謂都爲豬。’《書・禹貢》‘大野既豬’，《史記》作‘既都’。‘滎波既豬’，《周禮注》引作‘滎播既都’。古讀‘追’如‘堆’。《士冠禮》‘追’注：‘追猶堆也。’《郊特牲》：‘毋追。’《釋文》：‘多雷反。’枚乘《七發》：‘踰岸出追。’李善注：‘追，古堆字。’《詩》：‘追琢其章。’傳：‘追，彫也。’彫、追聲相近。故《荀子》引《詩》‘彫琢其章’。《釋文》：‘追，對回反。’追琢又作敦琢。《詩》：‘敦琢其旅’，《釋文》：‘敦，都回反’；徐又音彫。古讀‘卓’與‘的’相近。《覲禮》：‘四馬卓上’，注：‘卓，猶的也。以素的一馬爲上。’古讀‘倬’如‘菿’。《詩》：‘倬彼甫田。’《韓詩》作菿。古讀‘棖’如‘棠’。《論語》：‘或對曰申棖。’《釋文》：‘鄭康成云：蓋孔子弟子申續。’《史記》云：‘申棠字周。’《家語》云：‘申續字周也。’王應麟云：今《史記》以棠爲黨，以續爲績，傳寫之誤也。後漢《王政碑》：‘有羔羊之節，無申棠之欲。’則申棖、申棠一人耳。案《詩》‘俟我於堂兮’。箋云：‘堂，當作棖。’‘棖’與‘棠’、‘堂’同音黨，亦音相近，非由轉寫之僞。古文‘賡’、‘續’同聲，《家語》申續蓋讀如庚，與棠音亦不遠。今本《史記》作績，則轉寫誤也。因棖有棠音，可悟古讀長，丁丈切，與黨音相似；正是音和，非類隔。古讀‘池’如‘沱’。《詩》：‘滮池北流’，《說文》引作滮沱。《周禮・職方氏》‘并州，其川虖池’。《禮記》：‘晋人將有事於河，必先有事於惡池。’即滹沱之異文。古讀‘褫’如‘拕’。《易》：‘終朝三褫之。’《釋文》：褫，徐敕紙反，又直是反。鄭本作‘拕，徒可反。’《說文》：‘褫，奪衣也；讀若池。’池即拕之譌。拕、奪聲相近。古讀‘沈’如‘潭’。《史記・陳涉世家》：‘夥頤！涉之爲王沈沈者。’應邵曰：‘沈沈，宮室深邃之貌。’沈音長含反，與潭同音。韓退之詩‘潭潭府中居’，即‘沈沈’也。古讀‘廛’如‘壇’。《周禮・廛人》注：‘故書廛爲壇。’杜子春讀壇爲廛。《載師》：‘以廛里任國中之地。’注：‘故書廛或爲壇，司農讀爲廛。’古讀‘秩’如‘豑’。《書》：‘平秩東作’；《説文》引作‘豑，爵之次弟也。从豊，弟聲。’‘秩’又與‘戜’通。《説文》：‘戜，大也。讀若《詩》‘秩秩大猷’；秩、大聲相近。‘秩’又與‘䠷’通。《説文》：‘䠷，走也。讀若《詩》“威儀秩秩”。’凡从失之字，如跌、迭、瓞、蛈、詄皆讀舌音，則秩亦有迭音可信也。‘姪’、‘娣’本雙聲字。《公羊釋文》：‘姪，大結反。娣，大計反。’此古音也。《廣韻》：姪有徒結、直一兩切。今南北方音皆讀直一切，無有作徒結切者。古今音有變易。字母家乃謂舌頭舌上交互出切，此昧其根源而强爲之詞也。古讀‘抽’如‘搯’。《詩》：‘左旋右抽。’《釋文》云：‘抽，敕由反。’《説文》作‘搯，他牢反。’古讀‘陳’如‘田’。《説文》：‘田，陳也。’齊陳氏後稱田氏。陸德明云：‘陳完奔齊，以國爲氏。’而《史記》謂之田氏，是古田、陳聲同。《吕覽·不二篇》：‘陳駢貴齊。’陳駢即田駢也。《詩》：‘維禹甸之。’《釋文》：‘毛，田見反：治也。鄭，繩證反，六十四井爲乘。’《周禮·小司徒》：‘四邱爲甸。’注：‘甸之言乘也。’《稍人》：‘掌邱乘之政令。’注：‘邱乘，四邱爲甸，讀與“維禹敶之”之乘同。’《禮記·郊特牲》：‘邱乘共粢盛。’注：‘甸或謂之乘。’《左傳》：‘渾良夫乘衷甸兩牡。’《釋文》：‘甸，時證反。’《説文》引作‘中佃’。古者‘乘’、‘甸’、‘陳’、‘田’聲皆相近；‘乘’之轉‘甸’，猶‘陳’之轉‘田’。經典相承。陳，直覲反。乘，繩證反。後世言等韻者，以乘屬澄母，甸屬定母，乘屬床母，由於不明古音，徒據經典相承之反切而類之，而不知其本一音也。《爾雅》：‘堂塗謂之陳。’《詩》：‘胡逝我陳。’《傳》：‘堂塗也。’‘中堂有甓。’《傳》：‘堂塗也。’《正義》云：‘《爾雅》廟中路謂之唐。堂塗謂之陳。’‘唐’之於‘陳’，廟廷之異名耳；其實一也。古讀‘咮’如‘鬭’。《詩》：‘不濡其咮。’《釋文》：‘咮，陟救反；徐又都且反。’《廣韻》五十侯部有噣字，或作咮，都豆切。與‘鬭’同音。古讀‘涿’如‘獨’。《周禮·壺涿氏》注：‘故書涿爲獨，杜子春云：獨讀爲濁，其源之濁，音與涿相近；書亦或爲濁。’古人多舌音，後代多變爲齒音，不獨‘知’、‘徹’、‘澄’三母爲然。如《詩》‘重穋’字，《周禮》作‘穜稑’。是‘重穜’同①音。陸德明云：‘禾邊作重，是重穋之字；禾邊作童，是穜蓺之字。今人亂之已久。’按：古人‘重’、‘童’同音。《嶧山碑》

① 同，原作“司”，今改正。

動从童。《説文》董从童。《左傳》‘予髮如此種種’；徐仙民作董董。古音不讀重，穋讀爲穜，即種蓺字，亦讀如穜也。後代讀重爲齒音，并從重之字亦改讀齒音，此齊梁人强爲分别耳；而元朗以爲相亂，誤矣！今人以舟、周屬照母，啁屬知母，謂有齒舌之分，此不識古音者也！《考工記》：‘玉楖雕矢磬[1]。’注：‘故書雕或爲舟。’是‘舟’有‘雕’音。《詩》：‘何以舟之’，《傳》云：‘舟，帶也。’古讀‘舟’如‘雕’，故與帶聲相近。‘彫’、‘雕’、‘琱’、‘鵰’皆從‘周’聲。‘調’亦從‘周’聲，是古讀‘周’亦如‘雕’也。《考工記》‘大車車轅摯’，注：‘摯，輖也。’《釋文》：‘輖音周：一音吊；或竹二反。’陸氏於‘輖’字兼收三音。吊與雕有輕重之分，而同爲舌音。周、摯聲相近。故又轉爲竹二反。今分周爲照母，竹爲知母，非古音之正矣。‘至’、‘致’本同音；今人强分爲二。不知古讀‘至’亦爲陡利切；讀如疐；舌頭，非舌上也。《詩》：‘神之吊矣。’‘不吊昊天。’《毛傳》皆訓‘吊’爲‘至’，以聲相近爲義；‘咥’、‘耋’皆从‘至’聲，可證‘至’本舌音，後人轉爲齒音耳。古讀‘支’如‘鞮’。《晋語》：‘以鼓子苑支來。’苑支，即《左傳》之鳶鞮也。《説文》引杜林説，芰作茤。‘彖’本舌音。椽，從‘彖’聲；徐仙民《左傳音》切椽爲徒緣。此古音也。”蓋嘉定錢大昕説。江謙曰：“知、徹、澄、娘、日，古讀如端、透、定、泥、來。今福建及江西撫州人尚爾。撫州人讀《論語》‘知之爲知之’曰‘的的爲的的’，即舌上舌頭不分之證矣。”

（三）古音“娘”、“日”二紐歸“泥”。“古音有舌頭泥紐；其後支别，則舌上有娘紐，半舌半齒有日紐，于古皆泥紐也。何以明之？‘涅’从日聲。《廣雅·釋詁》：‘涅，泥也。’‘涅而不緇’，亦爲‘泥而不滓’，是‘日’、‘泥’音同也。‘昵’从日聲。《説文》引《傳》：‘不義不昵。’《考工記·弓人》杜子春注引《傳》：‘不義不昵。’是‘日’、‘昵’音同也。昵今音尼質切，爲娘紐字，古尼、昵皆音泥。《傳》曰：‘姬姓，日也。異姓，月也。’二姓何緣比況日月？《説文》複字从日。亦从内聲作衵，是古音日與内近。月字古文作外，則古月、外同字。姬姓，内也；異姓，外也；音同，則以日月況之。太史公説：‘武安貫在日月之際’，亦以日月見外戚也。‘日’與‘泥’、‘内’同音，故知其在泥紐也。‘入’之聲今在日紐。古文以入爲内。《釋名》曰：

---

[1] 磬，原作“罄”，今據《考工記》改。

‘入，内也；内使還也。’是則‘入’音同‘内’在泥紐也。‘任’之聲今在日紐。《白虎通德論》、《釋名》皆云：‘男任也。’又曰：‘南之爲言任也。’《淮南·天文訓》曰：‘南吕者，任包大也。’是古音‘任’同‘男’、‘南’，本在泥紐也。‘然’、‘而’、‘如’、‘若’、‘爾’、‘耳’，此六名者。今皆在日紐。‘然’之或體有‘蘸’，作艸，難聲。《劇秦美新》：‘爇除仲尼之篇籍。’《五行志》：‘巢爇墮地’，皆作難聲，明‘然’古音如‘難’，在泥紐也。‘而’之聲類有‘耐’。《易·屯》曰：‘宜建侯而不寧。’《淮南·原道訓》曰：‘行柔而剛，用弱而强。’鄭康成、高誘皆讀‘而’爲‘能’。是‘而’音同‘耐’、‘能’，在泥紐也。‘如’从‘女’聲，古音與‘奴’、‘拏’同。音轉如‘奈’。《公羊·定八年傳》：‘如丈夫何’，《解詁》曰：‘如，猶奈也。’又轉如‘能’。《大雅》：‘柔遠能邇。’《箋》曰：‘能，猶伽也。’‘奈’、‘能’與‘如’皆雙聲。是‘如’在泥紐也。‘若’之聲類有‘諾’；稱‘若’，稱‘乃’，亦雙聲相轉。是‘若’本在泥紐也。《釋名》曰：‘爾，昵也。泥，邇也。’《書》言‘典祀無豐于昵’，以昵爲禰。《釋獸》‘長脊而泥’，以泥爲驡。是故‘爾’聲字皆如‘泥’，在泥紐也。《漢書·惠帝紀》曰：‘内外公孫耳孫。’師古以耳孫爲仍孫。仍今在日紐，本从乃聲；音如乃。是‘耳’、‘仍’皆在泥紐也。‘耎’、‘弱’、‘儒’、‘柔’，此四名者，今皆在日紐。耎聲之稬，音奴亂切，耎聲之煗，音乃管切。耎聲之媆，音奴困切。是‘耎’本在泥紐。弱聲之嫋，音奴鳥切。弱聲之搦，音奴歷切，弱聲之溺，或以爲尿，音奴吊切。《管子·水地》：‘夫水，淖弱以爲清。’《莊子·逍遥遊》：‘淖約若處子。’李頤曰：‘綽約，柔弱貌。’明古音弱與淖同，故得以淖爲弱，或爲聯語。是‘弱’在泥紐也。‘儒’之聲類‘羺’、‘獳’、‘鵚’、‘醹’，皆从‘耎’變。《廣韻》並音奴鉤切。此則‘儒’本音‘羺’，在泥紐也。《廣雅·釋詁》：柔訓爲弱。《説文》輮、鍒，皆訓爲耎。‘柔’與‘弱’、‘耎’本雙聲而義相似。故柔亦在泥紐也。明此則恁爲下齎，荏苒爲柔木，其音皆在泥紐，可例推也。人、仁之聲，今在日紐。人聲之年，爲奴顛切，仁聲之佞，爲乃定切。此則‘人’、‘仁’本音‘年’、‘佞’，在泥紐也。丹之聲今在日紐。那，从丹聲，則‘丹’、‘那’以雙聲相轉①，在泥紐也。攘之聲今在日紐。搶攘古爲搶囊。

① 轉，原作“傳”，形近而譌，今改正。

此‘攘’本音如‘囊’，在‘泥’紐也。舉此數事；今日紐者，古音皆在泥紐。其他以條例比況可也。今音泥，蜺爲泥紐；尼、昵在娘紐。仲尼，《三蒼》作仲蜺，《夏堪碑》曰：‘仲泥何侘?’是明尼聲之字，古音皆如蜺、泥；有泥紐，無娘紐也。今音男、女在娘紐；爾、女在日紐。古音‘女’本如‘帑’。《天文志》顏師古説：‘帑，雌也。’是則‘帑’即‘女’矣。爾、女之音，展轉爲‘乃’；有泥紐，無娘紐也。狃之聲今在娘紐。公山不狃，狃亦爲擾。往來頻復爲狃，《説文》作揉。擾、徖今在日紐。古無日紐，則‘狃’亦在泥紐也。其他亦各以條例比況，可也。問曰：聲音者，本乎水土，中乎同律，發乎脣舌，節族自然。今曰古無娘、日，將迫之使不言耶？將故闕也？答曰：凡語言者所以爲別。日紐之音，進而呼之則近來；退而呼之則近禪。娘紐之音，下氣呼之則近影，作氣呼之則近疑。古音高朗而徹，不相疑似，故無日、娘二紐矣。今閩廣人亦不能作日紐也。”餘杭章炳麟説。

（四）古無重脣輕脣之分。“凡輕脣之音，古讀皆爲重脣。《詩》‘凡民有喪，匍匐救之’，《檀弓》引《詩》作‘扶服’，《家語》引作‘扶伏’。又‘誕實匍匐’，《釋文》本亦作‘扶伏’，皆‘匍匐’之異文也。古讀‘扶’如‘酺’；轉爲‘蟠’音。《漢書·天文志》：‘晷長爲潦，短爲早，奢爲扶。’鄭氏云：‘扶，當爲蟠’；齊魯之間聲如‘酺’。酺、扶聲近。蟠，止不行也。《史記·五帝本紀》：‘東至蟠木。’《吕氏春秋》：‘東之扶木。’又云：‘禹東至榑木之地。’扶木，謂扶桑也。《説文》作‘榑桑’。古音‘扶’如‘蟠’，故又作蟠木。‘服’又轉‘犕’音。《説文》引《易》‘犕牛乘馬’；犕牛，即服牛也。《左傳》：‘王使伯服遊孫伯’，《史記·鄭世家》‘伯犕’。《後漢書·皇甫嵩傳》：‘義真犕未乎。’注：‘犕，古服字。’‘服’又轉爲‘謈’音。《漢書·東方朔傳》：‘舍人不勝痛，呼謈。’服虔云：‘謈，音暴。’鄧展云：‘瓜瓟之瓟。’師古云：‘痛切而叫呼也，’與《田蚡傳》‘呼服’音義皆同。《田蚡傳》：‘蚡疾一身盡痛，若有擊者，呼服謝罪。’晋灼云：‘服，音瓟。關西俗謂得杖呼及小兒啼爲呼瓟。’《廣韻》：‘菢，薄報切，鳥伏卵。伏，扶當切，鳥菢子。’‘伏’、‘菢’互相訓而聲亦相轉；此‘伏羲’所以爲‘庖犧’，伏羲氏亦稱庖犧氏。《説文》：‘虙，迫也：讀若《易》虙羲氏。’《唐韻》：‘虙，平秘切。’《風俗通》：‘伏者，别也；變也。伏羲始别八卦以變化天下。’‘伏’又與‘逼’通。《考工記》：‘不伏其轅，必縊其牛。’注：‘故書，伏作逼。’

杜子春云：‘逼當作伏。’按：‘逼’、‘迫’、‘别’、‘變’皆重脣。古音‘負’如‘背’，亦如‘倍’。《史記・魯周公世家》‘南面倍依’，《漢書・徐樂傳》‘南面背衣’，倍與背同，即負扆也。《書・禹貢》‘至於陪尾。’《史記》作‘負尾’，《漢書》作‘倍尾’。《漢書・宣帝紀》：‘竹幸萯陽宫。’李斐曰：‘負音倍。’《東方朔傳》：‘倍陽宣曲尤幸。’師古曰：‘倍陽，即萯陽也。’《釋名》：‘負，背也，置項背也。’《書》‘方命圮族。’《史記》作‘負命’。《正義》云：‘負，音佩。’依《字通》：‘負，違也！’按：‘負命’，猶言‘背命’。古讀‘附’如‘部’。《左傳》‘部婁無松柏。’《説文》引作‘附婁’；云：‘附婁，小土山也。’《詩》‘景命有僕’，《傳》：‘僕，附也。’《廣雅》：‘薄，附也。’‘苻’即‘薄’字。《左傳》：‘取人於萑苻之澤。’《釋文》：‘苻，音蒲。’《晋書》：‘蒲洪孫堅背有草付字，改姓苻。’古讀‘佛’如‘弼’，亦如‘勃’。《詩》：‘佛時仔肩。’《釋文》：‘佛，毛符弗反，大也。鄭音弼輔也。’《學記》：‘其求之也佛。’《正義》：‘佛者，佛戾也。’《釋文》本又作‘拂，扶弗反’，《曲禮》獻鳥者‘佛其首’，注：‘佛，戾也’；《釋文》：‘作拂，本又作佛。扶弗反。’《晋書》‘赫連勃勃’，《宋書》作‘佛佛’；‘乞伏氏’亦作‘乞佛’。佛亦作‘奞’。《説文》：‘奞，大也；讀若予違汝弼。’古讀‘文’如‘門’，《水經注・漢水篇》：‘文水，即門水也。’《書》‘岷嶓既藝。’‘岷山之陽。’‘岷山導江。’《史記・夏本紀》皆作‘汶山’。《漢書・武帝紀》：‘文山郡。’注：應邵曰：‘文山，今蜀郡峪山。’《禮記》：‘君子貴玉而賤碈’，或作玟。《釋文》：‘玟，武作反；又音枚。’《漢書・高帝紀》：‘亡諸身帥閩中兵’，如淳曰：‘閩，音緡。’應邵曰：‘音文飾之文。’文、閩，同音，皆重脣也。《史記・魯世家》‘平公子文公’，《世本》作‘湣公’；湣與閔同，閔亦从文聲。古讀‘弗’如‘不’。《廣韻》：‘不與弗同，分勿切。’《説文》：‘吴謂之不律。燕謂之弗。秦謂之筆。’筆、弗，聲相近也。古讀‘拂’如‘弼’。《孟子》：‘入則無法家拂士。’《史記・夏本紀》：‘女匡拂予。’古讀‘茀’如‘蔽’。《詩》：‘翟茀以朝。’《傳》：‘茀，蔽也。’《周禮》注引作‘翟蔽以朝’。‘簟茀魚服’，《箋》：‘茀之言蔽也。’‘簟茀朱鞹’，《傳》：‘車之蔽曰茀。’《論語》：‘色勃如也。’《説文》兩引：一作勃。一作艴。《廣韻》十一沒部：‘艴然不悦，艴，蒲没切。’此古音。又八物部：‘艴，淺色；敷勿切。’此齊梁以後之音。古讀‘繁’如‘鞶’。《左傳・成二年》：‘曲縣繁纓以朝。’《釋文》：‘繁，步干反。’繁纓，亦作樊纓。《周禮·巾車》‘玉路，錫樊纓十有再就’，注：‘樊，讀如鞶帶之鞶，謂今馬大帶也。’《釋文》：‘樊，步干反。’‘繁’又轉如‘婆’音。《左傳·定四年》：‘殷民七族，繁氏、錡氏。’《釋文》：‘繁，步何反。’《漢書·公卿表》：‘李延壽爲御史大夫，一姓繁。’師古曰：‘繁，音蒲元反。’《陳湯傳》：‘御史大夫繁延壽。’師古曰：‘繁，音蒲胡反。’《蕭望之傳》，師古音婆；《谷永傳》，師古音蒲何反；延壽一人而小顔三易其音，要皆重脣，非輕脣；則是漢人無輕脣之證也。《史記·張丞相列傳》‘丞相司直繁君’，《索隱》音繁爲婆。《文選》‘繁休伯’，吕向音‘步何反’。《廣韻》入戈部有‘繁字，薄波切；姓也。’則‘繁’姓讀‘婆’音爲正。古讀‘蕃’如‘卞’，《漢書·成帝紀》引《書》‘於蕃時雍’；‘於蕃’，即‘於變’也。《孔宙碑》又云：‘於下時雍。’‘卞’、‘變’、‘蕃’，皆同音。古讀‘藩’如‘播’。《周禮·大司樂》：‘潘之以八音’，注：‘故書播爲藩’；杜子春云：“播，當爲播；讀后稷播百穀之播。”’《尚書大傳》：‘播國率相行事。’鄭注：‘播讀爲藩。’古讀‘僨’如‘奔’。《禮·射義》：‘賁軍之將。’注：‘賁，讀爲僨，覆敗也。’《詩·行葦》傳引作‘奔軍之將’。古讀紛如‘豳’。《周禮·司几筵》：‘設莞筵紛純。’鄭司農云：‘紛讀爲豳。’古讀‘甫’如‘圃’。《詩》：‘東有甫草。’薛君《章句》：‘圃，博也；有博大茂草也。’鄭箋云：‘甫草，甫田之草也。’‘鄭有圃田’，《釋文》：‘鄭音補。’《左傳》：‘及甫田之北竟’，《釋文》：‘甫，布五反。’本亦作圃。古音‘敷’如‘布’。《書·顧命》‘敷重篾席’，《説文》引作‘布重莫席’。《詩》：‘敷政優優。’《左傳》引作‘布政’。《儀禮》‘管人布幕於寢門外。’注：‘今文布作敷。’‘敷’亦讀如‘鋪’。《詩》‘鋪敦淮濆。’《釋文》：‘《韓詩》作敷。’又‘敷時繹思。’《左傳》引作‘鋪’。《蓼蕭》箋‘外薄四海。’《釋文》云：‘諸本作外敷，注芳夫反。’是亦讀如‘鋪’也。古讀‘方’如‘旁’。《書》：‘方鳩僝功。’《釋文》兩引：一作‘旁逑僝功’，一作‘旁救孱功’；《史記》作‘方聚布功’。《書》‘方施象刑惟明。’《新序》引作‘旁施’。《立政》‘方行天下’，亦讀爲‘旁’，與《易》‘旁行而下流’義同。《書》‘方告無辜於上’，《論衡》引作‘旁’。《士喪禮》‘牢中旁寸’，注：‘今文旁爲方。’《左傳》‘衡流而方羊’，《釋文》：‘方，蒲郎反。’《莊子·逍遥遊篇》：‘彷徨乎無爲之側。’崔譔本作‘方羊’。‘方’亦讀如‘謗’。《論語》‘子貢方人’，鄭康成本作‘謗人’。《廣雅》：‘方，表也。邊，方也。’《説文》：‘方，併船也。’古人讀‘方’重脣，與‘邊’、‘表’、‘併’聲相近。《字林》：‘穮，方遥反；襮，方沃反；邶，方代反。’吕忱，魏人；其時初行反語，即反語可得方之正音。六朝以後，轉重脣爲輕脣；後世不知有正音，乃强爲類隔之説，謬矣！古音‘魴’如‘鰟’。《説文》：‘魴或作鰟。’《春秋》‘晋侯使士魴來乞師’，《公羊》作‘士彭’，是‘魴’非輕脣也。古音‘逢’如‘蓬’。《詩》‘鼉鼓逢逢’，《釋文》：‘逢，薄紅反。’徐仙民音豐，亦讀豐重脣也。《爾雅》：‘歲在甲曰閼逢。’《淮南·天文訓》作‘閼蓬’。《莊子·山木篇》：‘雖羿，蓬蒙不能眄睨。’即《孟子》之逄蒙也。後世聲韻之學行，妄生分别，以‘鼓逢逢’讀重脣入東韻；相逢字讀輕脣入鍾韻；又别造一逄字轉薄紅切，訓人姓。改逢蒙、逢丑父之逢爲逄以實之；則大謬矣！洪氏《隸釋》引司馬相如云：‘烏獲逢蒙之巧。’王褒云：‘逢門子彎烏號。’《藝文志》亦作逢門，即逢蒙也。《古今人表》有逢於何數人。陽朔中，有大僕逢信。《左傳》有逢伯陵、逢五父矣。漢有逢萌。《莊子》：‘羿，逢蒙不能睥睨。’《淮南子》：‘重以逢蒙門子之巧。’皆作逢迎之逢。石刻有《漢故博士趙傳逢府君神道》、《逢童子碑》，其篆文皆從逢。《魏元丕碑》有逢牧，《孔宙碑陰》有逢祈，《逢盛碑陰》有逢信，亦不書作逄。’洪説是也。漢魏以前未有逄字。其爲六朝人妄造無疑。古讀‘封’如‘邦’。《論語》：‘且在邦域之中矣。’《釋文》：‘邦或作封。’‘而謀動干戈於邦内。’《釋文》：‘鄭本作封内。’《釋名》：‘邦，封也；有功於是，故封之也。’‘封’又讀如‘窆’。《檀弓》：‘縣棺而封。’注：‘封，當爲窆；下棺也。’《春秋傳》作堋。《周禮·鄉師》：‘及窆，執斧以蒞匠師。’鄭司農云：‘窆謂葬下棺也。《春秋傳》曰：“日中而堋。”《禮記》所謂“封”者。’《説文》：‘堋，喪者葬下土也。《禮》謂之封；《周官》謂之窆。’封，俯容切；窆，方驗切；堋，方鄧切；聲皆相似，故可互轉。後儒不通古音，乃有類隔之例。不知古音本無輕脣也。古人讀‘封’如‘邦’。先鄭云：‘窆、堋、封音相似。’是東京尚無輕脣音。古音‘勿’如‘没’。《爾雅》‘蠠没’即《詩》‘密勿’也。《詩》‘黽勉從事’，《劉向傳》引作‘密勿從事’。《禮記·祭義》：‘勿勿諸其欲其饗之也。’注：‘勿勿，猶勉勉。’《大戴禮·曾子立事篇》：‘君子終身守此勿勿。’注：‘勿勿猶勉勉。’《曲禮》：‘國中以策彗卹勿。’注：‘卹勿，搔摩也。’古人讀‘勿’重脣，故與‘勉’、‘摩’聲相轉。《顔氏家訓》云：‘《戰國策》音刎爲免。’古音‘刎’、‘免’皆重脣。六朝人轉刎爲輕脣，故以爲異。古讀‘副’如‘劈’。《説文》：‘副，判也。’判、副雙聲。引《周禮》副辜。《籀文》作疈辜。《詩》：‘不拆不副。’讀孚逼反。《字林》：‘副，判也；匹亦反。’古讀‘罰’如‘軷’。《周禮》：‘大馭犯軷。’注：‘故書軷作罰。’杜子春云：“罰當爲軷；軷當爲別異之別。”古讀‘非’如‘頒’。《説文》：“僕，賦事也，讀若頒；一曰讀若非。”《周禮·太宰》：‘匪頒之式’，鄭司農云：‘匪，分也。’匪、頒雙聲。古讀‘匪’如‘彼’。《詩》‘彼交匪敖’，《左氏·襄廿七年傳》引作‘匪交匪敖’，《詩》‘彼交匪紓’，《荀子·勸學篇》引作‘匪交匪紓’，《春秋·襄八年傳》‘如匪行邁謀’，注：‘匪，彼也。’《廣雅》：‘匪，彼也。’‘匪’又與‘邲’通。《詩》‘有匪君子’，《韓詩》作‘邲’。‘腓’與‘芘’同。《詩》‘小人所腓’，《箋》云：‘腓當作芘。’毛於此文及牛羊腓字之腓，皆訓爲辟；蓋以聲相似取義。古文‘妃’與‘配’同。《詩》‘天立厥配’，《釋文》本亦作‘妃’。《易》‘遇其配主’，鄭本亦作‘妃’。‘剕’與‘臏’通。《書》‘剕罰之屬五百’，《史記·周本紀》作‘臏’。‘菲’與‘苞’通。《曲禮》‘苞屨扱衽’，注：‘苞或爲菲。’‘浘’與‘浼’通。《詩》‘河水浼浼’，《釋文》：‘浼，每罪反。’《韓詩》作‘浘浘’。‘娓’即‘美’字。《詩》‘誰侜予美’，《韓詩》作‘娓’。《説文》：‘娓，顺也，讀若媚。’古音‘微’如‘眉’。《少牢禮》‘眉壽萬年’，注：‘古文眉爲微。’《春秋·莊廿八年》‘築郿’，《公羊》作‘微’。《詩》‘勿士行枚’，《傳》：‘枚，微也。’古讀‘無’如‘模’。《説文》：‘橆，或説規模字。’漢人規模字，或作‘橅’。《易》‘莫夜有戎’，鄭讀莫如字，云無也，無夜非一夜。《詩》‘德音莫違’，《箋》：‘莫，無也。’《廣雅》：‘莫，無也。’《曲禮》：‘毋不敬。’《釋文》云：‘古文言毋，猶今人言莫也。’‘無’又轉如‘毛’。《後漢書·馮衍傳》：‘飢者毛食。’按衍集，毛字作无。《漢書·功臣侯表序》：‘靡有孑遗，耗矣’，注：‘孟康曰：耗，音毛。’師古曰：‘今俗語猶謂無爲耗。’按今江西、湖南方音讀‘無’如‘冒’，即毛之去聲。‘無’轉訓爲‘末’。《檀弓》‘末，吾禁也’，注：‘末[1]，無也。’又轉訓爲‘靡’。《釋言》：‘靡，無也。’古讀‘蕪’與‘蔓’通。《釋艸》‘蔓菁’，《釋文》云：‘蔓，音万。

[1] “末”前有衍文“無”，已删。

本又作蕪，音無。’古讀‘膴’如‘模’。《詩》‘民雖靡膴’，《箋》：‘膴，法也。’《釋文》：‘徐云：鄭音模，又音武。’《韓詩》作‘靡腜’。《詩》‘周原膴膴’，《文選注》引《韓詩》作‘腜腜’，莫来切。模、腜聲相近。《说文》：‘膴，讀若謨。’‘璑’从無聲。《周禮·弁師》‘瑉玉三采’，注：‘故書瑉作璑。’《説文》：‘璑，三采玉也。’璑、瑉聲相近。古讀‘反’如‘變’。《詩》‘四矢反兮’。《韓詩》作‘變’。《説文》：‘汳水，即汴水。’古讀‘馥’如‘苾’。《詩》‘苾芬孝祀’，《韓詩》作‘馥芬’。古讀‘復’如‘愎’。《釋言》：‘狃，復也。’孫炎云：‘狃忕前事，復爲也。’《春秋傳》‘愎諫違卜’，謂諫不從而復爲也。《説文》無愎字，蓋即狃復字；後儒改从心旁耳。今人呼鰒魚曰鮑魚，此方音之存古者。古音‘晚’重脣，今吴音猶然。《説文》：‘晚，莫也。’《詩毛傳》：‘莫，晚也。’莫、晚聲相近。古讀‘馮’爲‘憑’，本从冰得聲。《易》‘用馮河’，《詩》‘不敢馮河’。《論語》‘暴虎馮河’，《春秋》‘宋公馮’。皆皮冰反。吾衍謂《孟子》諸馮、馮婦之馮，皆皮冰反。按《水经注》：‘皇舅寺，是太師昌黎馮晋國所造。’考《魏書》‘馮熙，字晋國，文明太后兄也；封昌黎王。’是魏時讀馮姓皮冰反，故或作憑也。‘俘’與‘寶’通。《春秋》‘齊人来歸，衛俘’，《公》、《穀》俘作寶。《一切經音義》引詔定古文官書，枹、桴二字同體，扶鳩反，是‘桴’與‘枹’同音。古讀‘望’如‘茫’。《釋文》：‘望，茫也。遠視茫茫也。’《周禮·職方氏》：‘其澤藪曰望諸。’注：‘望諸，明都也。’疏：‘明都即宋之孟諸。’古音孟如茫。古讀‘務’如‘牟’。《荀子·成相篇》：‘讒卞隋舉牟光。’即務光也。《左傳》‘莒公子務婁’，徐音莫侯反。古讀‘發’如‘撥’。《诗》‘鱣鮪發發’，《釋文》：‘補末反。’此古音也。‘一之日觱發’，《说文》：作‘滭泼’。此雙聲，亦當爲補末切。《说文》：‘泼，分勿切。’”古讀“分”如“邠”，本重脣。錢大昕説。

（五）古“非”、“敷”、“奉”通“曉”、“匣”。“閩人讀‘非’、‘敷’、‘奉’如‘希’、‘呼’、‘哄’，係輕脣缩入淺腭而通‘曉’、‘匣’，故讀福建之‘福’爲‘黑屋’；而‘祜’字，閩人亦讀‘黑屋’，與福字音同。可知福、祜二字，古音本同，實一字也。又如‘胡邱’即‘方邱’，‘蝮’即爲‘虺’，皆可證‘非’、‘敷’、‘奉’之古通‘曉’，舌上舒爲齒音；齒音縮入舌上；舌上混入深腭；古人互訓，亦有斯例。”江謙説。

(六) 古雙聲说。“古音紐有舌頭，無舌上；有重脣，無輕脣。而舌上之娘、日二紐，古並歸泥；已如前所證明。正齒舌頭，慮有鴻細，古音不若是繁碎，大較不別。齊[①]莊中正，爲齒音雙聲。今音中在舌上，古音中在舌頭，疑于類隔。齒舌有時旁轉，錢氏亦疏通之矣。此則今有九音，於古則六，曰：喉淺腭，牙深腭，舌，齒，脣，半舌來字本爲半舌音，茲從江謙附於舌頭音之末。也。同音者，雖旁紐則爲雙聲。是故金欽禽唫，一今聲具四喉淺腭音。污吁芓華，一于聲具四牙深腭音。漢魏、南北朝反語不皆音和，以是爲齊。及夫喉淺腭、牙深腭二音互有蜕化，募原相屬，先民或弗能宣究。證以聲類：公聲爲翁，爲空。工聲爲紅。段聲爲瑕。古聲爲胡。久聲爲羑。圭聲爲黿。夾聲爲挾。甲聲爲狎。見聲爲莧。气聲爲氣。幵聲爲形。𠃋聲爲弘。雚聲爲歡。干聲爲汗。咼聲爲禍。區聲爲歐。谷聲爲浴。角聲爲斛。句聲爲呴。羔聲爲窯。丂聲爲號。高聲爲蒿。光聲爲黄。斤聲爲欣。君聲爲莙。《説文》讀若威。軍聲爲運。匄聲爲曷。今聲爲酓。毄聲爲繫。彑聲爲彝。咎聲爲欲。元聲爲完。午聲爲許。我聲爲義。此喉淺腭音爲牙深腭也。匝聲爲姬。異聲爲冀。羊聲爲羌，爲姜。灰聲爲恢。或聲爲国。危聲爲詭。奚聲爲谿，爲雞。益聲爲鷁。肙烏玄切。聲爲涓。與聲爲舉。虍聲爲豦，爲虧。户聲爲顧。由聲爲軸。爻聲爲教。恒聲爲緪。熒聲爲褮。㫃聲爲甂。手聲爲夸。皀聲爲卿。㞷聲爲匡。玄聲爲牽。衍聲爲愆。咸聲爲感。臽聲爲峪。苦組切。合聲爲袷。此牙深腭音爲喉淺腭也。是故柽柜爲柽柜。曲紅爲曲江，治容爲蠱容。肉倍好爲肉倍孔。芐爲大苦。何以恤我爲假以溢我。有蒲與荷爲有蒲與茄。詞其楊榷。训有謑髁。《莊子·天下篇》釋文：謑有胡啓、苦迷、五米三反，髁有户寡、勘禍二反。其音出入喉、牙而皆爲雙聲。鳥有鵲渠，樂有空侯，形有句股弦，水有江河淮沇，山有吴華恆衡，皆雙聲也。囮圝同文。油膏通借。若是者遽數之不能終其物。昔守温、沈括、晁公武輩喉淺腭、牙深腭二音，故已互易。韓道昭乃直云深喉、淺喉，斯則喉淺腭、牙深腭不能有異也。百音之極必返喉淺腭、牙深腭。喑者雖不能語，猶有喉淺腭、牙深腭八紐。語或兜離了戾，舌上及齒必内入喉淺腭、牙深腭而不悟憭。今交廣音則然。北方輕脣或時入牙深腭，故喉淺腭、牙深腭者，生人之元音。凡字從其聲類，横則同均，縱則同音，其大齊不踰是。然音或

① 齊，原作“齋”，今據章炳麟《國故論衡·古雙聲説》改。

有絶異，世不能通。撢鈎元始，喉淺腭、牙深腭足以衍百音；百音亦終輒復喉淺腭、牙深腭。攸聲有絛。由聲有笛。睪聲有鐸。厂聲有虒。亦聲有狄。也聲有地。㠯聲有台，有能。弋聲有代，有忒。舀聲有稻，有韜。尚聲有當。余聲有荼。俞聲有媮。庚聲有唐。炎聲有談。昜聲有湯。甬聲有通。貴聲有穨。堇聲有難。堯聲有嬈。予聲有芧。此喉淺腭、牙深腭發舒爲舌音也。天音如顯。地訓爲易。弟讀爲圛。田讀若引。卣讀若調。聲爲逌。讀若攸。多聲爲宜，爲移。自聲爲歸。王他鼎切。聲爲巠。彖聲爲緣。褱聲爲鰥，爲褭。兑聲爲閲。殳古音如投。聲爲股，爲羖。蟲聲爲融。姚、銚大吊切。同聲。銛、恬同聲。此舌音遒斂爲喉淺腭、牙深腭也。午聲有卸。卸復有御。魚聲有穌。户聲有所。羊聲有祥。昜聲有傷。乙聲有失。失復有佚。血聲有恤。亘聲有宣。肙聲有圓。弋聲有式。樂聲有鑠。㱿聲有聲。公聲有松。谷聲有俗。牙聲有邪。也聲有施。屰聲有朔。契聲有偰。執聲有褻。告聲有造。庫讀如舍。車讀如尺奢反。此喉淺腭、牙深腭發舒爲齒音也。出聲爲屈。彗聲爲慧。歲聲爲薉。世聲爲勩。戌聲爲威。隹聲爲唯。自聲爲洎，爲臮。支聲爲芰，爲跂。旨聲爲詣，爲稽，爲耆。只聲爲伿。氏聲爲衹。失聲爲疑。咠聲爲揖。丞聲爲卺。僉聲爲劍，爲險。川聲爲訓。井聲爲荆。收聲爲莜。舟聲爲貈。以疋爲雅。以所爲許。以聲爲馨。此齒音遒斂爲喉淺腭、牙深腭也。亯亦爲亯。今作享。爲聲有皮。囧聲有朙。允聲有玧。璊之或字。巳聲有汜。黑聲有默。昏聲有揞，有腤。久聲有畝。交聲有駮。此喉淺腭、牙深腭發舒爲脣音①也。芇母官切。聲爲蔄。冒聲爲勖。勿聲爲忽。母聲爲悔。亡聲爲巟。品聲爲喦。文聲爲虔。末聲爲沬。豹、約同聲。父巨音訓。此脣音遒斂爲喉淺腭、牙深腭也。各聲有路。京聲有涼。咎聲有綹。讀若柳。柬聲有闌。果聲有裸。兼聲有廉。監聲有濫。聿聲有律。劦聲有荔。卯聲有柳。魚聲有魯。可聲有砢。来可切。《詩》以肇革爲鋚勒。《考工記》故書以兩樂爲兩欒。此喉淺腭、牙深腭發舒爲半舌也。里聲爲悝苦回切，爲趩讀若孩。翏聲爲膠。鬲聲爲隔。吕聲爲莒。今聲为矜。劍、斂同聲。古文《春秋》以即立为即位。此半舌遒斂爲喉淺腭、牙深腭也。略舉數事，足以明喉淺腭、牙深腭貫穿諸音。”章炳麟説。

以上六則，學者不知；遇古切音，盲措口矣！熟知三十六聲母古今讀法

① 音，原作“首”，今據章炳麟《國故論衡·古雙聲说》改。

之同異，則遇知安切爲端，非汪切爲幫，心知其故，不復懷疑。

第三節　古韻

古人因文字而定聲音，因聲音而得詁訓；先擇同音之字，如："仁者，人也。"不獲，乃求之一音之轉，如："義者，宜也。"不獲，乃求之雙聲，如："祈，求也"；"逆，迎也"；"可，肯也。"又不得，乃求諸疊韻：如："禮，履也"；"士，事也。"

漢魏以降，方俗遞變；而聲音文字，漸不相應。賴有《三百篇》及群經、傳記、諸子、騷賦具在，學者讀其文，可得其最初之音。前明三山陳第撰《毛詩古音考》四卷，《屈宋古音義》三卷，爰始講求古韻，開闢户牖。讓清顧炎武、江永、段玉裁、孔廣森諸君，因是推衍，漸詣精密。至近代章太炎氏出，窮其奥旨，通變入神。音韻明而詁訓明，而古經傳無不可讀。然非好學深思，罕能知其意也。試陳其略：

（一）古韻非叶。元戴侗《六書故①》曰："經傳'行'皆户郎切，未聞有協生韻者。'慶'皆去羊切，未聞有協敬韻者。如'野'之上與切，'下'之後五切，皆古正音，非叶韻也。"

明陳第《毛詩古書考序》曰："時有古今，地有南北，字有更革，音有轉移，亦勢所必至；故以今之音讀古之作，不免乖②剌而不合；於是悉委之叶。夫其果出於叶也？作之非一人，采③之非一國；何以母必讀'米'？非韻杞、韻止，則韻祉、韻喜矣；'馬'必讀'姥'？非韻組、韻黼，則韻旅、韻土矣；'京'必讀'疆'？非韻堂、韻將，則韻常、韻王矣；'福'必讀'偪'？非韻食、韻翼，則韻德、韻億矣。厥類實繁，難以殫舉。其矩律之嚴，即《唐韻》不啻，此其何故耶？又《易象》、《左》、《國》、《楚辭》、秦碑、漢賦，以至上

① 故，原作"古"，今改正。

② 乖，原作"乘"，今改正。

③ 采，原作"悉"，今據陳第《毛詩古書考序》改。

古歌謡箴、銘、頌、赞，往往韻與《詩》合，實古音之證也。”

“三代《六經》之音失其傳也久矣！其文之存於世者，多後人所不能通，以其不能通，而多以後世之音改之，於是乎有改經之病！始自唐明皇開元十三年敕曰：‘朕聽政之暇，乙夜觀書，每讀《尚書·洪範》至‘無偏無頗，遵王之義’，三復茲句，常有所疑，據其下文並皆協韻，惟‘頗’一字，實則不倫。又《周易·泰》卦中‘无平不陂’，《釋文》云：‘陂字亦有頗音。陂之與頗，訓詁無別，其《尚書·洪範》‘無偏無頗’字宜改为陂。’蓋不知古人之讀‘義’爲‘我’，而頗之未嘗誤也。《易·象傳》：‘鼎耳，革；失其義也。覆公餗，信如何也。’《禮記·表記》：‘仁者右也，道者左也。仁者人也，道者義也。’是義之讀爲我，而其見於他書者，遽數之不能終也。《易·漸》上九：‘鴻漸於陸，其羽可用爲儀’，范諤昌改‘陸’爲‘逵’；朱子謂以韻讀之良是。而不知古人讀‘儀’爲‘俄’，不與‘逵’爲韻也。《小過》上六：‘弗遇過之。飛鳥離之。’朱子存其二説，謂仍當作‘弗過遇之’；而不知古人讀‘離’爲‘羅’，正與‘過’爲韻也。《雜卦傳》：‘晋，晝也；明夷，誅也。’孫奕改‘誅’爲‘昧’；而不知古人讀‘晝’爲‘注’，正與‘誅’爲韻也。《楚辭·天問》：‘簡狄在臺嚳何宜？玄鳥致詒女何嘉？’後人改‘嘉’爲‘喜’；而不知古人讀‘宜’爲‘牛何反’，正與‘嘉’爲韻也。《招魂》：‘魂兮歸來。北方不可以止些！增冰峨峨！飛雪千里些！歸來歸来！不可以久些！’五臣《文選》本作‘不可以久止’，而不知古人讀‘久’爲‘几’，正與‘止’爲韻也。《老子》：‘朝甚除！田甚蕪！倉甚虚！服文采，带利劍，厭飲食，財貨有餘，是盜夸。’楊慎改爲‘盜竽’，謂本之《韓非子》，而不知古人謂‘夸’爲‘刳’，正與‘除’爲韻也。《淮南子·原道訓》：‘以天爲蓋；以地爲輿。四時爲馬，陰陽爲騶。乘雲陵霄，與造化者俱。縱志舒節，以馳大區！’後人改騶爲御；而不知古人讀‘騶’爲‘邾’，正與輿爲韻也。《史記·龜策傳》：‘雷電將之！風雨迎之！流水行之！侯王有德，乃得當之！’後人改‘迎’爲‘送’！而不知古人讀‘迎’爲‘昂’，正與‘將’爲韻也。《太史公自序》：‘有法無法，因時爲業。有度無度，因物與舍。’今《漢書·司馬遷傳》亦正作‘舍’。而後人改爲‘合’，不知古人讀‘舍’爲‘恕’，正與‘度’爲韻也。《柏梁臺詩》：‘上林令曰：走狗逐兔張罝罘。’今本改为‘罘罝’，又改爲‘罘罳’，而不知古人讀‘罘’爲扶之反，正與‘時’爲韻也。

揚雄《後將軍趙充國頌》：‘在漢中興，充國作武。赳赳桓桓，亦紹厥後。’五臣《文選》本改‘後’爲‘緒’；而不知古人讀‘後’爲‘户’，正與‘武’爲韻也。繁欽《定情詩》：‘何以結相於！金薄畫搔頭。’後人改‘於’爲‘投’，而不知古人讀‘頭’爲‘徒’，正與‘於’爲韻也。陸雲《答兄平原詩》：‘巍巍先基，重規累構！赫赫重光，遐風激鶩！’今本改鶩爲騖；而不知古人讀‘構’爲‘故’，正與‘鶩’爲韻也。齊武帝《估客樂》：‘昔經樊鄧役，阻潮梅根冶；深懷悵往事，意滿辭不叙！’今本改‘冶’爲‘渚’；不知《宋書·百官志》江南有梅根、冶唐二冶。而古人讀‘冶’爲‘墅’，正與‘叙’爲韻也。《隋書》載梁沈約《歌赤帝辭》：‘齊醍在堂，笙鏞在下；匪惟七百，無絶終古！’今本改古爲始。不知‘長無絶兮終古’，乃《九歌》之辭，而古人讀‘下’爲‘户’，正與‘古’爲韻也。《詩》曰：‘泛彼柏舟，在彼中河。髧彼兩髦，實維我儀。之死矢靡他。’則古人讀‘儀’爲‘俄’之證也。《易·離》九三：‘日昃之離，不鼓缶而歌！則大耋之嗟！’則古人讀‘離’爲‘羅’之證也。張衡《西京賦》：‘徼道外周，千廬内附。衛尉八屯，巡夜警晝。’則古人讀‘晝’爲‘注’之證也。《詩》曰：‘君子偕老，副笄六珈，委委佗佗；如山如河！象服是宜！子之不淑，云如之何！’則古人讀‘宜’爲牛何反之證也。又曰：‘何其久也，必有以也。’又曰：‘吉甫燕喜，既多受祉。来歸自鎬，我行永久。’則古人讀‘久’爲‘几’之證也。左思《吴都賦》：‘横塘查下，邑屋隆夸。長干延屬，飛甍舛互。’則古人讀‘夸’爲‘刳’之證也。《漢書叙傳》：‘舞陽鼓刀，滕公廄騶；潁陰商販，曲周庸夫；樊龍附鳳，並乘天衢。’則古人讀‘騶’爲‘邾’之證也。《莊子》：‘不將不迎，應而不藏，故能勝物而不傷。’又曰：‘無有所將，無有所迎。’則古人讀‘迎’爲‘昂’之證也。《曲禮》：‘將適舍，求毋固！’《離騷》：‘余固知謇謇之爲患兮！忍而不能舍也！指九天以爲正兮！夫惟靈修之故也！’則古人讀‘舍’爲‘恕’之證也。秦始皇《東觀石刻文》：‘常職既定，後嗣循業，長承聖治。群臣嘉德，祇誦聖烈。請刻之罘。’則古人讀‘罘’爲扶之反之證也。《詩》曰：‘予曰有疏附，予曰有先後；予曰有奔走，予曰有禦侮。’則古人讀‘後’爲‘户’之證也。《史记·龜策傳》：‘今寡人夢見一丈夫，延頸而長頭；衣玄繡之衣而乘輜車。’則古人讀‘頭’爲‘徒’之證也。《荀子》：‘肉腐出蟲，魚枯生蠹。怠慢忘身，禍災乃作。彊自取柱，柔自取束。邪穢在身，怨之所構。’作、束並去聲，則古人讀‘構’爲‘故’之證也。馬融《廣成頌》：‘然後緩節舒容，裴[1]回安步；降集波籞，川衡、澤虞。矢魚陳罟，兹飛、宿沙。田開、古冶，翬終葵，揚關斧，刊重冰，撥蟄户。則潛鱗，踵介旅。’則古人讀‘冶’爲‘墅’之證也。《詩》曰：‘于以奠之，宗室牖下。誰其尸之，有齊季女。’則古人讀‘下’爲‘户’之證也。凡若此者，遽數之不能終也。其爲古人之本音，而非叶韻，則陳第已辨之矣。

“然古詩中間有一二與正音不合者。如‘興’，蒸之屬也；而《小戎》末章與‘音’爲韻，《大明》七章與‘林’、‘心’爲韻。戎，東之屬也；而《常棣》四章與‘務’爲韻，《常武》首章與‘祖’、‘父’爲韻。又如箕子《洪範》則以‘平’與‘偏’爲韻。孔子繫《易》，于《屯》于《比》于《恒》則以‘禽’與‘窮’、‘中’、‘終’、‘容’、‘凶’、‘功’爲韻；于《蒙》于《泰》，則以‘實’與‘顺’、‘巽’、‘願’、‘亂’爲韻。此或出於方音之不同。”顧炎武説。

（二）古音有正有轉。錢大昕曰：“古人亦有一字而異讀者。文字偏旁相諧，謂之正音；語言清濁相近，謂之轉音。音之正有定，而轉無方。正音可分别部居，轉音則衹就一字相近，假借互用，而不通它字。其以聲轉者，如：‘難’與‘那’聲相近，故‘儺’從‘難’而入歌韻，‘難’又與‘泥’相近，故‘臡’從‘難’而入齊韻；非謂‘歌’、‘齊’二部之字，盡合於‘寒’、‘桓’也。‘宗’與‘尊’相近，故《春秋傳》‘伯宗’或作‘伯尊’。‘臨’與‘隆’相近，故《雲漢詩》以‘臨’與‘躬’韻。‘鞏’與‘固’相近，故《瞻卬》以‘鞏’與‘後’韻，非謂‘魂’、‘侵’、‘侯’之字，盡合於‘東’、‘鍾’也。其以義轉者，如‘躬’義爲身，即讀‘躬’如‘身’。《詩》‘無遏爾躬’與‘天’爲韻；《易·震》‘不于其躬，于其隣’，‘躬’與‘隣’韻，非謂‘真’、‘先’之字，盡合‘東’、‘鍾’也。‘賡’義爲續，《説文》以‘賡’爲‘續’之古文，非‘陽’、‘賡’之字，盡合‘屋’、‘沃’也。‘溱’本當《説文》作‘潧’。《説文》‘潧水出鄭國’，引《詩》‘潧與洧’，此是正音，而《毛詩》作‘溱’者，讀‘潧’如‘溱’以諧韻耳。‘溱’即‘潧’轉音，不可據《説文》糾《詩》之失韻，亦不可據《詩》疑《説文》之妄作，又不可執

---

① 裴，原作“斐”，今據《後漢書·馬融傳》改。

‘噌’、‘溱’相轉，而謂‘烝’、‘真’两部之字盡可通也。夫‘噌’與‘增’皆‘曾’聲。《毛傳》于《魯頌》‘烝徒增增’，云‘衆也’。此《爾雅・釋訓》正文，而於《小雅》‘室家溱溱’，亦云‘衆也’。文異而義不異，不獨假其音，并假其字。顧氏謂一字止一音，於古人異讀者，輒指爲方音，非是。

“夫音韻真、諄爲一類，耕、清爲一類，而孔子贊《易》，於此两類，往往互用。顧氏因謂五方之音，雖聖人不能改，此一孔之見也。夫《七月》末章，已有歧音；《清廟》一什，半疑無韻。非無韻也，古音久而失傳耳。依形尋聲，雖常人可以推求；轉注假借，非達人不能通變。所疑於《彖》、《象》、《傳》者，不過‘民’、‘平’、‘天’、‘淵’諸字，此古人雙聲假借之例，非舉兩部混而一之。‘民’、‘冥’聲相近，故《屯・象》以韻‘正’，讀‘民’如‘冥’也。‘平’、‘便’聲相近，故《觀・象》以韻‘賓’、‘民’，讀‘平’如‘便’也。‘淵’音近‘環’，與‘營’聲相近，故《訟・彖》以韻‘成’、‘正’，讀‘淵’如‘營’也。‘天’、‘汀’聲相近，故《乾・彖》以韻‘形’、‘成’，《文言》以韻‘情’、‘平’，讀‘天’如‘汀’也。此例本於《維清》之‘禋’、‘成’、‘禎’。《烈文》之‘訓’、‘刑’，夫子亦猶行古之道而已。古人訓‘膺’爲‘胸’，有‘壅’音。《説文》：‘膺，胸也。’《釋名》：‘膺，壅也。’《蒙・象》以‘應’韻‘中’、‘功’，《比・彖》以‘應’韻‘中’、‘窮’，亦讀‘應’爲‘壅’也。《未濟・象》以‘極’與‘正’韻，文公疑作‘敬’。顧氏以非韻置之不論，余謂‘極’從‘亟’，‘亟’、‘敬’聲相近。《廣雅》：‘亟，敬也。’《方言》：‘自關而西，凡相敬愛謂之亟。’則朱説非無稽，但不必破字耳。《革・象》以‘炳’、‘蔚’、‘君’爲韻，按《説文》‘君讀若威’，《漢律》‘婦告威姑’，威姑者，君姑也。‘君’、‘威’同音，則‘蔚’與‘君’諧，而‘炳’、‘彪’聲亦相近。蓋讀‘炳’如‘彪’也。《説文》：‘彪，虎文彪也。’與《易》義相應，是《易》固有作‘彪’字者矣。《豫・象》以‘兇’與‘正’韻，‘中’、‘正’本雙聲字。《艮・象》‘以中正也’，亦與‘躬’、‘終’爲韻，則‘正’、‘兇’可韻也。《象傳》不韻之句，獨此三卦。今以雙聲通之，則涣然釋矣。顧氏不知轉音，有扞格不入者，則謂之方音，不然也。如‘實’，神質切，亦讀如‘滿’；‘久’讀如‘九’，亦讀如‘几’。《易傳》兼用之，此正不拘方音之證。‘民’、‘平’、‘天’、‘淵’，義亦猶是。

“《三百篇》多以‘命’與‘申’韻，《易傳》則以‘命’與‘貞’、‘正’

韻，是有兩音①。

“《説文》‘命’從‘令’聲，‘令’本真、先類也。《詩》‘題彼脊令’，與‘鳴’、‘征’韻，《逸詩》‘講事不令’，與‘挺’、‘扃’、‘定’韻，《節南山》以韻‘騁’，《桑扈》以韻‘屏’；《楚辭·大招》以‘命’與‘盛’‘定’韻，此‘令’可兩讀也。《周頌》以‘時周之命’與‘我徂維求定’爲韻，抑‘訏’、‘謨’疊韻，‘定’、‘命’亦疊韻，此‘命’可兩讀也。《乾·象傳》讀‘命’爲楣病切，於《姤·象傳》彌吝切，亦兼用二音，以方音議之，非也。

“顧氏論古音以偏旁得聲，亦有自相矛盾者，如‘旂’、‘沂’、‘圻’皆從‘斤’，爲古音，則‘近’亦從‘斤’，乃援《詩》‘會言近止’，與‘偕’、‘邇’韻，謂古音‘記’改入志韻。何耶？凡字有正音、轉音，‘近’既從‘斤’，當以其隱切爲正，其讀如‘幾’者，轉也。如‘碩人其頎’，亦‘頎’之轉音。《禮記》‘頎乎其至’，讀‘頎’爲‘懇’者，乃正音耳。‘倩’從‘青’而與‘盼’韻，‘顒’從‘禺’而與‘公’韻，‘實’從‘貫’而與‘室’韻，‘怓’從‘奴’而與‘逑’韻，皆非正音。《禮記》‘相近於坎壇’，鄭康成讀‘相近’爲‘禳祈’，‘祈’未必不可讀爲‘近’也。‘仇’從‘九’聲，古讀‘九’有‘糾’、‘鬼’二音，故《關雎》以‘仇’韻‘鳩’，《兔罝》以‘仇’韻‘逵’。顧氏不知‘九’有二音，乃謂‘仇’常有二音，如‘母’、‘戎’、‘興’、‘難’之類。然《三百篇》中，亦不過四五字而已。予謂《三百篇》中轉音之字甚多，《七月》之‘陰’，‘二之日鑿冰沖沖，三之日納於凌陰’，‘陰’與‘沖’韻；《雲漢》之‘臨’，‘臨’與‘虫’、‘宮’、‘宗’、‘躬’爲韻；《蕩》之‘諶’，‘諶’與‘宗’爲韻；《小戎》之‘驂’，‘騏駵是中，騧驪是驂’，‘驂’與‘中’韻；《車攻》之‘調’、‘同’；‘弓矢既調，射夫既同’，‘調’、‘同’爲韻；《桑柔》之‘瞻’，‘瞻’與‘相’、‘臧’、‘狂’爲韻；《文王》之‘躬’，‘躬’與‘天’韻；《生民》之‘稷’，‘稷’與‘祀’、‘子’、‘止’爲韻；《北門》之‘敦’，‘敦’與‘遺’韻；《召旻》之‘頻’，‘頻’與‘中’、‘躬’爲韻；《正月》之‘局’，‘局’與‘蹐’韻，皆轉音也。《毛公詁訓傳》每寓聲於義，雖不破字，而未嘗不轉音。《小旻》之‘是用不集’訓‘集’爲‘就’，即轉從‘就’音；《鴛鴦》之‘秣之摧之’，

① 是有兩音，《潛研堂文集》作“豈亦有兩音耶”。

訓‘摧’爲‘莝’，即轉從‘莝’音；《瞻卬》之‘無不克鞏’，訓‘鞏’爲‘固’，即轉從‘固’音；《載芟》之‘匪且有且’，訓‘且’爲‘此’，即轉從‘此’聲。聲隨義轉，而無不可讀之《詩》矣。

“識字當求其源，源同則流不異。‘求’本‘裘’字，借爲求與之義，‘求’、‘祈’聲相近，故又有渠之切之音，後人於‘求’加‘衣’，仍取‘求’聲，非‘衣’聲也。‘求’、‘裘’本一字，顧氏析①而二之，且同一從‘求’之字，而讀‘俅’爲渠之切，‘觩’、‘絿’爲巨鳩切；同一從‘九’之字，而讀‘仇’爲渠之切，‘鳩’爲居求切，不知‘求’、‘九’元有二音也。‘瞏’從‘袁’聲，故字之從‘瞏’者皆在山、仙韻，而‘獨行瞏瞏’乃與‘菁’韻，讀‘環’者‘瞏’之正音，讀‘營’者‘瞏’之轉音也。‘黍’、‘稷’字本在職、德韻，而《生民》首章‘稷’與‘夙’、‘育’韻，讀如‘謖’者，轉音也。《簡兮》以‘翟’與‘籥’、‘爵’韻，《君子偕老》則與‘髢’、‘揥’韻，考‘褕翟’、‘闕翟’字或作‘狄’，‘狄’有‘剔’音，正與‘髢’協，是‘翟’有兩音也。‘舊’與‘舅’皆從‘臼’聲，《三百篇》‘舅’與‘咎’韻，亦與‘首’、‘阜’韻；‘舊’與‘時’韻，亦與‘里’、‘哉’韻；‘舅’從正音，‘舊’從轉音也。知一字不妨數音，辨其孰爲正，孰爲轉，然後能知古音，知《三百篇》之音，然後無疑於《易》之音也。

“《毛詩》不破字，有轉音。《大雅》‘俔天之妹’，《韓詩》‘俔’作‘磬’，而‘俔’亦訓爲‘磬’，即讀爲‘磬’矣。《小雅》‘外禦其務’，《左傳》‘務’作‘侮’，而毛亦訓爲‘侮’，即讀如‘侮’矣。《鄭風》‘方秉簡兮’，毛訓‘簡’爲‘蘭’，《説文》有‘蘭’無‘簡’，知‘簡’讀如‘蘭’也。《衛風》‘能不我甲’，《韓詩》‘甲’作‘狎’，毛亦訓爲‘狎’，即讀如‘狎’。《小雅》‘神之吊矣’，毛訓‘吊’爲‘至’，與‘質’韻，是讀爲‘至’也。毛無破字，其説出於王肅，肅欲與鄭立異，故於鄭所破字，必别爲新義，雖謂申毛，未盡得毛旨也。試以他經證之，‘賡’正音如‘庚’，而《書》‘乃賡載歌’從‘續’音，《説文》‘續’古文作賡。‘丱’之正音近‘貫’，《齊風》與‘孌’、‘弁’韻，而《周禮·丱人》借爲‘礦’，《説文》‘磺’或作‘丱’。‘賡’、‘續’以義轉，‘丱’、‘礦’以聲轉，此古經轉音之例也。魏晉以後，此義不

① 析，原作“柝”，今改正。

講，讀者動多窒礙矣。

“《大雅》‘訏謨定命’四句，顧氏以爲無韻，《考槃》、《干旄》[①]、《既醉》‘告’字，並‘古沃切’，與‘則’音不相近。《説文》‘譽急告之甚也’，‘急’、‘告’爲雙聲。《白虎通》：‘譽者極也’，‘亟’與‘急’通，故‘譽’有‘極’訓。《楚茨》以‘告’韻‘備’、‘戒’、‘位’，仰以‘告’韻‘則’，《爾雅·釋訓》以‘告’韻‘忒’、‘食’、‘則’、‘慝’、‘職’，皆讀‘告’爲‘亟’也，讀如‘穀’者，正音。顧氏拘於定音，于《楚茨》云不入韻，于《抑》則直云無韻，豈其然乎？《詩》‘日月告兇’，《漢書》引作‘鞠訩’，而《釋訓》亦以‘鞠’與‘職’、‘慝’韻，則‘告’有‘亟’音，又何疑焉？故從‘告’之字，亦可轉讀‘小子有造’與‘士’韻，‘蹻蹻王之造’與‘晦’、‘介’、‘嗣’、‘師’韻。

“顧氏論《詩》‘母’字凡十七見，其十六皆讀滿以切，惟《蝃蝀》二章與‘雨’韻，而《易·繫辭》‘如臨父母’，與‘度’、‘懼’、‘故’韻，是二音，要當以滿以切爲正，不知古音讀如‘每’，此爲正音，其讀如今音者，轉音也。《三百篇》‘侮’字四見，皆無與今音同。‘侮’從‘每’，‘每’又從‘母’聲，惟‘母’有‘姥’音，故‘侮’可入‘語’、‘姥’部。因流泝源，其條例秩然不紊。顧氏不知音有正有轉，輒疑轉音爲方音，故於此類未甚通曉焉。”

（三）古韻之陰陽對轉。韻有陰陽，名曰對轉，發自曲阜孔廣森氏。其言曰：“小學文字之書，以形爲經者莫善於《説文》，以聲爲經者莫善於《唐韻》。”今據《唐韻》以上求漢魏人詩歌銘頌已合者半否者半，據漢魏人之文以上求《三百篇》又合者半否者半，雖然所合與否，固皆有蹤迹理絡，可尋而復也。竊嘗基於唐韻階於漢魏，躋稽於二雅、三頌、十五國之風而繹之，而申之，而條分之，而類聚之，久而得之。有本韻，有通韻，有轉韻，通韻聚爲十二取其收聲之入同。本韻分爲十八，又剖析於斂侈、清濁、臺鳌、纖眇之際，曰元之屬，耕之屬，真之屬，陽之屬，東之屬，冬之屬，侵之屬，蒸之屬，談之屬，是爲陽聲者九；曰歌之屬，支之屬，脂之屬，魚之屬，侯之屬，幽之屬，宵之屬，之之屬，合之屬，是爲陰聲者九；此九部者，各以陰陽相配，而可以對轉，“斯蓋眇合殊聲，同其臭味”。

---

① 干旄，原作“于旌”，今改正。

“觀夫言語變遷，多以對轉爲樞，是故乙燕不殊，亢胡無别，袓羸裎裼①，一義而聲轉，幽侌香晻，同類而語殊，古語有陰聲者，多有陽聲與之對搆，由是聲義互治，不間毫忽。”近章炳麟因益闡明其説曰：“孔氏《詩聲類》列上下兩行，爲陽聲陰聲，其陽聲即收鼻音②，陰聲非收鼻音也。然鼻音有三孔道：其一侈音，印度以西皆以半摩字收之，今爲談、蒸、侵、冬、東③諸部，名曰撮脣鼻音。古音蒸、侵常相合互用，東、談亦常相合互用，以侵、談撮脣知蒸、東亦撮脣，今音則侵、談撮脣而蒸、東與陽同收，此古今之異。其一弇音，印度以西，皆以半那字收之，今爲青、真、諄、寒諸部，名曰上舌鼻音。其一軸音，印度以姎字收之，不待撮脣上舌，張口氣悟，其息自從鼻出，名曰獨發鼻音。夫撮脣者使聲上揚，上舌者使聲下咽，既已乖異，且二者非故鼻音也。以會厭之氣，被閉距於脣舌，宛轉趨鼻以求渫宣，如河決然；獨發鼻音則異是。印度音摩、那，皆在體文，而姎獨在聲勢，亦其義也。談、蒸、侵、冬、東諸部，少不審則如陽，然其言之自别。《釋名》云：‘風，沇豫司冀横口合脣言之，風，氾也，青徐踧口開脣推氣言之風，放也。’‘放’在陽爲開脣，‘風’、‘氾’在侵、談爲合脣，區以别矣，焉可憮也。夫陽聲弇者陰聲亦弇，陽聲侈者陰聲亦侈，陽聲軸者陰聲亦軸，是故陰陽各有弇侈而分爲四，又有中軸而分爲六矣。不悟是者鼻音九部，悉似同呼，不能得其緦理。今江河之域，撮脣鼻音，收之亦以半那字；惟交廣以半摩字收之，此於聲音大劑，能調理始終矣。然魚者閉口之極，陽者開口之極，故陽部與陽侈聲、陽弇聲皆旁轉。陽部轉東者，如《老子》以‘盲’、‘爽’、‘狂’與‘聾’爲韻，泱滃音轉，伀鍾作章是也；轉侵、冬者，如《漢書·李廣傳》‘諸妄校尉’，張宴釋‘妄’爲‘凡’，《説文》訓‘訪’爲‘汎謀’，《釋名》訓‘風’爲‘放’，《易》‘朋盍臧’或爲‘盍簪’，或爲‘盍宗’，又‘商’轉爲‘宋’，《周頌》以‘崇’、‘皇’爲韻，是也。轉蒸者，如‘揚觚’作‘滕觚’，‘未嘗’即‘未曾’，及‘彊’通作‘强’是也。轉談者，如《大雅》以‘瞻’、‘相’爲韻，《商頌》以‘濫’、‘皇’爲韻，及‘鏡’轉作‘鑑’，是也，此與陽侈聲之轉也。轉青者，如《禮經》‘竝’亦‘併’，又‘將’借爲‘請’，‘丁’、‘鼎’借爲‘當’，是也。轉真者，如‘萌’、‘甿’、‘氓’即‘民’、‘扁’，亦爲‘榜’；又楄部訓‘方木’，是也。轉諄者，如《易傳》以‘炳’、‘君’爲韻，《爾雅》‘英光’亦作‘蕨攈’，又‘芳’轉爲‘芬’，‘防’轉爲

---

① 袓羸裎裼，章太炎《文始》作“但裼羸裎”。“羸”疑爲“臝”之訛字。

② 音，原作“昔”，今改正。

③ 東，原作“曾”，今據上下文改正。

‘墳’，是也。轉寒者，如‘磺人’作‘卝人’，舜妃‘女英’，《帝繫篇》作‘女匽’，《説文》‘袢’讀若‘普’，《地理志》牂柯郡同‘並’，應邵曰‘並’音‘伴’是也，此與陽弇聲之轉也。魚部與陰侈聲、陰弇聲皆旁轉。魚部轉侯者，如‘武’借爲‘柎’，‘傅’借爲‘坿’，是也。轉幽者，如‘甫’聲字爲‘牖’，《大雅》以‘恤’韻‘休’、‘逑’、‘憂’，是也。轉之者，如‘民雖靡膴’作‘民雖靡腜’，又‘憮’、‘悔’同訓，‘謨’、‘謀’同訓，是也。轉宵者，如‘犧牲不略’作‘犧牲不勞’，古文以‘臭’爲‘澤’，《漢書》‘暴室’亦作‘薄室’，《詩》之‘暴虎’即爲‘搏虎’，是也，此與陰侈聲之轉也。轉支者，如‘迹’籀文作‘速’，‘狄’字今從‘亦’聲，‘闓圛’爲‘豈弟’，‘曰圛’爲‘曰涕’，是也。轉至者，如《方言》云：‘迹迹，屑屑，不安也，二語相轉。’《説文》‘渠蝌’，《釋蟲》作‘蛣蜣’，又‘拮据’爲連語，《釋詁》‘劼’又訓‘固’，《廣雅》‘石’訓爲‘擿’，賈子亦云‘提石而擿’，擿字自《詩箋》已作‘擲’也。轉脂者，如《説文》‘埍’讀若‘細’，‘埍’本言‘諝’，故字或作‘智’，假‘諝’爲之，而今讀若細，又《史記·匈奴列傳》‘黄金胥紕’，《漢書》作‘犀比’，《戰國策》言‘師比’，是也。轉隊者，如《説文》‘菸’訓‘鬱’，‘伹’訓‘拙’，又‘鼓造’爲‘屈造’，《魏略》書‘徐庶白堊塗面’作‘白堊突面’，是也。轉泰者，如‘于’、‘越’同訓，又《釋名》稱草圓屋曰‘蒲’，即草舍之‘废’字，是也。轉歌者，如‘辂’字，小篆作‘駕’，‘削瓜’曰華之借爲‘撝之’，又‘何’亦作‘胡’，‘蒦’讀如‘詐’，是也，此與陰弇聲之轉也。餘孰未已，陽與陽弇聲旁轉極於寒矣。又從寒以對轉而得泰；如‘對揚’亦作‘對越’，‘戚揚’借爲‘戚戉’，是也。陽與陽侈聲旁轉極於談矣。又從談以對轉而得宵；如‘駫駫牡馬’亦作‘驍驍牡馬’，又‘枉’轉爲‘夭’，‘量’轉爲‘料’，是也。魚與陰弇聲旁轉極於歌矣。又從歌對轉以得寒；如‘篗’或作‘籣’，‘無’作‘曼’，‘烏’作‘安’，‘跋扈’作‘畔援’，‘魁梧’作‘魁岸’，是也。魚與陰侈旁轉極於宵矣。又從宵以對轉而得談，如古文‘扈’作‘�’，從‘马’聲，草木之華爲马音，轉爲‘扈’爲‘華’，是也。夫惟當軸處中，故兼檻弇侈之聲，與之交捷，其弇侈者爲軸所隔，則交捷之塗絶矣。孔氏所表以審對轉則優，以審旁轉則寔，辰陽鱗次，脂魚櫛比，由不知有軸音，其失一也。緝、盍二部，雖與侵、談有别，然交廣人呼之同是撮脣，不得以入聲相格。孔氏以緝、盍爲陰聲，其失二也。對轉之理，有二陰聲同對一陽聲者，有三陽聲同對一陰聲者，復有假道旁轉以得對轉者，此所謂次對轉。若東亦與幽對轉，是假道於冬、侵也；至亦與青對轉，是假道於支也；支、脂亦與寒對轉，是假道於歌、泰也；之亦與冬、侵、緝對轉，是假道於幽也。非若人之處室，妃匹相當而已。孔氏所表，欲以十八部相對，伉叡不跱，有若魚貫；真、諄二部，勢不得不合爲一，拘守一理，遂令部曲掍殽，其失三也。今爲圜則正之，命曰《成均圖》圖從略。圖中陰弇與陰弇爲同列，陽弇與陽弇爲同列，陰侈與陰侈爲同列，陽侈與陽侈爲同列。凡同列相比爲近旁轉，凡同列相遠爲次旁轉，凡陰陽相對爲正對轉，凡自旁轉而成對轉爲次對轉，凡陰聲陽聲雖非對轉，而以比鄰相出入者爲交紐轉。凡隔軸聲者不得轉，然有間以軸聲，隔五相轉者爲隔越轉。凡近旁轉、次旁轉、正對轉、次對轉爲正聲，凡交紐轉、隔越轉爲變聲。”其見於古書之例證，詳見章氏《國故論衡·成均圖》説云。

（四）古四聲説。“四聲之論，雖起江左，然古人之詩，已自有遲疾輕重之分，故平多韻平，仄多韻仄。亦有不盡然者，而上成[1]轉爲平，去或轉爲平上，入或轉爲平上去，則在歌者之抑揚高下而已。

“四聲可以並用。‘騏騮是中，騧驪是驂，龍盾之合，鋈以觼軜，言念君子，温其在邑，方何爲期，胡然我念之。’‘合’、‘軜’、‘邑’、‘念’四字，古皆平而韻‘驂’。‘一之日觱角[2]發，二之日栗烈。無衣無褐，何以卒歲?’‘發’、‘烈’、‘褐’三字，皆去而韻‘歲’。今之學者必曰此字元有三音，有兩音，故可通用，不知古人何嘗屑屑於此哉！一字之中，自有平、上、去、入，其重其疾則爲入爲去爲上，其輕其遲則爲平，故注家多有疾言徐言之解，而劉勰《文心雕龍》謂‘疾呼中宫，徐呼中徵’，夫一字而可以疾呼徐呼，此一字兩音三音之所由昉也。惟平、上、去三聲固多通貫，而入聲似覺差殊。然而‘祝’之爲‘州’，見於《穀梁》；‘蒲’之爲‘亳’，見於《公羊》；‘趨’之爲‘促’，見於《周禮》；‘提’之爲‘折’，見於《檀弓》。《詩三百篇》中，亦往往用入聲之字，其入與入爲韻者十之七八，與平、上、去爲韻者十之三；以其十之七，而知古人未嘗無入聲也，以其十之三，而知入聲可轉爲三聲也。”此顧炎武之説也。

然按諸段玉裁之書曰：“周秦漢初之文，有平、上、入而無去，洎乎魏晉，上、入聲多轉而爲去聲，平聲多轉爲仄聲，於是乎四聲大備，與古不侔。古平、上爲一類，去、入爲一類，上與平一也，去與入一也。上聲備於《三百篇》，去聲備於魏晉，古無去聲之説，或以爲怪，然非好學深思，不能知也。”不明乎古四聲，則於古諧聲不能通，如李陽冰校《説文》，於“臯”字曰：“自非身。”徐鉉於裔字曰“四非聲”是也。然六書之有諧聲，文字之所

① “成”爲“或”之訛字。
② 《詩經》通行本無“角”字。

以日滋也。考周秦有韻之文，某聲必在某部，至嘖有不可亂，故視其偏旁以何字爲聲，而知其音在某部，易簡而天下之理得也。許叔重作《説文解字》時，未有反語，但云“某聲某聲”，即以爲韻書可也。

自音有變轉，同一聲而分散於各部各韻，如一“某”聲，而“某”在厚韻，“媒”、“腜”在灰韻；一“每”聲，而“悔”、“晦”在隊韻；“敏”在軫韻，“晦”、“痗”在厚韻之類，參差不齊，承學多疑之，要其始，則同諧聲者，必同部也。一聲可諧萬字，萬字而必同部，同聲必同部。明乎此，則部分音變平入之相配，四聲之今古不同，皆可得矣。

（五）古入聲説。“昔唐韻以入聲配陽聲韻，顧氏悉取以配陰聲，及載君言二平同入，以爲陰陽對轉之符。孔氏取聲焉，而復以爲古無入聲，案：古音本無藥、覺、職、德、沃、屋、燭、鐸、陌、錫諸部，是皆宵、之、幽、侯、魚、支之變聲也。有入聲者，陰聲有櫛、質、屑一類，曷、月、鎋、薛、末一類，術、物、没、迄一類，陽聲有緝類、盍類耳。顧君以藥、覺等部悉配陰聲，徵之《説文》諧聲，《詩》、《易》比韻，其法契較然不迻。若‘藐’得聲於‘貌’，‘渎’得聲於‘芺’，‘藥’得聲於‘樂’，‘試’得聲於‘式’，‘特’得聲於‘寺’，‘蕭’得聲於‘肅’，‘博’、‘縛’得聲於‘專’，‘錫’得聲於‘易’，兹其平、上、去、入，皆陰聲也，遽數之不能終其物。江、戴以陰陽二聲同配一入，此於今韻得其條理，古韻明其變遷，因是以求對轉，易若截肋，其實古韻之假象耳。已知對轉，猶得兔可以忘蹏也。然顧氏以入聲麗陰聲，及緝、盍終不得不麗侵、談。孔氏云無入聲，而談與緝、盍乃爲對轉。戴氏以一陰一陽同趣入聲，至緝、盍獨承陽聲，侵、談無陰聲可承者，皆若自亂其例。此三君者，坐未知古平上韻與去入韻，塹截兩分，平上韻無去入，去入韻亦無平上。夫泰、隊、至者，陰聲去入韻也；緝、盍者，陽聲去入韻也。入聲近他國所謂促音，而中土入聲，可舒可促，舒而爲去，收聲屬陰聲，則爲陰，收聲屬陽，則爲陽。陰聲皆收喉，故入聲收喉者麗陰聲，陽聲有收脣收舌，故入聲收脣者麗陽聲。緝、盍，收脣也，舒爲侵、談去聲，其收脣猶如故，以是與侵、談同居。泰、隊、至皆有入聲，舒其入聲，歸、泰、隊、至，猶故收喉而不與寒、諄、真同收，以是不與寒、諄、真同居，入聲所以乏寡者。之部非不可促，促之乃與至同侯；幽、宵非不可促，促之風相似也；歌、魚非不可促，促之聲相似也。蒸部促之復若緝，陽部促之復若泰，聲相疑似則止矣。衆家之説，各有憑依，要之皆未盡其常變。入聲不屬陽聲，蓋漢魏迄今所同，顧惟陸韻爲異，如‘宿’轉去爲息救切，不入送、宋、用；‘惡’轉去爲烏故切，不入漾、宕；‘易’轉去以鼓切，不入勁、徑；‘識’轉去爲職吏切，不入證、嶝；‘質’轉去爲陟吏切，不入震。此皆晉、宋、齊、梁人舊音，其餘可知也。陸韻於此循舊，他則反之，例自亂矣。徵以今音，北方讀入聲皆作去，安徽、江蘇、浙江、福建、廣東五部，其入聲嶄然促音，與去絶異，而江西、湖北、湖南、廣西、四川、雲南、貴州七部，入聲似去而加沈重。此七部者，言‘力’似‘吏’，言‘式’似‘試’，言‘錫’似‘細’，言‘逖’似‘遞’，言‘郭’似‘故’，言‘鐸’似‘度’。其言‘篤’，言‘竹’，湖南、江西聲清，故‘篤’似‘鬪’，‘竹’似‘肘’。其餘五部聲濁，故‘篤’似‘妒’，‘竹’似‘箸’，旁皇、幽侯、魚模之間，本相轉也，未有言‘力式’似‘掕勝’，言‘錫逖’似‘性定’，言‘郭鐸’似‘挄宕’，言‘篤竹’似‘冬中’者，此則入聲不繫陽聲，今音猶舊音也。及夫谷聲爲容，束聲爲竦，黄聲爲彉，昷①聲爲殟，此皆對轉變聲，非其相麗，陸韻以入聲分麗陽聲，雖因是得見對轉之條，卒非聲音本然之紀。陰陽聲者，例猶夫婦，入聲猶子，子雖合氣，受形包妊必於其母。然則一平一入者，其説方以智；二平同入者，其説圓而神。圓出於方，未有蔑棄榘則，而作旋規者也。”章炳麟説。

（六）古韻分部之諸説。今世所存韻書，《廣韻》最古。《廣韻》二百六部，蓋仿於隋陸法言。宋吴棫作《韻補》，就二百六部，注古通其②。冬、鍾注古通東，脂、之、微、齊、灰注古通支，虞、模注古通魚，諄、臻、殷、痕、青、蒸、登，侵注古通真，仙、鹽、添、凡、嚴注古通先，覃、淡、咸、銜注古通删，宵、肴、豪注古通蕭，戈注古通歌，江、唐注古通陽，侯、幽注古通尤。古轉聲通某。佳、皆注古轉聲通支，文、元、魂注古轉聲通真，寒、桓、删、山注古轉聲通先，麻注古轉聲通戈。又古通某或轉入某。江注古通陽，或轉入東，庚、耕、清注古通真，或轉入陽。是爲講求古韻之始，前儒多譏其分合疏舛矣。

---

① “昷”字原脱。
② “其”當作“某”。

鄭庠作《古音辨》，僅分陽、支、先、虞、尤、覃六部；東、冬、鍾、江、唐、庚、耕、清、青、蒸、登並從陽韻，脂、之、微、齊、佳、皆、灰、咍並從支韻，真、諄、臻、文、殷、元、魂、痕、寒、桓、灰、删、山、仙並從先韻，魚、模、歌、戈、麻並從虞韻，蕭、宵、肴、豪、侯、幽並從尤韻，侵、談、鹽、添、咸、銜、嚴、凡並從覃韻，其説合於漢魏，及唐之杜甫、韓愈所用，而於周秦未能合也。

至清初崑山顧炎武，考《三百篇》作《詩本音》更析東、陽、耕、蒸而四，析魚、歌而二，故列十部：東、冬、鍾、江第一，支、脂、之、微、齊、佳、皆、灰、咍第二，魚、虞、模、侯第三，真、諄、臻、文、殷、元、魂、痕、寒、桓、删、山、仙第四①，蕭、宵、肴、豪、幽第五，歌、戈、麻第六，陽、唐第七，耕、清、青第八，蒸、登第九，侵、覃、談、鹽、添、咸、銜、嚴、凡第十。而支韻半屬第二，半屬第六；尤韻半屬第二，半屬第五；麻韻半屬第六，半屬第三；庚韻半屬第七，半屬第八。

又入聲四部：質、櫛、術、物、迄、月、没、曷、末、黠、鎋、屑、薛、麥、錫、職、德屬第二部，兼屋、昔二韻字；屋、濁、鐸、陌、昔屬第三部，兼沃、覺、藥、麥四韻字；覺、藥屬第五部，兼屋、鐸、錫三韻字，緝合盍、帖、洽、狎、業、乏屬第十部，較鄭氏爲密矣。康熙五十四年，詔修《音韻闡微》，命大學士李光地總其事，以爲唐虞三代以及秦漢所傳，既無韻書，故凡古韻部分，言者各殊，究無定論。

今按其收聲以别文，平聲分爲六部，上、去二聲與平聲同，入聲分爲三部，歌、麻、支、微、齊、虞爲一部，皆直收本字之喉音。凡諸韻之聲，皆從此出。佳、灰與支、微、齊爲一部，同收聲於衣字。蕭、肴、豪、尤與魚、虞爲一部，同收聲於烏字，冬、東、江、陽、庚、青、蒸爲一部，收鼻音。真、文、元、寒、删爲第一部，收齒舌音。侵、覃、鹽爲一部，收脣音，至入聲沃。屋、藥、陌、錫、職爲一部，乃冬、東、江、庚、陽、青、蒸之入聲，以皆收聲於鼻音也。

質、物、月、曷、黠、屑爲一部，乃真、文、元、寒、删、先之入聲，以皆收聲於齒舌也。緝、合、葉、洽爲一部，乃侵、覃、咸、鹽之入聲，以

① 四，原作“因”，今改正。

皆收聲於脣音也。夫分六部收聲，而三部有入，此古韻《唐韻》之要訣，講究樂府者言之，而考之秦漢以前之經多依此爲韻，此著於序例者也。婺源作《古韻標準》二百六部，分爲十三：第一部東、冬、鍾、江；第二部支、脂、之、微、齊、佳、皆、灰、咍，分支尤韻字屬焉；第三部魚、模，分虞、麻韻字屬焉；第四部真、諄、臻、文、殷、魂、痕，分先韻字屬焉；第五部元、寒、桓、删、先、仙；第六部蕭、宵、肴、豪；第七部歌、戈，分麻支韻字屬焉；第八部陽、唐，分庚韻字屬焉；第九部庚、清、耕、青；第十部蒸、登；第十一部侯、幽，分尤虞蕭、宵、肴、豪韻字屬焉；第十二部侵，分覃、談、鹽韻字屬焉；第十三部覃、談、鹽、添、嚴、咸、銜、凡。

又入聲八部：第一部屋、沃、燭、覺；第二部質、術、櫛、物、迄、没，分屑、薛韻字屬焉；第三部月、曷、末、黠、鎋、屑、薛；第四部藥、鐸，分沃、覺、陌、麥、昔、錫韻字屬焉；第五部麥、昔、錫；第六部職、德，分麥韻字屬焉；第七部緝，分合、葉、洽韻字屬焉；第八部合、盍、葉、帖、業、洽、狎、乏；蓋以訂正顧氏書之未合於《三百篇》者也。

金壇段玉裁訂其於《三百篇》，所用猶有未合者，作《六書音均表》析支、脂、之爲三，析真、臻與諄、文、殷、魂、痕、尤、幽與侵各爲二，爲十七部：之、咍第一，蕭、宵、肴、豪第二，尤、幽第三，侯第四，魚、虞、模第五，蒸、登第六，侵、鹽、添第七，覃、談、咸、銜、嚴、凡第八，東、冬、鍾、江第九，陽、唐第十，庚、耕、清、青第十一，真、臻、先第十二，諄、文、欣、魂、痕第十三，元、寒、桓、删、山、仙第十四，脂、微、齊、皆、灰、祭、泰、夬、廢第十五，支、佳第十六，歌、戈、麻第十七。

又入聲八部：職、德屬第一部，屋、沃、燭、覺屬第三部，藥、鐸屬第五部，緝、葉、帖屬第七部，合、盍、洽、狎、業、乏屬第八部，質、櫛、屑屬第十二部，術、物、迄、月、没、曷、末、黠、鎋、薛屬第十五部，陌、麥、昔、錫屬第十六部。自以爲泛濫《毛詩》，理順節解也。

或有問於段氏者曰："古者分十七部矣；今韻平五十有七，上五十有五，去六十，入三十有四，何分析之過多也！"

曰："音有正變也，音之斂侈必適中。過斂而音變矣，過侈而音變矣。之者，音之正也；咍者，之之變也。如同一'台'聲，而'怡'、'飴'在之韻，'怠'、'咍'在海韻。蕭宵者，音之正也；肴豪者，蕭宵之變也。如同一

‘肖’聲，而‘宵’、‘消’在宵韻，‘梢’、‘旓’在肴韻；同一‘高’聲，‘歊’在宵韻，‘蒿’、‘膏’在豪韻。尤侯者，音之正也；屋者，音之變也。入聲沃、燭爲正音，屋韻過、侈爲音變。魚者，音之正也；虞、模者，魚之變也。如‘都’古音‘豬’，‘荼’古音‘舒’之類。蒸者，音之正也；登者，蒸之變也。侵者，音之正也；鹽添者，侵之變也。如‘廉’古音‘林’，‘占’古音‘針’。嚴、凡者，音之正也；覃、談、咸、銜者，嚴、凡之變也。嚴、凡猶第十四部之元韻，覃、談、咸、銜第十四部之寒、桓、删、山也。侵猶第十二部之真韻，鹽、添猶第十二部之先韻。冬、鍾者，音之正也；東者，冬、鍾之變也。鍾爲正音，冬韻稍侈，東韻過侈。陽者，音之正也；唐者，陽之變也。耕、清者，音之正也；庚、青者，耕、清之變也。庚音侈，青音斂。真者，音之正也；先者，音之變也。如‘田’古音‘陳’，‘填’古音‘塵’之類。諄、文、欣者，音之正也；魂、痕者，諄、文、欣之變也。如‘魂’、‘云’聲，‘雲’、‘芸’、‘妘’、‘沄’在文韻，‘痕’，艮聲，‘垠’、‘齦’在欣韻之類。元者，音之正也；寒、桓、删、山、仙者，元之變也。脂、微者，音之正也；齊、皆、灰者，脂、微之變也。支者，隊之正也；佳者，支之變也。歌、戈者，音之正也；麻者，歌、戈之變也。”大略古音多斂，今音多侈。之變爲咍，脂變爲皆，支變爲佳，歌變爲麻，真變爲先，侵變爲鹽，變之甚者也。顧章炳麟氏不然，其説曰：“古音流傳於晚世者，自二十三支分爲三百六，則有正韻支韻之異。以今觀古，侯當從正韻，不從支韻之虞；支當從正韻，不從支韻之佳；歌當從正韻，不從支韻之麻；幽當從正韻，不從支韻之蕭；此爲以正韻定音。脂當從支韻之微，之當從支韻之咍，青當從支韻之先，侵當從支韻之咸，東當從支韻之江；此爲以支韻定音。魚、模主模，曷、末、鎋、月、薛主曷、末、鎋，此爲以正韻諸部建其冢適之音，非審音端諦者莫能明也。段氏言‘古音斂，今音侈’，悉以支韻還就正韻，則支、脂之何以分，東、冬何以辨焉。錢君駁之曰：‘歌部字今多入支，此乃古侈今斂之證也。’余以古人呼泰，若今北方呼麻之去，今乃與代、隊、至亂，亦古侈今斂也。大抵聲音轉變若環無端，終則有始，必若往而不返，今世宜多解頤之憂矣。”

沈約撰《四聲譜》，以爲在昔詞人，累千載不悟，不知三代以迄漢魏，雖無韻書，而所作詩歌，自協音律。明陳第、顧炎武以迄清之錢大昕輩，乃返求之《詩三百篇》、《楚辭》、《離騷》之作，而後音韻漸明。夫陶者以鈞作器，樂者以韻審音。音韻明而後訓詁明，訓詁明而古經傳無不可通。

高郵王念孫《廣雅疏證序》曰："訓詁之旨，本於聲音，故有聲同字異，聲近義同。雖或類聚群分，實亦同條共貫……此之不寤，則有字別爲音，音別引義，或望文虛造而違古義，或墨守成訓而尟會通……今則就古音以求古義，爲伸觸額，不限形體。"然非好學深思，罕能知其意也。

第二章　明訓詁

第一節　通论

錢大昕《經籍纂詁序》曰："有文字而後有訓詁，有訓詁而後有義理。訓詁者，義理之所由出，非別有義理出乎訓詁之外者也。"何訓詁？陸德明《經典釋文》詁，張楫《雜字》申說曰："詁者，古今之異語也。訓者，謂字有意義也。"郭璞《爾雅釋》引注曰："釋詁，所以釋古今之異言，通方俗之殊語。"邢昺《爾雅釋訓疏》曰："此篇以物之事業形貌告道人，故曰釋訓。"

綜三家之說，是詁者，所以通古今之殊語。訓者，所以籀文字之義蘊。詁者古也，古今異言，以今言解古言，使人易知也。訓者順也，籀釋其義，順以爲解，勿相違異也。然析言之則異，通言之則同，陳澧《東塾讀書記》曰："時有古今，猶地有東西南北，相隔遠，則言語不通矣。地遠則有繙譯，時遠則有訓詁。有繙譯，則能使別國如鄉鄰。而訓詁，則能使古今爲旦暮。”

昔周公制禮以導天下，著《爾雅》一篇，所以訓釋《五經》，辨章同異，多識鳥獸草木之名，博覽而不惑者也，是蓋古代訓詁學之權輿。漢人解經，《書》有大、小夏侯《解故》，《詩》有《魯故》、《齊侯氏故》、《齊孫氏故》、《韓故》，杜林有《倉頡故》，故，即詁訓之詁，詁、故同韻互通。然諸家之書多不傳，惟揚雄之《方言》，劉熙之《釋名》，魏張楫之《廣雅》，網羅遺訓，厥義可傳。

至隋曹憲之《博雅音》、宋陸佃之《埤雅》，並有足多。至清阮元括囊前訓，徵引群書，撰《經籍纂詁》百六十卷，集古今詁訓之大成。顧詁訓雖以詮釋字義爲主，而與字形、字音之關係尤切。蓋六書之中，象形、指事二者，義寓於形；會意者，合數形以見義，故言字義者必辨字形；形聲之例，義起於右旁之聲；假借則依聲託事，兩者並義關於聲。

更有所謂通假者，古人於音同音近音轉之字，任意通用。鄭玄所謂：“其始也，卒無應作忘其字①，以音類比方假借爲之，趣於近②而已。受之者非一邦之人，人用其鄉同言異字③，於茲遂生。”歷世綿邈，學者致述其原，則更非就聲韻通轉以求，不能識其本字也。《説文解字》以詮明本義爲宗。群書中文字義訓之不合於《説文》者，多屬通假。

郝懿行《爾雅義疏》、段玉裁《説文注》、錢大昕《説文答問》，並由通假字推求本字，朱駿聲《説文通訓定聲》更暢發之。但朱氏僅求之於同韻，不知求之於同聲也。近人劉師培《古本字考》、章炳麟《小學答問》，甄明乃衆，是又詁訓與音韻之關係，學者誠非講通《爾雅》、《説文》、《廣韻》三者，不足以言詁訓，即没由讀古人書而通知其故也。

第二節　釋詁

按文字之興，本以代言，語言因地域而殊，文字又隨語言而異。學者舉

① 卒無應作忘其字，陸德明《經典釋文》引作“倉卒無其字”。

② “近”後脱“之”。

③ 後脱“同字異言”。

今語以釋古語，引方言以證雅言，是之謂“詁”。詁之爲言古也。《説文》：“古，故也；從十口，識前言者也。詁，訓故言也。”段玉裁注：“故言者，舊言也，十口所識前言也。訓者説教也。訓故言者，説釋故言以教人，是之謂詁，分之則如《爾雅》析詁、訓、言爲三，三而實一也。漢人傳注多稱故者，故即詁也。《毛詩》云‘故訓傳’者，‘故訓’猶故言也，謂取故言爲傳也，取故言爲傳，是亦詁也。”班固謂：“古文讀應《爾雅》，故解古今語而可知。”阮元謂：“雅言猶官語。爾雅，方言之近於官話者。”然則詁者，由於古今殊語，方俗異謂。而古今方俗言語之變易，半由雙聲相轉，疊韻相迻，故音同音近者轉之字，其義往往相通。此字義與字音之關係，譚解詁者所不可不知也。

其例約有七端：

（一）**同字相詁**。一字而有數音，一字而函數義。古人每別其虚實，擬其音讀，即以本字訓本字者。其例如次：

《易經》　蒙者，蒙也。　比者，比也。　剥者，剥也。

《孟子》　徹者，徹也。

《禮記》　樂也者，樂也。　齊之爲言齊也。

（二）**同聲相詁**。《爾雅》同義之字，聲多相符。孔鮒《小爾雅》亦以同音之字互訓。劉熙《釋名》，則悉以聲解字，穿鑿殊衆。然字義關係字音，固不易之例也。馬、鄭説經用“讀爲”、“讀若”之例，以證古字相通，並音近義通之明證也。玆舉例明之：

《易經》　彘者，材也。　漸者，進也。　頤者，養也。

《爾雅》　粵，于也。　融，長也。　復，返也。

《孟子》　畜君者，好君也。　序者，射也。

《禮記》　孝者，畜也。

《説文》　旁，溥也。　祈，求也。　禍，害也。　杖，持也。

《釋名》　星，散也。　火，化也。　雪，綏也。

（三）**同韻相詁**。試舉其例：

《易經》　乾，健也。　坤，順也。　坎，陷也。　離，麗也。

《爾雅》　基，始也。　還，返也。　穀，禄也。　宣，徧也。

《孟子》　庠者，養也。　校者，效也。

《禮記》　春之爲言蠢也。　秋之爲言愁也。　仁者，人也。　義者，宜也。

《説文》　士，事也。　狗，叩也。　葩，華也。

（四）轉韻相詁。試舉其例：

《爾雅》　顛，頂也。　哲，知也。

《説文》　菸，鬱也。　爰，上下相付也。

《廣雅》　民，氓也。

《釋名》　風，放也。

《詩毛傳》　空，窮也。

（五）合音爲詁。宋沈括謂："古語有二聲合爲一字者，如：不可爲叵，何不爲盍；如：是爲爾，而已爲耳，之乎爲諸。"鄭樵謂："慢[①]聲爲二，急聲爲一；慢聲爲者焉，急聲爲旃；慢聲爲者歟，急聲爲諸；慢聲爲之矣，急聲爲只是也。"顧炎武又引"蒺黎爲茨，胡盧爲壺，鞠窮爲芎，丁寧爲鉦……"明其音讀疾徐長短之分，緩讀則成二音，急讀則爲一字，故得相詁。其例如次：

《爾雅》　蒺黎爲茨。　扁竹爲蓄。　不律爲筆。

《小爾雅》　諸，之乎也。

《詩鄭箋》　卒者，崔嵬也。

《方言》　雞，陳楚宋魏之間，謂鸊鷉。

（六）聲韻遞詁。數字或同聲，或同韻，而展轉訓釋者。其例如次：

《易經》　易者，象也；象也者，像也。

《禮記》　刑者，侀也；侀者，成也。

《莊子》　庸也者，用也；用也者，通也；通也者，得也。

（七）偏旁相詁。黄承吉承王聖美右聲之説，謂字義皆起於右旁之聲。蓋造字之初，先有右旁之聲，後乃增益左旁之形，故古人每以無偏旁之文，與有偏旁之字相詁，明字義起於右聲也。其例有以有偏旁之字詁無偏旁之文者，如：

《易經》　咸，感也。　夬者，決也。　兑者，説也。

---

① 慢，原作"侵"，今改正。

《荀子》　君，群也。

《韓詩外傳》　王者，往也。　天下往之謂之王。

《釋名》　弓，穹也；張之穹隆然也。

《詩鄭箋》　亡之言忘也。

有以無偏旁之文詁有偏旁之字者，如：

《論語》　政者，正也。

《孟子》　征之爲言正也。

《禮記》　饗者，鄉也；鄉之然後能饗焉。　銘者，自名也，自名以揚其先祖之美而明著之者也。

《詩毛傳》　氓，民也。

《詩鄭箋》　藻之言澡也。　芮之言内也。

（原刊於《無錫新報·思潮月刊》，1923年7月16日、8月16日、9月16日、10月16日、11月16日、12月16日、1924年1月16日，《無錫新報·副刊》1924年4月1日—5月8日，5月10日、13日、14日、15日、16日、25日、28日、30日、31日，6月1日—5日、8日—25日、28日）

版本通義

BANBENTONG

叙目

原始第一

歷史第二

讀本第三

餘記第四

余讀官私藏書之録，而籀其所以論版本者，觀於會通，發凡起例，得篇如右。繕寫定，因爲其序論曰：

於戲！版本之學，所從來舊矣！蓋遠起自西漢，大用在讎校。劉向《别録》："讎校，一人讀書，校其上下，得繆誤，爲校。一人持本，一人讀書，若怨家相對，故曰讎也。"《文選・魏都賦》"讎校篆籀"李善注引《風俗通》曰。及其讎校中秘，有所謂中書，有所謂外書，有所謂太常書，有所謂太史書，有所謂臣向書，臣某書，廣蒐衆本，讎正一書；然則讎校所資，必資衆本。於時，書有寫本而無版本也①。至宋岳珂刊《九經三傳》，稱以家塾所藏唐石刻本，

① 初版本無"於时，書有寫本而無版本也"。

晉天福銅版本，京師大字舊本，紹興初監本，監中見行本，蜀大字舊本，蜀學重刊大字本，中字本，又中字有句讀附音本，潭州舊本，撫州舊本，建大字本，俞韶卿家本，又中字凡四本，婺州舊本，併興國于氏，建余仁仲，凡二十本。又以越中舊本注疏，建本有音釋注疏，蜀注疏，合二十三本，專屬本經名士反覆參訂。而於是事讎校者言版本！方是時，吾錫尤袤延之著録所藏，爲《遂初堂書目》，特開一書兼載數本之例，而於是治目録者言版本！既以附庸，蔚爲大國，寖昌寖熾，逮於清代，版本之學，迺以名家；而吾蘇爲獨盛！先是明神宗間，吾宗牧齋尚書收書特重宋版；於烟煤膩蠹中，闢此徑塗。而一脈相延，沾沾佞宋：則同里毛晉子晉、錢曾遵王繩其修武①；有蘇州黄丕烈蕘圃、顧廣圻千里緟爲纘緒。其後錢唐之丁丙松生，歸安之陸心源存齋，獨山之莫友芝子偲；又其後長洲之葉昌熾鞠裳，江陰之繆荃孫筱珊，長沙之葉德輝焕彬；版崇宋元，學擅讎校，炳炳琅琅，咸有述造，亡慮皆衍黄丕烈之緒者也！毛、錢所記，豈無罕異！而逕塗粗闢，闡揚未弘！恢張絶業，莫如黄氏！而顧廣圻實爲丞弼；古鈔舊槧，賞奇析疑，默識神解，不同尋常；沾溉後生，以詡奇秘。其尤甚者，乃至如陸心源之爲《儀顧堂題跋》，蓋掩黄丕烈之《讀未見書齋讀書録》以爲己有；見錢唐汪康年穰卿《雅言集》。公然盜襲，曾不恥愧！而博籀誦諸家，删次其要，参互鈎稽，積久成帙，董而理之，以箸爲篇。惟是神識尤資目驗，一見逾於百聞。千元皕宋，其有可徵，則以北京、南京兩圖書館所藏爲據；而古籍景繙，則多取材於涵芬樓。按圖索驥，求之可得；景響之談，忽爲迷罔。修辭立誠，庶幾君子。世有覽者，幸垂鑑焉。

一九三〇年五月二日無錫錢基博初稿，一九五五年五月重校。

① 自"先是明神宗間"至"則同里毛晉子晉、錢曾遵王繩其修武"，初版本作"自常熟毛晉子晉、錢曾遵王開其前茅。"

原始第一

三代方策，遐哉邈矣！炎漢初興，書皆竹帛。其後劉氏父子向、歆總群書而奏其七略；班固刪其要，成《漢書·藝文志》，以備篇籍。大凡書六略三十八種五百九十六家，稱篇稱卷，不一其辭。所謂篇，竹書也。卷，則帛書也。後世書不用竹帛，雖仍沿用舊稱，但含義已新矣①！

古書止有竹簡，曰汗簡，曰殺青。汗者，去其竹汁。殺青者，去其青皮。漢劉向《别録》云："殺青者，直治竹作簡書之耳。新竹有汗，善朽蠹。凡作簡者，皆於火上炙乾之。陳、楚間謂之汗。汗者，去其汁也。"而書竹簡必以刀刻，故《史記》稱蕭何爲秦之刀筆吏。《風俗通義》："劉向典校書籍，先書竹，改易寫定，可繕寫者以上素。"蓋西京之末，猶用竹爲多。故劉向以中古文《尚書》校歐陽、大小夏侯三家經文，多脱簡。而《漢書·藝文志》所載，亦篇多於卷也。後漢宦者蔡倫因縑貴簡重，不便於人，以意造爲紙。史稱莫不從用。然考獻帝西遷，圖書縑帛，軍人取爲帷囊。而吴恢爲南海太守，欲殺青以寫經書。至清光緒末，英國印度政府教育部遣部員匈牙利人斯坦因以

---

① 初版本此句爲："後世書不用竹帛，冒篇卷之名，失其指矣！"

一九〇七年遊歷中國，而取道新疆之天山北路，由和闐而東，横渡羅布大沙漠以抵敦煌，而蒐得漢晉木簡九百九十一，大抵邊戍往來之公文與軍中簿册，起兩漢以迄隋唐之際，而東漢爲多；則①是東京之世，猶盛竹帛，而紙未大行矣。

《書序正義》引顧氏曰："策長二尺四寸，簡長一尺二寸。"《春秋左傳》杜預序疏引鄭氏《論語序》："《鈎命决》云：《春秋》二尺四寸，書之。《孝經》一尺二寸，書之。"《聘禮疏》引鄭氏《論語序》："《易》、《詩》、《書》、《禮》、《樂》、《春秋》皆尺二寸。當依《左傳疏引》作二尺四寸。《孝經》謙半之。《論語》八寸策者三分居一，又謙焉。"而稱《書》爲一册，必由簡策之策而來。《説文解字》："册，符命也。諸侯進受於王也。象其札一長一短，中有二編之形。笧，古文册，从竹。"又竹部："符，信也。漢制以竹長六寸分而相合，从竹，付聲。"蓋一長一短相比謂之册，六寸分合謂之符；故册可推稱於符命，而符不可轉稱爲書册。凡竹簡，必編以繩，亦護以革。《史記·孔子世家》稱其"晚喜《易》，韋編三絶"。虞世南《北堂書鈔》引劉向《别録》："《孫子》以同已殺青，簡編以縹係繩。"《南史·王僧虔傳》："楚王冢書青絲編。"然則今人言編輯，固猶沿其舊稱矣！册本通作策。《説文解字》："策，馬箠也。"别爲一義。然漢人通借策作册。《禮記·中庸》："文武之政，布在方策。"《周禮·内史》："凡命諸侯及孤卿大夫，則策命之。"《左傳·僖二十八年》："王命尹氏及王子虎内史叔興父策命晉侯爲侯伯。"《昭三年》："鄭伯如晉。晉侯嘉焉，授之以策。"是册即策之證。至漢末，則通行以策爲册。蔡邕《獨斷》云："策者，簡也。《禮》曰：'不滿百文，不書於策。'其制長二尺，短者半之。王充《論衡》云：'短書俗記'，即策之短者。其次一長一短，兩編書，下附篆書起年月日稱'皇帝曰'以命諸侯王。"劉熙《释名》："策，書教令於上，所以驱策諸下也。"《儀禮·聘禮》："記百名以上書於策。"《鄭注》："策，簡也。"《正義》："策是衆簡相連之稱。"然則古書以衆簡相連而成册，今人則以綫裝釘而成册，沿其稱而異其義矣。此古簡册之制。惟一九五三年七月，湖南長沙出土之戰國竹簡四十二；每簡字多者二十一，少衹二字；長不及尺；亦未殺青，而以墨書。斯坦因所獲漢青木簡，亦以墨書；每簡字少

① 自"至清光緒末"至"而東漢爲多；則"，初版本無。

者二三，多不過六七十字，未有滿百文者；簡之長者在尺以外，亦有長二尺者；亦未見“韦編”、“縹係”以相連。長沙出土之戰國竹簡亦然。此皆所謂“短者半之”之“短書俗記”耳，所以“簡”而不成其爲“册”，未足以云備物也[①]。

至帛之爲書，便於舒卷，故一書謂之幾卷。卷之心必轉以圓軦，兩頭稍長，出於卷，餘出如車軸，如今裝裱之書畫然。然卷軸之制，其始以裝縑帛；漢魏以後，遂施於紙[②]。《隋書·經籍志》：“宋武入關，收其圖籍，府藏所有，纔四千卷，赤軸青紙，文字古拙。煬帝即位，秘閣之書，分爲三品：上品紅瑠璃軸，中品紺瑠璃軸，下品漆軸。”《舊唐書·經籍志》：“凡四部庫書，皆以益州麻紙寫。其集賢院御書：經庫，皆鈿白牙軸，黄縹帶，紅牙籤。史庫，鈿青牙軸，縹带，绿牙籤。子庫，雕紫檀軸，紫带，碧牙籤。集庫，绿牙軸，朱帶，白牙籤。”蓋隋唐間，簡册漸亡，存者止卷軸。故一書又謂之幾軸。韓愈詩：“鄴侯家多書，插架三萬軸。一一懸牙籤，新若手未觸。”三萬軸，即三萬卷也。此古卷軸之制。其有流傳於世者，稱爲卷子本云[③]。

夫筆行而刀刻廢，紙行而縑帛廢。日趣便易，造述愈滋。故向、歆著録，見於《漢書·藝文志》者，纔[④]萬三千。至唐修《隋書·經籍志》，則幾六七倍焉。開元時，兩京書庫所儲，則幾十倍之焉。唐以前書，皆寫本。而唐人寫本之僅存者，在清同治之初，獨山莫友芝子偲得《唐寫本説文木部》卷子，有人張之以詩，蓋矜罕之甚焉。至光緒二十六年庚子，甘肅敦煌千佛洞莫高窟石室發見古籍；而六朝及隋唐人所寫卷子本書，多至數千種。越八九年，英國斯坦因與法國伯希和先後至此，梱載以去，蓋夥頤沈沈矣。其中四部書，爲我國宋以後所久佚者：經部則有未經天寶改字之《古文尚書孔氏傳》及陸氏《經典釋文》，麋信《春秋穀梁傳解釋》，鄭氏《論語注》，陸法言《切韻》；史部則有孔衍《春秋後語》，唐時西州、沙州諸圖經，慧超《往五天竺國傳》；以上並伯氏所得。子部則有《老子化胡經》英法俱有之，《摩尼教經》北京圖書館[⑤]

① 自“惟一九五三年七月”至“未足以云備物也”，初版本無。

② 自“如今裝裱之書畫然”至“遂施於紙”，初版本無。

③ 初版本無“其有流傳於世者，稱爲卷子本云”。

④ 纔，原作“財”，今改正。

⑤ 北京圖書館，初版本均作北平圖書館，後同，不再一一注釋。

藏一卷，法國一卷，英國亦有殘卷，書於佛經之背，景教經德化李氏藏《志玄安樂經》、《宣元至本經》各一卷，日本富岡氏藏《壹神論》一卷，法國國民圖書館藏《景教三威蒙度讚》一卷；集部則有《玄謠集雜曲子》其書藏倫敦博物館，及唐人通俗詩、小説各若干種英法皆有之。而已逸四部書之不重要者及大藏經論，尚不在此數，皆宋元以後所未見也。上虞羅振玉叔言曾蒐伯氏所寄之影本，結集爲《敦煌石室遺書》、《石室秘寶》、《鳴沙石室逸書》、《鳴沙石室古籍叢殘》、《鳴沙石室佚書續編》以行於世①。

世傳唐版書，則以斯坦因在敦煌②石室發見之唐懿宗咸通九年四月十五日印之《金剛般若波羅蜜經》，藏諸倫敦之不列顛博物院者爲最可傳信。末有"咸通九年四月十五日王玠爲二親敬造普施"一行；卷首有佛説法圖一幅，畫筆綫條細勁，而字體則渾厚勁拔，體兼顔柳；此爲全世界僅存有年代最古之版本書③。宋版書之佳者，字體每帶歐虞神味；元人所刻，與宋版書較，已帶匠氣。而以咸通本《金剛經》與宋版書比，又顯然有雅俗之分；一則古拙錯綜，一則整齊呆板。是故古版書之可貴，就藝術而論，即在其能保持率真之氣而不流於匠俗爾。敦煌石室印版書，又有《加句靈驗本一切如來尊勝陀羅尼》；上虞羅振玉叔言曾爲之景印於《宸翰樓叢書》中，其字畫純樸，視《咸通金剛經》更爲率真；雖無紀年可考信，而羅氏則斷之爲唐刻；其根據爲第二行"國師三藏大廣智不空譯"之"國"字上空一格，可謂現存版刻之最古者。

夫唐書版刻，始於佛典，而其漸推及儒書。據唐柳玭《家訓序》云："中和三年癸卯夏④，鑾輿在蜀之三年也。余爲中書舍人，旬休閲書於重城之東南；其書多陰陽雜記、占夢相宅、九宫五緯之流，又有字書小學，率雕版印紙，浸染不可曉。"則是字書小學有版刻矣。薛居正《舊五代史》、《唐書・明宗紀》：長興三年二月辛未，中書奏："請依《石經》文字，刻《九經》印

① 自"在清同治之初"至"《鳴沙石室佚書續編》以行於世"，初版本無；文字則爲："有《説文》木部；獨山莫友芝子偲蓋得而張焉。"

② "則以斯坦因在敦煌"初版本爲"當以英國印度政府之匈牙利人斯坦因一千九百零七年（清德宗光緒三十三年）在敦煌千佛洞莫高窟"。

③ 此句初版本無。

④ 初版本此處有注解："中和，唐僖宗年號。"

板。”從之。《漢書·隱帝紀》：乾祐元年五月己酉朔，國子監奏：“《周禮》、《儀禮》、《公羊》、《穀梁》四經，未有印板；欲集學官考校雕造。”從之。宋王溥《五代會要》卷八經籍載：周太祖廣順六年六月，尚書左丞兼判國子監事田敏進印板《九經書》、《五經文字》、《九經字樣》各二部一百三十册。世宗顯德二年二月，中書門下奏：“國子監祭酒尹拙狀稱：‘准敕校勘《經典釋文》三十卷，雕造印板；欲請兵部尚書張昭、太常卿田敏同校勘。’敕：其《經典釋文》已經本監官員校勘外，宜差張昭、田敏詳校。”于是經典有版刻矣。又《舊五代史·和凝傳》云：“平生爲文章，長於短歌豔曲，又好聲譽，有集百卷，自篆於版，模印數百帙，分惠於人焉。”又貫休《禪月集》有王衍乾德五年，曇域後序稱：“檢尋藁草及闇記憶者約一千首，雕刻成部。”於是集部有版刻矣。若其時諸書刻本，自來未聞藏書家收藏。獨敦煌石室出《唐韻》、《切韻》二種，爲五代細書小版刊本；法人伯希和所取而儲入巴黎圖書館者是也。此五代版刻之僅存者；宋葉夢得《石林燕語》稱：“世言雕板印書，始馮道。此不然！但監本《五經》板，道爲之爾！柳玭《訓序》言其在蜀時，嘗閱書肆，云‘字書小學，率雕板印紙’；則唐固有之矣；但恐不如今之工！”朱翌《猗覺寮雜記》云：“雕印文字，唐以前無之。唐末，益州始有墨板。後唐方鏤《九經》，悉收人間所有經史，以鏤版爲正，見兩朝國史。”據葉、朱兩家論之，則謂刻板實始於唐末矣。比得敦煌石室唐經刻本，乃知版刻不始唐末，而遠在咸通以前也①。

雖然，竊有疑。漢印有陽文，梁碑有反刻，皆與刻書之法爲近。然隋以前人，何以不解刻書？若用刻印刻碑之法，刻爲木板，不過一轉移間，可以省人鈔書無窮之工力。然而無人焉，觸類旁通，刻一書版，以省鈔寫之勞！而大部經書之刻成石經者，亦僅以供人之鈔録；非若後世之搨成墨本。由此可見一事一物之發明，必待機緣湊拍，不第刻書已也。中國之有刻本書，亦有謂始于隋者。然今日可見之最古刻本，尚未有早於敦煌石室咸通本《金剛經》者。其中以何因緣，忽然有人悟出鐫刻反寫之字於木板上，刷墨加紙，印成正書；一版之文，可以化成千百萬本之數，亦無紀載可考。所可知者，自唐武宗會昌以降，雕版印書之風已盛。至咸通而紀者特多；當時印書之地，有東都、江右、

① 以下至本章末“而爲人間之瑰寶已”，初版本皆無。

江東、益州等處，遠而及於敦煌，蓋已司空見慣，習爲故常矣。

由唐而至五季，刻書者益多。後唐長興之國子監刻《九經》，厥爲監本之始。而先于後唐之刻經書者，則有孟蜀中書侍郎同平章事毋昭裔，命其門人句中正、孫逢吉書《文選》、《初學記》、《白氏六帖》等書刻版，似蜀中刻工特多于他處。而近以杭州雷峰塔於一九二四年九月二十六日傾圮，中藏吾祖吴越忠懿王刻《一切如來心秘密全身舍利寶篋印陀羅尼經》一卷，印模工麗，白棉紙，長營造尺七尺六寸，闊二寸五分，韜以黄綾。此亦五代版刻之僅存，而爲人間之瑰寶已。述《原始第一》。

歷史第二

言版本者斷自宋，世人尤所矜重。然新城王士禎阮亭《居易録》有云："今人但貴宋槧本。顧宋板亦多訛舛，但從善本可耳！如錢牧翁所定《杜集·九日寄岑參詩》從宋刻作'兩脚但如舊'，而注其下云：'陳本作雨'；此甚可笑！"嘉定錢大昕辛楣《十駕齋養新録·論宋槧本》曰："今人論宋槧本書，謂必無差誤，却不盡然。陸放翁《跋歷代陵名》云：'近世士大夫所至，喜刻書板，而略不校讎。錯本書散满天下，更誤學者，不如不刻之爲愈也。'是南宋初刻本已不能無誤矣！張淳《儀禮識誤》、岳珂《九經三傳沿革例》所舉各本異同甚多。善讀者當擇而取之。若偶據一本，信以爲必不可易；此書估之議論，轉爲大方所笑者也。"然按蘇軾《東坡志林》稱："近世人輕以意改書，鄙淺之人，好惡多同，故從而和之者衆，遂使古書日就訛舛，深可忿疾！"而葉夢得《石林燕語》則曰："唐以前，凡書籍皆寫本，未有摹印之法。人以藏書爲貴，人不多有，而藏者精於讎對，故往往皆有善本；學者以傳録之艱，故其誦讀亦精詳。自書籍刊鏤者多，士大夫不復以藏書爲意；學者易於得書，其誦讀亦因滅裂。然板本初不是正，不無讹誤。世既一以板本爲正，而藏本日亡，其訛謬遂不可正，甚可惜也。"則是不待南宋初，刻書已不能無誤矣。甘泉焦循理堂爲宋岳珂《九經三傳沿革例序》云："學者言經學則崇漢，言刻本則貴宋。余謂漢學不必不非，宋版不必不誤。"誠哉是言，可爲拘墟者發墨守也。

宋時官刻書有國子監本。岳珂《九經三傳沿革例》有晉天福銅版本，蓋宋監本之所自出。而葉夢得《石林燕語》稱："五代時，馮道始奏請官鏤板印行。國朝淳化中①，復以《史記》、《前後漢》付有司摹印。"晁公武《郡齋讀書志》云："嘉祐中②，以《宋》、《齊》、《梁》、《陳》、《魏》、《北齊》、《周書》舛謬亡闕，始詔館職讎校。曾鞏等以秘閣所藏多誤，不足憑以是正；請詔天下藏書之家悉上異本。久之，始集。治平中③，鞏校定《南齊》、《梁》、《陳》三書，上之。劉恕上《後魏書》，王安國上《北周書》。政和中④，始皆畢，頒之學官。民間傳者尚少。"此國子監刻經史之可徵於北宋者也。李心傳《建炎以來朝野雜記》云："監本書籍，紹興⑤末年所刊。國家艱難以來，固未暇及。九年九月，張彦實待制爲尚書郎，始請下諸道州學，取舊監本書籍，鏤板頒行，從之。然所取者多有殘缺，故胄監刊《六經》無《禮記》，正史無《漢書》。二十一年五月，輔臣復以爲言。上謂秦益公曰：'監中其他闕書，亦令次第鏤板；雖重有費不惜也。'由是經籍復全。"此國子監刻經史之可徵於南宋者也。宋監刻之僅有存者：國立北京圖書館藏有監本《春秋穀梁注疏》殘册；南京國學圖書館藏有《監本纂圖重言重意互注禮記》殘册，有《監本纂圖春秋經傳集解》三十卷，有鈔配。有《監本附音春秋公羊注疏》二十八卷，（有元明修補葉。）有《監本附音春秋穀梁傳注疏》二十卷。有元明修補葉⑥。而南京之《公穀注疏》半頁十行，經傳不別，傳下注及集解亦不標明，惟疏文則冠一大"疏"字於上；與北京之《穀梁》殘册，同一款式。蓋出一刻也。常熟瞿氏鐵琴銅劍樓亦藏有《監本附音春秋公羊注疏》、《監本附音春秋穀梁傳注疏》，與南京圖書館所藏同。而同縣丁祖蔭初我撰《鐵琴銅劍樓書影識語》，稱其俱爲景德原刻諸經之一，蓋北宋之監刻矣。鐵琴銅劍樓又藏宋刊大字本

① 初版本此處有注解："淳化，太宗年號。"
② 初版本此處有注解："嘉祐，仁宗年號。"
③ 初版本此處有注解："治平，英宗年號。"
④ 初版本此處有注解："政和，徽宗年號。"
⑤ 初版本此處有注解："紹興，高宗年號。"
⑥ 初版本此處有："〇以下省稱南京圖書館。"

《周易注疏》十三卷，半頁八行，經下夾行注，有“注云”二字；疏夾行，冠大“疏”字，陰文；與《附音公穀注疏》之爲陽文大“疏”字者不同。後有海寧陳鱣仲魚跋，謂即岳珂《九經三傳沿革例》所謂紹興初監本也①。然按岳珂《沿革例》又稱：“《九經》監本，譌謬脱略，多仍五季之舊，與俗本無大相違。紹興初，僅取刻板於江南諸州，視京師承平監本又相遠甚，與潭、撫、閩、蜀諸本互爲異同。嘉定辛巳春，朝廷命胄監刊正經籍。柯山毛居正誼父遂取《六經》、《三傳》諸本，參以子史字書選粹文集，研究異同。凡字義音切，毫釐必校。刊修僅及《四經》；猶以工人憚煩，詭竄墨本，而誤字實未嘗改者十二三。繼欲修《禮記》、《春秋》、《三傳》；誼父以病目移告，事遂中輟。”則是監本《九經》有譌脱也。景祐元年九月，秘書丞余靖上言：“國子監所印《兩漢書》文字舛譌，恐誤後學。臣謹參括衆本，旁據他書，列而辨之，望行刊正。”詔送翰林學士張觀等詳定聞奏。又命國子監直講王洙與靖偕赴崇文院讎對。靖、洙悉取館閣諸本參校。二年九月校畢；凡增五百一十二字，脱一百四十三字，改正四百一十一字。見北京图書館藏元大德乙巳刊《後漢書》首列景祐《校正後漢書狀》。而葉夢得《石林燕語》稱：“余襄公靖爲秘書丞，嘗言《前漢書》本謬甚，與王原叔同取秘閣古本參校，遂爲《刊誤》三十卷。其後劉原父兄弟《兩漢》皆有《刊誤》。余在許昌，得宋景文用監本手校《西漢》一部，末題用十三本校，中間有脱兩行者。”則是監本諸史有謬脱也。涵芬樓景宋景祐刊本《漢書》入《百衲本二十四史》，蓋即宋景文所用參校諸本之一。原書藏瞿氏鐵琴銅劍樓，後題二年九月校書畢；增損改正字數，與監本首載宋景文所用參校諸本中之景祐刊本合。而晁公武《郡齋讀書志》稱：“遭靖康丙午之變②，中原淪陷，前曾鞏等校刻《宋》、《齊》、《梁》、《陳》、《魏》、《北齊》、《周書》幾亡。紹興十四年，井憲孟爲四川漕，始檄諸州學官，求當日所頒本。時四川五十餘州，皆不被兵。書頗有在者，然往往亡缺不全；收合補綴，獨少《後魏書》十許卷；最後得宇文季蒙家本，偶有所少者；於是七史遂全，因命眉山刊行。”謂之“眉山七史”；而宋以來藏書家，稱爲“蜀大字本”。元時板印模糊，遂稱之爲“九行邋遢本”；蓋其書半葉九

---

① 自“常熟瞿氏鐵琴銅劍樓”至“謂即岳珂《九經三傳沿革例》所謂紹興初監本也”，初版本無。

② 初版本此處有注解：“靖康，欽宗年號。”

行，每行十七八字也。元以後遞有修板。北京圖書館藏有元修宋蜀大字本《宋書》殘册，有宋蜀大字本《魏書》一百一十四卷，有明修宋蜀大字本《北齐書》五十卷；蓋"眉山七史"之僅見者。而涵芬樓景宋蜀大字本《南齊書》、《陳書》、《周書》，宋蜀大字本配元明遞修本《宋書》、《梁書》、《魏書》、《北齊書》入《百衲本二十四史》；於是"眉山七史"復全。至明洪武時，取天下書板入之南京。此板遂入國子監，世遂稱爲南監本。歸安陸心源存齋《儀顧堂續跋》。國學圖書館藏有明南監刊本《三國志》六十五卷①，刊配《魏志》卷八至十二。而北京圖書館藏有明南監黑口本《唐書》二百五十卷有補板，永樂中用南監九行本《齊書》，十行本《晉書》、《魏書》、《隋書》，印訂四史《外戚傳》四卷。所見亦罕矣。然崑山顧炎武寧人《日知録·論監本二十一史》曰："宋時止有十七史。今則并《宋》、《遼》、《金》、《元》四史，爲二十一史。但《遼》、《金》二史向無刻。南北《齊》、《梁》、《陳》、《周書》，人間傳者亦罕。故前人引書，多用《南北史》及《通鑑》，而不及諸書，亦不復采《遼》、《金》者，以行世之本少也。嘉靖初，南京國子監祭酒張邦奇等請校刻史書，欲差官購索民間古本。部議恐滋煩擾。上命將監中《十七史》舊板，考對修補；仍取廣東《宋史》板付監。《遼》、《金》二史無板者，購求善本翻刻。十一年七月成，祭酒林文俊等表進。至萬曆中，北監又刻《十三經》、《二十一史》。南監多存宋監、元路學舊板，其無正德以後修補者，品不亞於宋、元。觀南雍《經籍志》所載四部板片，真三朝文獻之所繫矣。北監多據南監本重刻；《十三經》、《二十一史》之外，罕見他書。"錢大昕《十駕齋養新録》曰："北監板《十三經注疏》，創始於萬曆十四年，至廿一年畢工。《二十一史》開雕於萬曆二十四年，至三十四年竣事；板式與《十三經》同。"蓋南監諸史，本合宋監及元各路儒學板湊合而成。北監即據南本重刊。而國學圖書館藏有嘉靖、萬曆先後刊南監《二十一史》，萬曆刊北監《二十一史》。顧氏《日知録》則以爲"北板視南稍工；而士大夫家有其書，歷代之事迹，粲然於人間矣。然校勘不精，訛舛彌甚；且有不知而妄改者，偶舉一二：如《魏書·崔孝芬傳》：李彪謂崔挺曰：'比見賢子謁帝，旨諭殊優；今當爲群拜紀。'此《三國志·陳群傳》中事，原注：陳群字長文，紀之子，時魯國孔融高才倨傲，年在紀群

① 國學圖書館，初版本均作"南京圖書館"，後同，不再一一注釋。

之間，先與紀友，後與群交，更爲紀拜。非爲隱僻。今所刻《北史》，改云‘今當爲絶群耳’；不知紀、群之爲名，而改紀爲絶，又倒其文，此已可笑。原注：南北板同。又如《晉書·華譚傳》末云：‘始淮南袁甫，字公胄，亦好學，與譚齊名。’今本誤於‘始’字絶句，左方跳行，添列一袁甫名題，而再以‘淮’字起行。原注：南北板同。《齊·王冏傳》末云：‘鄭方者，字子回。’此姓鄭名方，即上文所云‘南陽處士鄭方露版極諫’，而別敘其人與書，及冏答書於後耳。今乃跳行添列一“鄭方者”三字名題。原注：北板無者。《唐書·李敬元傳》末附敬元弟元素。今以‘敬元’屬上文，而‘弟元素’跳行。此不適足以彰太學之無人，而貽後來之姗笑乎！原注：惟馮夢禎爲南祭酒，手校《三國志》，猶不免誤，終勝他本。《十三經》中，《儀禮》脱誤尤多：《士昏禮》脱‘壻授綏，姆辭曰，未教，不足與爲禮也’一節，十四字。原注：賴有長安《石經》據以補此一節，而其注疏遂亡。《鄉射禮》脱‘士鹿中翻旌以獲’七字。《士虞禮》脱‘哭止告事畢賓出’七字。《特牲饋食禮》脱‘舉觶者祭卒觶拜長者答拜’十一字。《少牢饋食禮》脱‘以授尸坐取簞興’七字。此則秦火之所未亡，而亡於監刻矣。”明監刻既如此！宋監刻又如彼。

宋時官私刊刻，不勝僂指。監本而外，有蜀本、杭州本、臨安書棚本、州郡官刻本、私宅家塾本、福建本、麻沙本、釋道二藏刻本。諸刻之中，惟蜀本、杭州本、臨安書棚本爲最精。臨安書棚本，擅譽南渡。而杭州本、蜀本，則稱勝北宋。蘇軾《東坡志林》謂：“蜀本大字書皆善本。”而葉夢得《石林燕語》則謂：“天下印書以杭州爲上，蜀本次之，福建最下。京師比歲印板，殆不減杭州，但紙不佳。蜀與福建多以柔木刻之，取其易成而速售，故不能工。福建本幾徧天下，正以其易成故也。”顧蜀大字本僅有存者，諸家著録，惟見蜀廣都費氏進修堂刻大字本《資治通鑑》二百九十四卷，世稱爲“龍爪本”，見常熟瞿鏞子雍《鐵琴銅劍樓書目》、陸心源《儀顧堂題跋》。蜀大字本《漢書》殘册，蜀大字本《三蘇先生文粹》七十卷以上兩種，見陸心源《皕宋樓藏書志》而已。然北京圖書館藏有北宋刊大字本《漢書》殘册，中《食貨志》“管仲相桓公”，“相”字下，注“淵聖御名”四字；與陸心源《皕宋樓藏書志》所載宋蜀大字本《漢書》六十四下“烏桓之壘”，“烏”字下注“渊聖御名”合；且行款亦一一相同。而江陰繆荃孫筱珊撰《清學部图書館善本書目》獨辨其爲兩淮江東轉運司本，而非蜀大字本；謂：“館中尚有宋大字本《後漢書》，與此同時所刻；其《章帝纪》‘章和元年六月戊辰，司徒桓虞免’，正文‘桓’字有補刻痕。注‘桓虞字仲春’，‘虞’字之上，亦作‘淵聖御名’四字。据《容齋續筆》云：‘紹興中，分命兩淮江東轉運司刻三史板。其兩《漢書》内，凡欽宗諱並書四字曰淵聖御名。’則此爲兩淮江東轉運司本，而非蜀大字本，明矣。”涵芬樓景宋紹興刊本《後漢書》入《百衲本二十四史》，“桓”字作“淵聖御名”，與《容齋續筆》所稱同。殆亦兩淮江東轉運司本乎？蜀大字本之可見者：國學圖書館藏有明覆宋刊蜀大字本後周成都衛元嵩述《元包經傳》五卷，附《元包數總義》二卷。“眉山七史”亦有蜀大字本之目。近涵芬樓印《續古逸叢書》，中有景宋蜀大字本《孟子》十四卷，景宋蜀本《張文昌集》四卷，景宋蜀本《皇甫持正集》六卷，景宋蜀本《李長吉文集》四卷，景宋蜀本《許用晦文集》二卷，景宋蜀本《鄭守愚集》三卷，景宋蜀本《孫可之文集》十卷，景宋蜀本《司空表聖文集》十卷，亦可謂夥頤沈沈者矣[①]。而杭州本之見著録者，則有嘉祐五年中書省奉旨下杭州鏤《唐書》二百五十卷，見陸心源《儀顧堂題跋》。元祐元年[②]杭州路奉旨刻《資治通鑑》二百九十四卷，見瞿鏞《鐵琴銅劍楼書目》。蓋北宋本之珍罕者也。北京圖書館藏有宋刊本《唐書》二百五十卷，後題“據嘉祐五年杭州鏤板，而建州重刻”；則建州之重刻，而杭刻之翻本矣。

夫宋刻書之盛，首推福建；而福建尤以建安爲最。可考見者：曰建安余志安勤有堂，曰建安余仁仲萬卷堂，曰建陽麻沙書坊，曰建寧府黄三八郎書鋪，曰建寧書鋪蔡琪純父一經堂，曰武夷詹光祖月厓書堂，曰建寧府陳八郎書鋪，曰建安江仲達群玉堂，而余氏最早，最久，亦最著。清高宗以乾隆四十年正月丙寅，諭軍機大臣等：“近日閲米芾墨迹，其紙幅有‘勤有’二字印記，未能悉其來歷。及閲内府所藏《千家注杜詩》向稱爲宋槧者，卷後有‘皇慶壬子，余氏刊於勤有堂’數字。皇慶，元仁宗年號；則其版是元非宋。繼閲宋版《古列女傳》書末亦有‘建安余氏靖庵刊於勤有堂’字樣；則宋時已有此堂。因考之宋岳珂相臺家塾論書板之精者，稱建安余仁仲；雖未刊有堂名，可見閩中余板，在南宋久已著名。但未知北宋

① 自“近涵芬樓印《續古逸叢書》”至“亦可謂夥頤沈沈者矣”，初版本無。
② 初版本此處有注解：“元祐，哲宗年號。”

時即行勤有堂名否？又他書所載明季余氏建版猶盛行，是其世業流傳甚久；近日是否相沿？並其家刊書始自何年？及勤有堂名所自，詢之閩人之官於朝者，罕知其詳。若在本處查考，尚非難事。著傳諭鍾音於建寧府所屬，訪查余氏子孫，見在是否尚習刊書之业？並建安余氏自宋以來刊印書板源流，及勤有堂昉於何代何年？今尚存否？或遺迹已無可考，僅存其名；並其家在宋曾否造紙？有無印記之處？或考之志乘，或徵之傳聞，逐一查明，遇便覆奏。此係考訂文墨舊聞，無關政治。鍾音宜選派誠妥之員，善爲詢訪，不得稍涉張皇，尤不得令胥役等借端滋擾，將此隨該督奏摺之便，諭令知之。”尋據覆奏：“余氏後人余廷勷等呈出族譜，載其先世自北宋建陽縣之書林，即以刊書爲業。彼時外省板少，余氏獨於他處購選紙料，印記‘勤有’二字，紙板俱佳，是以建安書籍盛行。至勤有堂名相沿已久。宋理宗時有余文興號勤有居士，亦係襲舊有堂名爲號。今余姓見行紹慶堂書集，即勤有堂故址。其年已不可考。”見長沙王先謙益吾《東華録》。先是乾隆九年，高宗命於乾清宫東之昭仁殿，藏宋、金、元、明板書籍，御筆題曰“天禄琳琅”。至三十九年，詔重輯《天禄琳琅書目》。余氏刊見著録者三種：一宋板《周禮鄭注陸音義》十二卷，每卷後或載“余仁仲比校”，或“余氏刊於萬卷堂”，或“余仁仲刊於家塾”，卷末記經、注、音義字數。一《集千家注分類杜工部詩》二十五卷，門類目録後有“皇慶壬子”鐘式木記，“勤有堂”鑪式木記；傳序碑銘後有“建安余氏勤有堂刊”篆記；詩題目録卷二十五後，皆別行刊“皇慶壬子，余志安刊於勤有堂”。以上兩種見正编。一宋板《禮記》，每卷有“余氏刊於萬卷堂”，或“余仁仲刊於家塾”，或“仁仲比校訖”，見後编。款式與《周禮》同。則是建安余氏刻書堂名各有分别；如萬卷堂，則爲余仁仲刊書之記；勤有堂，則爲余志安刊書之記；而其刻《列女傳》之靖庵，亦題勤有堂，則或爲志安之别號也。瞿氏鐵琴銅劍樓，則藏有宋刊《春秋公羊經傳解詁》十二卷，宋刊《春秋穀梁傳》殘本六卷，每卷末記經傳及注及音義字數，與《天禄琳琅》著録《周禮》、《儀禮》刊式同。而《公羊解詁》卷一末，有“余氏刊於萬卷堂”一行；自卷二以下或曰“余仁仲刊於家塾”，曰“仁仲比校訖”，曰“癸酉仲秋重校”。《穀梁傳》則每卷末刊“仁仲比校訖”，或曰“余仁仲刊於家塾”；而卷末并有“余氏萬卷堂藏書記”長方圖記。此余仁仲刊書也。至所藏《集千家注分類杜工部詩》二十五卷附《文集》二卷，其二十五卷詩，爲余氏勤有堂刊本；板歸廣勤書堂後，附刊《文集》二卷，合併印行。詩題目録後，原有“皇慶壬子余志安刊於勤有堂”一行，業已剷去①。若其翻板，所見四書六種：一江都汪中容甫仿刻《春秋公羊經傳解詁》，卷首何休序後有合刻《公》、《穀》二傳緣起六行，末題云“紹熙辛亥孟冬朔日，建安余仁仲敬書”②，卷一後有“余氏刊於萬卷堂”一行；卷二、卷六、卷九後各有“余仁仲刊於家塾”一行；卷四、卷七、卷八、卷十一、卷十二後各有“仁仲比校訖”一行。一遵義黎庶昌蒓齋仿刻《春秋穀梁經傳范寧集解》，序後有隸書小木印記曰“余氏萬卷堂藏書記”；卷一、卷三、卷七、卷八、卷十後各有“仁仲比校訖”一行；卷二、卷四、卷五、卷六後各有“余仁仲刊於家塾”一行；卷九後“余仁仲刊於家塾”，卷十一“余仁仲比校訖”，刻二行；卷十二後有“國學進士余仁仲校正”及隸書小木印記曰“余氏萬卷堂藏書記”字樣；款式與《公羊》同，卷末皆記經、注、音義字數；蓋與瞿氏鐵琴銅劍樓所藏同出一本③，而岳珂《九經三傳沿革例》所谓“建安余仁仲，稱爲善本”者。近涵芬樓景印鐵琴銅劍樓藏《公羊》、《穀梁》以入《四部叢刊》④。惟《穀梁》存卷七至十二，闕卷以黎庶昌翻本補之耳。此萬卷樓之翻本也。其他二書：一儀徵阮元芸臺仿刻《繪圖古列女傳》，目録後有外方内圓木印記，中刻草書“建安余氏”四字；卷二、卷三後，有“靜庵余氏模刻”一行；卷五後有“余氏勤有堂刊”一行；卷八後有墨地白文木記“建安余氏模刻”一行。一陽湖孫星衍淵如仿刻《唐律疏議》，前《釋文序》後有“至正辛卯十一年重校”一行；又有長方木印記云“崇化余志安刊於勤有堂”；《疏議序》後有草書“至順壬申五月印”一行；卷終有“考亭書院學生余資編校”一行。此勤有堂之翻本也。瞿氏鐵琴銅劍樓又藏有元刊《書蔡氏傳輯録纂注》六卷，乃延祐五年，董真卿刊於建安書坊，卷末有鼎形墨圖記曰“勤有堂”，又《四書通》二十六卷，

① 自“瞿氏鐵琴銅劍樓”至“業已剷去”，初版本無。

② 初版本此處有注解：“紹熙，光宗年號。”

③ 此句初版本爲“蓋與‘天祿琳琅’著録《周禮》、《儀禮》同刊”。

④ 此句初版本爲：“近涵芬樓《四部叢刊》景印常熟瞿氏鐵琴銅劍樓藏宋建安余氏刊本《春秋公羊經傳解詁》十二卷，《春秋穀梁傳》十二卷，所謂建安余氏，蓋即余仁仲萬卷堂；而汪中、黎庶昌據以重開之本。”

後有新安張存中跋“是書於泰定三年，浙江儒學提舉楊志行命存中付建寧路建陽縣書坊余志安刊行”。皆勤有堂刻書之現存者[①]。然勤有堂自宋至元刻書雖多雖久，而精好不逮仁仲萬卷堂遠甚。南宋又有建安余恭禮宅，於嘉定丙子，刻《活人事證方》二十卷；建安余唐卿宅，於寶祐癸丑[②]刻《許學士類證普濟本事方》十卷；又《後集》十卷，則稱夏淵余氏明經堂。見宜都楊守敬惺吾《日本訪書志》。又有建安余氏雙桂書堂，刻《廣韻》五卷。見陸心源《儀顧堂續跋》。蓋皆余氏之支與流裔也。建寧府黄三八郎書鋪乾道改元中元日印《韓非子》三十卷[③]，有嘉慶戊寅[④]全椒吴鼒山尊重刊本；有涵芬樓《四部叢刊》景印吴县黄丕烈蕘圃校補、常熟錢曾遵王述古堂影鈔本。此亦閩本翻刻之僅有者。建寧書鋪蔡琪純父一經堂嘉定戊辰刻《漢書》，有殘册十四卷，藏國學图書館。若建安江仲達群玉堂刻宋麻沙坊本《二十先生回瀾文鑑》十五卷，《後集》八卷，國學圖書館之所庋藏者；則爲建陽麻沙版本書籍之一種。而建陽麻沙版本書籍，流傳後世者甚多，有牌可考者，如俞成元德，閩山阮仲猷種德堂，麻沙劉氏南澗書堂，及江仲達群玉堂，雖不精，藏書家以其爲宋刻而珍之。國學圖書館藏有宋麻沙刊本蜀人黄晞《歔欷瑣微論》二卷，元刊宋麻沙本《纂圖互注南華真經》十卷，東瀛翻宋麻沙本常山江少虞《皇宋事實類苑》七十八卷。瞿氏鐵琴銅劍樓藏有南宋麻沙本《纂圖互注周禮》十二卷，宋末麻沙本《廣成先生玉函經》一卷[⑤]。而閩山阮仲猷種德堂淳熙柔兆涒灘刻《春秋經傳集解》三十卷，則有明繙本，藏北京圖書館；而字迹板滯，傳末牌子亦無矣；然而論者不貴。而臨安書棚本，則頗爲藏書家珍異。有曰“臨安府太廟前尹家書籍鋪刊行”者，有曰“臨安府太廟前經籍鋪尹家刊行”者，有云“臨安府陳道人書籍鋪刊行”者，有云“陳道人書籍鋪刊行”者，有云“臨安府棚北大街睦親坊南陳宅書籍鋪刊行”者，有云“臨安府棚前睦親坊南陳宅書籍鋪刊行”者，有云“臨安府棚北大街陳宅書籍鋪刊行”者，

① 自“瞿氏鐵琴鋼劍樓又藏有元刊《書蔡氏傳輯録纂注》六卷”至“皆勤有堂刻書之現存者”，初版本無。

② 初版本此處有注解：“寶祐，理宗年號。”

③ 初版本此處有注解：“乾道，孝宗年號。”

④ 初版本此處有注解：“嘉慶，清仁宗年號。”

⑤ 此句初版本無。

有云“臨安府棚北睦親坊陳解元書籍鋪刊行”者，有云“臨安府棚北大街睦親坊南陳解元書籍鋪刊印”者，有云“臨安府棚北睦親坊巷口陳解元宅刊行”者，而陳氏爲著。陳道人，名起，字宗之，睦親坊賣書開肆，名芸居楼。陳解元，號續芸，但有謂即陳思者，起之子也。長沙葉德輝焕彬《書林清話》有詳考。諸家藏書志、日記、跋載睦親坊棚北大街陳解元或陳道人或陳宅書籍鋪刊行印行者，以唐宋詩文小集爲最多，元和江標建霞影宋書棚本《唐人五十家小集》，中《楊炯集》、《張司業樂府》卷端題“宋睦親坊本”；《駱賓王集》題“南宋陳道人家本”；《耿湋詩集》題“影刻陳思本之一”；《朱慶餘詩集》題“睦親坊陳家刻”；《章孝標詩集》題“宋臨安府棚北大街睦親坊南陳宅刊本”；《魚玄機詩集》卷端題“南宋陳道人精刊”，卷後又有“臨安府棚北睦親坊南陳宅書籍鋪印”一行；《李遠詩集》卷端題“宋陳氏坊本”；《會昌進士詩集》題“睦親陳宅刻本”；可知其爲陳宅書籍鋪印①。而《四部叢刊》四種：一唐《李群玉詩集》三卷，《後集》五卷，卷首載進詩表、勅旨、令狐綯薦狀；勅旨後有“臨安府棚前睦親坊南陳宅書籍鋪印行”一行；《後集》末葉有“臨安府棚北大街睦親坊南陳解元書籍鋪印”一行。一唐李中《碧雲集》三卷，目録後有“臨安府棚北睦親坊陳宅書籍鋪印”一行。一唐李咸《披沙集》六卷，卷前有紹興四年廬陵楊萬里序，序後有“臨安府棚北大街陳宅書鋪印行”一行。以上三種，蓋上元鄧氏群碧楼藏宋刊本也。又其一唐羅隱《甲乙集》十卷，行款字畫，悉與陳宅書籍鋪所刻别種唐人集同；目録後記刊板處一行已漫漶，僅存“臨安府”三字；黄丕烈審爲下即“棚北大街睦亲坊南陳宅書籍鋪印”十四字；則出瞿氏鐵琴銅劍樓藏者。又有明翻宋書棚本漢劉熙《釋名》八卷；序後有“臨安府陳道人書籍鋪”識語四行；出國學圖書館藏者。此陳宅書籍鋪刻書也。而尹家書籍鋪刻，所見者蓋以唐宋人説部雜記爲多，而不如陳氏刊之多詩文集。瞿氏鐵琴銅劍樓藏有唐李復言《續幽怪録》四卷，目録後，有“臨安府太廟前尹家書籍鋪刊行”一行，而黄丕烈爲之跋云：“余所得《茅亭客話》亦爲尹家刊本，行字多寡，與此正同。”則知尹家書籍鋪刻，説部雜記爲多也，《續幽怪録》亦刊入《續古逸叢書》云②。州郡官刻，其尤

① 自“元和江標建霞影宋書棚本《唐人五十家小集》”至“可知其爲陳宅書籍鋪印”，初版本無。

② 自“瞿氏鐵琴銅劍樓藏有唐李復言《續幽怪録》四卷”至“亦刊入《續古逸叢書》云”，初版本無。

著者，莫如公使庫本。宋諸道監帥司及州軍邊縣戎帥皆有公使庫。《朱文公集·按唐仲友狀》云："據蔣辉供，斷配台州牢城差，每日開書籍供養。去年三月，唐仲友叫上輝就公使開雕《揚子》、《荀子》印板。"其《荀子》二十卷，源出國子監本，藏日本狩谷望之家；黎庶昌出使時影寫重開；而涵芬樓據以景入《四部叢刊》者也。朱文公按狀牽及刻字人蔣輝；而檢其中縫，則見蔣輝之名，赫然在焉。又紹興十七年刻《太平聖惠方》一百卷，卷末記："福建路轉運司命將國子監《太平聖惠方》一部，修改開板，於本司公使庫印行"云云。見《丁丙善本書室藏書志》。蓋宋時州郡準用公使庫錢，因就庫開局刻書；故今傳有蘇州、吉州、沅州、舒州、撫州、台州、信州、泉州、鄂州公使庫刻諸書。此外官刻，或稱茶鹽司，提刑司，轉運司；或稱轉運使，安撫使；或稱計臺，漕臺；或稱漕司，漕廨，漕院；皆可稱爲公使庫本。而北京圖書館藏有兩淮江東轉運司《漢書》殘册，《後漢書》殘册；亦公使庫本之一也。瞿氏鐵琴銅劍樓藏有宋刊《資治通鑑》二百九十四卷，目録後刊記"元祐元年，奉聖旨下杭州鏤板"，又"紹興二年七月初一日，兩浙東路提舉茶鹽司公使庫下紹興府餘姚縣刊板"云云。而《張子語録》三卷，《後録》二卷，及《龜山先生語録》四卷，《後録》二卷，卷後有"刊於福建漕治"字樣；又《新刊校定集注杜詩》三十六卷，每卷後有"寶慶乙酉，廣東漕司鋟版"一行，皆公使庫本；而張子、龜山兩《語録》涵芬樓以刊入《續古逸叢書》者也①。又有稱州學、軍學、郡齋、郡庠、府學、郡學、縣齋、縣學而不云公使庫者，當是出之府縣學經費耳。至私家塾刻善本，其尤著者，如建溪三峰蔡夢弼傅卿，建安黄善夫宗仁家塾刻《史記》；見昭文張金吾月霄《愛日精廬藏書志》。建安魏仲舉家塾慶元六禩刻《新刊五百家注音辨昌黎先生文集》、《柳先生文集》；見《天禄琳琅三》、《四庫全書提要》。岳珂之相臺家塾刻《九經三傳》；廖瑩中世綵堂刻《韓昌黎集》、《柳河東集》；皆博采善本，手校異同，非率爾雕印者。岳珂塾刻，從來繙本最夥。如《易》、《書》、《詩》、《禮記》及《春秋左氏傳》，有明繙宋本，有武英殿本，有江南繙本，有貴陽繙本，有廣州繙本，有成都繙本，有長沙龍氏繙本②，便文可稱"相臺五經"。北京圖書館藏有明繙相臺

① 自"瞿氏鐵琴銅劍樓藏有宋刊《資治通鑑》二百九十四卷"至"而張子、龜山兩《語録》涵芬樓以刊入《續古逸叢書》者也"，初版本無。

② 初版本無"有長沙龍氏繙本"一句。

岳氏刻本《周禮》十二卷，國學圖書館藏有明覆相臺岳氏刻本《春秋經傳集解》三十卷，而《四部叢刊》有長沙葉氏觀古堂藏明繙宋岳氏刊《周禮》十二卷景印本；有江陰繆氏藝風堂藏崑山徐氏影鈔相臺岳氏刊《孝經》一卷景印本。可謂夥頤沈沈矣。其次，建安黄善夫宗仁家塾之敬室刻《史記正義》一百三十卷，蓋明嘉靖丁亥震澤王延喆恩褒四世之堂刻所自出，而嘉靖甲午秦藩及柯維熊兩刻均稱善本，亦皆出於黄氏。至國學圖書館藏有明吴中徐氏東雅堂刻《昌黎集》四十卷，《外集》十卷，《遺文》一卷；徐時泰，萬歷甲戌進士，官工部郎中。即廖瑩中世綵堂繙本也；而廖瑩中世綵堂刻《韓昌黎集》、《柳河東集》，上海蟫隱廬新有景印本焉；蓋《韓集》爲聊城楊氏海源閣物而柳則南海潘氏藏也[1]。至魏仲舉刻《五百家注昌黎先生文集》，則國學圖書館有藏册，涵芬樓有景印本。而涵芬樓又景建安黄善夫刊配震澤王延喆本《史記正義》入《百衲本二十四史》[2]。此家刻繙本之所知者。其魏仲舉刻《五百家注柳先生文集》，則瞿氏鐵琴銅劍樓藏有殘册云[3]。《十三經》，以蜀本爲最，北宋刻第一，巾箱板甚精。常熟孫從添慶增《藏書記要》。南宋刻書最有名者，爲岳珂相臺家塾所刻《九經三傳》，别有總例，似乎審定極精；而取唐《石經》及蜀《石經》殘卷校之，蜀《石經》有《毛詩傳箋》卷一、卷二殘本，刻入江寧陳宗彝秋濤《獨抱廬叢書》。又黎庶昌《古佚叢書》中刻《爾雅郭注》三卷，原本亦出蜀《石經》，勝宋元諸刻。往往彼長而此短。故北宋蜀刻諸經之可貴者，貴其源出唐蜀《石經》也。宋本中建安余氏所刻之書，不能高出蜀本者，爲其承監本、漕司本之舊也。至於史、子，亦以北宋蜀刻爲精，如《史記》、《漢書》、《後漢書》、《三國志》見於各藏書家題跋所稱引者，固可見其一斑。子如《荀子》，熙寧吕夏卿刻本[4]，勝於南宋淳熙江西漕司錢佃本[5]。《世説新語》，北宋刻十行本，注文完全；勝於南宋陸遊本。葉德輝《書林清話》。然則宋刻之弁冕，當推北宋蜀刻矣。至宋本釋道二藏經典，刻本行款，非長條行款，即闊本，

① 自“而廖瑩中世綵堂刻《韓昌黎集》、《柳河東集》”至“而蓋《韓集》爲聊城楊氏海源閣物而柳則南海潘氏藏也”，初版本無。

② 此句初版本無。

③ 此句初版本無。

④ 初版本此處有注解：“熙寧，神宗年號。”

⑤ 初版本此處有注解：“淳熙，孝宗年號。”

另自一種，與所刻不同，孫從添《藏書纪要》。《四部叢刊》景印江安傅氏藏宋刊本《大唐西域記》十二卷，蓋即出於藏經本云。

北宋之亡，金人掠汴京書板刻匠以遷於平水，而平水遂成書坊之中心。其知名可考見者，有王氏中和軒，有張氏晦明軒。《四部叢刊》景印金泰和甲子晦明軒刻《重修政和經史證類備用本草》，書尾有鐘式“晦明軒記”與“平陽府張宅印”兩記。平陽，即平水，今山西臨汾縣也①。

宋版款式，大抵以白口單邊或細黑口者爲多。口以中縫言，邊以上下言②。中缝摺頁不見一綫墨者，爲白口；而魚尾上下有一綫墨者，爲細黑口、武陵趙慎畛遵路《榆巢雜識》曰：“書中間縫每畫名魚尾，象形也，始於唐太宗。”天地上下界③，畫粗墨綫者，爲單邊；而粗墨綫内有細墨綫者，爲雙邊。明武林高濂深父《燕閒清賞箋》、鄞屠隆赤水《考槃遺事》論宋版，皆謂“格用單邊”。而所謂單邊者，趙慎畛《榆巢雜識》稱：“宋版書上下界畫只一綫墨，無二綫墨。”而兩側非所論，然亦有上下左右四匡皆一綫墨者。瞿氏鐵琴銅劍樓藏有南宋小字本《春秋經傳集解》二十三卷，南宋初刻本《古史》六十卷，新雕《洞靈真經》五卷，則皆四匡單邊；所見亦罕矣④。此宋版單邊之説也。孫從添《藏書紀要》曰：“元刻不用對勘。其字脚、行款、黑口，一見便知。”此宋刻白口之説也。北京圖書館藏有宋刻《周易兼義》十二卷，朱震撰《漢上易集傳》十一卷，陳祥道撰《禮書》二百卷，陳暘撰《樂書》二百卷，建大字本《春秋左傳》三十卷，劍江譚咏刊《春秋集注》十一卷，毛晃《增修互注禮部韻略》五卷；以上經部。元修宋淳化本《漢書》殘册，大字本《後漢書》殘册，《晉書》殘册，《梁書》殘册，《陳書》殘册，建州重刻杭州嘉祐本《唐書》二百五十卷，宋刊元補本《唐書》殘册兩部，宋刊《唐書》殘册，《五代史記》殘册，《資治通鑑》二百九十四卷，又殘册，宋刊元印《通鑑紀事本末》四十二卷，宋刊小字本《通鑑紀事本末》四十二卷，蘇轍《古史》六十卷兩部，趙汝愚《國朝諸臣奏議》殘册，胡寅《致堂管見》殘册；以上史部。趙善璙《自警編》殘册，王欽若等《册府元

① 此段初版本無。

② 上下，初版本爲“四匡”。

③ 上下界，初版本爲“四匡”。

④ 自“而兩側非所論”至“所見亦罕矣”，初版本無。

龜》殘册，《翻譯名義集》殘册；以上子部。《歐陽文忠公集》殘册三部，朱文公《晦庵文集》一百卷兩部，又殘册若干部，《晦庵先生朱文公續集》十卷，《别集》十卷，《文選》殘册，李善注《文選》殘册，增補六臣注《文選》六十卷，李昉等編《文苑英華》一千卷，河南《程氏文集》八卷，吕祖謙撰《國朝文鑑》殘册，《續文章正宗》殘册，以上集部。皆白口單邊可證。而《四部叢刊》景印清内府藏宋刊大字本《孟子》十四卷，北宋刊本《資治通鑑目録》三十卷；亦白口單邊也。寧祇宋刊。北京圖書館藏有金刊本《尚書正義》二十卷，韓道昭撰《五音集韻》十五卷；瞿氏鐵琴銅劍樓藏有《李賀歌詩編》四卷①，亦皆白口單邊也。然鐵琴銅劍樓藏有金刊本《尚書注疏》二十卷，《經史證類大觀本草》三十一卷，附《本草衍義》二十卷。則白口雙邊矣②。宋刊細黑口亦多。北京圖書館藏有曾穜撰《大易粹言》七十卷，口有細墨綫在魚尾上，單邊。巾箱本《左傳》一百九十八葉，《監本附音春秋穀梁注疏》殘册。以上經部。兩淮江東轉運司刻大字本《漢書》殘册，蜀大字本《宋書》、《魏書》殘册。以上史部。《錦繡萬花谷前後集》殘册。以上子部。國學圖書館藏有《監本附音春秋公羊注疏》二十八卷，《監本附音春秋穀梁注疏》二十卷，皆細黑口單邊。瞿氏鐵琴銅劍樓藏有《張先生校正楊寶學易傳》二十卷，《纂圖互注周禮》十二卷，《纂圖集注文公家禮》十卷。以上經部。《北史》殘本二十七卷，《資治通鑑綱目》五十九卷，《新编方輿勝覽》殘本十一卷。以上史部。《近思録集解》十四卷，《洪氏集驗方》五卷。以上子部。錢杲之《離骚集傳》一卷，《新刊五百家注音辯唐柳先生文集》殘本十一卷，邵雍《伊川擊壤集》二十卷，《文選》殘本二十九卷，《文苑英華纂要》八十四卷。以上集部。亦皆細黑口單邊③。而《四部叢刊》景印宋刊細黑口單邊本④，則有《資治通鑑考異》三十卷，明翻宋淳祐本《唐宋諸贤絶妙詞選》十卷焉。然黄丕烈《士禮居藏書題跋記》載有《嚴州新定續志》一書，稱"《四

① 此句初版本無。

② 自"然鐵琴銅劍樓藏有金刊本《尚書注疏》二十卷"至"則白口雙邊矣"，初版本無；文字則爲："固不僅宋刊而已！"

③ 自"瞿氏鐵琴銅劍樓藏有《張先生校正楊寶學易傳》二十卷"至"亦皆細黑口單邊"，初版本無。

④ 初版本無"單邊"二字。

庫全書總目》於《景定嚴州續志》條下，載有‘紹興《舊志》今佚’之語，而所收者爲《新定續志》。余既得之，見版口闊而黑，疑非宋刻，因思余所藏《中興館閣録續録》有咸淳時補版，皆似此紙墨款式；間有闊墨口者；可知宋刻書非必定白口或細黑口也。古籍甚富，人所見未必能盡；欲執一二種以定之，何能無誤耶?”則是宋刻書間有闊墨口者，而以白口或細黑口爲多。對細黑口而言，闊墨口，亦稱粗黑口。或曰大黑口，則對小黑口而稱。曰黑口者，則大黑口之簡稱。北京圖書館藏有宋刊《王狀元集諸家注分類東坡先生詩》殘册，瞿氏鐵琴銅劍樓藏有宋刊元明補《論衡》三十卷①，即單邊之黑口本也。至蘇州張應文茂實《清秘藏》則謂“格用單邊”，雖辨證之一端，然非考據要訣。瞿氏鐵琴銅劍樓藏有南宋巾箱本《毛詩》二十卷，《禮記》殘本五卷，撫州公使庫本《禮記釋文》四卷，小字胡安國《春秋傳》三十卷。以上經部。宋刊《中説》十卷，建安虞氏刊大字本《老子》四卷。以上子部。宋刊《杜工部草堂詩箋》殘本二十六卷，南宋巾箱本《歐陽先生文粹》五卷，《三蘇先生文粹》七十卷，宋刊《後村居士集》三十八卷。以上集部。則皆雙邊白口也②。《四部叢刊》景印玉田蔣氏藏宋刊巾箱本《春秋經傳集解》三十卷，江安傅氏雙鑑樓藏宋刊本《方言》十三卷，亦皆雙邊白口也。北京图書館藏有明繙宋阮仲猷種德堂刊《春秋經傳集解》三十卷，及宋刊蜀大字本《北齊書》殘册，則雙邊黑口也。瞿氏鐵琴銅劍樓藏有宋刊《晦庵先生朱文公易説》二十三卷，《書傳會通》十二卷，《西漢詔令》十二卷，《東漢詔令》十一卷，又雙邊細黑口也③。孫從添《藏書紀要》稱：“元刻黑口，一見便知。”以爲元刻無白口也。然而元刻亦見有白口者。北京图書館藏有元刊宋蔡沈撰《書集傳》六卷，朱子撰《詩集傳》殘册，輔廣撰《詩童子問》殘册，元劉瑾撰《詩傳通释》二十卷，《春秋胡氏傳》殘册，元汪克寬撰《春秋胡傳纂疏》殘册，元王侗撰《四書集注批點》殘册，《四聲篇》殘册。以上經部。元胡三省《音注资治通鑑》殘册，王幼學撰《資治通鑑綱目集覽》殘册，建安陳氏餘慶堂刊《宋史

① 此句初版本無。

② 自“瞿氏鐵琴銅劍樓藏有《張先生校正楊寶學易傳》二十卷”至“亦皆細黑口單邊”，初版本無。

③ 自“瞿氏鐵琴銅劍樓藏有宋刊《晦庵先生朱文公易説》二十三卷”至“又雙邊細黑口也”，初版本無。

全文資治通鑑》、李燾撰《前集》十八卷，劉時舉撰《後集》十五卷，《續資治通鑑》殘册，《故唐律疏議》。以上史部。《列子》十卷，宋《朱子成書》殘册，吕大防撰《考古图》十卷，《翻譯名義集》十四卷。以上子部。《集千家注分類杜工部詩集》殘册，《杜工部詩千家注》六卷，《增刊校正王狀元集諸家注分類東坡先生詩》殘册，黄溍撰《黄文獻集》殘册。以上集部。皆黑口雙邊也。瞿氏鐵琴銅劍樓藏有元刊《周禮補亡》六卷，《文公先生家禮》七卷。以上經部。《纂圖互注老子道德經》二卷，《沖虚至德真經》八卷，《慈溪黄氏日抄分類》九十七卷。以上子部。《魯齋遺書》六卷，《馬石田文集》十五卷，《東漢文鑑》二十卷，《皇元風雅》三十卷。以上集部。亦黑口雙邊也①。北京圖書館藏元刊元梁寅撰《周易參義》殘册②，《增修互注禮部韻略》殘册。以上經部。元刻明補本《史記》殘册，元刊《遼史》殘册，大字本元潘仁撰《陸宣公奏議纂注》殘册，張鉉撰《至正金陵新志》殘册。以上史部。元賈亨類編《算法全能集》二卷，唐劉謐撰《三教平心論》一卷。以上子部。《集千家注批點杜工部詩》殘册。以上集部。皆黑口單邊也。瞿氏鐵琴銅劍樓藏有元刊《尚書通考》十卷。以上經部。《茅山志》十五卷。以上史部。《纂圖互注南華真經》十卷，《纂图互注荀子》二十卷。以上子部。《箋注陶淵明集》十卷，《朱文公大同集》十卷。以上集部。亦黑口單邊也③。細黑口雙邊則有元刊宋蔡沈《書集傳》六卷，元刊宋蔡沈《書集傳》有黑口雙邊本，有細黑口雙邊本，凡複出者皆一書數本也。元林泉生撰《明經題斷詩義矜式》五卷。以上經部。太平路學新刊《漢書》殘册，元刊明補本《晉書》殘册，《宋史》殘册，元尹起莘撰《資治通鑑綱目發明》五十九卷。以上史部。細黑口單邊則有元刊元程端學撰《春秋本義》殘册。以上經部。《晉書》殘册，《隋書》殘册，《南史》八十卷，《北史》一百卷，宋劉友益撰《資治通鑑綱目書法》殘册，元陳桱撰《通鑑續編》二十四卷，吴师道《戰國策校注》殘册，宋沈樞撰《通鑑總類》二十卷，《通典詳節》四十二卷，宋馬端臨撰《文獻通考》三百四十八卷。以上史部。《別岸

① 自“瞿氏鐵琴銅劍樓藏有元刊《周禮補亡》六卷”至“亦黑口雙邊也”，初版本無。

② 初版本無“北京圖書館”五字。

③ 自“瞿氏鐵琴銅劍樓藏有元刊《尚書通考》十卷”至“亦黑口單邊也”，初版本無。

和尚语録》。以上子部。而以黑口雙邊爲最習見，猶之宋刻之多白口單邊也。若元刻之白口，則北京圖書館藏有元敖繼公撰《儀禮集説》殘册，戴侗撰《六書故》殘册。以上經部。《五代史記》殘册，宋鄭樵撰《通志》二百卷，元曾先之撰《十八史略》十卷，元明善撰《龍虎山志》三卷，《續》一卷。以上史部。至大《重修宣和博古圖録》三十卷，宋洪邁撰《容齋随筆四笔》殘册。以上子部。元郝天挺注《唐詩鼓吹》十卷。以上集部。此白口單邊也。瞿氏鐵琴銅劍樓藏有元刊陳桱撰《通鑑續編》二十四卷，《孔氏祖庭廣記》十二卷，《平江記事》一卷。以上史部。《范文正公集》二十四卷，以上集部。亦白口單邊也①。北京圖書館藏有元刊《三國志》殘册②，《金史》殘册，宋林虙編《兩漢詔令》殘册。以上史部。大字本宋真德秀撰《大學衍義》殘册。以上子部。此白口雙邊也。瞿氏鐵琴銅劍樓藏有元刊元好問《中州集》十卷，亦白口雙邊也③。然則宋版白口，元刻黑口，亦風氣大略之云爾！然而明版獨以黑口稱珍罕。黄丕烈《士禮居藏書題跋記續録》謂："書籍有明刻而可與宋元版埒者，惟明初黑口版爲然。所藏有《周職方詩文集》，所見有天順本《丹崖集》，皆以黑口稱珍罕也。"就所睹記：北京圖書館藏有明刊元董真卿撰《周易會通》殘册，大字本《尚書旁訓》；以上經部。元王幼學撰《資治通鑑綱目集覽》殘册。以上三种皆黑口雙邊。洪武丁丑刊《鄭氏旌義編》三卷，弘治刊《三輔黄圖》六卷，《大事記》殘册。以上史部。大字本《説苑》二十卷，小字本《大學衍義》殘册。黑口單邊。以上子部。漢賈誼撰《賈長沙集》十卷，宋歐陽修《廬陵歐陽文忠集》殘册，陳傅良《止齋先生文集》五十三卷，明慶王㮵撰《文章類選》四十卷。以上集部。國學圖書館藏有明刊宋陸佃《埤雅》二十卷；以上經部。明太祖勅撰《大明律》三十卷；以上史部。金李杲撰《蘭室秘藏》三卷，明陳會撰《神應經》一卷，宋濂撰《龍門子凝道記》三卷；以上子部。弘治刊唐陳子昂《陳伯玉文集》十一卷，正德刊唐岑參《岑嘉州詩》四卷及宋陸九淵《象山外集》四卷，《語録》四卷，附《行狀》一卷，成化刊宋邵雍撰《伊川擊壤集》二十一卷，張栻《南軒文集》四十四卷，洪武刊明貝瓊《貝清

① 自"瞿氏鐵琴銅劍樓藏有元刊陳桱撰《通鑑續編》二十四卷"至"亦白口單邊也"，初版本無。

② 初版本無"北京圖書館"五字。

③ 此句初版本無。

江詩集》十卷，以上集部。皆黑口也。《四部叢刊》景印明黑口本，則有國學圖書館藏唐岑參撰《岑嘉州詩》四卷，宋邵雍撰《伊川擊壤集》二十卷；及江安傅氏雙鑑樓藏宋林逋撰《林和靖先生詩集》四卷，常熟瞿氏鐵琴銅劍樓藏正統刊元戴良撰《九靈山房集》三十卷，秀水沈氏藏元倪瓚《雲林集》七卷，及涵芬樓藏成化刊元歐陽玄撰《圭齋集》十六卷，弘治刊元薩都剌撰《薩天錫前後集》二册焉。

高濂《燕閒清賞箋》論藏書，以爲："宋人之書，雕鏤不苟，紙堅刻軟，字畫如寫；格用單邊；間多諱字；用墨稀薄，雖著水經燥，無湮迹；開卷一種書香，自生異味。元刻仿宋單邊，字畫不分粗細，較宋邊條闊多一綫；紙鬆刻硬，用墨秽濁；中無諱字，開卷了無臭味。"所謂"中無諱字"者，元刻仿宋，遇宋諱不缺筆；而宋版則缺筆，視其缺筆之某字，可以覘刊本之先後。如《四部叢刊》景印日本岩崎氏静嘉堂藏北宋刊本《説文解字》三十一卷，"恒"、"貞"等字皆不缺筆；蓋北宋真宗時鏤板，大徐本第一刻也。間有南宋補葉，版心標出"重刊"二字，"慎"字亦缺末筆。陸心源《皕宋樓藏書志》載：北宋刊《爾雅單疏》十卷，宋太祖、太宗、真宗廟諱缺末筆，餘皆不缺。又白氏《六帖類聚》三十卷，"匡"、"敬"、"恒"皆缺筆，"貞"字不缺。蓋皆真宗時刊本也。瞿鏞《鐵琴銅劍樓書目》載《史記集解》一百三十卷，"敬"、"竟"、"殷"、"匡"、"恒"皆闕筆，而"禎"、"貞"字不闕；仁宗以前刊本。《後漢書》一百十五卷，中"敬"、"徵"字皆闕筆，而"頊"字不闕；當爲仁宗時刊本①。《皕宋樓藏書志》又載北宋刊《唐書》二百五十卷，"朗"、"匡"、"徹"、"炅"、"恒"、"桓"、"鏡"、"竟"、"敬"、"貞"皆避缺。宋司马光《資治通鑑考異》三十卷，"朗"、"匡"、"胤"、"敬"、"貞"、"恒"皆缺避，"桓"字不避。宋仁宗時刊本也。涵芬樓景印《百衲本二十四史》中《唐書》，前有嘉祐五年六月，曾公亮進書表。宋諱避至"禎"字止，而不及英宗以下；故昔人定爲嘉祐進書後第一刊本。《四部叢刊》景印鐵琴銅劍樓藏北宋刊晉張湛注《沖虛至德真經》八卷，"殷"、"敬"、"恒"、"貞"字有缺筆，而"頊"、"桓"不缺；亦仁宗時刊也。又景印涵芬樓藏明萬玉堂翻宋本

---

① 自"瞿鏞《鐵琴銅劍樓書目》載《史記集解》一百三十卷"至"當爲仁宗時刊本"，初版本無。

漢揚雄撰《太玄經》十二卷，遇“貞”字皆缺末筆。影鈔北宋本漢許慎注《淮南子》二十一卷，闕筆至“貞”字；影宋精鈔本蜀釋貫休撰《禪月集》二十五卷，闕筆至“貞”字；而不避南宋諱。皆知其從仁宗時刊本出。《鐵琴銅劍樓書目》載：《漢書》一百二十卷，宋諱惟“匡”、“允”、“宏”、“殷”、“恒”、“貞”字闕筆，餘皆不缺。《沖虛至德真經》八卷，中“殷”、“敬”、“恒”、“貞”字有缺筆，而“頊”、“桓”字不缺。出北宋槧①。《皕宋樓藏書志》載：北宋刊《史載之方》二卷，徽宗以前諱皆缺避；“丸”不改“圓”，不避欽宗嫌名；其爲徽宗時刊本無疑。蜀大字本《三蘇文粹》七十卷，“桓”字以下諱不闕避。蓋北宋刊也。《四部叢刊》景印涵芬樓藏北宋刊司馬光撰《資治通鑑目録》三十卷，宋帝諱如“殷”、“敬”、“鏡”、“玄”、“弘”、“貞”、“徵”、“讓”、“頊”、“樹”、“桓”、“完”等字皆缺筆，字畫挺秀，北宋本之至精者。明翻北宋本《黄帝内經》二十四卷，“玄”、“匡”、“鏡”、“貞”、“徵”、“恒”、“炅”等字皆缺筆，嘉靖庚戌顧從德重刊北宋本也。國學圖書館藏唐杜牧撰《樊川文集》二十二卷，宋諱避“桓”、“鏡”等字；是從北宋本出。《鐵琴銅劍樓書目》載：《周易注疏》十三卷，“敬”、“殷”、“匡”、“恒”、“貞”、“桓”、“構”字皆缺筆；而“慎”字不缺。《春秋經傳集解》二十三卷，遇高宗以上諸帝諱皆缺筆，而“慎”字不缺。《舊唐書》六十一卷，宋諱“懸”、“朗”、“朓”、“珽”、“挺”、“頲”、“敬”、“警”、“竟”、“境”、“殷”、“匡”、“恒”、“禎”、“貞”、“徵”、“署”、“樹”、“豎”、“讓”、“頊”、“勖”、“桓”、“洹”、“萑”、“構”、“瞉”、“雊”、“勾”等闕筆，而“慎”、“敦”不缺。刻在高宗時可知②。《皕宋樓藏書志》載蜀大字本《漢書》殘本八卷，“匡”、“殷”、“貞”、“敬”、“境”、“桓”、“竟”、“完”、“源”、“貆”、“瞉”、“讓”、“構”、“購”皆缺末筆。宋刊配元覆本《隋書》八十五卷，“敬”、“慎”、“貞”、“恒”、“桓”、“構”皆缺避。宋刊中字本《唐書》二百五十五卷，“匡”、“胤”、“殷”、“敬”、“炅”、“恒”、“貞”、“頊”、“桓”、“構”皆缺避。陸狀元集百家注《資治通鑑詳節》一百二十卷，“朗”、“殷”、“匡”、“貞”、“恒”、“桓”、“慎”、“構”皆缺避。而知其爲高宗時刊本。而涵芬樓景印《百

① 自“《鐵琴銅劍樓書目》載”至“出北宋槧”，初版本無。
② 自“《鐵琴銅劍樓書目》載”至“刻在高宗時可知”，初版本無。

衲本二十四史》中《後漢書》，“桓”字作“淵聖御名”；而“構”字則作“今上御名”；知爲高宗時刊本。《晉書》“構”字缺筆；而“禎”字仍作“御名”，知爲紹興中翻雕北宋監本。《四部叢刊》景印涵芬樓藏宋刊《六臣注文選》六十卷，“玄”、“匡”、“貞”、“徵”、“恒”、“桓”、“覯”、“彀”諸字皆缺筆。紹興二年下紹興府餘姚縣刊《資治通鑑》二百九十四卷，書中缺筆至“構”字止。鐵琴銅劍樓藏宋紹興三年刊《温國文正司馬公文集》八十卷，書中“桓”字注“淵聖御名”，“構”字注“御名”。烏程蔣氏密韻樓藏明翻宋本梁《江文通集》十卷，“敬”、“鏡”、“匡”、“恒”、“樹”、“殷”、“貞”、“構”等字，有缺筆，蓋正嘉間繙宋高宗時本也。《鐵琴銅劍樓書目》載宋刊《周易》十卷，宋諱“殷”、“匡”、“筐”、“恒”、“貞”、“徵”、“懲”、“構”、“媾”、“遘”、“慎”等字缺筆，而“敦”字不闕，傅氏《禹貢集解》二卷，“恒”、“桓”、“慎”字闕筆，惟“惇”字不闕。吕氏《家塾讀書記》三十二卷，“朗”、“殷”、“匡”、“筐”、“恒”、“楨”、“貞”、“樹”、“勖”、“桓”、“構”、“遘”、“篝”、“慎”等字缺筆，而“惇”、“敦”不缺。《禮記》五卷，“匡”、“筐”、“恒”、“徵”、“讓”、“殷”、“敬”、“竟”、“樹”、“桓”、“完”、“慎”字缺筆，“敦”、“郭”不闕。《欒城集》二十一卷，“佶”字缺筆，“敦”字不闕。《東萊集注觀瀾文丙集》八卷，“桓”字作“亘”，“慎”、“真”、“貞”、“禎”、“恒”、“遘”字缺筆，而“敦”、“廓”字不缺，刻在孝宗時無疑①。而《皕宋樓藏書志》載宋刊《纂圖互注禮記》二十卷，《禮記舉要圖》一卷，“讓”字缺筆。《晉書》一百三十卷，“匡”、“恒”、“桓”、“慎”、“構”皆缺避。《致堂先生讀史管見》八十卷，宋孝宗以前諱皆缺避，蓋孝宗時刊本也。《四部叢刊》景印鐵琴銅劍樓藏宋刊巾箱本《毛詩》二十卷，宋諱“匡”、“殷”、“桓”、“覯”、“慎”等字有缺筆。建安余氏刊《春秋公羊經傳解詁》十二卷，“殷”、“匡”、“貞”、“桓”、“完”、“慎”等字皆缺末筆。陳道人書籍鋪本唐羅隱《甲乙集》十卷，“匡”、“徵”、“桓”、“樹”、“構”、“慎”字有缺筆。清内府藏宋刊大字本《孟子》十四卷，“玄”、“殷”、“讓”、“恒”、“畜”、“樹”、“豎”、“構”、“慎”等字，皆缺末筆。海鹽張氏涉園藏巾箱本《廣韻》五卷，避宋帝諱，至

① 自“《鐵琴銅劍樓書目》載宋刊《周易》十卷宋刊《周易》十卷”至“刻在孝宗時無疑”，初版本無。

“眘”字止。《五朝名臣言行録》十卷，《三朝名臣言行録》十四卷，宋帝諱兼避孝宗潛邸賜名“瑋”字。涵芬樓藏巾箱本宋李公焕《箋注陶淵明集》十卷，“朗”、“真”、“貞”、“徵”、“桓”、“恒”、“樹”、“覯”、“慎”等字缺筆，而知其爲孝宗時刊本。江安傅氏雙鑑樓藏影宋精鈔本唐《释皎然集》十卷，“慎”字有缺筆；知從孝宗時刻摹寫。《皕宋樓藏書志》載巾箱本《周易》、《尚書》、《毛詩》、《禮記》、《左傳》“惇”字以上諱皆缺避，“廓”字不缺；疑是宋光宗時婺州刊本。而涵芬樓景印《百衲本二十四史》中《三國志》，宋諱避至“敦”字爲止。《四部叢刊》景印涵芬樓藏宋刊《周易》十卷，“殷”、“匡”、“貞”、“徵”、“桓”、“媾”、“姤”、“敦”等字，皆爲字不成。蜀中刻唐皇甫湜《皇甫持正文集》六卷，宋諱“敦”字缺筆。蓋光宗時刊本也。《鐵琴銅劍樓書目》載宋刊《張先生校正楊寶學易傳》二十卷，“恒”、“貞”、“桓”、“構”、“慎”、“敦”等字缺筆。《婺本點校重言重意互注尚書》十三卷，“匡”、“恒”、“慎”、“敦”等字缺筆。《附释音尚書注疏》二十卷，“匡”、“恒”、“貞”、“惇”諸字缺筆。《和靖先生詩集》一卷，“構”字注高宗廟諱，“敦”字注御名，斷爲光宗時刻。而《資治通鑑》二百九十四卷，《淮海先生文集》二十六卷，《晦庵先生文集》一百卷，則以“郭”、“廓”、“擴”闕不成字，斷爲寧宗時刻①。《皕宋樓藏書志》載宋刊《北史》殘册，“匡”、“恒”、“貞”、“桓”、“構”、“慎”、“徵”、“樹”、“敦”、“廓”皆缺筆。宋季閩中重刊紹興本《山谷黄先生大全詩注》二十卷，宋諱自“惇”、“廓”以上皆缺避。蓋宋寧宗時刊本。北京圖書館藏有宋刊朱子《詩集傳》二十卷，於宋諱“玄”、“畜”、“匡”、“樹”、“殷”、“恒”、“徵”、“慎”、“敦”、“鞹”、“覯”等字，皆缺筆；亦寧宗時刊本。而《四部叢刊》景印江安傅氏雙鑑樓藏宋刊《方言》十三卷，書中避諱至“廓”字止。鐵琴銅劍樓藏宋刊吕祖謙撰《皇朝文鑑》一百五十三卷，“讓”、“署”、“桓”、“構”、“瑋”、“敦”、“擴”減筆，而理宗諱不減筆；是嘉泰間新安郡齋初印本②，非端平重修本也③。至《皕宋樓藏書志》載紹興三十年重刊宋陳襄撰《古靈先生文集》二十七卷，“擴”字缺筆，避寧宗嫌名；當是紹興刻而寧宗時修補者。《四部叢刊》景印嘉興沈氏藏宋刊黄庭

① 自“《鐵琴銅劍樓書目》載”至“斷爲寧宗時刻”，初版本無。
② 初版本此處有注解：“嘉泰，寧宗年號。”
③ 初版本此處有注解：“端平，理宗年號。”

堅《豫章黄先生文集》三十卷，書中“構”字注“太上御名”者，爲孝宗時元刻；遇“覯”作“覯”，兼避“慎”、“郭”等字者，爲光、寧兩宗時修版也。北京圖書館藏有淳熙刊端平、淳祐修小字本《通鑑紀事本末》殘册①，宋諱如“玄”、“懸”、“縣”、“朗”、“浪”、“埌”、“匡”、“筐”、“恇”、“劻”、“洭”、“胤”、“殷”、“酳 ”、“炅”、“ 熲”、“烔”、“耿”、“憬”、“恒”、“峘”、“姮”、“禎”、“貞”、“徵”、“癥”、“湞”、“曙”、“署”、“樹”、“佷”、“頊”、“旭”、“勖”、“煦”、“朐”、“佶”、“姞”、“完”、“梡”、“丸”、“莞”、“垣”、“遘”、“媾”、“構”、“溝”、“冓”、“姤”、“詬”、“彀”、“慎”、“蜃”、“讓”、“援”，皆爲字不成；“構”注“太上御名”；“昚”注御名；“桓”有改爲“亘”者；蓋淳熙時刊本多，而端平、淳祐修版少耳。此則宋諱缺筆之大略已。

長洲葉昌熾鞠裳撰《藏書紀事詩》六卷，前有同邑王頌蔚序稱：“宋刊宋印，大都用公私簿帳。以余所見，若《爾雅單疏》、《宋文鑑》、《洪氏集驗方》、《北山小集》皆是也。”豈惟宋刊，元明亦有之。黄丕烈《士禮居藏書題跋記》稱：“宋本每葉紙背，大半有字迹；蓋宋時廢紙多直錢也。宋刻本《蘆川詞》紙背字迹，審是宋時收糧檔案，故有‘更幾石’、‘需幾石’，下注‘秀才’、‘進士’、‘官户’等字；又有‘縣丞’、‘提舉’、‘鄉司’等字；户籍官銜，略可考見。粳糯省文，皆從便易；雖無關典實，聊記於此，以見宋刻宋印，古書源流，多有如是者。”莫友芝《宋元舊本書經眼録》載：“宋紹興本《集古文韻》第三卷，紙背是開禧元年黄州諸官致黄州教授書狀②。古人文移案牘，用紙皆精好，事後尚可他用。蘇子美監進奏院，以鬻故紙公錢祀神宴客得罪。可見宋世故紙，未嘗輕棄。今官文書紙率輕薄，不耐久。”此宋刊宋印之見著録者也。葉昌熾《滂喜齋藏書記》載：“元刻宋毛晃《增修互注禮部韻略》五卷，其紙爲元時户口册，書即印於紙背；諦視之，皆湖州路某縣某人，云：‘宋民户，至元某年歸順’；則湖州官庫本。”北京圖書館藏有元刊宋俞琰撰《周易集説》殘册，用牘背紙印。此元刊元印之可徵見者也。黄丕烈《士禮居藏書題跋記》又稱：“鄭元佑《僑吴集》紙背皆明人箋翰簡帖，雖非素紙印本；然古氣斑斕，亦自可觀。宋元舊本，往往如是。”此明刊明印之見

① 初版本此處有注解：“端平、淳祐，理宗年號。”
② 初版本此處有注解：“開禧，寧宗年號。”

著録者。北京圖書館藏有國子監宋刊明印宋毛晃《增修互注禮部韻略》殘册，印以洪武七年糧册紙；其入聲缺版，仍以牘背紙，界烏絲闌訂入。此又宋刊明印之可徵見者也。然高濂《燕閒清賞箋》則謂“有種官券殘紙背印更惡，不以用公私簿帳印者爲貴也”。高氏生於明，去宋未遠，宋刻流傳，猶多佳者，故不爲珍罕。至黄丕烈等生清中葉以後，去宋益遠，而不罕者罕矣。亦可以覘世運之升降也。高氏謂：“宋版書以活襯紙爲佳；而蠶繭紙、鵠白紙、藤紙固美，而存遺不廣。若糊褙《宋書》，則不佳矣。余見宋刻大版《漢書》，不惟内紙堅白，每本用澄心堂紙數幅爲副；今歸吴中，真不可得。”張應文《清秘藏》亦稱：“余向見元美家班、范二書，乃真宗朝刻之秘閣，特賜兩府者，無論墨光焕發，紙色堅潤；每本用澄心堂紙爲副，尤爲精絶。”按：明王世貞元美家藏班、范二《漢書》，爲元趙孟頫松雪齋故物，桑皮紙，白潔如玉，四傍寬廣；字大者如錢，絶有歐、柳筆法；細書絲髮膚緻，墨色精純，奚潘流瀋。蓋自真宗朝刻之秘閣，特賜兩府；而其人亦自寶惜，四百年而手若未觸；前有孟頫畫像；陸師道亦寫世貞像於次帙，文徵明以八分書爲之標籤。後歸吾宗牧齋，以千二百金，從黄尚寶購之；藏之二十餘年，以崇禎十六年癸未中秋日，損二百金，鬻之四明謝象三，自跋謂：“牀頭金盡，生平第一殺風景事也!”既而明亡，又由謝氏歸之武林張坦庵侍郎。尋侍郎以文字之禍，譴死塞外。乾隆時，詔求遺書；婁縣周忠倚貢入内府；高宗又加繪御容，編入《天禄琳琅》。宋槧宋楮，字畫端厚，稱宋刊弁冕①。此在元明已爲瓌寶，吾輩措大，無福得見。若在清代，論宋版者，貴羅紋紙。孫從添《藏書紀要》曰：“若果南北宋刻本，紙質羅紋不同；字畫刻手，古勁而雅；墨氣香淡，紙色蒼潤，展卷便有驚人之處。”黄丕烈得宋刻《圖畫見聞志》四、五、六共三卷，見字畫方板，疑爲翻宋本；而細辨字畫，遇宋諱皆缺筆；而揭去舊時背紙，見原紙皆羅紋闊簾而横印者，始信宋刻宋印。《士禮居藏書題跋記》。此是所聞；若云所見，北京圖書館藏有宋刊王欽若等撰《册府元龜》殘册，羅紋紙印，亦稀秘矣。

宋刻本率由善書之士，謄寫上版，故字體各異；其中以大小歐體字刻版

① 自“前有孟頫畫像”至“稱宋刊弁冕”，初版本無；文字則爲：“清乾隆間，進入内府，爲‘天禄琳琅’之冠。”

者爲最適觀；以其間架波磔，濃纖得中，而又充滿，無跛踦肥腔之病。黄丕烈《士禮居藏書題跋記》載宋刻《禮記》二十卷，云："字畫整齊。"宋刻《史載之方》二卷，云："字畫斬方，神氣肅穆。"殘宋刻《圖畫見聞志》六卷，云："字畫方板；南宋書棚本如許丁卯、羅昭諫唐人諸集，字畫方板皆如是。"而陸心源《皕宋樓藏書志》載宋真宗時刊白氏《六帖類聚》三十卷，云："歐書極精。"則又在黄跋所記諸刻以前，皆用歐體者也。儻有参以他種筆意者，則尤名貴。如王世貞跋元趙孟頫松雪齋藏班、范二《漢書》，云："有歐、柳筆法。"《皕宋樓藏書志》載宋禮部官書《六韜》六卷，云："字畫方勁，有歐、顔筆意。"北京圖書館藏有宋淳熙三年刊小字本《通鑑紀事本末》殘册，書法秀整，體兼顔柳，皆罕品也。元以降，趙之書盛行，刻書多仿其體；其尤著者，如至元後己卯花谿沈氏伯玉刊元趙孟頫《松雪齋集》十卷，《外集》一卷，國學圖書館有藏本，《四部叢刊》有景印本，字仿孟頫，摹刻最精。其次《皕宋樓藏書志》載元印袁桷《清容居士集》五十卷，云"字有趙子昂筆意"。《四部叢刊》亦有景印本。吴縣徐康子晉《前塵夢影録》稱："昔在申江書肆得《黄文獻公集》二十二卷，黄溍撰。狹行細字，筆筆趙體；每卷後有門人宋濂、方孝孺校，即錢大昕所見之本也。元代不但士大夫競學趙書，其時如官本刻經史，私家刊詩文集，亦皆摹吴興體。至明初"吴中四傑"高啓、楊基、張羽、徐賁，尚沿其家法。即刊版所見，如《茅山志》、《周府袖珍方》，皆狹行細字，宛然元刻，字形仍作趙體。沿至匏庵《家藏集》、吴寬撰。《東里文集》，楊士奇撰。仍不失元人遺意。"明天順刊楊士奇《東里文集》二十五卷，《詩集》三卷，《續集》六十二卷，《别集》四卷，《待言録》一卷，《附録》四卷，國學圖書館藏有鈔配本。然元刻亦有歐體者；北京圖書館藏有至大重修《宣和博古圖録》殘册，雕造精工，字橅歐陽，自是橅宋如此耳。明隆萬間，乃有專作方體之書工以備鋟板者，即今日盛行之宋體字也。吾宗梅溪先生名泳。《履園叢話》云："有明中葉，寫書匠改爲方筆，非顔非歐，已不成字；近時則愈惡劣，無筆畫可尋矣。"然明繙宋本，亦多精美。嘉靖中所刻書，整峭有古意；近人多有以嘉靖本相尚者。余藏明嘉靖刊李夢陽《空同集》六十六卷，及李攀龍《滄溟集》三十卷，《附録》一卷，字瘦長而作歐體。王世貞《弇州山人四部稿》一百七十四卷，則方肥而參顔意，乃萬曆刊也。至《弇州山人續稿》二百七卷，同爲萬曆刊；則如今日習見之宋體字矣。然宋體字演變出宋版書，本以歐體爲主；而宋版書不純歐，往往參顔柳，筆畫豐肥，結體茂密。及元版書盛行趙字；趙字側取勢，波磔揺曳。刀刻能瘦而不能肥，能平直而不能揺曳；不能不專取歐體；以畫平豎直，適於使刀也。惟歐體字出漢魏分隸，結體匾方，豎行正直，而横行疏落；遂演變爲後來之宋體字，方體瘦畫，行列清整；雖是匠氣，而既便刀刻，又不傷目力也。於是近世刻書以横輕直重者爲宋體字，楷書精美者爲元體字。俗謁爲軟體字。實則宋體字，由明人效宋季書棚本而失其真。元體字則僅可以目趙字。清代寫刻諸書之精者，不皆趙體也①。

蕭山王端履小穀《重論文齋筆録》云："或謂余曰：'宋人刻書，每行字數，如其行數。如每葉二十行，則每行各二十字，每葉二十二行，則每行各二十二字。'此亦不盡然。如錢竹汀《日記鈔》所載宋板《儀禮注》，每葉二十八行，行二十四字。宋刻《漢書》每葉二十八行，行二十四字。宋刻《司馬温公集》，每葉二十四行，行二十字。宋刻《史記》每葉二十六行，行二十五字；又一本，每葉十八行，每行十六或十七字。宋刻《列子》，每葉二十四行，行二十五字。則其説不足據矣。"然宋版行字兩較，以全版計算，多少似覺相懸；以半版計數，則出入僅一二字而已。光緒間元和江標建霞嘗撰《宋元本行格表》，屬湘潭劉肇隅編校之。肇隅既手自編寫，間亦拾遺補闕，私以例檃括之；其自四行至二十行，與四部分列之數，及行字之先少後多，悉依江説，詳注引用之書，凡二卷；其稱景宋鈔本、景元鈔本、明繙宋本、明仿宋本者，苟非確有取證，則概附卷末爲附録。蓋言宋元行格者，於是而集大成焉。吴縣曹元忠君直《箋經室所見宋元書題跋》中記古槧行數字數，如宋本《禮書》每半葉十三行，每行大字二十、二十一二不等，小字二十八，《樂書》每半葉十三行，每行大字二十一，小字雙行夾注或二十二、二十六不等，殘本《後村居士集》每半葉十行，行二十一字，殘本《廬陵歐陽先生文集》半葉十四行，行二十六字。殘本《新刊名臣碑傳琬琰之集》每半葉十五行，行二十五字。元刻《針灸資主經》每半葉十二行，行二十四字。許叔微《傷寒發微論》、《百證歌》半葉九行。元修宋刊牘背紙印殘本《論衡》半葉十行，行二十字②，大抵宋版行少

---

① 自"然明繙宋本"至"不皆趙體也"，初版本無。

② 自"吴縣曹元忠君直《箋經室所見宋元書題跋》"至"行二十字"，初版本無。

者，每半葉四行，行八字，如寶祐五年陳蘭森所刻《干禄字書》。行多者，每半葉二十行，行二十七八字至三十字不等，如南宋刻《九經》白文。葉德輝《書林清話》。而侯官陳衍石遺《談藝録》其弟子黄曾樾纂記。論刻書有雅俗之分：明人刻八股文及清人刻硃卷，皆是每版九行，每行二十五字。凡佳本古槧，多十一行，十三行；十行者已少；九行則俗本耳。字數以二十一二爲宜。果若所云，當以宋槧《禮書》、《樂書》每半葉十三行，行大字二十一二者爲最合式也①。宋槧語涉宋帝皆空格。《皕宋樓藏書志》所載，則有宋刊沈括《夢溪筆談》二十六卷，影宋寫廖剛《高峰集》十二卷，宋刻宋印周必大《周益文忠集》殘本六十九卷，事涉宋帝皆空一格，亦有空二格者。宋刊《九經補韻》一卷，文天祥《新刻指南録》四卷，東萊先生《分門詩律武庫前後集》三十卷可證。而元刊元印黄溍《金華黄先生文集》四十三卷，南京圖書館之有影鈔本者，則語涉元帝皆頂格矣。

黄丕烈《士禮居藏書題跋記》載嘉定王狀元敬銘家藏嚴州本《儀禮注》，每卷末有經若干字，注若干字，分兩行。十七卷末，有經共計若干字，注共計若干字。此古式也。按卷末記明經注字數，此爲宋版經書刻式；而非子史集部所有。余仁仲萬卷堂刊《周禮鄭注陸音義》、《禮記》、《春秋公羊經傳解詁》、《春秋穀梁經傳范寧集解》，卷後皆記經、注、音義字數，已如前述。北京圖書館藏有宋刊建大字本《春秋左傳》殘册，每卷終有經傳幾仟幾佰幾拾幾字。而《四部叢刊》景印涵芬樓藏宋刊《周禮》十卷，卷末各記經注字數，鐵琴銅劍樓藏宋刊《爾雅》三卷，卷末總計經若干字，注若干字。長沙葉氏觀古堂藏明徐氏翻宋刊《儀禮》十七卷，卷末記經、注字數，與宋嚴州小字本同。

書之裝册，初不用綫釘。其始爲旋風裝，如今日之裱碑帖者，糊聯之爲一帙，摺叠成之，其首尾加封面以題書名；世傳佛經，猶沿此裝，又進而爲蝴蝶裝。蝴蝶裝者，如今之報紙。打騎縫在中間，而用糊黏於背，夾以堅硬護面，以板心向内，單口向外，揭之若蝴蝶翼然。阮元仿宋刻《古列女傳》，其原書即如此裝式，略似今西裝書。第西裝書紙厚，兩面印字；宋元書紙薄，僅印一面耳！宋蝶裝書粘糊經久不脱，不似今西書以鐵綫固之。然其由蝶裝

---

① 自“而侯官陳衍石遺《談藝録》”至“行大字二十一二者爲最合式也”，初版本無。

而變爲綫裝，或以粘糊不能盡佳；且閲書時易見紙背；於是逐葉雙摺，版心外向；而黑口本諸稱以起歟。然宋槧不必蝴蝶裝，而蝴蝶裝亦有金元槧①。以余所見於北京圖書館者：宋槧經部，則有如宋朱震撰《漢上易集傳》殘册，曾穜撰《大易粹言》殘册，漢焦贛《易林注》殘册，朱子《詩集傳》殘册，陳祥道撰《禮書》殘册，兩部。陳暘撰《樂書》二百卷，又殘册，兩部：一部藍皮蝶裝，一部黄綾裝卷首。建大字本《春秋左傳》殘册。史部有兩淮江東轉運司刻《漢書》殘册，兩部。《後漢書》殘册，兩部：一用黄綾裝，一用藍紙。《晉書》殘册，兩部。一爲宋刊元明遞修本。蜀大字本《宋書》殘册，兩部。《梁書》殘册，《陳書》殘册，蜀大字本《魏書》殘册，蜀大字本《北齊書》殘册，《唐書》殘册，兩部。一爲宋刊元補。《五代史記》殘册，《資治通鑑》殘册，兩部。大字本《通鑑紀事本末》殘册，兩部：一爲白皮紙，一爲竹紙。小字本《通鑑紀事本末》殘册。子部有宋王欽若等撰《册府元龜》殘册。集部有朱文公《晦庵文集》一百卷。至於金刻則有《尚書正義》二十卷。元刻則經部有元敖繼公撰《儀禮集説》殘册，《讀晦庵孟子集解衍義》殘册，戴侗撰《六書故》殘册。史部有《晉書》殘册，《南史》八十卷，《宋史》殘册，《遼史》殘册，三部。《金史》殘册，兩部。《續資治通鑑》殘册，宋鄭樵撰《通志》二百卷，元潘仁撰《陸宣公奏議纂注》殘册，張鉉撰《至正金陵新志》殘册，宋馬端臨撰《文獻通考》三百四十八卷。垂至明初，猶見蝶裝：則有明初黑口本《元史》殘册，永樂中用南監九行本《齊書》、十行本《晉書》、《魏書》、《隋書》印訂《四史外戚傳》四卷。蓋蝶裝書之多，未見有如北京圖書館之夥頤沈沈者，可謂洋洋乎大觀也哉！明則盛行包背裝，始由糊粘而改綫裝，版心向外，而以綫緝單口，用厚紙或綾絹等包之，以滅針綫之迹，如今之和裝然；世所傳之《永樂大典》殘本及清纂《四庫全書》，咸用黄綾包裱者，是也。民間以其重費，遂去包背而爲今日之綫裝云。然葉德輝《藏書十約》，其中有論裝潢一條，以爲："裝釘不在華麗，但取堅緻整齊，而斷不可用蝴蝶裝及包背本。蝴蝶裝如褾帖，糊多生霉而引蟲傷；包背則如藍皮書，紙豈能如皮之堅韌；若

① 自"書之裝册"至"而蝴蝶裝亦有金元槧"，初版本與之迥異；文字則爲："蝴蝶裝者，不用綫釘，但以糊黏書背，夾以堅硬護面；以板心向内，單口向外，揭之若蝴蝶翼然！阮元仿宋刻《古列女傳》，其原書即如此裝式。不惟宋刻，金、元亦有之！"

仿爲之，既費匠工，又不如綫裝之經久。蝴蝶裝雖出於宋，而宋本百無一二。包背本，明時間有之；家中存一二部以考古式。”① 徐康《前塵夢影録》曰：“余在玉峰，得《鸿慶居士大全集》，宋孫覿撰。舊爲澹生堂鈔藏，計十帙，每本面葉有祁氏藏書銘，棉料紙藍格，五色綫釘，刀口不齊，據湖州書友云：‘明代人裝釘書籍不解用大刀，逐本裝釘。’以此集相證始信。”蓋明人切書，一本爲一本，推而至於宋元本，亦無不然。北京圖書館藏宋元本殘册，或蝴蝶裝，或紙捻釘，或綫裝，皆無數本一刀切者。此亦可供鑑賞者之一證佐已。

元世祖至元十五年四月，以集賢大學士許衡言，遣使取杭州等處，凡在官書籍板刻至京師。《續文獻通考》。二十七年，立興文署，召工刻經、史、子板，以《資治通鑑》爲起端。《元史·百官志》。瞿鏞《鐵琴銅劍樓書目》、陸心源《儀顧堂題跋》、莫友芝《宋元本舊書經眼録》，於興文署本至元二十七年刻《資治通鑑》二百九十四卷，皆見著録。而嘉慶間鄱陽胡克家果泉刻《資治通鑑》，即繙興文署本。此元官本之尤著名者也。顧炎武《日知録》曰：“宋元刻書，皆在書院；山長主之，原注：主書院者謂之山長。通儒訂之；學者則互相易而傳布之。故書院之刻，有三善焉：山長無事而勤於校讎，一也。不惜費而工精，二也。不貯官而易印行，三也。”國學圖書館藏有元至正乙巳刊宋縉雲鮑彪校注元蘭溪吴師道重校《戰國策校注》十卷②，第三、四、五、六卷末，有“至正乙巳前藍山書院山長劉壎重校刊”一行；第八、九、十卷末，有“平江路儒學正徐昭文校勘”一行；《四部叢刊》有景印本；而北京圖書館亦藏其殘册焉。存卷四又八之十。瞿氏鐵琴銅劍樓藏有元刊《新箋決科古今源流至論》四十卷，爲延祐四年，圓沙書院刊本。《新編古今事文類聚》二百三十六卷，目録後有“泰定丙寅廬陵武溪書院新刊”木記。《豫章羅先生文集》十七卷，目録後有墨圖記云“至正乙巳秋沙陽豫章書院刊”。皆書院刊本也③。元時州縣皆有學田，所入謂之學租，以供師生廪餼，餘則刻書。工大者，合數處爲之，故讎校刻畫頗有精者。顧炎武《日知録》。北京圖書館藏有元刊《後

① 自“明則盛行包背裝”至“家中存一二部以考古式”，初版本無。

② 初版本此處有注解：“至正，順帝年號。”

③ 自“瞿氏鐵琴銅劍樓藏有元刊《新箋決科古今源流至論》四十卷”至“皆書院刊本也”，初版本無。

漢書》殘册，首列景祐《校正〈後漢書〉狀》，狀後有“大德九年乙巳十月望日，寧國路儒學雲教授任内刊”兩行。《四部叢刊》景印江陰繆氏藝風堂藏元刊漢班固撰《白虎通德論》十卷，乃大德九年①，李晦以郡守劉平父藏宋監本刊於無錫縣學者。此本瞿氏鐵琴銅劍樓亦藏之。而鐵琴銅劍樓又藏有大德十一年重刻宋丁黼本《風俗通義》十卷，行款字體，與《白虎通》同。蓋同刻於無錫學中者②。《四部叢刊》景印烏程劉氏嘉業堂藏明萬曆刊後漢趙曄撰《吴越春秋》十卷，末題“大德十年歲在丙午三月音注，越六月書成刊板，十二月畢工”兩行，“前文林郎國子監書庫徐天祐音注”一行，及紹興路儒學校刊銜名四行，蓋重開大德本也。其大部書合數處爲之者：大德丙午，建康道廉訪使徇太平路之請，分行十路儒學合刻《十七史》，爲元代路學最善之本。其可徵見者：《兩漢書》則太平路，《三國志》則池州路，《隋書》則瑞州路，《北史》則信州路，《唐書》則平江路，《遼史》、《金史》則杭州路③，或於版心刊明，或於卷首刊明，或於卷末刊明。國學圖書館藏有明重刊元大德太平路學本《漢書》一百卷，元大德丙午池州路學刊明修本《三國志》六十五卷，元大德瑞州路學刊本《隋書》八十五卷，元大德信州路學刊本《北史》一百卷。諸本具見名家藏書著録，其可徵見者也。涵芬樓景印《百衲本二十四史》，其中《隋書》、《南史》、《北史》，皆云大德路學刊本；《隋書》，饒州路；《北史》，信州路；獨《南史》不記刊刻地名，不知屬於何路，出桐儒學生趙良粢書，字迹圓密，寫刻雅近南宋。元季路學刊本數見，他刻諱字，此本皆不諱，蓋尤珍罕者已。《日知録》稱：“洪武初，悉收上國學。今南監《十七史》諸書，地理歲月，勘校工役並存，可識也。今學既無田，不復刻書；而有司間或刻之，然祇以供餽贐之用；其不工反出坊本下，工者不數見也。昔時入覲之官，其餽遺，一書一帕而已，謂之書帕。自萬曆以後，改用白金。”王士禎《居易録》云：“明時，翰林官初上，或奉使回，例以書籍送署中書庫，後無復此制矣！又如御史巡鹽茶、學政、部郎榷關等差，率出俸錢刊書，今亦罕見。”此實出於宋漕司、郡齋刻書之習，沿爲故事；然校勘不善，顧炎武謂“其不工反出坊本下”。至今藏書家，均視當時書帕本比之經廠、坊肆，

① 初版本此處有注解：“大德，成宗年號。”

② 自“此本瞿氏鐵琴銅劍樓亦藏之”至“蓋同刻於無錫學中者”，初版本無。

③ 此句初版本無。

名低價賤，殆有過之。清同光間，湖北官書局刻《百子全書》中《孔叢子》即出明書帕本，《小爾雅》、《孔臧賦》、《連叢》皆删去。然其中亦自有佳者。國學圖書館藏有正德十年①吉府重刻陸相本漢賈誼撰《新書》十卷；先是正德九年，長沙守陸相，得宋淳熙辛丑提學漕使程公舊版於故櫝中，補刻成書；蓋以備書帕之用者也；《四部叢刊》有吉府重刻之景印本焉。《四部叢刊》又景印江安傅氏雙鑑樓藏明刊漢徐幹撰《中論》二卷；蓋嘉靖乙丑，青州知府四明杜思重刻弘治本②。烏程劉氏嘉業堂藏明刊宋陳傅良撰《止齋先生文集》五十三卷；蓋明弘治間，編修王瓚録自秘閣，授温州守莆田林長繁乙丑刻本，皆書帕本也。至所景印涵芬樓藏明刊唐韋應物撰《韋江州集》十一卷，有嘉靖戊申，晉陵華雲序謂："榷事江州，歷覽序傳，知韋公曾剌是邦，爰刻是編。"則亦書帕本也。然雕刻極精，經廠不如矣。明司禮監有經廠庫以藏書板，其印本或稱爲經廠本。北京圖書館藏有經廠本宋朱熹撰《孟子集注》十四卷，經廠大字本唐吴競撰《貞觀政要》殘册，經廠本宋真德秀撰《大學衍義》殘册。國學圖書館藏有正統司禮監刊宋朱熹撰《詩集傳》二十卷，正統經廠本宋陳澔撰《禮記集説》十六卷，吉府繙正統經廠本《四書》二十六卷，附《大學中庸或問》二卷③。此經廠本之可徵見者。藩府刻本，亦稱名貴；而吉府其一。其它見著録者，曰蜀府、代府、崇府、肅府、唐府、晉府寶賢堂亦稱志道堂，亦稱虚益堂，又稱養德書院、益府、秦府、伊府、魯府敏學書院亦稱承訓書院、趙府居敬堂亦稱味經堂、楚府、寧藩、周藩、瀋藩、德藩最樂軒、潞藩。吉府刻多諸子。晉府刻多總集。益府刻多茶書。而北京圖書館藏有嘉靖秦藩刊《史記》一百三十卷。國學圖書館藏有嘉靖魯藩刊晉葛洪撰《抱朴子》七十卷，嘉靖秦藩刊鮑雲龍撰《天原發微》五卷，嘉靖益府刊明張九韶編《理學類編》八卷，萬曆益藩《新刊增修大廣益會玉篇》三十卷，《篇韻指南》一卷，《總目》一卷。《四部叢刊》景印者，則有國學圖書館藏魯藩刊《抱朴子》，及涵芬樓藏趙府居敬堂刊《靈樞經》十二卷焉。明代坊肆亦以建安爲盛，可徵見者，有建安務本堂，有建安書市鼎新，有書林劉宗器安正堂，有書户劉氏慎獨齋；而慎獨齋所刻爲夥、爲著。北京圖書館藏有慎獨齋刊《西

① 初版本此處有注解："正德，武宗年號。"
② 初版本此處有注解："嘉靖，世宗年號。"
③ 初版本此處有注解："正統，英宗年號。"

漢文鑑》二十一卷，《東漢文鑑》二十卷，首行“石壁野人陳鑑編”，次行“建陽京兆劉弘毅刊印”。而國學圖書館藏有正德劉洪慎獨齋刊宋章如愚撰《群書考索前集》六十六卷，《後集》六十五卷，《續集》五十六卷，《別集》二十五卷，吕祖謙撰《十史詳節》二百七十三卷[①]。務本堂鼎新，不如慎獨齋之著，而時頗早。北京图書館藏有洪武戊辰建安務本堂重刊元董真卿撰《周易會通》十四卷[②]，洪武二十一年孟春建安書市鼎新刊行元尹起莘撰《資治通鑑綱目發明》五十九卷。自宋至明，六百年間，建安書市擅天下之富，而慎獨齋刊，則爲明本之珍！高濂《燕閒清賞箋》稱：“國初慎獨齋刻書，似亦精美。”而徐康《前塵夢影録》謂：“正德時慎獨齋本《文獻通考》細字本，遠勝元人舊刻；大字巨册，僅壯觀耳。”此坊肆之罕品也。

明人家刻之著聞者：經部則有吴郡沈辨之野竹齋刻《韓詩外傳》十卷，吴郡袁褧嘉趣堂嘉靖癸巳仿宋刻《大戴禮記》十三卷。史部則有震澤王延喆恩褒四世之堂嘉靖丁亥刻《史記集解索隱正義》一百三十卷。子部則有顧春世德堂嘉靖癸巳刻《老》、《莊》、《列》、《荀》、《揚》及《中說六子全書》，袁褧嘉趣堂嘉靖乙未仿宋刻《世説新語》三卷。集部則有東吴徐時泰東雅堂繙刻宋廖瑩中世綵堂《韓昌黎集》四十卷，《外集》十卷。吴郡沈辨之野竹齋校雕《韓詩外傳》，沈辨之名與文，嘉靖間人。北京圖書館有藏本，《四部叢刊》有景印本。袁褧嘉趣堂重雕《大戴禮記》，《四部叢刊》亦有景印本。震澤王延喆刻《史記》，王士禎《池北偶談》云：明尚寶少卿王延喆，文恪少子也。其母張氏，壽寧侯鶴齡之妹，昭聖皇后同産。延喆少以椒房入宫中，性豪侈。一日有持宋槧《史記》求鬻者，索價三百金，延喆紿其人曰：“姑留此，一月後可來取直。”乃鳩集善工，就宋版本摹刻，甫一月而畢工。其人如期至，索直，故紿之曰：“以原書還汝。”其人不辨真贋，持去，既而復來，曰：“此亦宋槧，而紙不如吾書，豈誤耶？”延喆大笑，告以故，因取新雕本散置堂上示之曰：“君意在獲三百金耳，今如數予君，且爲君書幻千萬億化身矣。”其人大喜過望。今所傳有震澤王氏摹刻印，即此本也。國學圖書館有藏本，清同光間湖北官書局有仿雕本。顧春世德堂刻《六子》，北京圖書館有《莊子》、《文中子》、《中說》；國學圖書館藏有《莊子》、《荀子》、《揚子》、《文中子》。袁褧嘉趣堂刻《世説新語》，《四部叢刊》有景印本。徐氏東雅堂刻《韓昌黎集》，國學圖書館有藏

---

① 初版本此處有注解：“正德，武宗年號。”

② 初版本此處有注解：“洪武，太祖年號。”

本，清同光間蘇州官書局有仿雕本，皆明本之精好者。

明以來，活字版盛行；出於吾無錫安國家者，流傳最廣，爲世珍秘；其次華氏。而華氏印本，有曰蘭雪堂，有曰會通館。蘭雪堂爲華堅，會通館始華燧。同縣邵寶《容春堂集·會通君傳》云："會通君，姓華氏，諱燧，字文輝，無錫人。少於經史多涉獵，中歲好校閱同異，輒爲辨證，手録成帙，遇老儒先生，即持以質焉。既而爲銅字板以繼之，曰'吾能會而通矣！'乃名其所曰會通館。人遂以會通稱，或丈之，或君之，或伯仲之，皆曰會通云。"會通館本，見著録者：宋洪邁撰《容齋隨筆》十六卷，《三筆》十六卷，《四筆》十六卷，《五筆》十卷；瞿鏞《鐵琴銅劍樓書目》、陸心源《皕宋樓藏書志》。宋趙汝愚撰《諸臣奏議》一百五十卷；見瞿鏞《鐵琴銅劍樓書目》。宋不知何人撰《錦繡萬花谷前集》四十卷，《後集》四十卷；見繆荃孫《藝風堂藏書續記》。而國學圖書館藏有明繙會通館活字本《容齋隨筆》至《五筆》。華堅，字允剛，無可考；然燧三子曰塤、奎、壁，五行之次，火生土，皆取土旁爲名；則堅從土旁，殆燧之猶子歟？葉昌熾《藏書紀事詩》。所刻書有"錫山蘭雪堂華堅允剛活字銅版圖記"一條；可考見者，有漢董仲舒《春秋繁露》十七卷，蔡邕《蔡中郎文集》十卷，見瞿鏞《鐵琴銅劍樓書目》、陸心源《皕宋樓藏書志》。唐歐陽詢等撰《藝文類聚》一百卷，元稹《元氏長慶集》六十卷；白居易《白氏長慶集》七十卷；見瞿鏞《鐵琴銅劍樓書目》。而《四部叢刊》景印涵芬樓藏《蔡中郎文集》，即華堅蘭雪堂活字本也。又有華珵者，亦以活字版著名。珵，字汝德，以貢授大官署丞，善鑑別古奇器法書名畫，築尚古齋，實諸玩好其中。又多聚書，所製活版甚精密，每得秘書，不數日而印本出矣。其見著録者，則有宋陸遊撰《渭南文集》五十卷，見黄丕烈《士禮居藏書題跋記》。左圭撰《百川學海》；見陸心源《皕宋樓藏書志》。而華珵刻《渭南文集》，國學圖書館有藏本，《四部叢刊》有景印本。然華氏所刻書，不如安國之精。國，字民泰，居積諸貨，人棄我取，贍宗黨，惠鄉里，乃至平海島，濬白茆河，皆有力焉。父喪，會葬者五千人。嘗以活字銅版印諸書，可徵見者，則有唐顔真卿《顔魯公文集》十五卷，見烏程嚴可均景文《鐵橋漫稿》、瞿鏞《鐵琴銅劍樓書目》、陸心源《皕宋樓藏書志》。宋魏了翁《鶴山大全文集》一百十卷，見黄丕烈《士禮居藏書題跋記》。明沈周《石田詩選》十卷；在上海四馬路博古齋書店見之。而《顔魯公文集》，北京圖書館、國學圖書館咸有藏本，《四部叢刊》有景印本，每葉魚尾上有錫山安氏館五字；而《魏鶴山集》，國學圖書館藏，闕一卷卷第一百八，蓋世尤稱珍秘也。又繙宋版大字本唐徐堅等撰《初學記》三十卷，則刻本而非活字本矣。其餘叢刻書，以陽山顧元慶《四十家文房小說》爲最精，而以新安程榮《漢魏叢書》爲尤著焉。

中國之有活字版，相傳始於宋慶曆中之畢昇。或謂晉天福中，已有銅活字版，則更早矣。畢昇之活字，用膠泥刻之。南宋嘉定淳祐之活字本，用木鋟之。世傳宋槧范祖禹《帝學》，爲嘉定十四年木活字本；《璧水群英待問會元》，爲淳祐五年木活字本。自元以降，率用木刻活字。至明中葉，而吾邑華燧範銅爲之，印書可多而耐久。清康熙中刻銅字，印《圖書集成》；乾隆中，製聚珍版，印《武英殿叢書》，皆沿燧之法。外此若朝鮮、日本之銅版亦起於明代，與燧相後先。①

印書初率用墨，無套色；明正德以後，始有朱、墨套印及三色、四色、五色本。南京图書館藏有明嘉靖靛青印本元休寧趙汸撰《春秋集傳》十五卷，朱、墨刊唐《孟浩然集》二卷，宋廬陵劉辰翁評。明北地李夢陽參。天啓刊朱、墨評點本《曹子建集》十卷；而《孟浩然詩集》，爲吴興凌濛初刻本。吴興閔氏，於萬曆間，與凌氏咸以刻套色書有名；世亦稱套板書。閔氏之刻書者，有齊伋、昭明、元衢、繩初、無頗、振業、振聲、暎璧諸人；凌氏則有稚隆、濛初、澄初、弘憲、啓康、杜若、毓枏諸人；而最著者爲齊伋、昭明、稚隆、濛初；其套色有朱、墨二色者，有藍、朱、墨三色者，甚至有用朱、藍、墨、黄四色者，而以朱、墨二色爲習見。閔繩初刻《文心雕龍》，凌瀛初刻《世説新語》，皆藍、黄、朱、墨四色套印。而閔齊伋刻《孟子》、《楚辭》、《戰國策》、《杜子美七言律》，及凌啓康刻《蘇長公集》，皆藍、朱、墨三色套印也。刻書之用套色也，其主旨在於眉上加評語，於行間加圈點；評點之人不一，則所用之顔色亦不一；如凌刻《世説新語》，除正文墨印外；評點之爲藍色者，劉辰翁筆也；朱色者，王世貞筆也；黄色者，劉應登筆也。清之中葉，又有六色。至光緒間，番禺葉衍蘭用藍、朱、墨三色套印黄陶庵、黎二樵批點《李長吉集》二册，墨光湛黑，紙作玉色，而字作元體趙松雪，秀媚絶倫；封面用緑蠟牋，益形雅麗，令人不忍觸手，可謂雋品。②

① 本段初版本無。

② 本段初版本無。

清有天下，文教蔚興。有内府刊欽定各書，詳見昭璉《嘯亭雜録續録》。有武英殿刊版《十三經》、《二十四史》及聚珍版叢書一百三十八種①，有各省局刻書院刻各書。而私家刻書，當以常熟毛晉子晉之汲古閣，長白納蘭性德容若之通志堂，镇洋畢沅秋帆之經訓堂，餘姚盧文弨召弓之抱經堂，陽湖孫星衍淵如之平津館，歙縣鮑廷博渌飲之知不足齋，江都秦恩復敦夫之石研齋，海寧吴騫兔牀之拜經樓，揚州馬曰璐半查之小玲瓏山館，吴縣黄丕烈蕘圃之士禮居，儀徵阮元芸臺之文選樓，石門顧修菉崖之讀畫齋，三原李錫齡孟熙之惜陰軒，昭文張海鵬若雲之借月山房，金山錢熙祚雪枝之守山閣，南海伍崇曜紫垣之粤雅堂，海寧蔣光煦生沐之别下齋，南海潘仕誠德畲之海山仙館，金山錢培名夢花之小萬卷樓，吴縣潘祖蔭伯寅之滂喜齋、功順堂，歸安姚覲元彦侍之咫進齋，陸心源存齋之十萬卷樓，仁和許增邁孫之榆園②，會稽章壽康碩卿之式訓堂，遵義黎庶昌蒓齋之古佚叢書，貴池劉世珩之玉海堂③，江陰繆荃孫筱珊之雲自在龕，蘭陵徐乃昌積餘之積學齋，南潯劉承幹翰怡之嘉業堂，多者千卷，少亦數十。其刻書多倩名手工楷書者寫樣上版，焯焯可考見者：毛晉汲古閣刻書，則江陰周硯農榮起刊正。硯農精六書之學，王士禎《居易録》、繆荃孫《雲自在龕筆記》皆著稱之。陸心源《皕宋樓藏書志》集部有王士禎池北書庫舊藏江陰王逢原吉《梧溪集》七卷，周硯農手鈔本，後有士禎一跋，稱："壬申歲，門人楊庶常名時所貽；江陰老儒周榮起硯農氏手録本也。書學鍾太傅，稍雜八分，終卷如一。硯農壽八十有七，乃卒。"尾署"漁洋山人"，士禎别號也。士禎《漁洋山人精華録》十卷，侯官林佶吉人手寫上版，莫友芝《舊本書經眼録》極稱之。汪琬《堯峰文鈔》四十卷，陳廷敬《午亭文編》五十卷，亦佶寫刻也。然按王士禎《香祖筆記》載："黄子鸿名儀，常熟人，隱居博學，工書法。予刻《漁洋續集》，將仿宋槧，苦無解書者。門人崑山盛誠齋侍御符升聞子鴻多見宋刻，獨工此體，因禮致之。子鴻欣然而來，都無厭倦，今《續集》自首迄尾，皆其手書也。"儀於江藩《漢學师承記》及近人支偉成《清代樸學大師列傳》，皆著其行實。

① 一百三十八種，初版本作注解，文曰："通行者一百三十八種，福州重刻杭州重刻三十九種。"

② 此句初版本無。

③ 此句初版本無。

《江記》附胡渭，《支傳》附顧祖禹，而《支傳》較詳，亦衹叙其博通群籍，尤長輿地，而不知其工仿宋體書也。徐康《前塵夢影録》云："嘉慶中年，許翰屏以書法擅名。當時刻書之家，均延其寫樣。如士禮居黄氏，享帚樓秦氏，按秦恩復敦夫有享帚精舍，不名樓也，此即石研齋。平津館孫氏，藝芸書舍汪氏，士鐘。以及張古餘敦仁、吴山尊鼒諸君所刻影宋本秘籍，皆爲翰屏手書。享帚樓刻吕衡州、李翺等集，顧澗翁廣圻更覓得足本沈亞之等集七家，皆用昌皮紙，浼翰屏精寫，不加裝釘，但用夾板平鋪，以便付梓。一技足以名世，洵然。"則於周榮起、林佶、黄儀之外，又得一人矣。亦有著書自寫刻版者：則興化鄭燮克柔自寫《板橋集》，錢唐金農壽門自寫《冬心集》；而尤以吴縣江聲艮庭自寫篆字《尚書集注音疏》十二卷，《經師系表》一卷，《释名疏證》八卷，《補遺》一卷；張敦仁自書草體《通鑑補識誤》三卷，可謂刻版之異軍突起者也。特是限於貲力，而設官置局，或疏讎校。同治二年，曾國藩刻《船山遺書》，三年，置局於南京鐵作坊，四年，《船山遺書》竣工。李鴻章與獨山莫友芝子偲、南匯張文虎嘯山等議刻經史諸書，於是因其人其地而爲金陵書局。七年，移局冶城山之飛霞閣。局制，官督而紳佐，一時學者雲集。而刊本之最著者，《四書》、《十一經》、《史記》、《漢書》、《三國志》、《文選》、《漁洋山人古詩選》、《王氏讀書雜志》諸書，皆文虎所手校；而《毛詩》、《春秋穀梁傳》、《後漢書》，則出德清戴望子高之手；而《史記集解索隱正義》一書，文虎用力尤勤。當時京朝大官，索局刻書者紛起，蓋以其校刊之精，突過殿本也。至光緒初，乃改名江南官書局。自江南官書局之興，踵之起者，杭州、蘇州、武昌三官書局。江南先刊《四史》，武昌踵刻史書，因有分任《二十四史》之議。江南官書局任《十五史》，直至《隋書》而止。淮南官書局與江南官書局相輔翼，分其《隋書》；江都薛壽斫伯所校，極爲精覈。此外又有道州何紹基子貞校《毛詩注疏》，亦爲淮南局刻之佳者。杭州局刻《二十二子》，多出名家藏校本，亦爲精善。而蘇州局繙宋本《資治通鑑目録》，武昌局重刻明震澤王氏本《史記》，古刻精繙，其來皆有自云。[1] 謹爲審其流別，詳其沿革，述《歷史第二》。

---

① 自"特是限於貲力"至"其來皆有自云"，初版本無。

讀本第三

南皮張之洞香濤爲四川督學時①，嘗纂《書目答問》，其《略例》稱：“讀書不知要領，勞而無功。知某書宜讀而不得精校精注本，事倍功半。”然讀書而必曰宋本，匪徒不能；曰能，亦徒豪舉耳！海寧陳其元子莊《庸閒齋筆記》稱：“好古者重宋版書，不惜以千金數百金購得一部，則什襲藏之，不特不輕示人②，即自己亦不忍數繙閱也，余每竊笑其癡。王鼎臣觀察定安酷有是癖；宰崑山時，嘗買得宋槧《孟子》，舉以誇余，余請一觀，則先令人負一櫝出，櫝啓，中藏一楠木匣，開匣，乃見書；書之紙墨亦古，所刊筆畫，亦無異於今之監本。余問之曰：‘讀此可增長智慧乎？’曰‘不能。’‘可較別本多記數行乎？’曰‘亦不能。’余笑曰：‘然則不如仍讀今監本之爲愈耳！奚必費百倍之錢以購此耶？’王恚曰：‘君非解人，不可共君賞鑑。’急收弆之，余大笑去。”然則宋槧不易得，得亦珍罕，以骨董視之，非讀本也。今爲慎擇約舉經、史、子、集，分別條流，取版本之易得者；要令初學者易買易讀，

---

① 此句之前，初版本有：“湘鄉曾國藩滌生《記聖哲畫像》以爲：‘書籍之浩浩，著述者之衆，若江海然，非一人之腹所能盡飲也！要在慎擇焉而已！’”

② 初版本無“不特”二字。

不致迷罔眩惑而已。

（甲）經部。北宋各經注、疏，皆單行；其合并爲一，阮元刻南昌學《注疏》後作《校勘記》，據日本山井鼎《七經孟子考文補遺·左傳》一引《禮記》三山黄唐跋云："本司舊刊《易》、《書》、《周禮》正經注疏，萃見一書，便於披繹，它經獨闕。紹興辛亥，遂取《毛詩》、《禮記疏義》，如前三經編彙，精加讎正。乃若《春秋》一經，顧力未暇，姑以貽同志。"以其題年紹興辛亥，遂謂合注於疏，在南北宋之間。宋槧經籍，有白文，有單注；而合疏於注，其後起者也。世所行者：白文以無錫秦鏷刻巾箱本《九經》爲佳；單注以《相臺五經》爲佳；而注疏合一，則以阮元南昌學刻《十三經注疏》爲佳。秦本白文亦摹宋刻。巾箱本不分卷，簡端有音，世稱爲澄江本，實臨江府刻本也。無錫秦鏷以清康熙間訂正重刊①。王士禎《分甘餘話》云："近無錫秦氏摹宋刻小本《九經》，剞劂最精，點畫不苟，聞其板已爲大力者負之而趨。余曾見宋刻於倪檢討雁園燦許，與秦刻方幅正同，然青出於藍而青於藍矣！"海昌吴騫兔牀《拜經樓藏書題跋》載："宋刻《九經》白文，每葉四十行，行二十七字；蓋即漁洋先生《居易録》所載倪雁園尚書家小本《九經》，乃宋麻沙本之佳者；蓋明錫山秦氏刊本之所祖也。其經文字句，較時本間多不同。如《曾子問》'殷人既葬而致事'，下有'周人卒哭而致事'句，殆宋人因皇氏之説而增之，與日本《七經孟子考文》所引古本相符，其餘字句不及備載。又《左氏春秋》前不列'惠公元妃'傳文一段，蓋古經與傳本不相聯屬，後人取便，合傳以附經。此本首闕傳文，豈先儒不敢以傳先經之意歟?"然王士禎以爲秦刻勝宋，而餘姚盧文弨抱經則謂不如，嘗見意於跋《白虎通》曰："書貴舊刻；如《九經》小字本，吾見南宋本，已不如北宋本；明之錫山秦氏本，又不如南宋本。今之翻秦本者，更不及焉。"秦本原不分卷，凡《易》二十一葉，《書》二十六葉，《詩》四十七葉，《左傳》一百九十八葉，《禮記》十三葉，《周禮》五十五葉，《孝經》三葉，《論語》十六葉，《孟子》三十四葉，每葉四十行，行二十七字，行密如檣，字纖如髮，幾可亂真，上格標載音義。見《丁丙善本書室藏書志》。其繙刻者，則每半葉十四行，行二十八字；其書爲《易》三卷，《書》四卷，《詩》四卷，《周禮》六卷，《禮記》

① 初版本此處有注解："康熙，聖祖年號。"

六卷，《春秋左傳》十七卷，《孝經》一卷，《論語》二卷，《孟子》七卷，合五十卷，附《大學》、《中庸章句》一卷，《小學》二卷。其所自出之宋刊，國學圖書館有藏本，蓋吴騫故物也。而無錫縣圖書館則藏有秦本之繙刻云。至岳珂《相臺五經》，繙本不一；凡《易》九卷，王韓注附《略例》一卷；《書》十三卷《孔傳》；《詩》二十卷《毛傳鄭箋》；《春秋左傳》三十卷《杜集解》；《禮記》二十卷《鄭注》。其校刻之總例，所傳《九經三傳沿革例》者，稱以家塾所藏唐石刻本，晉天福銅版本，京師大字舊本，紹興初監本，監中見行本，蜀大字舊本，蜀學重刊大字本，中字本，又中字有句讀附音本，潭州舊本，撫州舊本，建大字本，俗謂"無比九經"。俞韶卿家本，又中字凡四本，婺州舊本，併興國于氏，建余仁仲，凡二十本；又以越中舊本注疏。建本有音釋注疏，蜀注疏，合二十三本；專屬本經名士，反覆參訂，始命良工入梓。可謂宋本之總匯矣。特是有注而無疏，未若黄唐所云"正經注疏，萃見一書"之"便於披繹"也。有宋十行本注疏者，即岳珂《九經三傳沿革例》所載建本有音釋注疏者也。其書刻於宋南渡之後，由元入明，遞有修補。至明正德中，其板猶存；是以十行本爲注疏合本最古之册。此後有閩版，乃明嘉靖中①用十行本重刻者；有明監版，乃明萬曆中②用閩本重刻者；有汲古閣毛氏版，乃明崇禎中③用明監本重刻者；而究其朔，則輾轉出十行宋本。阮元家所藏十行宋本，有十一經，但無《儀禮》、《爾雅》，而有蘇州北宋所刻之單疏版本，爲賈公彦、邢昺之原書。此二經更在十行本之前。元舊作《十三經注疏校勘記》，雖不專主十行本、單疏本，而大端實在此二本。嘉慶末④，巡撫江西，因以二本槧刻爲南昌學官本。《易》則校以唐開成石經本⑤，岳珂刻單注本，錢曾校單注單疏兩本，盧文弨傳録明錢孫保求赤校影宋注疏本，十行九卷本，閩監本，即南監。監本，即北監。毛晉汲古閣本，日本山井鼎、物茂卿《七經孟子考文補遺》引古本，足利本，宋本。《書》則校以唐《石經》本，宋臨安《石經》本，岳珂單注本，宋十行本，閩監本，監本，明葛鼐永

① 初版本此處有注解："嘉靖，世宗年號。"
② 初版本此處有注解："萬曆，神宗年號。"
③ 初版本此處有注解："崇禎，思宗年號。"
④ 初版本此處有注解："嘉慶，仁宗年號。"
⑤ 初版本此處有注解："開成，文宗年號。"

懷堂刻單注本，《七經孟子考文補遺》引宋版本。《詩》則校以唐《石經》本，南宋《石經》殘本，孟蜀《石經》殘本，南宋刻十三行行二十四字小字本，武英殿重刻岳珂單注本，明十行行十八字本，小注行二十三字。七十卷注疏本，閩監本，監本，汲古閣本，《七經孟子考文補遺》引古本。《周禮》則校以唐《石經》本，錢孫保舊藏宋刻單注本，宋槧小字本附載音義《春官》、《夏官》、《冬官》，余仁仲本，《天地二官》，别一宋本，《秋官》以俗本鈔補，非佳者，以臧庸據宋刻大字本《秋官》二卷校補。明嘉靖刻單注本，八行十七字，不附音義。惠棟校宋注疏本，附釋音十行十七字，注雙行二十三字。閩監本，監本，汲古閣本。《儀禮》則校以唐《石經》本，宋嚴州刻單注本，明嘉靖徐氏翻宋刻單注本，明鍾人傑刻單注本，明葛鼒永懷堂刻單注本，北宋咸平刻單疏本，十五行三十字。[①] 閩監本，監本，汲古閣本。《禮記》則校以唐《石經》本，南宋《石經》本，岳珂單注本，明嘉靖刻單注本，此與《周禮》、《儀禮》同爲徐氏刻本。正德修補南宋附刻釋音注疏十行本[②]，閩監本，監本，汲古閣本，惠棟據不附釋音宋刻正義校汲古閣本，盧文弨、孫志祖校汲古閣本，《七經孟子考文補遺》引宋板本；釋文，葉林宗影宋鈔本，宋淳熙撫州公使庫刻本[③]。《左傳》則校以唐《石經》本，南宋刻《春秋集解》殘本，十行，字數不一。北宋刻小字《集解》殘本，十一行，二十三、四、五字不一。宋淳熙刻小字附释音本，十行，十八字，注雙行二十二字。岳珂單注本，宋刻《纂圖集解》本，十行，行字數不一。宋慶元沈仲賓刻《正義》本，八行，行十六字，注雙行二十二字。[④] 明正德修補宋刻注疏本，十行，十七字，注雙行二十三字。閩監本，監本，明吴士元、黄錦等重修監本，汲古閣本。《公羊》則校以唐《石經》本，惠棟過録何焯校宋注疏本，明正德修補宋監本，閩監本，監本，汲古閣本。《穀梁》則校以唐《石經》本，何焯校宋余仁仲刻單注殘本，明章邱李中麓名開先。藏影宋鈔單疏殘本，何焯校元刻注疏本，明刻十行本，閩監本，監本，汲古閣本。《爾雅》則校以唐《石經》本，明吴元恭仿宋刻單注本，八行，十七字。元雪窗書院刻單注本，十行，十九字，注雙行二十六字。宋刻單疏本。十五行，三十字。元刻注疏本，九行二十字。閩監本，監本，汲古

---

① 初版本此處有注解："咸平，真宗年號。"
② 初版本此處有注解："正德，武宗年號。"
③ 初版本此處有注解："淳熙，孝宗年號。"
④ 初版本此處有注解："慶元，寧宗年號。"

閣本，惠棟校本，盧文弨校本；《釋文》，葉林宗影宋鈔本，盧文弨《释文》考證本。《論語》則校以漢《石經》殘本，唐《石經》本，宋紹興《石經》本，日本刻皇侃義疏本，陳鱣《論語古訓》引高麗本，明修補宋刻注疏本，十行，十七字。閩監本，監本，汲古閣本。《孝經》則校以唐《石經》本，石臺石刻本，宋熙寧石刻本，岳珂單注本，明正德修補元泰定刻注疏本，十行，十七字，注雙行二十三字。閩監本，監本，汲古閣本。《孟子》則校以宋高宗行書石刻本，何焯校録章邱李中麓藏北宋蜀刻大字單注本，何焯校宋劉氏丹桂堂刻單注巾箱本，何焯校岳珂單注本，何焯校宋廖瑩中刻本，孔繼涵刻附音義單注本，韓岱雲本，宋刻注疏十行本，閩監本，監本，汲古閣本，《七經孟子考文補遺》引古本，足利本。據《十三經注疏校勘記》。爲校勘記，附於每卷之末，羅列諸家異同；使人讀一本，如徧讀諸本。又恐讀者不知此文之有異同也，故凡有異文者，於字旁加墨圍焉；有增有減者，於兩字之間加墨圍焉；其爲讀者計，固甚周矣。然余讀海寧陳鱣仲魚《經籍跋文》一卷，凡二十篇，宋本《十三經》、《四書》具備，獨《毛詩注疏》爲元本耳。所記字句與今本異同，多有阮元《校勘記》所未見者。元校刻，亦未竣事，而調撫河南。其子福喜孫[①]撰《雷塘盦弟子記》稱："校書之人，不能如家大人在江西之細心。其中錯字甚多，有監本、毛本不錯，而今反錯者，《校勘記》去取亦不盡善。故大人不以此刻本爲善也。"特是彼善於此，卒未見有過之者。廣東、四川皆有繙本；而於諸墨圍皆不刻，大失阮元之意。獨光緒丁亥上海脈望仙館石印本[②]、光緒甲辰[③]上海點石齋石印本皆據南昌學本[④]，墨圍俱在，密行細字，而幅之廣狹損半焉。其他單刻者，則如黄丕烈士禮居重刻嘉靖本《周禮鄭注》附《札記》，影宋嚴州單注本《儀禮》附《校録》、張敦仁影宋撫州單注本《禮記》附《考異》、汪中影宋單注本《公羊傳》、汪士鐘仿宋刻《儀禮疏》、宣統辛亥貴池劉世珩玉海堂影宋本《周易本義》皆稱善本。而黄之影宋《儀禮》，張之影宋《禮記》，則湖北官書局有繙本云[⑤]。

---

① "孫"疑當作"齋"。

② 此句初版本無。

③ 初版本此處有注解："光緒，德宗年號。"

④ 此句初版本無。

⑤ 自"特是限於貲力"至"其來皆有自云"，初版本無。

朱子《四書》，凡《大學章句》一卷，《論語集注》十卷，《孟子集注》十四卷，《中庸章句》一卷。其中《大學》《中庸章句》有序，署淳熙己酉。而淳熙己酉原板《四書》，江南相傳僅二部：一藏汪士鐘[①]之藝芸精舍，一藏蔣培澤[②]之壽松堂。而蔣氏所藏缺《公孫丑》二卷，於咸豐己未[③]，假常熟瞿氏鐵琴銅劍樓本，得成完璧。鐵琴銅劍樓本，蓋即汪氏所藏者；而蔣氏壽松堂則爲元刊宋本，由錢唐丁丙松生之八千卷樓以入國學圖書館矣[④]。至於壽春孫氏覆宋淳祐大字本《四書集注》，璜川吴氏仿宋朱子定本《四書集注》，及諸城王賡言精刊何義門訂監本《四書附圖》，皆爲精槧。而王氏、吴氏校訂精審，尤有功於朱《注》云[⑤]。

（乙）史部。《四庫提要》以《二十四史》爲正史，冠列史部。其彙刻行於世者，有明南北監之《二十一史》，有毛晉汲古閣之《十七史》，有清武英殿之《二十四史》，有金陵、淮南、江蘇、浙江、湖北五局儳配之《二十四史》。明南監本，多存宋監、元路學舊版，其無正德以後修補者，品不亞於宋、元。其中故有宋版者七，如《宋》、《齊》、《梁》、《陳》、《魏》、《北齊》、《周書》之出南宋紹興十七年井憲孟爲四川漕刊行之"眉山七史"版是也；元版者十，如《史記》、《漢書》、《後漢書》、《三國志》、《晉書》、《南史》、《北史》、《隋書》、《唐書》、《五代史》之出元大德十年江東建康道肅政廉訪司牒集慶路儒學梓版是也；惟《遼》、《金》二史緇刻元版，《宋》、《元》二史爲明版。入清，順、康、雍、乾四朝尚存江寧藩庫，又多有順、康補刊之版。嘉慶藩庫火，乃以灰滅。故南監《二十一史》，實合江南、四川、廣東、北京各地版本。顧炎武《日知録》："嘉靖初南京國子監祭酒張邦奇等請校刻史書，上命將監中《十七史》舊版考對修補，仍取廣東《宋史》版付監。"引見《歷史第二》。亘宋、元、明、清四朝，搜集雕刊，緇修校訂，纚纚不絶者七百年，其性質亦與今所刻《百衲

① 初版本此處有"閬源"二字。

② 初版本此處有"介青"二字。

③ 初版本此處有注解："咸豐，清文宗年號。"

④ 初版本此處有文曰："中華書局《四部備要》則有據吴縣吴氏仿宋本校刊《四書》云。"

⑤ 自"至於壽春孫氏覆宋淳祐大字本《四書集注》"至"尤有功於朱《注》云"，初版本無。

本二十四史》等，而人事之勱，歷年之遠過之。北監繙雕，汲古家刻，清之殿本、局本，皆無此悠遠之歷史也。其大規模之雕版，則以嘉靖七年至十年爲第一期；所刊者爲《史記》、《兩漢》、《遼》、《金》五史，餘皆略事修補。萬曆二年至二十四年爲第二期；所刊者爲《史記》、《三國志》、《晉書》、《宋書》、《南齊書》、《梁書》、《陳書》、《魏書》、《北齊書》、《北周書》、《隋書》、《南史》、《北史》、《新五代史》十四史。其餘隨時補刻，迄啓、禎不替。而嘉靖刊本與萬曆刊本之異點：則嘉靖袛載祭酒司業銜名，餘官不附書，萬曆刊本，則遍載寮寀也。監書例載祭酒司業校刊；而萬曆中祭酒馮夢禎、季道統之刻史，併記載其校訂某卷之時日。是亦萬曆監本異於嘉靖監本者也。中以馮夢禎校《史記》、《三國志》、《宋書》、《北史》爲審。顧炎武《日知録》摘舉南北監本疏舛處，謂以彰太學之無人，貽後來之姍笑，然謂“惟馮夢禎爲南祭酒，手校《三國志》，猶不免誤，終勝他本”；引見《歷史第二》。知夢禎之校刊，亭林亦稱許之矣。至亭林譏監本《晉書·華譚傳》後“淮南袁甫”跳行，而以“始”字絶句。今按宋小字本《晉書·華譚傳》，亦至“茂嗣爵始”句絶，淮南袁甫另跳行，則其失不自監本始也。今人詡“百衲本”諸史之精，如《宋書·天文志》，“周將伐殷，五星聚房，齊桓將霸，五星聚箕，漢高入秦，五星聚東井”二十五字，宋本係雙行夾注，監本亦雙行夾注，近年江南官書局本尚爾，惟殿本誤爲正文爾。《北齊書》列傳第二十九，附刊“此傳與《北史》同，但不序世家，又無論贊，疑非正史”二行，宋本有，殿本無；而監本有之；即江南官書局本亦有之。以此知監本多本宋、元，而可以匡殿本之闕失也①。惟北監校勘未精，訛舛彌甚，且多不知妄改；顧炎武《日知録》既詳論之。引見《歷史第二》。汲古開雕，稱隨遇宋版精本考校。然譌脱不少，反多臆改。孫從添《藏書紀要》曰：“毛氏汲古阁《十三經》、《十七史》，校對草率，錯誤甚多，不足貴也。”其爲世最所通行者，莫如武英殿本。乾隆四年②，武英殿校刊《十三經》畢，乃援宋監“顧茲三史，繼彼六經”之語，開雕全史；其目次爲《史記》、《漢書》、《後漢書》、《三國志》、《晉書》、《宋書》、《南齊書》、《梁書》、《陳書》、《魏書》、《北齊書》、《周書》、《南史》、

① 自“其中故有宋版者七”至“而可以匡殿本之闕失也”，初版本無。

② 初版本此處有注解：“乾隆，高宗年號。”

《北史》、《舊唐書》、《新唐書》、《五代史》、《宋史》、《遼史》、《金史》、《元史》凡二十二史，中縫魚尾上右方，題乾隆四年校刊，每卷皆有考證。《明史》雕成在先，中縫不記刊行年歲，亦無考證。乾隆三十七年，四庫館開，從《永樂大典》中輯得薛居正《五代史》，四十七年校畢投進，四十九年鏤版，首列多羅質郡王等表文。欽定《四庫全書》以此列入正史，與《二十二史》、《明史》，合爲《二十四史》。道光十七年①，武英殿重修并刻《遼》、《金》、《元》三史附《國語解》。同治十三年②，成都書院重刻武英殿《史記》、《漢書》、《後漢書》、《三國志》、《五代史》。至於金陵、江蘇、淮南、浙江、湖北五書局合刻《二十四史》；其中金陵書局刻《史記》僅刻《集解》，無《索隱》、《正義》、《漢書》、《後漢書》、《三國志》、《晉書》、《宋書》、《南齊書》、《梁書》、《陳書》、《魏書》、《北齊書》、《南史》、《北史》；淮南書局刻《隋書》；每卷各附《考異》。浙江書局刻《新唐書》，湖北官書局刻《新五代史》，皆依汲古閣本；浙江書局刻《舊唐書》，則依江都岑氏懼盈齋本；而依武英殿本者，僅湖北官書局刻《舊五代史》、《明史》，浙江書局刻《宋史》，蘇州官書局刻《遼》、《金》、《元》三史，《遼》、《金》、《元》三史依道光十七年武英殿刊附欽定《遼金元三史國語解》四十六卷，厲鶚《遼史拾遺》二十四卷，楊復吉《拾遺補》五卷，錢大昕《元史氏族表》三卷，《補元史藝文志》四卷。六書而已。

光緒間，泰西石印法初傳至中國時，粤之徐氏創同文書局，印精本書籍；最著名者爲覆印武英殿《二十四史》，皆全張付印。徒以所得非初印本，字迹漫漶，乃延人描使明顯，便於付印；又以書手非通人，遇字不可解者，輒改以臆，譌謬百出！尤可笑者，自云所據乾隆四年本，而不知四年所刻，固無《舊五代史》；又未見乾隆四十九年殿本，輒依殿板行款，別寫一通，版心亦題乾隆四年，書估無識，有如此者，然世乃以其字迹清朗，稱爲佳本。竹簡齋印《二十四史》遂用同文書局本，故錯字一仍其舊；而以合兩行爲一行，有錯行者，有應另行而圖省紙，與前行併爲一者，至諸表則强以次葉附於前葉之下，乖舛不可究詰。錢唐汪康年穰卿《雅言集》論之甚詳。獨涵芬樓《四部叢刊》景印，爲得武英殿本之真。然武英殿刻雖號精審，而《天禄琳琅》之珍秘，内閣大庫之叢殘，現入北京圖書館。史部美不勝收，當日均未及蒐

① 初版本此處有注解：“道光，宣宗年號。”
② 初版本此處有注解：“同治，穆宗年號。”

訃；僅僅《兩漢》、《三國》、《晉》、《隋》五史依據宋、元舊刻，餘則惟有明兩監之是賴，遷史《集解》、《正義》多所芟節，《四庫提要》羅列數十條，謂皆殿本所逸；若非震澤王本具存，無由知其妄刪；然何以不加輯補？琅邪章懷《兩漢》舊注，殿本脱漏數字乃至數百字不等。宋嘉祐時，校刊七史①，奉命諸臣劉恕、曾鞏、王安國等，皆績學之士，篇末所疏疑義，備極審慎，殿本留貽，不逮其半；實則淳化、景祐之古本，紹興眉山之覆刻②，尚存天壤；何以不亟探求，任其散佚？是則檢稽之略也。《後漢續志》別於范書，殿本既信爲司馬彪所撰，而卷首又稱劉昭補志，且併爲百二十卷，廁《八志》於紀傳之間。《國志》鼎立，分卷各殊，殿本既綜爲六十五卷，而三志卷數，又仍各爲起訖。其他大題小題之盡廢舊式者，更無論矣。是則修訂之歧也。薛氏《五代史》，輯自《永樂大典》及其他各書，卷數具載原稿，乃鋟版之時，悉予刊落；後人欲考其由來，輒苦無從循溯。又諸史均附考證，而《明史》獨否。雖乾隆四十二年，有考覈添修之詔，而進呈正本，迄未刊布。且紀志表之百十六卷，猶從蓋闕。是則纂輯之疏也。蜀臣關羽，傳自陳壽，忽於千數百年後，强代秉筆，追謚忠義。薛史指斥契丹，如戎主、戎首、獵犺、賊寇、僞命、犯闕、編髮、犬羊等語，何嫌何疑，概爲改避？又明修《元史》，洪武二年③，先成本紀三十七，志五十三，表六，傳六十三，目録二；翌年，續成紀十，志五，表二，傳三十又六，釐分附麗，共成二百一十卷；一見於李善長之表，再見於宋濂之記；殿本則取先後成書之數，併爲一談，李《表》既非原文，宋《記》復失存録。是則刪竄之誤也。《南齊》巴州之志，桂陽、始興二王之傳，蜀刻大字，曾無缺文，果肯訪求，何難拾補？然此猶可曰孤本罕見也。宋孝宗之紀，田況之傳，至正初刊，均未殘佚④；而何以一則竄合二字，充以他葉；一則脱去全葉，文理不貫？然此猶可曰初版難求也。《金史·禮儀志》，《太宗諸子傳》，初印凡闕二葉，嗣已出内府藏本校補矣；而後出之本，一乃補自他書，一仍空留素紙；其他少則一二句，多

① 初版本此處有注解："嘉祐，仁宗年號。"

② 初版本此處有注解："淳化，太宗年號；景祐，仁宗年號；紹興，高宗年號。"

③ 初版本此處有注解："洪武，太祖年號。"

④ 初版本此處有注解："至正，元順帝年號。"

至數行數十行，脱簡遺文，指不勝屈；猶不止此。闕文之外，更有複葉，如《宋史》卷三十五之《孝宗紀》，《元史》卷三十六之《文宗紀》是。複葉之外，更有錯簡，如《元史》卷五十三之《曆志》是。此則當日校刻諸臣，不能辭其鹵忽者也。海鹽张元济菊生每有慨乎言之，乃從事蒐輯精刻，如宋慶元建安黄善夫刊本配震澤王氏本《史記》，宋景祐刊本《漢書》，宋紹興刊本《後漢書》，宋紹熙刊本《三國志》，宋紹興重刊北宋本《晉書》，宋蜀大字本配元、明遞修本《宋書》、《梁書》、《魏書》、《北齊書》，宋蜀大字本《南齊書》、《陳書》、《周書》，元大德刊本《隋書》、《南史》、《北史》，宋紹興刊本配明嘉靖本《舊唐書》，宋嘉祐刊本《唐書》，吴興劉氏刊原輯《大典》本，《舊五代史》，宋慶元刊本《五代史記》，元至正刊本《宋史》、《遼史》、《金史》，明洪武刊本《元史》，而配之以清乾隆殿本《明史》，爲《百衲本二十四史》，付涵芬樓用攝影覆印行世，縮損版式，冀便巾箱。其中所得宋本十有五種，元本六種，明本一種，以校殿本。有正文多出數葉者，有史注多出數十條者，其餘訂譌補闕，不勝枚舉。洵足以補殿本之罅漏，而爲乙部空前之秘笈矣。名之曰“百衲本”者，始見嘉定王鳴盛西莊《十七史商榷》載：“有某氏者，自詡集諸宋版《史記》，共成一書，凡一百三十卷，小大長短咸備，因李沂公取桐絲精者雜綴爲一琴，名‘百衲琴’，故亦戲名此爲‘百衲史記’。”涵芬樓蓋有影宋“百衲本”《史記》，影宋“百衲本”《資治通鑑》云。其它《二十四史》之單刻者，除涵芬樓景印洩陽端方藏“百衲本”《史記》外，則有湖北官書局重刻明震澤王氏本《史記》，揚州岑建功校刻明聞人詮本《舊唐書》，劉承幹校刻邵晉涵原輯《大典》本《舊五代史稿》，劉世珩景宋《五代史記》，皆可觀覽①。

司馬光《資治通鑑》，以嘉慶間鄱陽胡克家果泉刻胡三省注爲通行，而胡克家刻，則繙元興文署刊本。莫友芝《宋元舊本書經眼録》載：“元興文署刊本《資治通鑑》胡三省注二百九十四卷，裝九十六册：刻字體多波折，四邊綫極粗。嘉慶間，鄱陽仿刻，亦稱善本，而未能畢似也。明正嘉以來，是版歸南監，遞有修補。此本則元末版未漫漶時印。”蓋明以來刻《通鑑》祖本也，明南監本出於此，胡克家刻出於此。而胡克家之刻，其校讎屬之元和顧

① 自“其它《二十四史》之單刻者”至“皆可觀覽”，初版本無。

千里澗蘋。千里《思適齋集》有《通鑑刊誤補正序》，有《書元版胡三省注通鑑第八十卷後》，於興文署刊亦有微詞。其《通鑑刊誤補正序》曰："前鄱陽胡果泉中丞繙雕梅磵注《通鑑》。胡三省字梅磵。史家此書空前絶後，然有三誤：温公就長編筆削，不復一一對勘元文，遂或失於檢照，是其一也；梅磵雖熟乙部，間有望文生義，乃違本事，是其二也；今所據興文署本，並非梅磵親所開刊，故於正文，有未審温公之指而錯者，於注有未識梅磵之意而舛者，是其三也；當各纂爲一書，博擇衆説，且下己意。夫知前之二誤，非遍究《十七史》而兼取旁通不辦；知後之一誤，必又資於興文以上舊本。"而《書元版胡三省注通鑑第八十卷後》，則舉《通鑑》晉咸寧五年"禹分九州"一事，以證興文署刊之有脱譌，胡三省注之當辨正；而興文以上舊本之無胡三省注者，則有涵芬樓景傅氏雙鑑樓藏"百衲本"，及《四部叢刊》景宋紹興重刊元祐杭州本焉①。蘇州官書局繙宋刻《資治通鑑目録》，原出汪士鐘家，足以正俗本之譌脱者不少②。

（丙）子部。周秦諸子，自名家學。彙刊始盛明之嘉靖、萬曆，而校讎極盛清之乾隆、嘉慶。有如餘姚盧文弨抱經之校刻《荀子》二十卷，賈誼《新書》十卷，董子《繁露》十七卷，蔡邕《獨斷》二卷，《顔氏家訓》注七卷；鎮洋畢沅秋帆之校刻《山海經》十八卷，《墨子》十五卷，《目録》一卷，《吕氏春秋》高誘注二十六卷；陽湖孫星衍淵如之校刻《六韜》六卷，《晏子春秋》七卷，《孔子集語》十七卷，《孫子》魏武帝注三卷，《孫子十家注》十三卷，《吴子》一卷，《燕丹子》三卷，《鹽鐵論》十卷，《抱朴子内外篇》八卷；全椒吴鼒山尊之校刻《韓非子》附顧廣圻《識誤》二十卷；江都秦恩復敦夫之校刻《列子》盧重元注八卷，《鬼谷子》陶弘景注一卷，《法言》李軌注十三卷；嘉善謝墉金圃之校刻《荀子》楊倞注二十卷；武進莊逵吉伯鴻之校刻《淮南子》高誘注二十一卷；西吴嚴萬里叔卿之校刻《商君書》五卷，蕭山汪繼培因可之輯注《尸子》二卷，箋《潛夫論》十卷；咸稱善本。其彙刻行於世者，則有繙刻明嘉靖癸巳顧春世德堂大字本之《六子全書》，《老子》二卷，河上公章句。《莊子》十卷，晉郭象注，唐陸德明音義。《列子》八卷，晉張湛注。《荀子》二十卷，唐杨倞注。《揚子法言》十卷，宋司馬光集注。《文中子》十卷，宋阮逸注。有明萬曆

① 初版本此處有注解"元祐，哲宗年號。"

② 初版本無此句。

戊午常熟趙用賢之《管韓合刻》，有清嘉慶丁卯蘇州書坊彙刻之《十子全書》，有同治湖北官書局彙刻之《百子全書》，有浙江書局彙刻之《二十二子》。世德堂素稱佳刻，然未若浙江書局彙刻《二十二子》之出清儒讎校本。先是同治十三年甲戌之秋，浙江書局欲刻諸子，購得《十子全書》一部；而德清俞樾曲園在蘇州，從坊間假得觀之，乃嘉慶甲子重鐫本也。十子者，《老》、《莊》、《荀》、《列》、《管》、《韓》、《淮南》、《揚子》、《文中》、《鶡冠》也。首刻康熙十六年張芳序，則爲《莊子》而作，不知何以取冠全書。又刻嘉慶丁卯黄丕烈序，則爲王子興刻《九子》而作。九子者，《荀》、《揚》、《文中》、《老》、《列》、《莊》、《鶡冠》、《管子》、《淮南》也，視十子少《韓非子》，不知何以併爲一談也。《十子全書》本非佳刻，其中惟《荀子》用謝墉本，《淮南子》用莊逵吉本，尚不乖大雅。而重鐫本又坊間逐利雜湊而成，體例不一。樾謂未可據依，因詒書力争於浙江巡撫楊昌濬。《春在堂隨筆》詳載之。然仁和譚獻《復堂日記》則稱："浙江書局刻諸子：《荀子》，謝墉盧文弨本。《董》、《賈》皆盧本。《法言》，秦恩復本。《中説》，明世德堂本。《老子》，會稽章氏原本校聚珍官本。《文子》，聚珍本。《管子》，明趙用賢本。《孫子》，孫星衍十家注本。《商君書》，湖州嚴萬里本。《韓非》，吴鼒、顧廣圻本。《墨子》，畢沅、孫星衍本。《吕氏春秋》，畢沅本。《淮南》，莊逵吉本。《尸子》，汪繼培輯本。《晏子春秋》，孫星衍本。《列子》、《莊子》，皆世德堂本。"凡十八子，薈萃名刻，豈曰徒然；與《春在堂隨筆》不同，豈俞樾一書之力耶？惟浙刻今《二十二子》中《老子》署據華亭張氏本校刻，似與譚記"《老子》會稽章氏原本校聚珍官本"者不同；然華亭張氏本者，蓋聚珍官本之所自出。浙刻《老子》，名爲據華亭張氏本，實據浙江聚珍本，觀其附識稱遵聚珍本校，及"玄"皆避清諱作"元"，可見也。至譚氏之所未記者：《黄帝内經》，明武陵顧氏景宋嘉祐本。《山海經》，畢沅本。《竹書紀年》，徐文靖本。《孔子集語》，孫星衍輯本。合譚《記》十八子，稱《二十二子》。譚《記》又稱："欲廣之《韓詩外傳》，趙懷玉本；《吴子》，孫星衍本；《鹽鐵論》，汪繼培本；《新論》，孫馮翼輯本；《潛夫》，汪繼培本；《抱朴子》，孫星衍、嚴可均本；《説苑》、《新序》、《傅子》、《正論》、《申鑒》未見善本。以上皆《群書治要》所收。又欲廣以《太玄》，萬玉堂本；《天禄琳琅後編》著録誤入宋版，實明刻也。《論衡》足本，閩中周季貺藏；《文心雕龍》，黄叔琳本，顧廣圻校；《金樓子》，鮑氏知不足齋叢書本；劉子無善本，《風俗通義》，有錢校本，如此則唐以前成家著述備矣。以許邁孫所藏足本《意林》續之，豈非藝林盛事。”此則譚氏之所欲廣，而浙刻之未及備矣。浙刻《二十二子》，卷端多署據某本刻；而湖北崇文書局刻《百子全書》，則不著何據，然就譚獻校讀而著之日記，亦有可考見者：《孔子家語》，宋薛據本。《孔叢子》，明書帕本，《小爾雅》、《孔臧賦》、《連叢》皆删去。而《荀子》則勝盧校所摘俗本，蓋頗雜用宋、元本，又多依注改定。《鄧析子》，江山劉履芬彥清得宋本景寫付刻，譚氏爲撰校文，瑞安孫詒讓仲容又撰《拾遺》，大都據《意林》、《繹史》及舊鈔本，而鄂刻則與譚、孫所見鈔本合云。《尸子》，孫星衍本，《韓非》，趙用賢本，後數卷中有意改數處，故與浙刻吴鼒《韓非》後顧廣圻《識誤》所云今本不全合。《太玄》，五柳居陶氏刻《司馬公集注》影宋本。《墨子》，畢沅本；而中有依高郵王念孫石臞《讀書雜志》刊正者。《鬼谷子》，似出《道藏》本，脱誤至數十百處。博嘗以正統藏本、秦刻、鄂刻《鬼谷》三本互校，其中頗有一二處鄂刻勝者。《鶡冠子》出《十子書録》朱養純評本。《金樓子》出鮑氏知不足齋叢書本。《白虎通》，據何允中本。《牟子》，孫星衍本。《山海經》與郝懿行《箋疏》所據藏本不同，往往合於《藝文類聚》所引；鄂刻《補遺》，郝本僅有五則，參差互異，未詳鄂本所出。《列子》同明人仿宋刻。《莊子》校世德堂本多合，無注，附楊愼《莊子闕誤》；楊氏所見舊本，頗有可取。凡十六種。而亦有與浙刻合者，如《墨子》之用畢沅，《莊子》之用世德堂是也。惟浙刻連注，而鄂刻去注耳。鄂刻不稱佳本，而浙刻頗有名。然譚《記》又稱：“浙刻畢沅本《山海經注》二卷，不知何人校，卷四壞失二十字，又有跳行誤連上文者。”不在《半厂叢書》之《復堂日記》中，見吾友徐夷吾薇生《念劬廬叢書》中《復堂日記補録》稿本。則亦不免乖刺。然底本佳，終是可據。

（丁）集部。文集猥衆，難以徧紀，於是總集尚焉。一則網羅放佚，使零章殘什，並有所歸。一則删汰繁蕪，使莠稗咸除，菁華畢出。是固文章之衡鑑，著作之淵藪也。自魏文帝始集陳、徐、應、劉之文，自是以後，漸有總集；傳於今者，《文選》最古矣，梁昭明太子蕭统撰，唐文林郎守太子右内率府録事參軍事崇賢館直學士江都李善爲之注。《新唐書・李邕傳》稱：“其父善始注《文選》，釋事而忘義，書成以問邕。意欲有所更。善因令補益。邕乃附事見義，故兩書並行。”今本事義兼釋，似爲邕所改定。然考李匡乂《資暇集》曰："李氏《文選》有初注成者，有覆注者，有三注四注者，當時旋被傳寫。其絶筆之本，皆釋音訓義，注解甚多。"匡乂唐人，時代相近，其言當必有徵。是善之定本，本事義兼釋，不由於邕。《舊唐書·儒學傳》載李善受曹憲《文選》之學，號爲精審。至開元六年，工部侍郎吕延祚復集衢州常山縣尉吕延濟，都水使者劉承祖之子良，處士張銑、吕向、李周翰五人共爲之注，表進於朝。其詆善之短，則曰："忽發章句，是徵載籍，述作之由，何嘗措翰？使復精核注引，則陷於末學；質訪旨趣，則巋然舊文；衹謂攪心，胡爲析理！"其述五臣之長，則曰："相與三復乃詞，周知秘旨，一貫於理，杳測澄懷，目無全文，心無留意，作者爲志，森然可觀。"觀其所言，頗欲排突前人，高自位置。然李匡乂《資暇集》備摘其竊據善注，巧爲顛倒，條分縷析，言之甚詳。又姚寬《西溪叢語》詆其注揚雄《解嘲》，不知伯夷、太公爲二老，反駁善注之誤。王楙《野客叢書》，詆其誤叙王暕世系，以覽後爲祥後，以曇首之曾孫爲曇首之子。則不如善注，久有定論。其書本與善注别行，故《唐志》各著録。黄伯思《東觀餘論》尚譏《崇文總目》誤以五臣注本置李善注本之前。至陳振孫《書録解題》始有《六臣文選》之目。蓋南宋以來，偶與善注合刻，取便參證；元、明至今，遂輾轉相沿，併爲一集。其行世者，六臣注，有明吴郡袁褧仿宋裴氏本；李善單注，有胡克家仿宋尤丞相本；可作虎賁中郎，咸稱佳刻。袁褧刻，國學圖書館有藏本；而涵芬樓《四部叢刊》又有景宋刊《六臣注文選》六十卷。胡克家刻，有湖北崇文書局繙本，有廣州繙本。宋版書自來爲人珍貴者：一《兩漢書》，一《文選》，一《杜詩》，皆元趙文敏松雪齋故物。《兩漢書》，嘗爲明太倉王世貞元美家藏，而於乾隆時進入内府者。《文選》亦在内府，二十三卷，後有趙文敏小行楷書跋云："霜月如雪，夜讀阮嗣宗《咏懷詩》，九咽皆作清泠氣；而是書玉楮銀鈎，若與鐙月相映，助我清吟之興不淺。至正二年仲冬三日夜，子昂識。"亦有王世貞跋云："余所見宋本《文選》，亡慮數種。此本繕刻極精，紙用澄心堂，墨用奚氏，舊爲趙承旨所寶。往見於同年生朱太史家，云得之徐太宰所，幾欲奪之，義不可而止。"又有萬曆甲戌人日，王穉登書云："此本紙墨鋟摹，並出良工之手；政與瑯琊長公所藏《漢書》絶相類。《漢書》有趙魏公小像，此書有公手書，流傳至今，僅三百年，而卷帙宛然！今歸朱司成象玄，出示諦賞。此本視《漢書》，亦猶蜀得其龍，吴得其虎矣！"又董其昌跋云："顔真卿書《送劉太沖序》後有‘宋四家書派，皆宗魯公’之語。則知北宋人學書，競習顏體，故摹刻者以此相尚；其鐫手於整齊之中，寓流動之致，洵能不負佳書，至於紙質如玉，墨光如漆，無不各臻其妙。在北宋刊印中，亦爲上品。”乾隆御題云：“此書董其昌所稱與《漢書》、《杜詩》鼎足海内者也。紙潤如玉，南唐澄心堂法也。字迹精妙，北宋人筆意。《漢書》現在大内，與爲連璧。不知《杜詩》落何處矣?”《天禄琳琅目》載宋版書甚多，而御題云：“若此者亦不多得。”嘉慶二年，武英殿災，與《漢書》同歸一燼矣①。

宋姚鉉編《唐文粹》一百卷，以續《昭明文選》，亦爲总集之鉅觀。咸豐之末，仁和譚獻客福州，得明刻小字本，審其題識，爲長洲王芑孫舊校，多所諟正；攜之行篋，頗思隨見群籍，補綴讎勘；乃以太平軍破汀州而亡其書。亂定，還杭州，再得嘉靖三年吴下刻本，闕七卷；留案頭，備循誦而已。既而江蘇蘇州官書局刻《唐文粹》出，譚獻與其里人許增各得其書。增讀書邃密，取勘所藏唐人别集，譌脱不少，於是鋭意治之，首發《全唐文》，識其異字，補其闕文；而約獻共事，獻以杜佑《通典》，劉昫《唐書》及所有唐人集，一一對勘。已而增得宋刻殘本；而獻則借餘杭褚氏所藏嘉靖六年張大輪校本，誤文脱句，鐫正最夥；以視增所得宋刻殘本，有合有不合。而增則曰：“槧工之誤，吾得以舊刻正新本，以宋刻正明刻。然姚氏手緝《文粹》，披尋所及，不下數千卷，門目既定，必付寫官，亦必有載筆之誤，目治之誤，塗乙之誤，脱簡駁文之误。《文苑英華》成書相先後，惟時諸家卷軸所見未必盡合。以故近世傳校唐人别集，《文粹》與《英華》往往臚列。要當彼此互正，講去其非而求其是。”更勘以《文苑英華》，三復卒業；然後校本《文粹》，首尾完具，付雕行世；爲《榆園叢書》之弁冕，號稱善本。然而譚獻曰：“《文粹》宋本，聞在胡克家所；而士禮居黄氏有宋紹興本。顧廣圻與英山金勇據胡木，撰《文粹辯證》，屬稿已成。恨求之未得，以一印證也。”②

清自桐城方苞望溪以義法爲古文，其邑人劉大櫆耕南繼之；而姚鼐姬傳私淑於大櫆，又以所聞授門人上元梅曾亮伯言、管同異之及興縣康紹鏞蘭臯、江寧吴啓昌佑之，爲《古文辭類篹》，爲十三類，曰論辨，序跋，奏議，書

① 初版本此處爲：“與《漢書》同歸一燼，神物久歸天上矣!”

② 初版本無此段。

説，贈序，詔令，傳狀，碑誌，雜記，箴銘，赞頌，詞賦，哀祭；每類自爲之説，分隸簡首，自明去取之意甚當；而於先秦、兩漢自唐、宋諸家以迄於清，究極端委，綜覈正變。其書有嘉慶末康紹鏞刻七十四卷本；每卷末有“合河康氏刻梓家塾”長方印。有道光五年吴啓昌原刻本；每卷有“金陵吴氏佑之校刊”長方印。有光緒辛丑滁州李承淵求要堂校刊本。而據李承淵校刊後序稱：“姚氏命名《古文辭類篹》，‘篹’字本《漢書·藝文志》序《論語》云‘門人相與輯而論篹，故謂之《論語》’；顔師古注：‘篹，與撰同。’康氏不明‘篹’字所由來，誤刊爲《古文辭類纂》。至今《古文辭類纂》之名大著，鮮有知爲‘篹’字本義者已！其他通行本題作‘纂’者，皆承康刻之誤也。”吴氏刻後來居上，而勝康刻者有數端：書中姚氏加案及引他人之評語，吴刻皆雙行小注，附於篇末，當爲原本如是。而康刻則一律晉爲大字，列諸每篇文題之後。惟卷二柳子厚《桐葉封弟辯》，姚氏引薑塢先生云云，仍作雙行小注，附於篇末，當即康氏所竄改未盡者；此其一。吴刻七十五卷，係足本；康刻闕一卷，此其二。康刻據乾隆中葉姚氏主講揚州梅花書院訂本；而吴刻則據姚氏晚年主講鍾山書院所授本；所有姚氏晚年評語，康刻皆無之，此其三。康刻多訛字奪句，往往有文理扞格不通之處；檢吴刻可以校正其誤，此其四。綜此數端，其於康刻實有雅鄭之别。惜板存金陵，燬於太平天國之戰，傳本甚稀，不易多覯也。迄光緒之世，滁州李氏好《姚篹》，參據康、吴兩刻，而見《史記》、前後《漢書》、《文選》及司馬光《資治通鑑》，宋、元以後康熙以前各家專集舊槧，有關姚氏纂録之文，隨時校勘字句，用朱墨筆注上下方。其圈點則自姚氏少子曰雉藏本轉録者也。既博考群書，正其句讀，矻矻二十年，勒爲定本，殆視康、吴兩刻彌爲後來居上矣。輓近以來，又有張剛校刻之吴摯甫先生手輯五色評點姚選古文真本，徐樹錚輯刊之諸家評點本，類皆輯集諸家批點，旁考諸集評識，標於眉間，頗便學者。則又於康、吴、李三刻之外，别成一家已。

别集則有莫友芝之仿宋刻巾箱本《陶淵明集》；劉世珩之景宋刊《箋注陶淵明集》，景宋刊《李翰林集》附《札記》；涵芬樓之景宋刊《分門集注杜工部詩集》附《年譜》，景宋刊《五百家注音辨昌黎先生文集》，景宋刊《七唐人集》；張籍、皇甫湜、李賀、許渾、鄭谷、孫樵、司空圖。蟫隱廬之景宋世綵堂本《昌黎先生集》，景宋世綵堂本《河東先生集》；端方陶齋之仿宋景明成化黑口本《蘇東坡全集》，附繆荃孫《校記》；義寧陳三立伯嚴之景宋刊《黄山谷全集》。皆古刻之逼真，人間之精槧也。①

（戊）類書。類事之書，兼收四部，而非經非史，非子非集，四部之内，乃無類可歸。《皇覽》始於魏文；晉荀勖《中經簿》分隸何門，今無所考。《隋書·經籍志》始隸子部。不知古人之所以自命一子者，以其旨無旁出，而各有立言之宗也。至類書之輯，不過以廣蒐采，備檢考；其書有經有史，其文或墨或儒，博涉而無所宗，鈔撮前人典籍，豈所語於立言而可擅名家哉！然古籍散亡，十不存一；遺文舊事，往往託以得存。《藝文類聚》、《初學記》、《太平御覽》諸書，殘璣斷璧，摭拾不窮。阮元謂："《太平御覽》一書，成於太平興國八年②，北宋初古籍未亡，其所引秦、漢以來之書，多至一千六百九十餘種；考其書傳於今者，十不存二三焉，然則存《御覽》一書，即存秦、漢以來佚書千餘種矣。"見《揅經室三集·重刻宋本〈太平御覽〉叙》。此爲《太平御覽》言之。然而不僅爲《太平御覽》言之。《藝文類聚》一百卷，唐歐陽詢撰。其書比類相從，事居於前，文列於後，覽者易爲檢，作者資其用；諸類書中，體例最善。至清未有刊本。北京圖書館藏有一部，乃明嘉靖戊子胡纘宗刊本。後有長洲陸采子玄跋稱："是書之刊，可泉胡公實主之，始於丁亥之秋孟，迄於今歲之秋仲，凡歲有一月而成，費緡錢四百千有奇；而校讎供餽之勞，不知凡幾；其成亦云難矣。繼公政者，愛民惜費，欲杜往來之求也，命余焚之。余不忍，僅劖其半，以示存羊之意，庶幾他日可補而竟，以副胡公博雅好古之志云。是書也，其印止二百本，覽者其毋忽諸。"同治間，爲譚獻所得，借閩中陳徵芝蘭鄰帶經堂藏馮已蒼、錢求赤校本過録其上，罕書也。《初學記》三十卷，唐徐堅等奉敕纂經史文章之要，以類相從；其例前爲叙事，次爲事對，末爲詩文。其叙事雖雜取群書，而次第若相連屬，與他類書獨殊。所見者明刻四本：有錫山安國桂坡館嘉靖甲午刻宋紹興本、有晉府重刊安國桂坡館嘉靖甲午本，皆國學圖書館所藏也。有項氏印徐守銘寧壽堂萬曆丁亥刻本，則北京圖書館所藏也。陳大科校刊本則坊間時有之，而清又有内府刻古香齋袖珍本，獨以安國桂坡館刻爲最著名。嘉慶間烏程嚴可均景文

① 初版本無此段。

② 初版本此處有注解"太平興國，太宗年號。"

得宋本以校，徐守銘刻而書其後曰："《初學記》今世行本，僅明安國民泰所校刊者爲稍舊，安國得宋版大字本，多闕葉，倩館客郭禾采他書補足，而通部亦改竄删補，非宋舊也。其陳大科、徐守銘等本，皆祖安國，復加改竄。别有古香齋巾箱本，未知所祖。嘉慶初，王蘭泉少司寇得宋版大字本。丙寅春，孫淵翁借以示余。余案頭有徐本，取與對勘，開卷見《劉序》'刑名度數'，宋本'刑'作'形'，'形名'猶言'名物'，改便失之，因竭四十日力，得互異字累萬，用丹筆悉注於徐本之旁。宋有而徐無者，注於上方。宋無而徐有者「」之。卷十七，宋闕第二十葉，驗行數字數，知安國所據本不闕。卷二十五、二十六、二十八、二十九、三十，凡二十二葉，宋與徐絶異；皆安國所據本之闕葉，而郭禾補足者也；不能對勘，别寫之，夾置之各卷中。審知此書自唐開元而北宋，展轉胥鈔。到紹興四年始鐫板，勝處固多，誤亦不少。然往往即誤處可得勝處。故宋本可寶也。"見《鐵橋漫稿·書〈初學記〉校宋本後》。其後可均校本爲嘉興沈曾植子培所得，秘爲鴻寶。長沙葉德輝焕彬與繆荃孫皆向借校，靳勿許也，又勸其假之有力者刊行，亦勿膺。德輝戲爲荃孫言："古人著述，遇此輩人收藏，真可云冤沈海底，永無見天之一日矣！"曾植既殁，其書流出北京廠肆，索餅銀五百元。長沙易培基寅邨假之，盡二十日之力，過録一部，覆審再三，自謂於原校無毫髮之恨也。見葉德輝《易氏過録嚴校宋本〈初學記〉跋》。《太平御覽》一千卷，宋李昉等奉敕撰，凡分五十五門，引用書一千六百九十種，徵引至爲浩博，於類書中最爲鉅帙，向罕刊本；惟建寧曾一刊行。而至南宋寧宗之慶元五年，成都府路轉運判官兼提舉學事蒲叔獻以建寧刊本句脱字訛，而意義往往不通貫，乃屬前閬州閬中縣尉雙流李廷允以别本參考，併檢經史及其他傳記校正，凡三萬八千餘字，而出公使庫錢以刊於蜀，最稱善本。日本帝室圖書寮、京都東福寺、東京岩崎氏藏有其書，而涵芬樓景印入《四部叢刊三編》者也①。明以來刊本頗有，而萬曆元年無錫黄正色刻本最著。然阮元《重刻宋本太平御覽叙》謂："吴門黄蕘圃主事有刊本三百六十六卷，乃前明文淵閣宋刻殘本；又五百二十卷，亦依宋鐫所抄：其餘缺卷，並從各家舊鈔過録。予取黄正色本屬友人密加謄校；知黄本顛倒脱落，至不可讀，與明活字板相似；其偏旁之訛，更無論矣。且又

① 自"向罕刊本"至"而涵芬樓景印入《四部叢刊三編》者也"，初版本無。

妄據其時流傳經籍，憑臆擅改。不知古書文義深奥，與後世判然不同；淺學者見爲誤而改之；不知所改者反誤矣。”其後有鮑渌飲校刊宋小字本，有張氏所刻大字本，咸勝黄正色本。而北京圖書館，則藏明藍格鈔本《太平御覽》一千卷，有日本人印云。世所傳宋以前類書，可考見古籍佚文者，僅此《藝文類聚》、《初學記》及《御覽》三書而已。

綜右所陳，書在必讀，本取可得，或逕取之坊肆，或旁求之圖書館，譬按圖而索驥，將有裨於末學乎？述《讀本第三》。

餘記第四

自鏤版興，於是兼言版本。其例創於吾錫尤袤延之《遂初堂書目》。目中所録，一書多至數本。有成都《石經》本，秘閣本，舊監本，京本，江西本，吉州本，杭本，舊杭本，嚴州本，越州本，湖北本，川本，川大字本，川小字本，高麗本。此類書以正經正史爲多，大約皆州郡公使庫本，而岳珂刻《九經》、《三傳》，其《沿革例》稱："自監蜀京杭而下，有建余仁仲、興國于氏二本，皆分句讀，稱爲善本。"知辨别版本，自南宋已然。而宋本書，特表而出之，則始自常熟毛扆斧季《汲古閣珍藏本書目》，注有宋本、元本、影宋、校宋本等字。其後同縣錢曾遵王《述古堂書目》，泰興季振宜《季滄葦書目》，卷首均别爲宋版書目。明高濂《燕閒清賞箋》論藏書，以爲："宋書紙堅刻軟，用墨稀薄，雖著水經燥無湮迹，開卷一種書香，自生異味。元刻仿宋，紙鬆刻硬，用墨穢濁，開卷了無臭味。又若宋版遺在元印，或元補欠缺，時人執爲宋刻。元版遺至國初補欠，人亦執爲元刻。然而以元補宋，其去猶未易辨。以國初補元，内有單邊雙邊之異，且字刻迥然别矣。"蓋宋版在所珍，而元、明不爲罕也。然宋版既罕，元刻亦珍。至於乾嘉之際，吴縣黄丕烈蕘圃自號佞宋主人，藏宋版書百餘種，學士顧蒓爲之顔其室曰百宋一廛；

元和顧廣圻千里爲之賦，而丕烈自疏所藏以作注。海昌吴騫兔牀亦富藏書，擬作千元十駕以敵之，意蓋欲廣購元槧佳本，取荀子"駑馬十駕"之意，顔所居曰千元十駕，占長句戲丕烈。丕烈既老而貧，乃以所藏歸之同郡汪士鐘閬源藝芸書舍。汪氏不能守其有，往往爲聊城楊端勤公以增所得，構海源閣藏之，别闢一室曰宋存，而以元本校本鈔本附焉，蓋多士禮居印記矣。歸安陸心源存齋有宋版書二百部，其中士禮居藏書亦不少；故自顔其居曰皕宋樓。及陸氏敗，所有皕宋樓書，盡以售之日本岩崎氏，載歸貯之静嘉堂文庫；而百宋一廛舊籍，乃有流落海外者矣！然陸氏自誇皕宋，以傲丕烈之百宋一廛；而細覈所記，有明仿宋本，有明初刻似宋本，有誤元刻爲遼金本，有宋版明南監印本。存真去僞，合計不過十之二三，尚不足丕烈之百宋也。杭州孫鳳鈞銓伯藏有宋刊單行本《魏志》，撫州本《公羊》，皆世間絶無之本，雖少而精；簿録之學，一時無比。人呼爲宋版孫。宋、元舊刻日稀，而文苑儒林侒宋秘宋之風，遂成一時佳話矣。然而江南藏書家之能長世而傳子孫者，清朝三百年來，必推常熟瞿氏。自瞿紹基蔭棠於乾隆間以詩書起家，一傳而爲鏞子雍，再傳而爲秉淵敬之、秉清濬之，三傳而爲秉清之子啓甲，永保守之以有其書。而啓甲之子熙邦，耳目濡染，總角之歲，寢饋古籍以爲性命，温克稱其家兒，君子之澤五世。大抵瞿氏之書藏發祥於紹基，恢宏於子鏞。凡郡中士禮居黄氏、藝芸書舍汪氏及同縣張金吾月霄之愛日精廬，有《愛日精廬藏書志》三十六卷、《續》四卷。陳揆子準之稽瑞樓，有《稽瑞樓書目》四卷。所藏宋元善本，先後散出，皆爲鏞所收焉；乃建鐵琴銅劍樓五楹，按四庫分别甲乙。太平天國革命軍興，常熟被兵，瞿氏之書，一劫於菰里故居，再劫於香塘角。秉清乃與兄秉淵擇宋元刊及秘鈔精校本，彙集十夾板，渡海而北，藏之海門大洪鎮；亂平而載書歸，繪《虹月歸來圖》以紀其事。及宣統己酉，南皮張之洞筦學部，奏設圖書館，以繆荃孫籌辦。時端方總督兩江，見日本島田彦楨《皕宋樓藏書源流考》，有瞿氏書近亦求售之讕語。繆氏挾總督之力，以索鐵琴銅劍樓書，獻之圖書館，而以京卿爲酬賞；曰："南皮相國意也；書朝上，命夕下矣。"張氏亦函電交馳，而啓甲持不可，又以索之亟也，因進舊刊及影鈔本各五十種以塞其意。而繆氏不悦，及編《學部圖書館善本書目》，凡啓甲所進書，每不注所出，蓋猶未忘前憾云。然啓甲雖堅守先世舊藏，兢兢惟恐失墜，而於友朋之借鈔乞校者，從未吝惜。其宋元善本，影鈔精槧，流布四方，如長洲蔣氏鳳藻、南陵徐氏乃昌、吴興劉氏承幹及繆荃孫所刻叢書，多出鐵琴銅劍樓。而涵芬樓輯《四部叢刊》、《續古逸叢書》，命工就其藏攝影數十種，而長編巨帙，不脛而走。先是其大父鏞刊有《鐵琴銅劍樓藏書目録》二十四卷。而啓甲念先世收集之難，子孫謹守之不易，出其精槧秘帙，爲自來通經學古之士所願見而不可得者，遠紹蜀中《書範》，近仿楊守敬《留真譜》，每種景印數頁，并詳列藏家題跋，名曰《鐵琴鋼劍樓書影》。凡宋本一百六十一種，金本三種，元本一百五種。俾讀者於其款式之異同，字畫之增損，行幅之疏密廣狹，莫不條分縷析，朗若列眉，而言版本者益有所據依焉①。

明嘉靖時，吾錫華夏中父好藏書，圖記曰“真賞齋印”，扁式，茶陵李東陽西涯八分書，以米元章有“平生真賞”印也。鄞縣豐坊道生鋪張所藏而爲《真賞齋賦》，蓋顧廣圻《百宋一廛賦》之所自脱胎。惟《顧賦》揚厲百宋，而道生則不限宋元版書。其涉及宋元版書者，有曰：“暨乎劉氏《史通》，《玉臺新咏》，上有“建業文房”之印。則南唐之初梓也。聶崇義《三禮圖》，俞言等《五經圖説》，乃北宋之精帙也。荀悦《前漢紀》，袁宏《後漢紀》，紹興間刻本，汝陰王銍序。嘉史久遺。許嵩《建康録》，陸遊《南唐書》，載紀攸罕。宋批《五禮》，五采如新。古注《九經》，南雝多闕。蘇子容《儀象法要》，亟稱於諸子。張彦遠《名畫記》，鑑收於子昂。相臺岳氏《左傳》，建安黄善夫《史記》，六臣注《文選》，郭知達《集注杜工部詩》，共九家，曾噩校。曾南豐序次《李翰林集》，三十卷。五百家注《韓柳文》，在朱子前。《劉賓客集》，共四十卷，内外集十卷。《白氏長慶集》，七十一卷。《歐陽家藏集》，删繁補缺八十卷，最爲真完。《三蘇全集》，《王臨川集》，世所傳祗一百卷，唯此本一百六十卷。《管子》，《韓非》，《三國志》，大字本淳熙乙巳刊於漳州轉運使公帑。《鮑參軍集》，十卷。《花間集》，紙墨精好。《雲溪友議》，十二卷。《詩話總龜》，百卷，阮閲編。《經鉏堂雜志》，八卷，靈川倪思。《金石略》，鄭樵著，笪氏藏。《寶晋山林拾遺》，八卷，孫米憲刻。《東觀餘論》，宋刻初印，卷帙甚備。世所罕見。《唐名畫録》，朱景玄。《五代名畫補》，劉道醇纂。《宋名畫評》，《蘭亭考》，十二卷，桑世昌。皆傳自宋、元，遠有端緒。”即以宋、元版書而論，可謂夥頤沈沈者矣。何減於百宋一廛哉！

百宋一廛藏有建溪三峰蔡夢弼傅卿家塾乾道七年刻《史記》，有《索隱》

① 自“然而江南藏書家之能長世而傳子孫者”至“而言版本者益有所據依焉”，初版本無。

而無《正義》。而嘉定錢大昕辛楣《十駕齋養新録·論〈史記〉宋元本》曰："予所見《史記》宋槧本，吴門顧抱沖所藏澄江耿秉刊於廣德郡齋者，紙墨最精善，此淳熙辛丑官本也①。黄蕘圃所藏三山蔡夢弼刊本，亦在淳熙間。淳熙想係乾道之误。海寧吴槎客所藏元中統刊本②，計其時在南宋之季。此三本，皆有《索隱》而無《正義》。明嘉靖四年，金臺汪諒刻莆田柯維熊校本，始合《索隱》、《正義》爲一書，前有費懋中序稱'陕西翻宋本無《正義》，江西白鹿本有《正義》'；是柯本出於白鹿本矣。同時震澤王氏亦有繙宋本，大約與柯本不異。嘉興錢泰吉警石《甘泉鄉人稿·五校〈史記〉雜誌》一則云：'小題在上，大題在下，柯、王兩本皆然；然柯本大題旁注，不若王本並作大字，尤爲近古。'又云：'柯本《索隱序》後有"紹興三年四月十二日右修職郎充提舉茶鹽司幹辦公事石公憲發刊，至四年十月二十日畢工"三十八字凡三行，始知柯本從紹興本繙刻也。'《史記》、《索隱》、《正義》，皆各自爲書，不與本書比附；宋南渡後，始有合《索隱》於《史記》者，刱自蜀本；繼有桐川、三山兩本，皆在淳熙以前。其時《正義》猶單行也。白鹿本未審刻於何年，以意揆之，必在淳熙以後。蓋以《索隱》爲主，而《正義》輔之；凡《正義》之文，與《索隱》同者，悉從删汰；自是《正義》無單行本，而守節之元本，不可考矣。"此可以考《史記》刊本之沿革。

海昌吴壽暘虞臣《拜經樓藏書題跋記》載："宋本《前漢書》列傳十四卷，每葉十六行，行十六字；首行大名在下，小名在上，次行題'漢護軍班固撰'；三行署'唐正議大夫行秘書少監瑯琊縣開國子顔師古集注'；並與監本不同。卷末書'右將監本、杭本、越本及三劉、宋祁諸本參校，其有異同，並附於古注之下'。後記正文注文字數。"東里盧抱經學士跋："汲古所梓《漢書》，當是據北宋本，此疑是南宋本，誤字亦少。汪文盛本，殆亦從此本出。"福建汪文盛嘉靖已酉刻《前漢書》一百二十卷，《後漢書》一百二十二卷，見錢大昕竹汀《日記鈔》、丁丙《善本書室藏書志》。而獨山莫友芝子偲《宋元舊本書經眼録》有《題湘鄉曾氏藏金元間刊本漢書》云："宋胄監《漢書》：始淳化五年孫何、張佖等校本③；次景德二年刁衎、晁迥等覆校本④；次景祐二年余靖、王洙重校

① 初版本此處有注解："淳熙，亦孝宗年號，爲乾道改元。"

② 初版本此處有注解："中統，元世祖年號，中統元年，當宋理宗景定元年。"

③ 初版本此處有注解："淳化，宋太宗年號。"

④ 初版本此處有注解："景德，真宗年號。"

定本[①]；次熙寧二年刊進嘉祐中陳繹重校，歐陽修看詳本[②]；次宣和六年重修本[③]；次紹興二十一年重刊本[④]；今惟景祐、紹興二本，尚著録於舊藏家；大率每葉二十行，行大字十九，注字二十五至二十七八不等。此本行字悉同；其《列傳》第二十九之後九葉，及他卷闕一二葉者，悉影乾道三年刊本補之，其行字亦同；大抵皆出景祐、紹興二本。乾道本版心下端有乾道三年隸書白文五字，其寫刻人名，悉此本中所有；愈知景祐、紹興爲同祖。惟按宋以後刊《漢書》有元大德九年太平路本[⑤]。此本《本紀》第三一葉，版心有'大德八年補刊'六字，則當爲大德以前刊。且北宋諱避闕至欽宗之'桓'，南宋諱自'構'、'慎'皆不缺，知非南宋乾道、慶元及川、吉、越、湖北諸本[⑥]。然審其字體版式，已是宋末元初不精之刻；蓋金、元間以紹興本繙雕，而大德修補之本。《愛日精廬藏書志》記宋刊元修本，版心有記大德、至大、延祐、元統補刊者[⑦]，其行字同。友芝又見豐順丁氏收黄丕烈舊藏景祐殘帙，足以宋刊元修若干卷者，亦有大德、至大諸補版，行字亦同；紙墨字體，約略相似；則此爲金、元間刻，益無可疑。"此可以考《漢書》刊本之沿革。又黄丕烈《士禮居藏書題跋記》稱："《後漢書》本，宋刻佳者，淳化不可得見。景祐本，殘者有之，此外如建安劉元起刊於家塾敬室本，又有一大字本，皆名爲宋；而實則不及元、明刊本。何以明之？蓋所從出本異也。惟正統本最稱善；以所從出爲淳化本也[⑧]。元大德本，亦自淳化本出。此外又有景祐間余秘丞書者，乃翻淳化本耳。景祐至大德，大德至宏治，遞爲修補[⑨]，故版刻字樣各有不同。非如正統十年一例專刻也。"此可以考《後漢書》刊本之沿革。又《士禮居藏書題跋記》載："宋咸平刊本《吴志》二十卷。其目録自一

---

① 初版本此處有注解："景祐，仁宗年號。"

② 初版本此處有注解："嘉祐，仁宗年號。熙寧，神宗年號。"

③ 初版本此處有注解："宣和，徽宗年號。"

④ 初版本此處有注解："紹興，高宗年號。"

⑤ 初版本此處有注解："大德，成宗年號。"

⑥ 初版本此處有注解："慶元，寧宗年號。"

⑦ 初版本此處有注解："至大，武宗年號。延祐，仁宗年號。元統，順帝年號。"

⑧ 初版本此處有注解："正統，明英宗年號。"

⑨ 初版本此處有注解："宏治，明孝宗年號。"

卷至十卷，分爲上袟；十一卷至二十卷，分爲下袟；並載中書門下牒一通。因檢毛汲古、錢述古兩家書目，皆載有《吴志》二十卷本，其爲專刻無疑。”杭州孫鳳鈞銓伯藏有單刊本《魏志》。而長沙易培基寅邨《三國志校義跋》則稱：“明景北宋本《三國志》，三志各自爲卷，目録分列。”益徵宋刊《三國志》各自爲書。武英殿本《三國志》目録，雖統編六十五卷；而《魏志》三十卷，《蜀志》十五卷，《吴志》二十卷，仍各自爲卷。以視宋刊本，惟目録不分列耳。此可以考《三國志》刊本之沿革。彙録之於此。

宋版書不易得，於是言景鈔。《天禄琳琅》載：“毛晉藏宋本最多。其有世所罕見，而藏諸他氏不能得者，則選善手，以佳紙墨影鈔之，與刊本無異，名曰影宋鈔。一時好事家皆争仿效。而宋槧之無存者，賴以傳之不朽。”孫從添《藏書紀要》曰：“汲古閣印宋精鈔，古今絶作，字畫紙張，烏絲圖章，追摹宋刻，爲近世無有；能繼其作者，所鈔甚少。鈔録書籍，以軟宋字小楷顔、柳、歐字爲工；宋刻字更妙；摹宋版字樣，筆畫均匀，不脱落，無遺誤，烏絲行款，整齊中带生動，爲至精而美備；序跋、圖章、畫像，摹仿精雅，不可呆板，乃爲妙手。”而自黄丕烈以下，一皆毛氏汲古之流焉。此景宋鈔也。若言宋鈔，貴於宋刻。孫從添《藏書紀要》謂：“宋人鈔本最少，字畫墨氣古雅，紙色羅紋舊式，方爲真本。若宋紙而非宋字宋跋，宋款而非宋紙，即係僞本；或字樣、紙色、墨氣，無一不真，而圖章不是宋鐫，印色不舊，割補凑成，新舊相錯，終非善本。元人鈔本亦然。常見古人稿本，字雖草率，而筆法高雅，紙墨圖章，色色俱真，自當爲希世之寶。以宋、元人鈔本，較之宋刻本而更難也。古人鈔録書籍，俱用黄紙。後因詔誥用黄色紙，遂易以白紙。宋、元人鈔本用册式，而非漢、唐時卷軸矣。其記跋校對，極其精細；筆墨行款，皆生動可愛。明人鈔本，各家美惡不一。吴門朱性甫，按文徵明《朱性甫先生墓誌銘》：“吾蘇朱性甫存理，聞人有奇書輒從以求，以必得爲志，或手自繕録，動盈筐篋，群經諸史下逮稗官小説無所不有，尤精楷法，手録前輩詩文積百餘家。他所纂集有《經子鈎元》、《吴郡獻徵録》、《名物寓言》、《鐵網珊瑚》、《野航漫録》、《鶴岑隨筆》，總數百卷。”錢叔寶子允治，按：錢謙益《列朝詩集小傳》：“錢穀字叔寶，少孤貧，遊文待詔門下，日取架上書讀之，以其餘功點染水墨，得沈氏之法。晚葺故廬，讀書其中，聞有異書，雖病必强起匍匐請觀，手自鈔寫，幾於充棟。日夜校勘，至老不衰。子允治酷似其父，年八十餘，隆冬病瘍，映日鈔書，薄暮不止。”手鈔本最富。後歸錢牧翁，絳雲焚後，僅見一二矣。吴寬、柳僉、吴岫、孫岫、太倉王元美、崑山葉文莊、連江陳氏、嘉興項子京、虞山趙清常、洞庭葉石君諸家鈔本，俱好而多；但要完全校正題跋者方爲珍重。王雅宜、文待詔、陸師道、徐髯翁、祝京兆、沈石田、王質、王穉登、史鑑、邢參、楊儀、楊循吉、彭年、陳眉公、李日華、顧元慶、都穆、俞貞木、董文敏、趙凡夫、文三橋、湖州沈氏、寧波范氏、吴氏、金陵焦氏、桑悦、孫西川，皆有鈔本甚精。鈔本書，畫圖最難；用白描法，運筆古雅秀勁爲主。人物畫像要生動，又要清雅而端莊，方爲合式。有皇宋五彩畫本《本草圖經》最精工，集天下名手，著色畫成；又有白描《列女傳》、《孝經》等書，無出其右者。近時錢遵王有五彩著色畫本《香奩集》，白描《鹵簿圖》、《營造法式》、《營造正式》等書，雖弗及前人，今亦不可得矣。吴匏庵寬鈔本，用紅印格，其手書者佳。吴岫、孫岫鈔用緑印格，甚有奇書，惜不多見。葉文莊鈔本用緑墨二色格，校對有跋者少，未對草率者多，間有無刻本者亦精。”至近時精鈔本，如金山錢熙祚守山閣鈔本，十二行緑格，格闌外有“守山閣鈔本”五字；歸安姚覲元咫進齋鈔本，十三行緑格，版心有“咫進齋”三字；又厲樊榭鶚鈔書用八行墨格；鈕匪石樹玉鈔書用十行緑格；皆鈔本中之可貴者。總之，鈔本有宋鈔、元鈔、明鈔之分，有藍格、緑格、朱絲闌、烏絲闌之别，且有已校未校之高低。宋鈔不易得見，而元鈔多薄繭，明鈔多棉宣，元鈔多古致，明鈔多俗書。然此就傭書者言之。名人手鈔則一朝有一朝之字體，一時有一時之風氣，明眼人自能辨之。有經名人手鈔手校者，貴重尤過於宋、元。有名人收藏印記者，非當時孤本，即希見之書。然自敦煌石室之發見，而吾人乃得見版本書未有以前之鈔本；經英、法諸國盜取之餘，而現存北京圖書館者，尚有佛經四百四十多種，此外則經史子以及詩歌之類；其中不少久佚之古書；即有今本，亦可資以校勘；而有年代可考證者，四十三卷；最早北魏太安四年七月三日，最晚宋太平興國二年閏六月五日，其間相距五百十九年。通常用染色之硬黄紙，亦有用白麻紙者，以淡灰色作烏絲欄，而黏合幅度相等之數十紙成卷。前後施以木軸與竹籤，亦有用玉軸牙籤者，世所稱敦煌卷子是也①。

古本既以罕而益珍，人情遂以僞而相罔。而宋版書之有僞，蓋自明而已然。高濂《燕閒清賞箋》謂：“近日作假宋版書者，神妙莫測。將新刻摹宋版

① 自“總之”至“是也”，初版本無。

書，特鈔微黄厚實竹紙，或用川中繭紙，或用糊背方簾綿紙，或用孩兒白鹿紙。筒捲用槌細細敲過，名之曰刮。以墨浸去臭味。印成，或將新刻版中殘缺一二要處；或濕黴三五張，破碎重補；或改刻開卷一二序文年號；或貼過今人注刻名氏留空，另刻小印，將宋人姓氏扣填；兩頭角處，或用沙石磨去一角；或作一二缺痕，以燈火燎去紙毛，仍用草烟薰黄，儼然古人傷殘舊迹；或置蛀米櫃中，令蟲蝕作透漏蛀孔；或以鐵綫燒紅，鎚書本子委曲成眼，一二轉折；種種與新不同。用紙裝襯，綾錦套殼，入手重實，光膩可觀；初非今書彷彿，以惑售者。或札夥囤，令人先聲，指爲故家某姓所遺；百計瞽人，莫可窺測。”而海寧蔣光煦生沐序吴壽暘《拜經樓藏書題跋記》則稱：“欲得舊刻舊鈔，而苕賈射利，弊更百出；割首尾，易序目；剔畫以就諱，刓字以易名，染色以僞舊；卷有缺，剗他版以雜之；本既亡，録别種以代之；反覆變幻，殆不可以枚舉。”總之不出以明翻宋版剜補改换之一塗：或抽去重刊書序，或改補校刊姓名；或僞造收藏家圖記，鈐滿卷中；或移綴真本跋尾題籤，掩其贋迹而已。余故表而出之，以爲好古而無真賞者鑑焉。

宋版書之不無譌誤，蘇東坡、葉石林、陸放翁已切論之。然刻書之誤，有由於校之不審者，有由於校之妄改者。《顔氏家訓・勉學篇》曰：“校定書籍，亦何容易！揚雄、劉向方稱此職耳。觀天下書未遍，不得妄下雌黄。或彼以爲非，此以爲是；或本同末異，或兩文皆欠；不可偏信一隅也。”《東坡志林》譏切：“世人以意改書，遂使古書日就訛舛，深可忿疾！”而顧炎武《日知録・論勘書》曰：“凡勘書，必用能讀書之人。偶見《焦氏易林》舊刻，有曰‘環緒倚鉏’乃‘環堵’之誤，注云‘緒疑當作珮’。‘井堙水刊’乃‘木刊’之誤，注云‘刊疑當作利’。失之遠矣！幸其出於前人，雖不讀書，而猶遵守本文，不敢輒改。苟如近世之人據臆改之，則文益晦，義益舛。而傳之後世，雖有善讀者，亦茫然無可尋求矣。然則今之坊刻，不擇其人而委之讎勘，豈不爲大害乎！梁簡文帝《長安道詩》：‘金椎抵長樂，複道向宜春。’是用《漢書・賈山傳》：‘隱以金椎，樹以青松，爲馳道之麗至於此。’《三輔決録》：‘長安十二門，三塗洞開，隱以金椎，周以林木，左右出入，爲往來之逕。’今誤作‘金槌’，而又改爲‘椎輪’。唐閻朝隱《送金城公主適西蕃詩》：‘還將貴公主，嫁與傉檀王。’是用《晉書・載記》河西王禿髮傉檀。今誤作‘耨檀’，而又改爲‘褥氈’。比於‘金根車’之改‘金銀’而又甚焉者矣!”陽湖李兆洛申耆爲《澗蘋顧君廣圻墓誌銘》,痛詆“校者荒陋,不守闕如之戒,妄緣疑而致誤,至剜肉而成瘡,至有謬稱皇考,妄易銀根者。本初無誤,校乃致誤。此自書有刊本,輕加雌黄,儻經三刻,而古人之真盡失。”蓋有慨乎其言之。而極稱清儒不敢妄改爲善刻書。顧廣圻《思適寓齋圖自記》曰:“以思適名齋者何?顧子有取於邢子才之語也。史之稱子才曰‘不甚校讎’。顧子役役以校書而取之者何?謂顧子之於書,猶必不校校之也。子才誠僅曰不校乎哉?則烏由思其誤,又烏由而有所適也!故子才之不校,乃其思。不校之誤,使人思。誤於校者,使人不能思。去誤於校者而存不校之誤,於是日思之,遂以與天下後世樂思者共思之。此不校校之者之所以有取於子才也。”夫不輕改舊刻,而綜所欲正定者爲考異,或爲校勘記以識異同,聽天下後世之好學深思者玩索而自有得焉。此顧子之所謂不校校之也。是可爲校刻古書者法。

版本之書,不勝僕舉。若論治學,宜有入手。就所睹記,挈其綱要。可先讀長洲葉昌熾鞠裳所撰《藏書紀事詩》六卷以明藏書之掌故。次看長沙葉德輝煥彬所著《書林清話》十卷,《餘話》二卷,以析版本之沿革。又次閱元和江標建霞所輯《宋元本行格表》二卷,近有趙鴻謙據國學圖書館善本甲庫所藏丁丙善本書室宋、元本,仿江氏例,自五行以至二十行,記其行格,載國學圖書館第一年刊。及《鐵琴銅劍樓書影》又《盋山書影》此係國學圖書館所藏宋本,每種首頁影印宣紙、涵芬樓《百衲本二十四史》樣本等書以驗宋、元之版式。然後讀黄丕烈以下諸家藏書目録題跋,乃有頭緒。不然,無入手處。至諸家藏書目録題跋,其中不鮮煌煌鉅册;可先讀嘉興錢泰吉警石《曝書雜記》三卷,獨山莫友芝子偲《宋元舊本書經眼録》三卷,《郘亭知見傳本書目》四卷,簡而扼要,然後再事博涉。不然,徒驚河漢之無涯,豈易得要領。

近有聊城楊紹和《海源閣楹書隅録》五卷,《續》四卷,仁和丁丙《善本書室藏書志》四十卷,《附録》一卷,歸安陸心源《皕宋樓藏書志》百廿卷,《續》四卷,以及瞿鏞之《鐵琴銅劍樓藏書目録》二十四卷,所謂海内四大藏書家者,皆聚乾嘉諸老之精華,其書目全録各書序跋,宋槧名鈔,咸資考證①。寖淫及於

① 自“近有聊城楊紹和《海源閣楹書隅録》五卷”至“咸資考證”,初版本無。

日本，則如森立之《經籍訪古志》六卷，《補遺》二卷，島田翰《古文舊書考》四卷，皆於宋、元古鈔各書，考訂至爲精析。至宜都楊守敬惺吾所撰《日本訪書志》，中載卷子本佛經各種，大半近百年内高麗舊鈔：而《留真譜》則誤以明繙宋刻爲真宋本。論者謂其魚目混珠，不過以爲販鬻射利之計，未可信據。而歐人如法人伯希和得敦煌鳴沙山石室古書，乃能辨析卷數之異同、刊刻之時代。上虞羅振玉叔言撰《鳴沙石室秘録》，述其問答之詞，讀之令人驚嘆。不可不涉獵及之。

於戲！版本之學，其始以精校讎，其蔽流爲骨董。於是罔羅舊聞，整齊雜語，拾遺補闕，以卒於篇。述《餘記第四》。

（古籍出版社，1957年1月版）

古籍舉要

GUJIJUYAO

序

長夏無事，課從子鍾漢讀番禺陳澧蘭甫《東塾讀書記》，時有申論，隨記成册。其中有相發者，有相難者，每卷得如干事，盡四十五日之力訖事。陳氏以東塾名其廬；而僕課子弟讀書之室，會在宅之東偏，遂以後東塾名吾室；而董理所記，都十七卷，署曰《後東塾讀書記》。而古籍之精要者粗舉，以與《陳記》，合之則互爲經緯，而分之則各成篇章，庶幾並行不廢云。

陳氏何爲而作《東塾讀書記》也？曰以救敝也。曷言以救敝也？清儒喜言東漢許、鄭之學，至嘉道之世，極熾而敝。於是專求古人名物制度訓詁書數，以博爲量，以闚隙攻難爲功；其甚者欲盡舍程朱而宗漢之士，枝之獵而去其根，細之蒐而遺其鉅。物極必反，窮而思通，於是有西漢今文之學興。自武進莊存與方耕始治《公羊》，作《春秋正辭》，漸及群經；其爲學務明微言大義，不專章句訓詁之末。一門並承其緒，其外孫劉逢禄申受及長洲宋翔鳳于庭復從而張之，海内風動，號爲常州學派。一衍而爲湖南之王闓運壬秋、四川之廖平季平，以《公羊》言禮制。又一衍而爲廣東之康有爲長素、梁啓超任公，以《春秋》言經世也。此一派也。其又一派，則兼綜漢宋，不爲墨守，以爲清學出朱子之道問學以上闚許、鄭；又謂漢儒亦明義理，力袪漢宋門户之見。於是南海朱次琦子襄及陳澧開宗於粤。義烏朱一新鼎甫、定海黄以周玄同桴應於浙，前唱後喁，蔚成學風。二者之爲學不同，而要歸於救漢學之碎則一。陳澧晚年著《東塾讀書記》二十五卷，其中卷十三《西漢》，卷十四《東漢》，卷十七《晉》，卷十八《南北朝隋》，卷十九《唐五代》，卷二十《宋》，卷二十二《遼金元》，卷二十三《明》，卷二十四《國朝》，卷二十五《通論》，凡十卷，則蒐采漢晉以後諸儒粹言至論，有目無書。獨卷十三《西漢》補刊别行。而世所流傳者，通行本十五卷，乃尋求群經大義及其源流正變得失所在。遵鄭康成《六藝論》，以《孝經》爲道之根原，六藝之總會，而冠於編；學《易》不信虞翻之説；學《禮》必求禮意。次考周秦諸子流派，抉其疵而取其醇。其次則表章《鄭學》、《朱子》，駢稱並贊，以明溝通漢宋之旨；蓋隱比顧亭林之《日知録》。然而有不同者。亭林之纂《日知録》，旨在經世。而澧之爲《讀書記》，塼崇講學。亭林言經學即理學，將以實事求是，救王學之空。而澧明漢學通宋學，欲以疏通致遠砭清儒之碎。前有自述一篇，中稱“讀鄭氏諸經注，以爲鄭學有宗主，復有不同，中正無弊，勝於許氏《異義》，何氏墨守之學。讀《後漢書》，以爲學漢儒之學，尤當學漢儒之行。讀朱子書，以爲國朝考據之學，源出朱子，不可反詆朱子。尤好讀《孟子》，以爲孟子所謂性善者，人性皆有善，荀、楊輩皆未知也。又著《漢儒通義》七卷，謂漢儒善言義理，無異於宋儒。宋儒輕蔑漢儒者非也。近儒尊漢儒而不講義理，亦非也”。可以覘生平宗尚之所在焉。

《無邪堂答問》五卷，義烏朱一新鼎甫撰。一新，光緒丙子恩科曹鴻勛榜下進士，累官陕西道監察御史，以疏劾内侍李蓮英，懿旨詰責，降官主事。兩廣總督張之洞延爲肇慶府端溪書院山長，尋入廣州，爲廣雅書院山長，爲定院規，先讀書而後考藝，重實行而屏華士。仿古顓家之學，分經、史、理、文四者，延四分校主之。諸生人賦以日記册，質疑問難，以次答焉；成就甚衆；因輯録講論之詞，成《無邪堂答問》五卷。嘗謂進德莫先於居敬，修業莫先於窮理，窮理必兼學問思辨。學問者，格致之事；思辨者，由致知以幾於誠正之博而反約；則居敬尤要。故院中生徒有聰穎尚新奇者，必導而返諸正大篤實。其論學術，謂：“近世漢與宋分，文與學分，道與藝分。豈知聖門設教，但有本末先後之殊，初無文行與學術、治術之别。”又以道咸以來，士大夫好講西漢公羊之學，流弊至於蔑古荒經，因反覆論難以正其失，至論西學、耶教、新疆、鐵路、吉林邊防數十條，亦復洞中竅會。傍晚納涼庭中，與諸兒論次及之，以爲《答問》可配陳澧《東塾讀書記》。儻學者先讀《陳記》以端其嚮，繼之《答問》以博其趣，庶於學問有從入之塗，不爲拘虚門户之見。兒子鍾書因言："《答問》與《陳記》同一兼綜漢宋；若論識議閎通，文筆犀利，則《陳記》遠不如《答問》！"余告之曰："不然，陳君經生，樸實説理，學以淑身。朱生烈士，慷慨陳議，志在匡國。《答問》文筆議論，遠勝陳君，信如所論。然《答問》之體，適會多塗，皆朱生當日應機作教，事無常準，《詩》、《書》互錯綜，《經》、《史》相紛紜，義既不定於一方，學故難求其條貫；又其言皆有爲而發，非於晚清學風史實，爛熟心胸，未易曉其端緒；不如陳君《讀書記》之部居别白，牖啓塗轍，論議儘欠雄駿，開示彌徵平實。又賢聖應世，事迹多端，隨感而起，故爲教不一。陳君宿學，但見戴學末流之嵬瑣，故欲救之以通；而於《公羊》有發揮，亡貶絶。朱生晚出，及見康氏今文之狂詭，更欲諷之於正，而於《公羊》多駁難，少讚揚。此其較也。"鍾書因言："見朱生《佩弦齋》文，中有與康長素《論學》、《論書》諸書，皆極鋭發。"又謂："朱生自詡'人稱其經學，而不知吾史學遠勝於經。'"大抵朱生持宋學以正漢學，蓋陳君之所同趣；而治經學以得史意，則陳君之所未到。又其較也。閉户講學而有子弟能相送難，此亦吾生一樂。唯連日身體又劇不適，殊爲美中不足耳。

時在中華人民造國之十九年八月，無錫錢基博記。

目次

卷一　孝經

六經所明，不外人道。仁之爲言人也。《易》爲六經之冠；而《易》道乾元，君子以自彊不息，體仁以長人也。孔孟爲儒家之魁桀。而《論語》首《學而時習章》，繼之以有子説“孝弟爲仁之本”，又次之以子曰“巧言令色，鮮矣仁”；明乎仁則爲善學，不仁則不得爲善學；學者，學此者也；時習者，習此者也。顔回三月不違仁，時習乎仁也。《荀子》“仁義不一，不足爲善學”《勸學篇》語，勸學乎仁也。《論語》二十篇，歸根在一仁字。《荀子》三十二篇，着意在一禮字。然而《荀子》論禮，亦以克己復禮爲仁，非與《論語》有異趣。其言：“人生有欲，欲而不得，則不能無求，求而無度量分界，則不能不争；争則亂，亂則窮。先王惡其亂也，故制禮義以分之，以養人之欲，給人之求；使欲必不窮乎物，物必不屈於欲；兩者相持而長，是禮之所起。”《禮論篇》語然則禮者，人之所由以耦俱無猜，而不爲争民施奪者也。《論語》揭仁以立人道之極；《荀子》論禮以明行仁之方；明其枝流雖分，本萌於仁者也。《孟子》七篇，亦以“仁義而已”開宗明義，先立乎人道之極也；而孝弟則爲仁之本。《孝經》言“愛親者不敢惡於人，敬親者不敢慢於人”；《孟子》言“親親而仁民，仁民而愛物”；由本以及末也。《孝經》言“不愛其親而愛他人者謂之悖德”，《孟子》言“未有仁而遺其親”，由外而驗内也。故知《孝經》爲道之根源，六藝之總會。

《孝經》文體有三説：（一）謂孔子自作《孝經》；因弟子有請問之道，師儒有教誨之義，故假曾子之言以爲對揚之體。莊周之斥鷃笑鵬，罔兩問影。屈原之漁父鼓枻，太卜拂龜；馬卿之烏有無是；揚雄之翰林子墨；皆依仿其體。劉炫説。見《正義》引述義（二）《孝經》爲七十子之遺書，與《禮記》爲近；開首仲尼居，曾子侍；與《禮記》孔子閒居，子夏侍；仲尼燕居，子張、子夏、言遊侍；文法正同。陳澧説。（三）《孝經》各章，皆引詩作結，實開荀子著書《韓詩外傳》之體。某氏説。不憶何人

《孝經》之僞，朱子《孝經刊誤》及朱子《語録》，《四庫提要》詳引之。新安姚際恒立方《古今僞書考》咸有論列，與陳澧意異。獨山陽丁晏儉卿瀏覽群書，斷自兩漢，録其徵引《孝經》者，並蒐集古注，成《孝經徵文》一卷，以詔學者，徵是書爲漢以前人所誦習講授，而不出於後人之矯託云。

《孝經》有今文、古文二本。今文稱鄭玄注，其説傳自荀昶；而《鄭志》不載其名。古文稱孔安國《傳》，其書出自劉炫；而隋儒已言其僞。至唐玄宗開元七年三月，詔令群儒質定，右庶子劉知幾主古文，五十二驗以駁鄭。國子祭酒司馬貞主今文，摘《閨門章》文句凡鄙，《庶人章》割裂舊文，妄加“子曰”字，及注中脱衣就功諸語，以駁孔。兩議並上。詔鄭依舊行用；《孔注》傳習者稀，亦存繼絶之典。十年六月，上注《孝經》，頒天下及國子學。天寶二年五月，上重注，亦頒天下。唐以前諸儒之説，因藉捃摭以僅存。四年九月，以御注仍自八分，刻石於太學，謂之《石臺孝經》。舊在陝西西安府學，爲碑凡四。自是唐玄宗御注行而鄭、孔兩家併廢；其章句蓋同今文也。玄宗既自注《孝經》，詔元行沖爲疏。宋真宗咸平二年，翰林侍講學士邢昺受詔校定《孝經義疏》，特剪截《元疏》，旁引諸書，成《孝經正義》三卷。《元疏》廢而《邢疏》遂行，今刊入《十三經注疏》者是也。至讓清道光間，儀徵阮元芸臺則以《孝經》爲曾子之書也，既撰《曾子注釋》，以與《孝經》相表裏。因命次子福喜齋撰《孝經義疏補》九卷，全載《唐注》、《邢疏》原文；而以《曾子》十篇中，凡可以發明《孝經》，可以見孔、曾授受大義者，悉分系於各章各句之下。至明皇《御注》半存舊注，而《鄭注》亦雜其中；如有

《鄭注》見引於唐以前書者，悉據以補之；而於《釋文》所載《鄭注》舊字舊義，全行載入，以存鄭氏舊觀，且疏證之，古籍可相輔翼，並爲甄録，兼下己意，曲鬯旁通；雖曰補疏，而實與疏全經者無殊，蓋專家之學，清儒莫逮也。

卷二　論語

閲《東塾讀書記》第二卷《論語》，提要鈎玄，觀於會通；不爲漢儒訓詁瑣細之談；亦不作宋學心性杳冥之論。一引《朱子語類》，謂："《論語》一部，自《學而時習之》至《堯曰》，都是實地做工夫處。"再引《伊川語録》曰："將《論語》諸弟子問處，便作己問；將聖人答處，便作今日耳聞；自然有得。"大處落墨，小處着想，亦平實，亦閎通，異於章句小儒。

《論語》二十篇，開宗明義第一章提一個"學"字，第二章説一個"仁"字，最有意思。學之爲言覺也，仁之爲言人也。且先教學者覺到自己是個人，做人從何做起，可謂頂門一針，當頭一棒。荀子《勸學》，以爲學惡乎始？惡乎終？曰："其數則始乎誦經，終乎讀禮。其義則始乎爲士，終乎爲聖人。真積力久則入學，至乎殁而後止也。故學數有終，若其義則不可須臾舍也。爲之，人也；舍之，禽獸也。"亦歸根一"人"字，"其數則始乎誦經，終乎讀禮"，學也。陳澧云："學者，何讀書也。""其義則始乎爲士，終乎爲聖人"，其爲人也，"真積力久則入學，至乎殁而後止"；亦勉人以時習之意也。義正相發。

《論語》二十，始《學而》，終《堯曰》，内聖而外王也。内聖之功，以"學而時習"策之於始，外王之治，以"四海困窮"儆之於終，旨深哉！

《論語》一書，標“仁”字以立人道之極，揭“君子”以示人倫之範。子者，男子之通稱；君者，善群者也。“君子”之言善群之男子也，故曰：“君子群而不黨。”“群”而不黨，斯人之所由以偶俱無猜，而講信修睦，示民之有常者也。仁孰大乎是？《中庸》：“仁者人也。”《鄭注》：“人也，讀如相人偶之人。”黨則有偶有不偶，群則無之而不偶。含宏光大，仁之至也。然謂仁因人偶而見，則可；謂非人偶無以見仁，則不可。謂人偶可借以便宜説明仁之見端，則可；謂人偶可附會以釋《説文》“仁从人从二”之義，則不可。阮文達公以《中庸》“仁者人也”，《鄭注》讀如相人偶之人；遂从《説文》人二之義。徐鼎臣説：“仁者兼愛，故从二人。”及《曾子制言》“人非人不濟”語，以爲：“獨則無偶，偶則相親。孔門所謂仁也者，以此一人與彼一人相人偶，而盡其敬禮忠恕之謂也。凡仁必於身所行者驗之而始見，亦必有二人而仁乃見。若一人閉户齋居，瞑目靜坐，雖有德理在心，終不得指爲聖門所謂之仁”；而以駁朱子“仁者心之德，愛之理”，斯則拘虚之談，未免知其一而不知其二。不知《中庸》“仁者人也”，猶言人之所以爲人也，與《孟子》“仁，人心也”語勢正同。《孟子》加一心字，則所以釋夫此句者既明矣。牝牡親子之愛，犬馬之所同；立人達人之仁，唯人所獨。故曰“仁，人心也”；而非所語於愛。《説文》：“仁，親也，从人从二。”《小徐繫傳》：“从，人二聲。”按此當從《繫傳》。二與仁雙聲，皆日母字，《説文》有以雙聲字爲聲者，故仁从二得聲。古文仁作忎。制字之初，忎本从心，安得藉口篆文从人二以難朱子仁者心之德，《禮表記》：“仁者，人也”，其下文云：“中心憯怛愛人之仁也。”孔孟時，小篆未興，但有从千从心之忎，安有从人从二之仁。言仁必以孔孟爲歸，《論語》“其心三月不違仁”，《孟子》“仁，人心也”；“君子以仁存心”；皆以心之德爲説；初未嘗以相人偶爲仁也。必待相人偶而後仁；將獨居之時，仁理滅絶乎？夷齊西山，其意不求人偶，而《論語》“求仁得仁”，又何解也。“我欲仁，斯仁至矣。”“爲仁由己，而由人乎哉？”何人偶之有？如必待人偶而後仁；是仁乃外來之物，告子以義爲外，今更欲以仁爲外乎？抑仁有相人偶之義；而《鄭注》讀如相人偶之人，衹是擬其音，而未詁其義。蓋《鄭注》讀如之例，與《説文》不同。説文字書，其所舉者，制字之本義；故讀如之字，往往義寓於聲，可尋聲以得義。《鄭注》乃訓詁之書，凡讀如者，皆擬其音，非釋其義；義則别有訓釋以明之。段玉裁《周禮鄭讀考》所立三例至確，如《鄭注》以人相偶爲解，當云仁讀爲，不當云仁讀如。讀如者，擬其音也。古無反語，故爲比方之詞。讀爲者，易其字也。易之以音相近之字，故爲變化之詞。比方主乎音，變化主乎義。比方不易字，故下文仍舉經之本字。變化字已易，故下文輒舉已易之字。注經必兼茲二者，故有讀如，有讀爲。字書不言變化，故有讀如，無讀爲；有言讀如某、讀爲某而某仍本字者，如以別其音爲以別其義。段玉裁説。云讀如，第謂與相人偶之人字同音耳；曷嘗以相人偶爲仁。鄭君注《禮》箋《詩》，屢言人偶；其所取義，皆與仁無涉，朱一新《無邪堂答問》辨之析矣。然必謂仁不可以相人偶爲解，則亦近於拘虚。人偶不足以盡仁；而仁未嘗不因人偶而見，自消極言之，則曰："克己復禮爲仁"；"我不欲人之加諸我也，吾亦欲無加諸人。"而積極言之，則曰："仁者，己欲立而立人，己欲達而達人。"然而孔門行仁之方，何必不即人相偶而切近指點也。要之仁根人心，見於人偶，人偶可以徵仁；而不必拘牽《鄭注》，附會《許書》，以蹈漢學家之作繭自縛爾。

讀《論語》反覆參閲，因悟以漢儒宋學解《論語》，不如屬辭比事，以《論語》解《論語》，如《陽貨》子曰："禮云禮云，玉帛云乎哉！樂云樂云，鐘鼓云乎哉！"然則禮不云玉帛，樂不云鐘鼓，將以何云。參閲《八佾》："人而不仁，如禮何？人而不仁，如樂何？"則知禮樂之本在仁；仁心見於人偶，而人之所以偶俱無猜者，其道必由於交親相敬，《禮·樂記》："樂者爲同，禮者爲異，同則相親，異則相敬"，斯人之所由以相偶，而仁之道也。然《記》又推言禮樂之敝，以爲"樂勝則流，禮勝則離"。離則不相親，流則不相敬，人道或幾乎息；而孔子之所深慨。故曰："人而不仁，如禮何？人而不仁，如樂何"也。禮勝則離，故《學而》著有子曰："禮之用，和爲貴。"樂勝則流，故又推論"不以禮節，亦不可行"。蓋禮之節，必用以樂之和，而後不致繁文縟節，徒爲拘苦。然樂之和，必劑以禮之節，而後不致流連荒亡，失之放廢。有子此言，或者睹老子廢禮之論，而欲以發其蔽。李元度《論語説》曰："有子謂'知和而和'，皆爲自放於禮法外者警耳。"

惡不可爲也，善亦不可過也。善何以不過？曰：莫如權以禮。子曰："恭而無禮則勞，慎而無禮則葸，勇而無禮則亂，直而無禮則絞。"蓋禮者，人己之權界，道德之準繩。荀子《勸學篇》曰："禮者，法之大分，類之綱紀也，故學至乎禮而止矣；夫是之謂道德之極。"恭與慎，不可謂非道德也。然"恭而無禮則勞，慎而無禮則葸"，斯我難乎其爲我矣。勇與直，亦不可謂非道德也。然"勇而無禮則亂，直而無禮則絞"，斯人難乎其爲人矣。進不失人，退不失己，並行不繆，順理成章，其唯禮乎？《記》曰："仁義道德，非禮不成"，此之謂也。《朱注》殊欠發揮。

子曰："能以禮讓爲國乎何有。"《朱注》："讓者禮之實。"劉寶楠《正義》亦用其文，語欠分曉。不知"讓"與"禮"有別。荀子《勸學篇》曰："禮者法之大分。"《禮論篇》曰："人生有欲，不能無求；求而無度量分界，不能不争；故制禮義以分之。"而《正論篇》則曰："禮義之分盡矣，擅讓惡用矣哉！"然則"禮"者法之大分，"讓"者禮之過當。分所應得曰禮，辭其固有爲讓。《記·曲禮上》："退讓以明禮。"疏："應受而推曰讓。"《賈子新書·道術篇》："厚人自薄謂之讓。"孔子退讓以明禮，故曰"以禮讓爲國何有"。荀卿隆禮以薄讓，則曰："禮義之分盡矣，擅讓惡用矣哉！"此其較也。

子曰："上好禮，則民易使。"《朱注》引謝氏曰："禮達而分定，則民易使。"荀子隆禮，發揮此義最詳，何謂分？西哲之所謂權界是已，惟分有群己之分，有尊卑之分，荀子《勸學篇》曰："禮者，法之大分，類之綱紀"，類，謂人類也。《禮論篇》曰："人生有欲，不能無求；求而無度量分界，不能不争；故制禮義以分之。"《富國篇》曰："人倫並處，同求而異道，同欲而異知，性也。天下害生縱欲，欲多而物寡；離居不相待，則窮；群而無分，則争。窮者患也，争者禍也；救禍除患，則莫若明分使群。"故曰："禮者，法之大分，類之綱紀。"此之謂分，群己之分，禮達而分定之義一也。《王制篇》曰："分均則不偏。勢齊則不壹。衆齊則不使。有天有地而上下有差，明王始立而處國有制。夫兩貴之不能相事，兩賤之不能相使，是天數也。勢位齊而欲惡同，物不能澹，則必争；争則必亂；亂則窮矣。先王惡其亂也，故制禮義以分之，使有貧富貴賤之等，足以相兼臨者，是養天下之本也。"《富國篇》曰："禮者，貴賤有等，長幼有差，貧富輕重皆有稱者也，人之生也，不能無群；群而無分則争；争則亂；亂則窮矣。故無分者，人之大害也；有分者，天下之本利也。而人君者所以筦分之樞要也。"此之謂分，尊卑之分，禮達而分定之義又一也。宋儒齗齗於尊卑之分，而置群己之分不論，未免於義有漏。

陳氏曰："何平叔《集解叙》云：'今集諸家之善，記其姓名。'朱子《集注》，多本於何氏《集解》；然不稱某氏曰者，多所删改故也。"按朱一新《無邪堂答問》："或引何晏《論語集解》明引其氏；而朱子《集注》不明引以爲譏切，則非也。朱子《集注》引宋儒言，無不明著其姓者，此正用何氏《集解》例。惟用前人訓詁及何氏《集解》處不盡然。蓋朱子以《集解》義理未純，乃作書以補其闕；非欲人廢《集解》，《集解》立在學官，人人肄習，無庸繁複。訓詁則博采衆家，融以己意，悉著之，將不勝瑣屑也。如《集注》：'學之爲言效也'；用《廣雅》：'習，如鳥數飛也'；用《説文》：《説文》'斆，覺悟也'；《皇疏》用此訓。朱子恐覺悟之訓，易混於釋氏；故不用《許書》而用《廣雅》；復截取《許書》覺字之義，以申孟子先覺後覺之説；則尊德性、道問學之意，皆在其中，開卷數語，即揭《四書》要義以示人，非苟焉已也。《集注》引《説文》例不舉書名；而注《鄉黨》'誾誾如也'，獨明著之。蓋因《閔子侍側章》亦有此言，閔子無諍夫子之理，故但用《説文》'和悦'二字；而《鄉黨》則全用'和悦而諍'四字；復慮前後之歧出也，特著明於《鄉黨》以免後人之疑，其義例之密如此，而近儒猶肆攻詰。不知引書備著出處，近例始嚴。以爲可免暗襲。然暗襲與否，仍視其人，吾見著出處而暗襲尤工者多矣。古惟疏體如是，傳注不拘。後鄭注《三禮》，有與先鄭異義，或徑用舊説者，始著之，餘不盡爾；何注《公羊》，郭注《爾雅》，襲舊甚多，亦未嘗盡著也。”意在表章《朱注》，與陳氏相發，而説益警切矣。

王弼注《易》，好爲儷語，朱注《論語》，尤多排偶，然一精整，一諧暢；魏晉人氣息，自與宋人不同。

卷三　孟子

孟子所謂性善者有二界説：一謂人之性善，而不謂物之性善；江都焦循理堂《孟子正義》於《告子·生之謂性章》詳發之。一謂人之性善，而不謂人之性純乎善；則陳氏此記發之。

孟子道性善，尤重擴充，性善者，人之所以異於禽獸也；擴充者，人皆可以爲堯舜也。由性善而擴充之爲堯舜，達則兼善天下，窮則獨善其身；七篇之大旨如是，而根本在性善。

孟子道性善，佛亦道性善。惟佛之道性善，普遍於一切衆生，以爲狗子有佛性也。而孟子道性善，則限於人，而不謂一切衆生性善；故有“犬之性，猶牛之性，牛之性，猶人之性”之詰。《告子上》。則是佛之道性善無限，而孟子衹限於人也。

公孫丑問夫子加齊之卿相不動心，承上章“夫子當路於齊，管仲、晏子之功可復許”之問，一意相生。而孟子“以齊王，猶反手”，獨以養氣爲難言，莊子所謂“道之真以治身；其緒餘以爲國家；其土苴以治天下；帝王之功，聖人之餘事”《莊子·讓王篇》，正可於此參消息。

齊宣王問齊桓、晉文之事，而孟子對仲尼之徒，無道桓文之事。公孫丑道管仲、晏子之功，而孟子對管仲，曾西之所不爲，更不論晏子，正是同一貴王賤霸之意。而孟子所以貴王賤霸者，謂以力服人，不如以德服人也。近來孫中山言民族主義而不言國家主義，以爲："民族，是由於天然力造成的。國家，是用武力造成的。用中國的政治歷史來證明。中國人説王道是順乎自然。換一句話説，自然力便是王道，用王道造成的團體，便是民族。武力便是霸道，用霸道造成的團體，便是國家。"則是孫中山所以言民族主義而不言國家主義，即本孟子貴王賤霸之論。

梁惠王曰移民移粟，孟子告以養生送死，王道之始。齊宣王問齊桓、晉文，孟子告以恒心恒産，盍反其本。此最著眼，是孟子一生大經綸，而民不贍於救死，奚暇治禮義？民有生而后能治，亦欲生而后求治，孫中山以民生主義要三民主義之終，亦未嘗不見及此，而民生主義，以平均地權爲入手，猶之孟子論仁政必自經界始。《滕文公上》。經界既正，分田制禄可坐而定，所以平均地權也。

尊主庇民，儒與法之所同，然法家以爲君主之尊嚴不可侵犯，是故主獨制於天下而無所制也。申子曰："有天下而不恣睢，命之曰以天下爲桎梏。"李斯《論督責書》而儒者則以爲君主之所以尊嚴，以其能群也。如舍群而言，則獨夫爾。孟子曰："民爲貴，社稷次之，君爲輕。"《盡心下》"賊仁者謂之賊，賊義者謂之殘，殘賊之人謂之一夫，聞誅一夫紂矣，未聞弑君也。"《梁惠王下》夫治以利民，民非以殉治。君以治民，民非以奉君。荀子之言性惡，與孟子異，而孟子之論民貴，與荀子同。荀子《君道篇》曰："君者何也？曰能群也。能群者何也？曰善生養人者也，善班治人者也，善顯設人者也，善藩飾人者也。善生養人者，人親之；善班治人者，人安之；善顯設人者，人樂之；善藩飾人者，人榮之。四統者俱而天下歸之，夫是之謂能群。不能生養人者，人不親也；不能班治人者，人不安也；不能顯設人者，人不樂也；不能藩飾人者，人不榮也。四統者亡而天下去之，夫是之謂匹夫。"正與孟子"誅一夫紂，未聞弑君"之義相發。《荀子·正論篇》又曰："誅暴國之君，若誅獨夫，湯、武非取天下也；修其道，行其義，興天下之同利，除天下之同害，而天下歸之也。天下歸之之謂王。天下去之之謂亡。"乃知《春秋左氏傳》"天生民而立之君，豈其使一人肆於民上"；"稱國弑君，君無道"之爲儒術；而賈逵以爲左氏"義深君父"之不免曲學阿世爾。

西洋政論家以君權爲神權之化身，中國政論家以民權爲神權之背景。《書・泰誓》曰："天視自我民視，天聽自我民聽。"則是天之視聽，胥寄諸民，神權爲名，民權其實也。《孟子・萬章上》特闡發此義。天子得乎丘民，人歸以徵天與。西洋立憲國家君主無責任，而中國儒家則以君主有責任；對於天而負責任，誰實課其責任？則人民也。余無以名之，名之曰神權民本主義。近世梁啓超《飲冰室文集・論中國學術思想變遷之大勢》一文，亦嘗論之。

《孟子・滕文公上・有爲神農之言者許行章》，當與《論語・微子・子路從而後遇丈人章》參觀。丈人之以"四體不勤，五穀不分"譏孔子，猶許行之以"賢者並耕"規滕文公；而皆出於楚，疑楚人自有一種勞農學派。孟子爲仲尼之徒，許行即丈人之嗣法。而必託之神農之言者。神農一號炎帝，自爲南方之蠻夷大長，生於烈山在湖北隨縣北，葬於茶陵在湖南酃縣西，皆古楚地，而以教民稼穡萬世利賴，其觀感之繫楚人者自深，此勞農學派之所以出楚人，而託之神農之言也。而許行之所爲異於孟子者，孟子言必稱堯、舜，許行爲神農之言，宗主不同，一也；許行勞農自活，孟子通功易事，一不主分功，一主分功，二也。孔子斥樊遲學稼爲"小人哉"，正與孟子以大人之事小人之事對許行，如出一吻。俄哲家託爾斯泰以宣傳勞動主義聞於世界，謂"人不可不勞動以自支生活，無論何人，不能有利用他人之勞動而奪其生產之權利。資本主之於工人，地主之於佃户，君主官吏之於人民，皆利用其勞動，而奪其生產，是爲人類額汗上之寄生蟲。今勞動之人，無一得自由者，而公然拋棄其人間之義務，利用他人之勞動，奪他人生產以生活之特權，則自古至今，猶不能廢。擁護此僞特權而爲辯護，則僞宗教、僞哲學、僞科學之三者也。"則與許行之斥滕君以厲民自養，先後同揆；而孟子之所謂大人之事，勞心以食於人，不免託氏所譏"人類額汗上之寄生蟲"也。故自今日論之，丈人許行等略似勞動主義；而孔子、孟子則特分功主義。蓋科學上分功之義，説明人類社會爲一種有機體，與人之個體同。人之個體，有各種器官以行分功，社會之中，有官吏，有學者，有農工商，亦所以行分功也。而分功之中，以精神與物質爲二大分野。官吏、政治家、學者、文藝家，屬於精神方面，其他則屬於物質方面。依此而論，則勞心者食於人之特權，自不能不承認。惟託爾斯泰則以此種爲僞分業，而反對之，其論甚詳，不暇備述。要足爲數千年前之許行張目爾。

《論語》二十，始《學而》，終《堯曰》，由内聖而推極於外王也；《孟子》七篇，始《梁惠王》，終《盡心》，由外王而洗心於内聖也。由内聖而推極於外王，然後驗爲學之功大；由外王而洗心於内聖，然後程爲學之功密。

“博學於文，約之以禮”，《樂記》云：“禮者，理之不可易者也。”須是活看作有條理講，不必泥煞作禮制威儀看。此孔子治學之法也；“博學而詳説之，將以反説約也”，此孟子治學之法也。子貢多學而識，博學也；夫子一以貫之，説約也。朱子《語類》云：“嘗譬之：一，便如一條索；那貫的物事，便如許多散錢，須是積得這許多散錢了，却將那一條索來一串穿，這便是一貫。若陸氏之學，只是要尋這一條索，却不知道都無可得穿。”其論一貫之必由多識，以徵説約之先以博學，可謂罕譬而喻。自古學問而有成，未有不如此，如不博學而求説約，衹是幻想，豈有真見，宋學之末流也；但博學而不説約，徒見斷片，不成條貫，清學之瑣碎也。陳氏此記成於晚年，旁推交證，立言有宗，庶幾博學而説約，多識以一貫者乎？

《論語》三言兩語，辭尚體要；《孟子》長篇大論，厥勢雄放。《論語》多體驗於人倫日用，孟子却高論於性天杳冥，一平實，一高朗。然不平實而高朗，好高騖遠，便蹈駕空之弊。讀《論語》後，乃讀《孟子》，方無流弊。

昔劉炫以孔子自作《孝經》，乃假曾氏之言，以爲對揚之體。而陳氏則謂孟子書，諸弟子問，而孟子答之，多客主之辭；乃戰國文體，皆以師弟對問，匪爲事實，同於莊生之寓言，《楚辭》之設問，雖無徵信，而有思致。

卷四　周易

清儒好明《易》象，而陳氏獨切人事以明義。清《易》多宗虞翻，而陳氏獨稱輔嗣以忘象。其説《易》揭丁寬、費直爲法，不采鄭玄之爻辰，尤斥孟京納甲卦氣之説，以爲納甲卦氣皆《易》之外道，趙宋儒者闢卦氣而用先天，近人知先天之非矣，而復理納甲卦氣之説，不亦唯之與阿哉！

按《漢書·儒林傳》稱："魯商瞿子木受《易》孔子，以授魯橋庇子庸，子庸授江東馯臂子弓，子弓授燕周醜子家，子家授東武孫虞子乘，子乘授齊田何子裝，子裝授梁丁寬子襄，而寬授同郡碭田王孫，王孫授施讎、孟喜、梁丘賀，由是《易》有施、孟、梁丘之學。"則是施、孟、梁丘之學，出於丁寬也。而傳稱其作《易説》三萬言，訓故舉大義而已。自商瞿至丁寬六傳而其説不過如此，此先師家法也。是爲《易》之正傳。而《儒林傳》又稱："孟喜好自稱譽，得《易》家候陰陽災變書，詐言師田生且死時，枕喜膝，獨傳喜，諸儒以此耀之。博士缺，衆人薦喜。上聞喜改師法，遂不用喜。""京房受《易》梁人焦延壽。延壽云嘗從孟喜問《易》。會喜死，房以爲延壽《易》即孟氏學，翟牧、白生不肯，皆曰非也。至成帝時，劉向校書，考《易》説，以爲諸家《易》説皆祖田何、楊叔、丁將軍，大誼略同，唯京氏爲異，黨焦延壽獨得隱士之説，託之孟氏，不相與同。”則是《易》家以陰陽災變爲説，首改師法而不用訓詁舉大誼者，始於孟而成於焦、京。孟氏無傳書，《焦氏易林》十六卷，《京氏易傳》三卷，《四庫全書》皆以隸術數類，蓋《易》學之别傳云。

漢《易》之端緒略可考者：京房、虞翻可以徵孟喜，鄭玄、王弼可以覘費直。孟喜，今文；費直，古文也。宋儒胡瑗、程頤本王注以發義理，清學惠棟、張惠言治虞《易》以究象數；虞翻，吴人，王弼，魏人，皆三國之《易》家也。王注參以老聃之玄説，虞《易》雜以《參同契》之丹法，皆道家之言也。譬之魯衛之政，而必主奴彼此，徒見其矯爲立異耳。

費直《易傳》於馬融、鄭玄、荀爽、王弼，鄭出於馬，王近於荀。荀悦《漢紀》云：“臣悦叔父故司空爽著《易傳》，據爻象承應陰陽變化之義，以十篇之文解説經義。”其説略見唐李鼎祚《周易集解》，大抵究爻位之上下，辨卦德之剛柔。王弼盡掃象數而獨標卦爻承應之義，蓋本於此。《太平御覽》引顔延之《庭誥》曰：“馬、陸績得其象數而失其成理。荀、王舉其正宗而略其象數。”李鼎祚《周易集解序》云：“王、鄭相沿，頗行於代。鄭則多參天象。王乃全釋人事。且《易》之爲道，豈偏滯於天人者哉!”鄭、王之臧否，即徵馬、荀之優劣焉。

孔穎達《正義》疏王注，李鼎祚《集解》主虞義。一闡魏學以開宋儒胡、程義理之先河，一明吴《易》以爲清學惠、張言象數之前導，而皆出於唐。

漢《易》兩派，一派訓故舉大誼，丁寬《易説》三萬言，訓故舉大誼、費直亡章句，徒以彖、象、繫辭十篇解説上下經是也。一派陰陽候災變，孟喜、京房是也。宋《易》亦分兩派，一派圖書，劉牧《易數鈎隱圖》三卷、邵雍《皇極經世》十六卷是也。一派義理，倪天隱、胡瑗《口義》十二卷，程頤《易傳》四卷，楊萬里《誠齋易傳》二十卷是也。至朱子爲《周易本義》十二卷，則闡康節之圖書，以補《程傳》之未逮，不名一家，蓋欲觀其通焉。

清《易》三家，曰：元和惠棟定宇、武進張惠言皋聞、江都焦循理堂。自惠氏首考古義孟、京、荀、鄭、虞氏，作《易漢學》八卷，又撰《周易述》二十三卷，以李鼎祚《周易集解》爲本，而稍增損之；其所述大抵宗禰虞氏，而有不通，則旁徵荀爽、鄭玄、宋咸、干寶，未爲專家也。至張惠言乃獨取虞注而明其統例，信其亡闕，爲《周易虞氏義》九卷；又明其大指，爲《消息》二卷；以存一家之學。焦循説《易》，獨闢畦町，以虞氏之旁通，兼荀氏之升降，意在采漢儒之長而去其短，撰《易通釋①》二十卷，復提其要，爲《易圖略》八卷；而於孟氏之卦氣，京氏之納甲，鄭氏之爻辰，皆駁正之，以示後學。又撰《易章句》十二卷，簡明切當。學者先玩《章句》，再考之《通釋》、《圖略》，則於《易》有從入之塗，無望洋之嘆矣。

清儒言《易》者，好張孟之卦氣、京之納甲、鄭之爻辰，而必斥宋儒邵子之先天圖以爲謬説，則誠可謂知其一而不知其二。不知先天出於納甲，納甲出於納音，納音出於緯書，其見於古籍者，歷有明徵。隋蕭吉《五行大義》引《樂緯》。孔子曰："某吹律定姓，一言得土曰宫，三言得火曰徵，五言得水曰羽，七言得金曰商，九言得木曰角。"亦見《南齊書·樂志》。此納音之法，與《抱朴子·僊樂篇》引《玉策記開名經》正同，與《禮記月令正義》引《易林》亦合，蕭吉闡其説甚詳。納甲之出震見丁盈甲、退辛、消丙、滅乙，義本諸此。後儒惟沈括《夢溪筆談》卷五論納音、卷七論納甲，錢大昕《潛研堂集》卷一納音説，能明其故，焦循《易圖略》知之而又疑之，蓋欲斥漢儒以自張其學耳。其論納甲，皆未達虞氏之意。納甲之法，詳見虞翻《易注》李氏《集解》引。及魏伯陽《參同契》。按京氏《易傳》云："甲壬配外内二象，陸績注：乾爲天地之首，分甲壬，入乾位。分天地乾坤之象，益之以甲乙壬癸。震巽之象配庚辛，坎離之象配戊己，艮兑之象配丙丁。"又云："三者，東方之數；東方，日之所出。四者，西方之數；西方，日之所入。言日月終天之道，奇耦之數，取之於乾坤者，陰陽之根本。坎離者，陰陽之性命。"其言與《參同契》皆合，是納甲出於京氏無疑，《太平御覽》引京氏《易説》云："月與星，至陰也，有形無光，日照之，乃有光；喻如鏡，照日即有影見，月初光見西方，望以後光見東方，皆日所照也。"《參同契》之言，尤與《虞注》及《先天圖》若合符節。邵子《觀物外篇》："震始交陰而陽生，巽始消陽而陰生。兑，陽長也；艮，陰長也。震兑，在天之陰也；巽艮，在地之陽也。故震兑上陰而下陽，巽艮上陽而下陰，乾坤定上下之位，坎離列左右之門。天

① 釋，原作"説"，今改正。

地之所闔闢，日月之所出入，春夏秋冬，晦朔弦望，晝夜長短，行度盈朒，莫不由此。”此即納甲之義。熊朋來《經説》、胡渭《易圖明辨》、陳壽熊《讀易漢學私記》皆已言之。陳氏疏證尤明確。邵子謂圖皆自中起，即京氏《易傳》所謂坎離之象配戊己也，乾南坤北，即陸績《注》所謂“乾坤分甲乙、壬癸，陰陽之終始”也。乾南坤北之位，惠士奇《易説》誤以方位爲方向，而反疑邵《圖》爲誤。錢大昕《養新録》亦然。果如惠氏、錢氏之説，將言天象者，鶉火必易置北方而後爲向南，元武當易置南方而後爲向北乎？至於離東坎西，即《參同契》所謂坎離匡廓，運轂正軸，爲乾坤二用也。其方位不盡同者，即《參同契》所謂“二用無爻位，周流行六虛，往來既不定，上下亦無常。”朱子《考異》託名鄒昕作。所謂“甲乙丙丁庚癸，以月之昏旦出没言之，非以分六卦之方”也。不然，《虞注》既言“乾坤列東，艮兑列南，震巽列西，坎離列中”，《繫辭》“八卦成列”注。何又言“震春兑秋坎冬離夏”？“兩儀生四象”注。惠棟輩以此爲疑，則虞義先不可通，乃獨疑邵子耶？朱子《語類》：“《先天圖》傳自希夷，希夷又自有所傳，蓋方士技術用以修鍊，《參同契》所言是也。”又曰：“伯陽《參同契》，恐希夷之學，有些是其源流。”又曰：“《先天圖》直是精微，不起於康節，希夷以前原有，只是秘而不傳，次第是方士輩相傳授，《參同契》中亦有些意思相似。”又曰：“《先天圖》與納甲①相應，故季通言與《參同契》合。”朱子明知此圖傳自道家，而仍用以注《易》者，蓋欲備一家之學，爲占驗設也。先天本於納甲，宋儒固明言之，其傳自道家，宋儒亦並未諱言之。毛奇齡、朱彝尊之徒，不喜宋儒，借此以肆攻訐，無足深辨。京、焦之學，雖云傳自孟長卿，而《班史·儒林傳》已著疑詞，謂延壽儻獨得隱士之説，託之孟氏，所云得之隱士者，與《先天圖》得自陳希夷略同，皆教外别傳，非《易》本旨。然《班史》稱孟長卿得《易》家候陰陽災變書，詐言師田生且死時，獨傳喜，上聞喜改師法，遂不用，據此知孟氏之學，已非盡《易》之本旨，況京、焦乎？但《易》無象數無以命占，故自來言象數者，能合於占驗，即可自爲一家之學。若卦氣，若九宫，若納甲，若爻辰，若先天，皆《易》之支流餘裔，推衍繁密，附會閎多。先

① 甲，原作“音”，今據《朱子語類》卷六十五改。

儒取其說之近理者以爲《易》家占候，近人好言象數而不能施之於占候，特重僮耳。此外言數者，惟河洛所託最尊，其數亦出自然，故太乙九宫，明堂則之。見《大戴禮·盛德篇》。宋儒言圖書者，本之《大戴記》注，言九室法龜文。而劉牧互易圖書之數，蓋以圖與書同爲九宫故也。《五行大義》引黄帝《九宫法》曰："戴九履一，左三右七；二四爲肩，六八爲足；五居中宫，總御得失。其數則坎一，坤二，震三，巽四，中宫五，乾六，兑七，艮八，離九，太乙行九宫法從一始。"《乾鑿度》鄭注略同。又云："天一之行，始於離宫，太乙之行，始於坎宫。"按此篇皆據《洪範》九疇以立説，九疇，先儒以爲即《洛書》；孔安國、劉歆、馬融皆有此説，故盧辯注《大戴記·明堂篇》謂九室法龜文。徐岳《數術記》遺有九宫算，甄鸞注，與《五行大義》所引説同。宋人之圖，自有所本，孫星衍謂宋人誤以太乙九宫爲《洛書》，非也。《五行大義》又云："天一，地二，天三，地四，天五，地六，天七，地八，天九，地十，天地之數，合五十有五。九宫用者，天除一，地除二，人除三，餘四十有九，以當蓍策之數。又四時除四，餘四十五。五者五行，四十者五行之成數。"《乾鑿度》云："《易》變而爲一，一變而爲七，七變而爲九。九者，氣數之究也，乃復變而爲一。"與《列子·天瑞篇》同。又云："陽以七，陰以八爲象。《易》一陰一陽，合而爲十五之謂道。陽變七之九，陰變八之六，亦合之十五，則彖變之數若一。陽動而進，變七之九，象其氣之息也。陰動而退，變八之六，象其氣之消也。故太乙取其數以行九宫，四正四維，皆合於十五。"《鄭注》亦引天一地二以釋之。謂："一變爲七，是今陽爻之象；七變爲九，是今陽爻之變；二變爲六，是今陰爻之變；六變爲八，是今陰爻之象。七在南方，象火；九在西方，象金；六在北方，象水；八在東方，象木。"其言方位進退，與宋人所言《河圖》之數，一一脗合。《后漢書·劉瑜傳》，謂"《河圖》授嗣，正在九房"，九房者，明堂九室也。蓋"天一地二"以下二十字，爲《河圖》之數，聖人則之以演《易》，"初一曰五行"以下六十五字爲《洛書》之數，聖人則之以演疇，故孔安國謂"《河圖》，則八卦是也。《洛書》，則九疇是也"。見《易繫辭正義》。劉歆云："伏羲氏繼天而王，受《河圖》而畫之，八卦是也。禹治洪水，錫《洛書》法而陳之，《九疇》是也。《河圖》、《洛書》相爲經緯，八卦九章相爲表裏。"見《漢書·五行志》。此即宋儒

《書》亦可爲《易》,《圖》亦可爲《範》之説也。又《禮運疏》引《中侯握河紀》云:“伏羲氏有天下,龍馬負圖,出於河,遂法之畫八卦。《龜書》,洛出之。”《宋書·符瑞志》:“伏羲受《龍圖》,畫八卦,所謂河出《圖》者也。禹時洛出《龜書》六十五字,是謂洛出《書》者也。”漢儒相傳古義如此;宋儒不取緯書,故不得二圖之來歷,而其圖則遠有端緒,並非宋人所臆造也。關子明《易傳》言圖書,與《乾鑿度》、《五行大義》皆同。《關易》世以爲阮逸僞作,然阮逸亦是宋仁宗時人,在邵子前。大抵治《易》者不言象數則已,言象數則易流於術數,當西漢時,卦變之説未興,其言《易》以陰陽災變爲主。故卦氣之學,流傳最遠。自是厥後,言《易》而近術數者三家,卦氣主日,納甲主月,爻辰主星,皆言天象以明人事。揚子雲用《三統曆》衍《太玄》以明《易》。漢儒家法本自如此,然其源皆出於緯書,緯書多漢人附益,非盡七十子後學者所記也。漢儒以卦氣納甲明消息,而以消息爲伏羲十言之教,其説亦出於緯,與康節之《先天》託諸伏羲意同。凡言數學者皆如此。卦氣見《易緯稽覽圖》。爻辰之法,詳見《五行大義》,謂“天有九星,地有九州,以二十八宿分繫於九宫。其星則天蓬、天輔等名”。今太乙壬遁所用者也。《楚辭·九辯序》:“天有九星以正機衡。”劉向《九嘆》:“訊九魁與六神”,王逸注:“九魁,北斗九星也”,蓋斗爲天樞,運乎中央,臨制四鄉。測算家用七星,占驗家則用九星以應九州。其術流傳頗古,而每爲後世道家所篡取。《南齊書·高帝紀》論太乙九宫之法,與今術士所用正同。《隋志》有費長卿《周易分野》一卷,即爻辰所從出,錢大昕《潛研堂集》中《答問》已言之。納甲本於納音,爻辰本於九宫,九宫納音之法,今太乙壬遁、星卜堪輿、時日小數,無不用之。蓋術數家皆自託於《易》,本古法以爲推衍,故能流傳後世,繆悠之言,宜爲儒者所弗道。但九宫貴神諸説,乃術家所附會,固不得因此而并疑河洛也。《繫辭》“五位相得而各有合”,《虞注》云云,正與先天説同。以“天地定位”四語合於納甲,不自邵子始。惟《虞注》於“帝出乎震”章,亦以納甲釋之;兑西坎北,義不可通;因釋以二三爻失位,未免牽湊。邵子知其然,乃分先後天以圓其説,用意甚巧;而託之伏羲,致啓後人之疑。然謂《易》無先後天之分,可也;謂先天之學,無與於象數,不可也。謂朱子《本義》不當冠以九圖,可也;謂九圖不源於漢儒,不可也。漢學家非不知先天納甲，同出一源，第惡宋儒而尊虞氏，遂諱言之。豈知卦氣飛伏，九宫納甲，爻辰，先天，皆非《易》所本有，昔人特爲占驗而設，故其法每爲術士所篡。王弼、程子專明義理，《易》道始尊，後遂立於學官，從之者自無流弊。近儒嚴斥先天，謂非《易》之本旨，是已，乃復附會爻辰，推尊納甲，左右佩劍，庸有異乎？至《河圖》、《洛書》，即非作《易》本旨，亦是漢儒相傳古義。朱一新《無邪堂答問》論之審矣，删次其説，以資參證焉。

《易》道淵深，包羅衆義，隨得一隙，皆能宛轉關通，有所闡發；豈徒陰陽五行，圖書占驗，可一一援《易》以爲説。乃至宋儒王宗傳景孟以禪宗明《易》，成《童溪易傳》三十卷。明釋智旭以《易》理參禪，成《周易禪解》十卷。近人侯官嚴復又陵序其所譯英儒赫胥黎著《天演論》，則又據《易》理以闡歐學。其大指以爲："歐學之最爲切實，而執其理可以御蕃變者，名、數、質、力四者之學是已。而吾《易》則名數以爲經，質力以爲緯，而合而名之曰《易》。大宇之内，質力相推，非質無以見力，非力無以呈質。凡力，皆乾也；凡質，皆坤也。奈端動之例三：其一曰：'静者不自動。動者不自止。動路必直，速率必均。'此所謂曠古之慮，自其例出而後天學明，人事利者也。而《易》則曰：'乾，其静也專，其動也直。'後二百年，有斯賓塞爾者，以天演自然言化，著書造論，貫天、地、人而一理之，此亦輓近之絶作也。其爲天演界説曰：'翕以合質，闢以出力，始簡易而終雜糅。'而《易》則曰：'坤，其静也翕，其動也闢。'至於'全力不增減'之説，則有自彊不息爲之先；凡動必復之説，則有消息之義居其始。而'《易》不可見，乾坤或幾乎息'之旨，尤與'熱力平均，天地乃毁'之言相發明。"可謂有味乎其言之也。然嚴氏尚非《易》家也，不過爲闡易道以歐學者之大輅椎輪爾。至海寧杭辛齋出，耽研《易》義，博及諸家傳注，而蒐藏言《易》之書六百二十餘種，並世之言《易藏》者，莫備焉；著有《易楔》六卷，《學易筆談》初集、二集各四卷，《易數偶得》二卷，《愚一録易説訂》二卷，《讀易雜説》一卷，《改正揲蓍法》一卷，其平日持論，以爲"易如大明鏡，無論以何物映之，莫不適如其本來之象。如君主立憲，義取親民，爲《同人》象。民主立憲，主權在民，爲《大有》象。社會政治，無君民上下之分，爲《隨》象。乃至日光七色，見義於白《賁》。微生蟲變化物質，見象於《蠱》。又如《繫辭傳》言：‘坤，其静也翕，其動也闢。’而所謂‘闢’者，即物理學之所謂離心力也，‘翕’者，即物理學所謂向心力也。凡物之運動，能循其常軌而不息者，皆賴此離心、向心二力之作用。地球之繞日，即此作用之公例也。凡近世所矜爲創獲者，而《易》皆備其象，明其理於數千年之前。蓋理本一源，數無二致。時無古今，地無中外，有偏重而無偏廢。中土文明，理重於數，而西國則數勝於理。重理，或流於空談而鮮實際；泥數，或偏於物質而遺精神。惟《易》則理數兼賅，形上道而形下器，乃足以調劑中西末流之偏，以會其通而宏其指。”此則推而大之以至於無垠，而異軍突起，足爲《易》學闢一新塗者焉。

卷五　尚書

清儒疑《古文尚書》爲晉梅賾作，然按《漢書·谷永傳》，永上封事引經曰："亦惟先正克左右。"師古注："《周書·君牙》之辭也。"《君牙》乃今《孔傳》之一篇，不特伏生今文無之，即馬鄭《逸書》亦無之。而陳壽《三國志·蜀志》，先主上言用"惡直醜正"，實繁有徒。《吴志》駱統上疏引："衆非后，無能胥以寧；后非衆，無以辟四方。"又陸抗疏："與其殺不辜，寧失不經。"皆出《古文尚書》。湘潭王闓運壬秋《湘綺樓日記》歷舉之。假云梅賾作，不應西漢、三國時人已引其文也。又疑《孔安國傳》出王肅作。然案《禹貢》"三百里蠻"，《傳》云："以文德蠻來之"，孔穎達疏"鄭云：'蠻者，聽從其俗，羈縻其人耳，故云蠻，蠻之言緡也。'王肅云：'蠻，慢也，禮義簡慢'，與孔異。"《洪範》"農用八政"，《傳》曰："農，厚也，厚用之，政乃成"，孔穎達疏"鄭云：'農，讀爲醲'，則農是醲意，故爲厚也。張晏、王肅皆言'農，食之本也。食爲八政之首，故以農言之'。然則農用止爲一食，不兼八事①，非上下之例，故傳不取。"此皆《傳》與鄭説同，而與王肅説不同，

① 八，原作"人"，今據《尚書注疏》改。

則似非王肅所作也。陳氏此記，亦明論之。假云王肅、梅賾之説而信？“置其爲假託之孔安國，而論其爲魏晉間人之傳，則未嘗不與何晏、杜預、郭璞、范寧等先後同時。”焦循《尚書補疏序》不唯言多近理，而去古未遠，訓詁終有所受。嘉定王鳴盛西莊作《尚書後案》三十卷，力屏《古文尚書》孔安國之僞，而於馬、鄭、王注之外，仍列《孔傳》。吴縣江聲艮庭作《尚書集注音疏》十二卷，蒐録漢人舊説，而於《孔傳》亦多取之。陽湖孫星衍淵如撰《尚書今古文注疏》三十卷，屏《孔傳》而綴輯馬、鄭；然今文二十八篇，不能不有取諸《孔傳》之經。至錢塘張爾田孟劬著《史微》，乃謂伏生《尚書大傳》，乃孔子口説之微言大義。而孔安國傳《古文尚書》，則舊史相傳之傳記耳。

清儒太原閻若璩百詩撰《古文尚書疏證》八卷，力斥《古文尚書孔安國傳》之僞，其説實發於宋吴棫、朱子。而金壇段玉裁懋堂爲《戴東原年譜》云：“國朝言地理者，於古爲盛，有顧景范、顧寧人、胡朏明、閻百詩、黄子鴻、趙東潛、錢曉徵，而先生乃皆出乎其上。蓋從來以郡國爲主而求其山川，先生則以山川爲主而求其郡縣。”極意揚詡，而不知其法亦本於宋儒。鄭樵《通志·地理志略》云：“州縣之設，有時而更，山川之形，千古不易。所以《禹貢》分州，必以山川定經界，使兖州可移，而濟河之兖州不可移；使梁州可遷，而華陽黑水之梁州不可遷。是故《禹貢》爲萬世不易之書。”蓋即戴震以山川而求郡縣之所自昉也。

宋儒之説《禹貢》者，自程大昌撰《禹貢論》五卷，《後論》一卷，《山川地理圖》二卷外，以傅寅《禹貢説斷》四卷爲最著，刊入納蘭容若《通志堂經解》，其説最爲清儒所取。清儒自德清胡渭朏明撰《禹貢錐指》二十卷，圖一卷外，以寶應成孺芙卿《禹貢班義述》二卷爲最精。《漢書·地理志》言：推表山川，本釋《禹貢》，兩漢經師遺説多存其中。成氏據以釋本經，最得家法，援據精博，顓門之學也。又以《班義述》詳於考古，乃復擬撰《禹貢今地釋》一書，首取今地釋漢地，更取漢地證禹迹，期補前書之未備，而未成書。當塗徐文靖位山《禹貢會箋》十四卷，簡而甚疏，其依胡氏《錐指》以立義者，亦多有之。《錐指》體大思精，錯誤亦復時有，不足爲病也。

説《禹貢》者，必據《漢書·地理志》，顧其書簡奥，非有疏證，不能通其説，酈道元[①]《水經注》，即《班志》之義疏也。朱子“言兩山之間，必有

① 元，原作“源”，今改正。

大川，兩川之間，必有大山，水道通，斯山脈可得而理”。然山勢終古不易，水道隨時變遷，不證今，無以考古。天台齊召南次風撰《水道提綱》三十卷，泝源竟委，瞭如指掌，蓋可爲證今之索引云。

《漢書·五行志》與《尚書·洪範》相表裏。《洪範》以庶徵爲五事之應，伏生《五行傳》以五事分配五行，又以皇極與五事爲六，又以五福六極分配之。《漢書·五行志》云：“董仲舒治《公羊春秋》，始推陰陽。劉向治《穀梁春秋》，傳以《洪範》，與仲舒錯。至向子歆，治《左氏傳》，其《春秋》已乖矣，言《五行傳》又頗不同。”此如孟京之爲《易外别傳》，而非本真如此。故伏生《大傳》四十一篇，而《洪範五行傳》别出爲書也。

宋儒蔡沈撰《洪範皇極内外篇》五卷，遠出《易乾鑿度》，近宗《皇極經世》，邵雍撰。又與劉向不同。劉向藉五行而衍禨祥。蔡沈衍九疇以明術數。

《尚書》之學，《伏傳》一變而《鄭注》，再變而《孔傳》，三變而《蔡傳》。伏生有《大傳》。今文。《鄭注》出綴輯。古文。孫星衍輯《尚書馬鄭注》十卷，焦循有《禹貢鄭注釋》二卷。《古文尚書·孔安國傳》十三卷，蔡沈《書集傳》六卷，皆全書存。唐孔穎達《尚書正義》二十卷，爲《孔傳》作疏。宋史浩《尚書講義》二十卷，以注疏爲主。黄度《尚書説》七卷，以《孔傳》爲主。陳經《尚書詳解》五十卷，采取注疏，參以新意。魏了翁《尚書要義》十七卷，摘注疏中精要之語。胡士行《尚書詳解》十三卷，以《孔傳》爲主而存異説於後。皆宗《孔傳》者也。元陳櫟《尚書集傳纂疏》六卷，采輯諸家，疏通《蔡傳》。董鼎《尚書輯録纂注》六卷，以《蔡傳》爲主，繼以朱子《語録》，謂之輯録；附以諸家之説，謂之纂注。陳師凱《書蔡傳旁通》六卷，名物典制，補《蔡傳》之遺。王天與《尚書纂傳》四十六卷，雖列注疏居前，而大旨以朱子之説爲主。朱祖義《尚書句解》十三卷，株守《蔡傳》。明胡廣等《書傳大全》十卷，剿陳櫟《纂疏》、陳師凱《旁通》之説。王樵《尚書日記》十六卷，以《蔡傳》爲主，采舊説補所未備。清康熙欽定《書經傳説彙纂》二十四卷，亦主《蔡傳》而兼采古義。皆本蔡沈《書集傳》，其説原出朱子，而與朱子頗有異同。大抵南宋以前之説《書》者，多守《孔傳》，而南宋以後之説《書》者，咸本蔡學。逮於清代，有據《蔡傳》以攻《孔傳》者，如閻若璩《尚書古文疏證》，是也。有據《孔傳》以攻《蔡傳》者，如蕭山毛奇齡西河撰《尚書古文冤詞》八卷，是也。有據馬、鄭而攻《孔傳》、《蔡傳》者，如江聲《尚書集注音疏》、孫星衍《尚書今古文注疏》、王鳴盛《尚書後案》，是也。然則《尚書》家當以《鄭注》、《孔傳》、《蔡傳》爲三大宗矣。

《尚書》家，有訓詁名物、考證典制者，如唐孔穎達之《尚書正義》二十卷，宋林之奇《尚書全解》四十卷，元黄鎮成之《尚書通考》二十卷，陳師凱之《書蔡傳旁通》六卷，及清衡陽王夫之而農之《書經稗疏》四卷，是也。有議論得失，推究治亂者，如宋蘇軾之《東坡書傳》十三卷，黄度之《尚書説》七卷，是也。《尚書》古史，説者自以實事求是爲宜，或訓詁名物，考證典制；或論議得失，推究治亂；皆《尚書》中應有之義也。顧亦有運實於虚，暢發心學者，如宋楊簡之《五誥解》四卷，袁燮之《絜齋家塾書鈔》十二卷，提撕本心，其傳原出陸九淵，是亦一大派。

殷虚甲骨者，遜清光緒戊戌己亥間，河南安陽縣西北五里之小屯，洹水厓岸爲水齧而崩，得龜甲牛骨，鐫古文字，所記皆殷先王室所卜祭祀、征伐、行幸、田獵之事；故殷先公先王及土地之名，所見甚衆。上虞羅振玉叔言撰《殷虚書契考釋》，兼及書契中所見之人名地名及制度典禮，審釋殷帝王名號。海寧王國維静安纘成其業，成《殷卜辭中所見先公先王考續考》及《殷周制度論》各一卷，以甲骨文證補《尚書》，而治《尚書》者闢一新塗徑，爲好事之所誦説。其尤得意者：商自成湯以前，絶無事實，《史記·殷本紀》，惟據《世本》紀其世次而已；而《尚書》尤不概見。王氏於《卜辭》中發見王亥、王恒之名，復據《山海經》、《竹書紀年》、《楚辭》①、《吕氏春秋》中之古代傳説，於荒誕之神話中，求歷史之事實，更由甲骨斷片中發見上甲以下六代世系，與《史記》紀、表頗殊。又王氏之《殷周制度論》，從殷之祀典世系以證嫡庶之制，始於周之初葉，由是對周之宗法喪服及封子弟尊王室之制，爲有系統之説明，有裨於古史不鮮。瑞安孫詒讓仲容始治甲骨文，成《契文舉例》二卷，以《説文》董理甲骨，而以甲骨證補《尚書》，則成功於王國維。

---

① “楚辭”下原有“問”字，據文義删。

卷六　詩

陸德明《經典釋文》叙録曰："魯人申公受《詩》於浮丘伯，以《詩經》爲訓詁以教，無傳，疑者則闕不傳，號曰《魯詩》。"又稱："《毛詩》者出自毛公。一云子夏傳曾申，申傳魏人李克，克傳魯人孟仲子，孟仲子傳根牟子，根牟子傳趙人孫卿子，孫卿子傳魯人大毛公，毛公爲《詩故訓傳》於家，以授趙人小毛公。"而《漢書·楚元王傳》云："申公受《詩》於浮丘伯。伯者，孫卿門人也。"則是《魯詩》與《毛詩》俱出孫卿，而傳自子夏。《釋文》引沈重云："按鄭《詩譜》意，《大序》是子夏作，《小序》是子夏、毛公合作，卜商意有不盡，毛更足成之。"《儀禮·鄉飲酒禮》，賈公彦《疏》以"《南陔》孝子相戒以養也"之類。是子夏《序文》。其下云："有其義而無其辭"，是毛公《續序》，與沈重足成之説同。大抵以爲《小序》首句是子夏作也。觀蔡邕本治《魯詩》，而所作《獨斷》，載《周頌》："《清廟》一章八句，洛邑既成，諸侯朝見，宗祀文王之所歌也；《維天之命》一章八句，告太平於文王之所歌也"云云；三十一篇之序，皆袛有首二句或三句，與《毛詩序文》有詳略而大指略同。蓋《詩》自子夏五傳至孫卿，大毛公受之，以授趙人小毛公，則爲《毛詩》。浮丘伯受之，以授魯人申公，則爲《魯詩》。以師傳同門而異户，故序指大同而小異也。采《四庫提要》説。諸家所引《韓詩》，如"《關雎》刺時也。”“《漢廣》，説人也。”“《汝墳》，辭家也。”“《芣苢》，傷夫有惡疾也。”“《黍離》，伯封作也。”“《蝃蝀》，刺奔女也。”“《溱與洧》，説人也。”“《雞鳴》，讒人也。”“《夫栘》，燕兄弟也。”“《伐木》，文王敬故也。”“《鼓鐘》，刺昭王也。”“《賓之初筵》，衛武公飲酒悔過也。”“《抑》，衛武公刺王室以自戒也。”“《假樂》，美宣王之德也。”“《雲漢》，宣王遭亂仰天也。”“《雨無極》，正大夫，刺幽王也。”“《四月》，嘆征役也。”“《閟宫有侐①》，公子奚斯作也。”“《那》，美襄公也。”文格皆與《毛詩序》首句一例。而《唐書・藝文志》稱：“《韓詩》二十二卷，卜商序，韓嬰注”，是《韓詩》亦有序，其序亦出子夏也。顧《韓詩》遺説之可考見者，往往與《毛序》異。采《四庫提要》②説。《齊詩序》不可考。

説《詩》者不出宗序、攻序二派：唐孔穎達撰《毛詩正義》四十卷，成伯璵撰《毛詩指説》一卷，宋范處義撰《詩補傳》三十卷，吕祖謙撰《家塾讀詩記》三十二卷，吕氏此記以《小序》爲主，博采諸家，存其名③氏，先列訓詁，後陳文義，剪裁貫串，如出一手。後來説《詩》者多宗之。若論毛學於孔疏外别自名家者，唯吕此記。林岊撰《毛詩講義》十二卷，嚴粲撰《詩輯》三十六卷，以吕氏《讀詩記》爲主，而雜采諸家以發明之。明李先芳撰《讀詩私記》二卷，以毛鄭爲宗，參取吕氏《讀詩記》、嚴氏《詩輯》。朱謀㙔撰《詩故》十卷，清乾隆《御詩撰義折中》二十卷，以及吴江朱鶴齡長孺撰《詩經通義》十二卷，力駁廢序之説，以毛、鄭爲主，唐用孔穎達，宋用歐陽修、蘇軾、吕祖謙、嚴粲，清用陳啓源，博采衆家。陳啓源長發撰《毛詩稽古編》三十卷。訓詁主《爾雅》，篇義準《小序》，而詮釋經旨則一準諸《毛傳》，佐以《鄭箋》。皆宗序者也。至宋朱子撰《詩集傳》八卷，其初稿亦用《小序》，及見鄭樵所作《詩辨妄》，遂改從之而攻《小序》。楊簡撰《慈湖詩傳》二十卷，亦不信《小序》，併《左傳》、《爾雅》，鄭玄《箋》，陸德明《釋文》，皆遭詆斥。輔廣撰《詩童子問》十卷，發明《集傳》，掊擊《小序》更過朱子。朱鑑編《詩傳遺説》六卷，采朱子《文集》、《語録》論《詩》之語，輯爲此《詩》，以爲《集傳》參證。元劉瑾撰《詩傳通釋》二十卷，意在發明《朱傳》，而《卜序》之是非置不甚論。朱公遷撰《詩經疏義》二十卷，於朱《集傳》如毛《故訓傳》之有疏，故曰疏義。劉玉汝撰《詩纘緒》十八卷，纘朱《集傳》之緒而發明之。梁寅撰《詩演義》十五卷，演朱《集傳》

① 侐，原作“恤”，今據《詩經》改。
② 四庫提要，原作“四庫采要”，今改正。
③ “名”字據《四庫提要》“吕氏家塾讀詩記”條補。

之義。明胡廣等撰《詩集傳大全》二十卷，襲劉瑾《通釋》而稍點竄成書。皆攻序者也。大抵唐以前，咸宗毛、鄭以用《小序》；而元、明之際，則從《朱傳》以攻《小序》；而宋其轉關，其中亦有和氣平心，以意逆志，不宗序，亦不攻序者；則有宋歐陽修撰《毛詩本義》十六卷，自唐定《五經正義》以後，與毛、鄭立異同者，自此書始。然修不曲徇毛、鄭，亦不詆毛、鄭也。蘇轍撰《詩經傳》二十卷，王質撰《詩總聞》二十卷，戴溪續《吕氏家塾讀詩記》三卷，不墨守《小序》，與《吕記》小異。明姚舜牧撰《詩疑問》十二卷，張次仲撰《待軒詩記》八卷，朱朝瑛撰《讀詩略記》六卷，清康熙欽定《詩經傳説彙纂》二十卷，《序》二卷，桐城錢澄之飲光撰《田間詩學》十二卷，長洲惠周惕元龍撰《詩説》三卷，江陰楊名時賓實撰《詩經劄説》一卷，會稽范家相蘅洲撰《詩瀋》二十卷，象山姜炳章石貞撰《詩序補義》二十四卷，常熟顧鎮備九撰《虞東學詩》十二卷，則又於宗序、攻序二派之外，各自名家者焉。

漢興，魯申公爲《詩訓故》，而齊轅固、燕韓嬰皆爲之傳。《韓詩》今存《外傳》十卷，齊魯詩亡，獨《毛詩故訓傳》存。《鄭箋》宗毛而有不同；《毛傳》不破字，而《鄭箋》多破字。又有從韓魯説者，如《唐風》"素衣朱襮"，以繡黼爲綃黼，《十月之交》爲厲王詩，《皇矣》侵阮徂共爲三國名，皆從《魯詩》。《衡門》"可以樂飢"，以樂爲𤺋；《十月之交》"抑此皇父"，抑讀爲意；《思齊》"古之人無斁"，斁作擇；《泮水》"狄彼東南"，狄作鬄；皆《韓詩》説。詳見陳啓源《毛詩稽古編》。《漢書》玄本傳稱："從東郡張恭祖受《韓詩》。"《六藝論》云："注《詩》宗毛爲主，毛義若隱略，則更表明；如有不同，即下己意。""下己意"者，即不拘於毛而旁采韓魯《詩》説也。孔穎達《毛詩正義》以劉焯《毛詩義疏》、劉炫《毛詩述義》稿本，故能融貫群言，包羅古義；雖或過於護鄭，且有强毛合鄭之處，而名物訓詁極其該洽，朱子《集傳》於名物訓詁，亦采《孔疏》者爲多。陳氏説："《毛傳》簡約，《鄭箋》多紆曲；而《朱傳》解經，務使文從字順；此經有《毛傳》、《鄭箋》，必當有《朱傳》也。"元延祐科舉法，詩用朱子《集傳》而《毛傳》幾廢。清儒治漢學，始尊毛而攻朱；晚清尚西漢，今文家又尊齊、魯、韓三家而攻毛。獨長洲陳奂碩甫撰《毛詩傳疏》三十卷，專爲《毛詩》一家之學，先是金壇段玉裁若膺撰《毛詩故訓傳》定本三十卷，正譌補奪，申毛説而不主《鄭箋》，奂爲其高弟，本師説以作疏而有不同；精深博大，遠在段氏定本及桐城馬瑞辰元伯所撰《毛詩傳箋通釋》三十二卷，涇縣胡承珙墨莊所撰《毛詩後箋》三十卷之上。《魯頌·泮水》而後，陳奐所編。《毛詩》之有陳奐，猶《虞易》之有張惠言矣。齊、魯、韓三家詩早亡，宋王應麟始掇拾殘賸，輯《三家詩考》三卷；至清乾隆之世，范家相補苴罅漏，成《三家詩拾遺》十卷；然猶不如後來侯官陳壽祺恭甫所輯《三家詩遺説考》十五卷之尤該備。特是功在輯逸，而罕所發明。至邵陽魏源默深撰《古詩微》二十二卷，於三家詩有發明；而又好爲臆説，未能篤守古義。然學者入手，先讀二陳及魏書，可以知《詩》今古之大概矣。

言《詩》之名物訓詁者，以吴陸璣撰《毛詩草木鳥獸蟲魚疏》二卷爲最近古。其後宋有蔡卞撰《毛詩名物解》二十卷，所徵引頗有出於陸璣書外者。元有許謙撰《詩集傳名物鈔》八卷，宗朱子而不爲墨守，多采陸氏《釋文》、孔氏《正義》。梁益撰《詩傳旁通》十五卷，以朱《集傳》名物訓詁多所未詳，乃仿孔、賈作疏。明有馮應京撰《六家詩名物疏》五十四卷，六家者，齊、魯、韓、毛、鄭、朱也。因蔡卞之解而廣徵之。清有衡陽王夫之而農撰《詩經稗疏》四卷，常熟毛晉子晉撰《毛詩陸疏廣要》三卷，因陸璣之疏爲之注釋。錢唐姚炳彦暉撰《詩識名解》十五卷，以詩中鳥、獸、草、木分列四門，故以多識爲名。無錫顧棟高震滄撰《毛詩類釋》二十一卷、《續編》三卷，自宋蔡卞以來，皆因璣書而輾轉增損者也。古今名物不同，未易折衷一是。然不知雎鳩爲何物，則不能辨摯而有別，言摯至與言鷙猛之孰優。不知芣苢爲何草，則不能定毛與三家樂有子與傷惡疾之孰是。多識草木鳥獸，乃足以徵詩義。三家既亡，獨《毛詩故訓傳》存。毛公之學，稱出子夏，張揖《進廣雅表》云："周公著《爾雅》一篇，今俗所傳三篇，或言仲尼所增，或言子夏所益。"據此則《毛詩》與《爾雅》同淵源於子夏。《爾雅》之釋草釋木釋鳥釋獸，與《毛傳》略同。錢大昕《潛研堂集答問》中有一條曰："毛公所見《爾雅》勝於今本，如草、木、魚、蟲增加偏旁，多出於漢以後經師，而毛公猶多存古。"陳奐作《詩毛氏傳疏》，凡聲音訓詁之用，天地山川之大，宮室衣服制度之精，鳥獸草木蟲魚之細，初仿《爾雅》篇作義類；以爲毛公之作《詩故訓傳》，傳義有具於《爾雅》，有不具於《爾雅》。動植物學今方講明，宜考《爾雅》以徵《毛傳》，參以圖説，實以目驗，審定古之何物爲今之何物；非但取明經義，亦深有裨實用，未可以其瑣而忽之也。

卷七　周禮

《周官》晚出，疑之者以爲劉歆僞作。然蕭山毛奇齡大可《周禮問》曰：“歆能僞作《周禮》，不能造爲《周禮》出處蹤迹以欺當世；假使河間獻王不獻《周禮》，成帝不使向校理《周禮》，歆可造此諸事以欺同朝諸臣乎？且《景十三王傳》云：‘獻王所獻，皆古文先秦舊書，《周官》、《尚書》、《禮記》、《孟子》、《老子》之屬，皆經傳説記。’言有經，即有傳與説記也。此必非歆可預造其語者。乃考之《藝文》所志，在當時所有之書；則實有《周官經》六篇，《周官記》四篇。此班氏所目睹也。此必非襲劉歆語也。”江都汪中容甫有《周官徵文》凡六事，語見《述學》；陳氏引而申之，以爲“足徵《周禮》是周室典制，但無以見其必爲周公所作耳。鄭君知《周禮》爲周公以致太平之迹，以《周禮》之中，實有周公之制也”。可謂得實之論。而毛氏《周禮問》亦謂：“《周禮》斷斷非周公所作，然周制全亡，所賴以略見大意；而其爲周制，則尚居十七。”與陳氏意同。獨瑞安孫詒讓仲容序《周禮正義》謂《周禮》周公作，而非特周一代之典；蓋恢廓而言之，以爲“周公成文、武之志，光輔成王，宅中作雒，爰述官政以垂成憲；有周一代之典，炳然大備，然非徒周一代之典也。蓋自黄帝、顓頊以來，紀於民事以命官，更歷八代，斟酌損益，以集於文、武。其經世大法，咸萃於是，故雖古籍淪佚，百不存一，而其政典沿革，約略可考。如《虞書》羲和四子爲六官之權輿；《甘誓》六卿爲夏法；《曲禮》六大五官，鄭君以爲殷制；咸與此經多相附會。是職名之本於古也。至其閎章縟典，并包遠古，則如五禮六樂三兆三易之屬，咸肇端於五帝，而放於二王。以逮職方州服，兼綜四朝；太史歲年，統晐三統。若斯之類，不可殫舉，蓋鴻荒以降，文明日啓，其爲治靡不始於纛犓，而漸進於精詳，此經上承百王，集其善而革其弊，蓋尤其精詳之至者；故其治躋於純太平之域。作者之聖，述者之明，蟠際天地，經緯萬端，究其條緒，咸有原本，是豈皆周公所臆定而手剏之哉？此經在西周盛時，蓋百官府咸分秉其官法，以爲司存；而太宰執其總會，司會天府太史藏其副貳。成、康既没，昭夷失德，陵遲以極於幽、厲之亂，平之東遷，而周公之大經良法，蕩滅殆盡。然其典册散在官府者，世或猶遵守勿替，雖更七雄去籍之后，而齊威王將司馬穰苴尚推明《司馬法》爲兵家職志。魏文侯樂人竇公猶裒《大司樂》一經於兵火喪亂之餘。他如朝事之儀，大行之贊，述於大小《戴記》；職方之篇，列於《周書》者，咸其支流之未盡澌滅者也”。特是《周禮》非古名，《史記・封禪書》云：“上與公卿諸生議封禪，群儒采封禪《尚書》、《周官》、《王制》之望祀射牛事。”《漢書・藝文志》云：“河間獻王與毛生等共采《周官》及諸子言樂事者，以作《樂記》。”《景十三王傳》亦言：“獻王所獻，皆古文先秦舊書《周官》”云云。皆以《周官》爲言，而不云《周禮》。荀悦《漢記》曰：“劉歆奏請《周官》六篇列之於經，爲《周禮》。”陸德明《經典釋文・序録》曰：“劉歆始建立《周官經》以爲《周禮》。”則是《周禮》之名，起於劉歆，而非《周禮》之書，起於劉歆也。

桐城方苞望溪著《周官辨》十篇，指《周官》之文爲劉歆竄改，以媚王莽；證以《漢書・莽傳》事迹，辭極辨覈。而其縣人姚範南青《援鶉堂文集》中《復某公書》，極言送難，大指以爲：“《周官》自孝武時已出，平帝元始之間，歆勸莽立博士，其書布在中外久矣；歆不能隱挾而更竄之也。且歆待莽行一事而後，岌岌私竄之耶？抑預卜數年後莽必行是令，民必犯是法，而先著於經，使其事相類，令天下知莽所行，一無悖於《周官》之舊，何其迂曲而鮮通也？莽行十一之法，其增賦無明文。近郊十一，遠郊二十而三，甸稍縣都無過十二，悉虛擬而預增之，何哉？且九錫之事，莽所汲汲者，而《周官》無之；九百二人；但云《周官》、《禮記》宜於今者，爲九命之錫；歆在當時，何不以所云九錫者竄入而張大之乎？莽畀備臣下，以宦者領帑藏錢穀，並典吏民封事，此豈出《周官》耶？竊謂《周官》之書，周之制度存焉。中更春秋、戰國，或儒生述造，更竄不一。如云出元公手定之書，完好如後世剞劂篇籍，誰其信之？"則是謂《周官》一書，存周之制度，而不出周公手定，亦與陳氏意同。

鄭玄注《周禮》，發凡起例，籀其大義：曰補，曰詁。補者，補經義之所未發也。其法有三：陳氏所謂"《周禮》有隱略而尚可考見者，後鄭則引證以明之；若無存而可見者，則約而知之"。又有推次之法。"推次"者，推甲以知乙也。"引證"者，引彼以證此也。而"約而知"者，則約他經之所見，而解此經之所不言也。三者，皆所以補經也。詁者，詁經言之所難曉也。詁者古也。從言古聲，爲以今言解古言也。漢人之詁經言也，或言讀如、讀若，或言讀爲、讀曰。讀如讀若者，擬其音也；古無反語，故爲比方之詞。讀爲讀曰者，易其字也；易之以音相近之字，故爲變化[①]之詞。段玉裁《周禮漢讀考序》。古語則以後世之語通之；古官古事，則以後世之官，後世之事況之；賈公彥《疏》所謂"舉今以曉古"者，其義一也，古地理亦以今地名釋之，此之謂詁。詁者，以今言解古言也，例證不具詳。

鄭玄注《周禮》，以漢制況周制。賈公彥《疏》用《鄭注》之法，以唐制況周制。而陳氏遂推極言之，以爲："讀《周易》，當讀《大清會典》及歷代《職官表》，凡今有而古無，古有而今無，與名同而實異，實同而名異者，詳爲考證；以清官清制況周官周制。"至孫詒讓治《周禮》，更恢廓其意，以爲："中國開化數千年，而文明之盛莫尚於周，故《周禮》一經，政法之精詳，與今泰西所以致富强者，若合符契。然則華盛頓、拿破侖、盧梭、斯密亞丹之倫，所經營而講貫，今人所指爲西政之最新者，吾二千年之舊政已發其端。"遂捃摭其與西政合者，甄緝之，成《周禮政要》二卷，都四十篇，以歐政歐制況周制。然後知"其或繼周，百世可知"，孔子之言，不吾欺也。

王應麟《困學紀聞》、顧炎武《日知録》皆以"閽人寺人屬於冢宰，則内廷無亂政之人；九嬪世婦，屬於冢宰，則後宫無盛色之事。自漢以來，惟諸

① 化，原作"代"，今據《周禮漢讀考》叙改。

葛孔明宫中府中俱爲一體，爲得其意”。陳氏引之以爲周公致太平之迹，此其犖犖大者，然不如孫詒讓序《周禮正義》榷其大較，要不越政教二科：“政則自典、法、刑、禮諸大端外①，凡王后世子燕遊羞服之細，嬪御閹閽之昵，咸隸於治官。宫府一體，天子不以自私也。而若國危、國遷、立君等非常大故，無不曲爲之制，預爲之防。三詢之朝，自卿大夫以逮萬民，咸造在王庭，與决大議。又有匡人、撢人、大小行人、掌交之屬，巡行邦國，通上下之志，而小行人獻五物之書，王以周知天下之故。大司寇、太僕，樹肺石，建路鼓，以達窮遽。誦訓、土訓，夾王車，道圖志以詔觀事辨物，所以宣上德而通下情者，無所不至。君民上下之間，若會四肢百脈而達於胸，亡或離閡而弗通也。其爲教則國有大學小學，自王世子，公卿、大夫、士之子，暨夫邦國所貢，鄉遂所進賢能之士咸造焉。旁及宿衛士、庶子、六軍之士，亦皆作輩學，以德行道藝相切劘。鄉遂則有鄉學六，州學三十，黨學百有五十，遂之屬别如鄉。蓋郊甸之内，距王城不過二百里，其爲學庠較已三百七十有奇；而郊里及甸公邑之學，尚不與此數。推之鄙縣畺之公邑采邑，遠及於畿外邦國，其學蓋十百倍蓰於是，亡慮大萬數。九州之内，意當有學數萬；信乎教典之詳，殆莫能尚已。其政教之備如是，故以四海之大，亡不受職之民，亡不造學之士；不學而亡職者，則有罷民之刑，賢秀挾其才能，愚賤貢其忱悃，咸得自通於上，於以致純太平之治，豈偶然哉？今泰西之强國，其爲治非嘗稽覈於周公、成王之法典也，而其所爲政教者，務博議而廣學；以暨通道路，嚴追胥，化土物卝之屬，咸與此經冥符而遥契，蓋政教修明，則以致富强，若操左契；固寰宇之通理，放之四海而皆準者。自勝衣就傅，先太僕君孫衣言即授以此經；而以海疆多故，世變日亟，睠懷時局，撫卷增喟。私念今之大患，在於政教未修，而上下之情睽閼不能相通，故民窳而失職，則治生之計陋隘，而譎觚干紀者衆，士不知學，則無應事偶變，效忠厲節，而世常有乏才之憾。夫舍政教而議富强，是猶泛絶潢斷港而蕲至於海也。然則處今日而論治，宜莫若求其道於此經。而承學之士，顧徒奉《周經漢注》爲考證之棩椒，幾何而不以爲已陳之芻狗乎？既寫定，輒略剌舉其可剴今而振敝，一二犖犖大者，用示櫫揭；俾知爲治之迹，古今不相襲，而政教則固百世以俟聖

① “外”字據《周禮正義序》補。

人而不惑者。”大言炎炎，閎意眇指，括囊靡遺矣。近儒言《周禮》者，當推武進莊存與方耕所撰《周官記》五卷、《周官說》二卷，與孫氏《正義》爲宏通博雅可觀覽。莊氏病《周官》禮經六篇，《冬官·司空》獨亡，以爲周家制度，莫備於《周官》。《周官》式法根柢，皆在《冬官》。《冬官》存，舉而錯之天下無難也。欲爲《冬官》補亡，而闕失不可理；遂原本經籍，博采傳記諸子，爲《周官記》五卷。於《冢宰記》著官府；於《司徒記》表均土分民之法；於《司馬記》補其闕文；無《宗伯司寇記》；於《司空記》則爲擬補其文，而特加《冬官》之目以別異諸篇；別有《司空記》一篇，則采撮周秦之書備材於事典云爾。自爲之序以見大意，於建邦之綱紀法度，舉凡郊壇、宗社、明堂、辟雍之兆位，朝市、宅里、倉廩、廄庫之營建，律度、量衡、器用、財賄之法制，分州定域、度山量水、治地辨土、任民飭土、尚農審時之大經，以及營衛、車輦、道路、舟梁之細務，靡不該舉。蓋將通貫六官以陳一官之典，括囊群籍以觀一經之通焉。次復采經中大典，如郊廟族屬之類，原本鄭氏，又徧覽古人所論列者，件繫而折衷之，爲《周官說》二卷，合記凡七卷。而孫氏《正義》則以《爾雅》、《說文》正其詁訓，以《禮經》大小《戴記》證其制度，研闡累載，博采漢、唐、宋以來迄於乾嘉諸經儒，舊詁異誼，參互證繹，以發《鄭注》之淵奧，裨《賈疏》之遺闕，以視莊氏，一爲顓經之家，一爲通人之作；一精詳、一閎侈；又有間矣。

《周禮》衆家，有考典制以明訓詁者，漢鄭玄、唐賈公彥《周禮注疏》四十二卷爲其淵海；而清有吴縣惠士奇天牧撰《禮說》十四卷，於古音古字多所分別疏通，於周制及鄭注所云漢制皆旁引經史，考求源委。吴江沈彤果堂撰《周官禄田考》三卷，因歐陽修有《周禮》官多田少，禄且不給之説，故詳究周制，以與之辨。凡《官爵數》、《公田數》、《禄田數》三篇，積算特爲精密。婺源江永慎修撰《周禮疑義舉要》七卷，融會鄭注，參以新說，多所闡發。及莊存與《周官記》五卷、《周官說》二卷，足相羽翼；而孫詒讓《周禮正義》集其大成焉。有闡義理以談經制者，宋王安石撰《周禮新義》十六卷，開其先河；而王昭禹撰《周禮詳解》四十卷，易祓撰《周官總義》三十卷，王與之撰《周禮訂義》八十卷，清安溪李光坡耜卿撰《周禮述注》二十四卷，胥相發明；而孫詒讓《周禮政要》挈其綱要焉。然竊以爲《周禮》經制，纖悉委備，可以治國，而不可以平天下。故用之於列國並建之世，則綱目畢張，而以治强，姬旦、宇文周是也。管仲治齊，商君治秦，以及近世英、法、德之强，亦皆得其意。施之於一統無事之日，則官民交困，而以崩亂，新莽、王安石是也。大抵治國之法，蘄於臂使指聯，大小相維，而欲以集事。平天下之政，又貴政簡刑清，綱目疏闊，而安於無事。《大學》一書，於國言治，於天下言平。治貴有制，平蘄無治。《周禮》者，治國之制，而非所以平天下之道也。此意恐非經生所知。而輓近世，太平天國用之以敗江南；閻錫山用之以敗山西；詛誦未已，覆轍又尋；我瞻四方，蹙蹙靡騁。

方苞作《周官辨》，證以《漢書·王莽傳》，以爲出於劉歆僞託以佐新莽。質言之，即新莽之託古改制也。至輓近世，南海康有爲益推衍其義，以爲一切古文經皆僞，皆出於劉歆；著《新學僞經考》。僞經者，謂古文《周禮》、《逸禮》、《左傳》及《詩》之《毛傳》，凡西漢末，劉歆所力争立博士者也。新學者，謂新莽之學。時清儒誦法許、鄭者，自號曰漢學。有爲以爲許、鄭古學，推本劉歆，可謂之爲新代之學，而非漢代之學，故正名焉，而諱其本於方氏。

卷八　儀禮

自韓文公以爲《儀禮》難讀，而陳氏因古人已成之書，籀其讀法，約以三事：一曰分節。二曰繪圖。三曰釋例。分節者，自朱子《儀禮經傳通解》釐析經文，每一節截斷，後一行題云右某事，使讀之者心目俱朗。至清儒濟陽張爾岐稷若撰《儀禮鄭注句讀》十七卷，寧鄉王文清九溪撰《儀禮分節句讀》十七卷，仁和吴廷華中林撰《儀禮章句》十七卷，而吴氏章句後出爲密。其書以張爾岐《句讀》墨守《鄭注》，王文清《句讀箋注》太略，遂折衷先儒以補未逮云。繪圖者：宋楊復以《儀禮》十七篇各詳其陳設之方位，爲圖二百有五，凡十七卷。至清儒武進張惠言皋文成《儀禮圖》六卷，因楊圖而加詳密。釋例者：清儒婺源江永慎修撰《儀禮釋例》一卷，歙縣凌廷堪次仲撰《禮經釋例》十三卷。而凌氏《釋例》後出爲密。陳氏每欲取《儀禮》經文，依吴中林《章句》分節寫之；每一節後，寫張皋文之圖；又以凌次仲《釋例》分寫於經文各句下，名曰《儀禮三書合鈔》；如此則《儀禮》真不難讀矣。惜乎爲之而未成也。既明禮文，尤當明禮意。十七篇中冠、婚、喪、祭諸篇爲要，蓋古今同有之禮，倍宜鑽研，此陳氏之大指也。

鄭玄注《儀禮》，禮家所宗。而有發問送難者。元敖繼公撰《儀禮集説》十七卷，自序稱："鄭康成注，疵多而醇少，删其不合於經者。"而清儒則有歙縣程瑶田易疇撰《儀禮喪服文足徵記》十卷，中如《喪服·緦麻章》末"長殤中殤降一等"四句，鄭氏以爲傳文。《不杖期章》"惟子不報"傳文，"公妾以及士妾爲其父母"傳文，鄭氏以爲失誤。《大功章》"大夫之妾，爲君之庶子女子子嫁者，未嫁者，爲世父母、叔父母、姑姊妹"，舊讀以"大夫之妾"爲建首，下二"爲"字皆貫之；鄭氏謂"女子"别起貫下，斥傳文爲不辭。皆一一援據經史，疏通證明，以規鄭氏之失；若與敖繼公同指，特程氏顯爲褒彈，語多峻厲，而敖繼公則含而不露，於《鄭注》之中録其所取，而不攻駁所不取；巧爲立言，若無意於排擊者，此其較也。

敖繼公撰《儀禮集説》以破《鄭注》，而清儒長洲諸寅亮搢升又撰《儀禮管見》四卷，以駁敖説，謂："其説有不通，甚且改竄經文，以曲就其義"，貫串全經，疏通證明。而嘉定錢大昕莘楣序其書，於敖改褚駁之處，頗能挈其綱要云：

> 褚寅亮《儀禮管見》，申鄭以難敖；而績溪胡培翬竹邨撰《儀禮正義》四十卷，則又申鄭而不爲墨守，雖敖氏説，亦所平心持擇。自述纂例，大端有四：曰補注，補鄭君《注》所未備也。曰申注，申鄭君《注》義也。曰附注，近儒所説雖異，《鄭注》義可旁通，附而存之；廣異聞，祛專己也。曰訂注，鄭君《注》義，偶有違失，詳爲辨正，别是非，明折衷也。精覈博綜，誠爲絶學。惟其訂注義諸條，時或義短於鄭；欲爲高密諍友，而不免蠹生於木還食於木之譏；此固其一短。書未成而卒。其卷三《士昏禮篇》及卷五至卷七《鄉飲酒禮篇》，卷八至卷十《鄉射禮篇》，卷十一、卷十二《燕禮篇》，卷十三至卷十五《大射儀篇》，皆其弟子江寧楊大堉雅掄所補者也。昔賈公彦爲鄭玄作疏，《喪服經傳》而外，所據者僅齊黄慶、隋李孟悊二家。至清秀水盛世佐庸三撰《儀禮集編》四十卷，裒合古今説《儀禮》者一百九十七家。今覈胡氏《正義》，增多盛氏《集編》者，又幾及二百家；而楊大堉之所補者，則附益《集編》以爲藍本；蓋不免續貂之譏云。

余讀鄞縣萬斯大充宗撰《儀禮商》二卷，取十七篇，篇爲之説，頗有新義，而勇於疑古。前有仁和應撝謙潛齋一序，稱："喜其覃思，而嫌其自用”，亦篤論也。竊按三禮之學，有抉發經疑，别自名家者；莫如桐城方苞望溪，所著自《周官辨》十篇而外，有《儀禮析疑》十七卷，《禮記析疑》四十六卷。其説皆融會舊文，斷以己意，而不齗齗於信而好古。苞之學，源出宋人，文章衍曾南豐之一派，而説經則得朱新安之一體，朱子疑《尚書》古文，刊《大學》、《孝經》，疑古改經。此其假落。再傳而爲王柏，乃撰《書疑》、《詩疑》。勇於自信，改經疑古，而出於疏證，不爲苟同。其著《周官辨》，指《周官》之文，爲劉歆竄改以媚王莽；證以《漢書·莽傳》事迹，歷指某節某句，爲歆所增；言之鑿鑿，如目睹其筆削者；自以爲學力既深，鑑别真僞，發千古之所未言。輓清自南海康有爲以下，襲其緒餘，遂肆倡狂以得大名；而又故示偃蹇，菲薄桐城；盜憎主人，甚可笑也。然苞之經學，其塗轍實自萬氏啓之。先嘗問業斯大之弟斯同季野。斯大考辨古禮，頗多新説；所著書於《儀禮商》之外，有《學禮質疑》二卷，《周官辨非》二卷；學本淹通，用思尤鋭，其合處往往發前人所未發。蓋方苞之學所自昉云。因附記之於此。

卷九　禮記

按《禮記》四十九篇，有記禮，有記言。記禮之文，與《禮記》相經緯；記言之文，與《論語》相表裏。記禮之文，凡宏綱闊目，著《儀禮》者，則爲解釋之體；而細事瑣文，不見明文者，則爲然疑之辭。如《郊特牲》"冠義"一節，孔穎達《疏》："以《儀禮》有《士冠禮正篇》，此説其義。下篇有《燕義》、《昏義》，與此同。"《鄉飲酒義》孔穎達《疏》："《儀禮》有其事，此記釋其義。"《聘義》孔穎達《疏》："此篇總明《聘義》，各顯聘禮之經於上，以義釋之於下。"此宏綱闊目，著見《儀禮》，而爲解釋之文者也。《檀弓》云："大功廢業，或曰大功誦，可也。"又："小斂之奠，或云東方，或云西方。""同母異父昆弟，魯人或云爲之齊衰，或云大功。"《深衣》："古者深衣，蓋有制度。"孔穎達《疏》："言蓋者，疑辭也"，如此之類，作記者時代在後，其述古事，述古制，述舊説，疑以傳疑，而爲不定之辭；蓋其慎也。此細事瑣文，不見明文，而爲然疑之辭者也。記言之文：或如《論語》而記子曰之直言，《坊記》、《表記》、《緇衣》是也；或仿《孝經》而爲主客之對揚，《禮運》、《儒行》、《哀公問》、《仲尼燕居》、《孔子閒居》是也。而要於根本仁義，揆叙萬類，聖人垂教，弟子所記，《論語》之外篇，

《五經》之錧鎋也。

何謂禮?《仲尼燕居》云:“子曰禮也者,理也。”《樂記》云:“禮者,理之不可易者也。”自古記禮者,多致謹於度數節文之末,如《十七篇》是也。獨四十九篇發其理之不可易,而不斷斷於度數儀文,綱紀萬事,琱琢六情,傳自遊、夏,訖於秦漢,歧塗詭説,紛紜多端;於是博物通人,知今温故,考前代之憲章,參當時之得失,俱以所見,各記舊聞,綜錯鳩聚,以類相附;《禮記》之目,於是乎在。其傳疑出於荀卿,尤可徵見者:《三年問》全出《荀子·禮論篇》,《樂記》、《鄉飲酒義》所引俱出《樂論篇》,《聘義》子貢問貴玉賤珉亦與《法行篇》[①] 大同。此篇章之相襲,可證者一也。所謂不可易者何也?曰:“稱情而立文,因以飾群,别親疏貴賤之節,而不可損益也。”用《荀子·禮論》、《禮記·三年問》文。所謂“飾群,别親疏貴賤之節”者:《曲禮》云:“禮者,所以定親疏,決嫌疑,别異同,明是非也。”而荀子則詳申其指曰:“人生而有欲,欲而不得,則不能無求,求而無度量分界,則不能不争,争則亂,亂則窮。先王惡其亂也,故制禮義以分之,以養人之欲,給人之求;使欲必不窮乎物,物必不屈於欲,兩者相持而長,是禮之所起也。故禮者,養也,君子既得其養,又好其别。曷謂别?曰:貴賤有等,長幼有差,貧富輕重皆有稱者也。”《禮論篇》“天下害生縱欲,欲惡同物,欲多而物寡,寡則必争矣。離居不相待則窮,群而無分則争。窮者,患也;争者,禍也;救患除禍,則莫若明分使群矣。”《富國篇》此明分以使群,大義之相發,可徵者二也。“道德仁義,非禮不成。”亦見《曲禮》,而《荀子·勸學》則曰:“禮者法之大分,群類之綱紀也,故學至於禮而止矣,夫是之謂道德之極。將原先王,本仁義,則禮正其經緯蹊徑也。”此隆禮以修道,大義之相通,可徵者又一也。《禮運》曰:“禮也者,義之實也。協諸義而協,則禮雖先王未之有,可以義起也。”《郊特牲》曰:“禮之所尊,尊其義也。失其義,陳其數,祝史之事也。故其數可陳,其義難知也。知其義而謹守之,天子之所以治天下也。”此記者明言禮之所尊,在義不在數,其誼亦同《荀子》。《荀子·勸學》曰:“學惡乎始?惡乎終?曰其數則始乎誦經,終乎讀禮;其義則始乎爲士,終乎爲聖人。真積力久則入學,至没而後止也。故學數有終。若其義則

① 法行篇,原作“德行篇”,今改正。

不可須臾舍也。爲之，人也；舍之，禽獸也。”又《榮辱篇》曰：“循法則度量刑辟圖籍，不知其義，謹守其數，慎不敢損益也。父子相傳，以持王公。是故三代雖亡，治法猶存。是官人百吏之所以取禄秩。”曰：“官人百吏之所以取禄秩”，明非“天子之所以治天下”。此尊義以後數，大義之相通。可徵者四也。《儀禮》所陳之數，《禮記》多明其義。朱子心知其意，《答潘恭叔書》云：“《禮記》須與《儀禮》參通修作一書，乃可觀。”《乞修三禮劄子》云：“以《儀禮》爲經，而取《禮記》及諸經史雜書所載有及於禮者，皆以附於本經之下，具列注疏諸儒之説。”劄子乃不果上，晚年，竟本此意修成《儀禮經傳通解》三十七卷。《答應仁仲書》：“前賢常患《儀禮》難讀。以今觀之，只是經不分章，記不隨經，而《注疏》各爲一書，故使讀者不能遽曉，今定此本，盡去此諸弊。恨不得令韓文公見之也。”得意可想。至清婺源江永慎修撰《禮書綱目》八十五卷，依仿朱子《經傳通解》，而融貫群經，考證益詳，釐正發明，足補朱子所未備。其自序稱：“裒集經傳，欲其該備而無遺；釐析篇章，欲其有條而不紊。”讀《禮》者可由此入門。然《禮記》四十九篇，亦有不爲《儀禮》作傳而説其義者。大抵《儀禮》之十七篇，禮家之今文學也。《周官》六篇，禮家之古文學也。《禮記》四十九篇，非一手所成。或同今文，或同古文。《王制》多同《公羊》、《穀梁》，《冠義》、《昏義》、《鄉飲酒義》、《射義①》、《燕義》、《聘義》、《喪服四制》、《問喪》、《祭義》、《祭統》諸篇，皆《儀禮》十七篇之傳，爲今文説。而《玉藻》爲古《周禮》説，《曲禮》、《檀弓》、《雜記》爲古《春秋左氏》説，《祭法》爲古《國語》説，皆古文説。則今古學糅者也。善化皮錫瑞鹿門説。見《禮經通論》。而《周官》可以明左氏，《王制》則以説公羊；以《王制》爲今學大宗，比《周官》爲古文大宗云。

《禮記》四十九篇，據鄭玄《目録》，考之於劉向《别録》，以類相從。屬制度者六：《曲禮》上下、《王制》、《禮器》、《少儀》、《深衣》是也。屬通論者十六：《檀弓》上下、《禮運》、《玉藻》、《大傳》、《學記》、《經解》、《哀公問》、《仲尼燕居》、《孔子閒居》、《坊記》、《中庸》、《表記》、《緇衣》、《儒行》、《大學》是也。屬《喪服》者十一：《曾子問》、《喪服小記》、《雜記》上

① 義，原作“儀”，今改正。

下、《喪大記》、《奔喪》、《問喪》、《服問》、《閒傳》、《三年問》、《喪服四制》是也。屬世子法者一：《文王世子》是也。屬子法者一：《内則》是也。屬祭祀者四：《郊特牲》、《祭法》、《祭義》、《祭統》是也。屬樂記者一：《樂記》是也。屬吉事者六：《投壺》、《冠義》、《昏義》、《鄉飲酒義》、《燕義》、《聘義》是也。蓋其目次之大凡如是。而《唐書·魏徵傳》則曰："嘗以《小戴禮》綜彙不倫，更作《類禮》二十篇。太宗美其書，録置内府。"《諫録》載詔曰："以類相從，别爲篇第，文義粲然。"《唐書·儒學·元行沖傳》載："玄宗時，魏光乘請用魏徵《類禮》列於經。帝命行沖與諸儒集義作疏，爲五十篇。於是右丞相張説建言：'魏孫炎始因舊書摘類相比，至徵更加整次，乃爲訓注。'"則是魏徵《類禮》迺因孫炎書者也，朱子惜不之見。迨元吴澄撰有《禮記纂言》三十六卷，其書每卷爲一篇，亦魏徵《類禮》之屬也。大抵以《戴記》經文龐雜，疑多錯簡。故每一篇中，其文皆以類相從，俾上下文意義聯屬貫通，而識其章句於左。其三十六篇次第亦以類相從。曰通禮者九：《曲禮》、《内則》、《少儀》、《玉藻》通記大小儀文，而《深衣》附焉；《月令》、《王制》專記國家制度，而《文王世子》、《明堂位》附焉。曰喪禮者十有一：《喪大記》、《雜記》、《喪服小記》、《服問》、《檀弓》、《曾子問》六篇記喪；而《大傳》、《間傳》、《問喪》、《三年問》、《喪服四制》五篇，則喪之義也。曰祭禮者四：《祭法》一篇記祭；而《郊特牲》、《祭義》、《祭統》三篇，則祭之義也。曰通論者十有二：《禮運》、《禮器》、《經解》一類，《哀公問》、《仲尼燕居》、《孔子閒居》一類，《坊記》、《表記》、《緇衣》一類，《儒行》自爲一類；《學記》、《樂記》，其文雅馴，非諸篇比，則以爲是書之終。他如《大學》、《中庸》，依程朱别爲一書。《投壺》、《奔喪》，歸於《儀禮》。《冠儀》等六篇，别輯爲《儀禮傳》，《虞集》稱其始終先後，最爲精密，推重甚至。惟其篇次之類，縱或與劉向有出入。然劉向類次亦有可議，特其中有可説而不必易次者，有不可説而必更從者。陳氏謂："《别録》以《曲禮》、《少儀》屬制度，《内則》屬子法。澧按《曲禮》'凡爲人子之禮'數節，正可謂之子[1]法也；而屬制度者，蓋以《少儀》爲況也。鄭《目録》云：'名曰少儀者，以其記相見及薦羞之小威儀；少猶小也。'澧按《曲禮》多小威儀，與

① 之子，原作"子之"，今據《東塾讀書記》卷九乙正。

《少儀》同一類。至天子建天官，天子當依而立，諸侯見天子之類，則非小威儀而已，同屬制度而有不同矣。”此可説者也。又曰：“《王制》、《禮器》、《深衣》三篇，《別録》屬制度。《王制》篇首所記，與孟子答北宫錡之説略同。此爲周室班爵禄之制，信而有徵。《王制》記大制度，《深衣》但記一衣。以其云：‘古者深衣，蓋有制度。’故亦屬制度耳。”此亦可説者也。又曰：“《月令》、《明堂位》，《別録》皆屬《明堂陰陽記》，其實皆制度之類。《漢書・藝文志》有《明堂陰陽》三十三篇。班氏自注云：‘古明堂之遺，又有《明堂陰陽説》五篇。’蓋明堂陰陽，在禮家内自爲一家之學；故《別録》於制度之外，又分出此一類也。”此亦可説者也。至謂《禮器》當屬通論，《別録》屬制度；《玉藻》當屬制度，《別録》屬通論；皆非其類也。此不可説而必更從者也。惟《禮記》分類，昉於《別録》；而《禮記》必分類讀，則用志不紛，易得門徑。陳氏所論，故爲不易耳。

卷十　春秋　上

論《春秋三傳》之淵源者，莫析於馬、班。《史記・十二諸侯年表序》曰："孔子明王道，干七十餘君，莫能用。故西觀周室，論《史記》舊聞興於魯而次《春秋》，上記隱，下至哀之獲麟，約①其辭文，去其煩重，以制義法；王道備，人事浹。七十子之徒，口授其傳指，爲有所刺譏褒諱貶損之文辭也，不可以書見也。魯君子左丘明懼弟子人人異端，各安其意，失其真。故因孔子史記，具論其語，成《左氏春秋》。"《漢書・藝文志》曰："仲尼思存前聖之業，乃以魯周公之國，禮文備物，史官有法。故與左丘明觀其史記，據行事，仍人道，因興以立功，因敗以成罰，假日月以定曆數，藉朝聘以正禮樂。有所褒諱貶損，不可書見，口授弟子。弟子退而異言。丘明恐弟子各安其意，以失其真。故論本事而作傳，明夫子不以空言説經也。春秋所貶損大人當世君臣有威權勢力，其事皆形於傳，是以隱，所以免時難也。及末世，口説流行，故有公羊、穀梁、鄒、夾之傳。"大抵左丘明論本事而作傳，主於記事。公羊、穀梁受傳指而索隱，婷爲詁經。公羊、穀梁二家皆解正《春

---

① "約"字據《史記》補。

秋》。《春秋》所無者，公羊、穀梁未嘗言之。而左氏叙事見本末，或先經以始事，或後經以終義，或依經以辯理，或錯經以合異，因孔子史記，具論其語。則有《春秋》所無而左氏著其事者焉，有《春秋》所有而左氏不著其事者焉。故漢博士謂左氏不傳《春秋》，而推本公、穀以爲真春秋之意也。陳氏之學，所貴在通，尤崇鄭玄。嘗謂："鄭氏有宗主，復有不同；不爲何休之墨守，亦不同許慎之異義。"論《春秋》蓋以《左傳》爲主，以爲"欲知其義，必先知其事"也。顧論《左傳》凡例與所記之事有違反者，歷指其例之不可通；謂"當以一傳爲主，而不可盡以爲是"，可謂有宗主，復有不同者矣，蓋鄭氏之家法也。

古無例字，屬辭比事即比例。《漢書·刑法志》師古曰："比，以例相比況也。"《禮記·經解》引孔子曰："屬辭比事，《春秋》教也。"又曰："《春秋》之失亂。"記者引此爲夫子自道。夫子以《春秋》口授弟子，必有比例之說。故自言"屬辭比事"，爲《春秋》教。《春秋》文簡意繁，若無比例以通貫之，必至人各異説，而大亂不能理。故曰"《春秋》之失[①]亂"。故説《春秋》者多言例。何休《公羊解詁序》曰："往者略依胡毋生條例，多得其正。"胡毋生條例散見解詁，未有專書。何休《文謚例》見徐彦疏引。《公羊傳》條例雖佚而著見《七録》。則是説《公羊》例者不一家矣。范寧解《穀梁》亦有例，楊士勛疏引之，有稱范氏《略例》者；而有稱范例者，有稱范氏《别例》者，皆即《略例》也。范氏注中已有例，又别爲略例，故稱别例。則是説《穀梁》者有例矣。左氏之例，始於鄭興、賈徽。其子鄭衆、賈逵各傳家學，亦有條例。潁容已有釋例。皆不傳，獨杜預撰有《春秋釋例》十五卷，其大指以經之條貫必出於傳，傳之義例總歸於凡。《左傳》稱凡五十，其别四十有九，皆周公之垂法，史書之舊章。仲尼因而修之，以成一經之通體。諸稱"書"、"不書"、"先書"、"故書"、"不言"、"不稱"、"書曰"之類，皆所以起新舊，發大義，謂之變例。亦有舊史所不書，適合仲尼之意者，仲尼即以爲義；非互相比較，則褒貶不明。故别集諸例及地名、譜第、曆數，相與爲部，先列經傳數條以包通其餘，而傳所述之凡繫焉；更以己意申之，名曰《釋例》。唯《公羊》、《穀梁》家以時月日爲褒貶，而左氏無時月日例。至清武進

① 失，原作"説"，今據《禮記·經解》改。

劉逢禄申受撰《春秋公羊經何氏釋例》三十篇，其《釋時月日例第四》，引子思贊《春秋》"上律天時"，以爲"《春秋》不待褒譏貶絶，以時月日相示，而學之者湛思精悟"，推闡甚析。《穀梁》時月日例，更密於《公羊》，海州許桂林同叔撰《春秋穀梁傳時月日書法釋例》以發明之。而章炳麟太炎《文録》卷二，有《再與劉光漢》、《丙午與劉光漢》兩書，極稱杜預《釋例》，以爲："《左氏》初行，學者不得其例；故傅會《公羊》以就其説，侍中劉歆所奏，有云：'《左氏》同《公羊》，什有七八。'賈服雖善説經，然於《五十凡例》外，間有所補，或參用《公》、《穀》，不盡《左氏》。亦猶釋典初興，學者多以《老》、《莊》皮傅。征南生諸儒後，始專以《五十凡例》爲揭櫫，不復雜引二傳；則後儒之勝於先師者也。"獨陳氏主《左傳》之記事而不取《五十凡例》，并歷斥《公》、《穀》之時月日例；以爲"《春秋》所重者，固在其義；然聖人所謂竊取之者，後儒豈易窺測之。與其以意窺測而未必得，孰若即其文其事，考據詳博之有功於經乎？《孟子》之説春秋，一曰其事，二曰其文。文者所以記事也，事有變而不同，則文不能一成而不易；執其同者以爲常例，而以其異者爲違常例，奚可哉？黄楚望云：'凡《左傳》於義理時有錯謬，而其事皆實，若據其實而虚心以求義理至當之歸，則經旨自明，然則學《春秋》者，姑置虚辭，存而不論。而推校《左傳》之事以求聖經。'但當臚列書法之同異，有可以心知其意者則爲之説，其不可知者，則不爲妄説，斯得之矣。"信通人之論也。要之《左氏傳》之有裨於《春秋》，不在《五十凡例》，而治之者亦無事齗齗言例；事實而外，曆法、輿地、兵制、禮制、氏族、官秩，各有專門。杜氏《釋例》不專言例，而旁及地名、譜第、曆數，相與爲部，即前事之師也。《賈服注》與杜氏異者，大義不過數十條，餘皆無關宏旨。嘉興李貽德次白輯述《春秋左傳賈服注》二十卷而疏解之，是矣。長興臧壽恭眉卿著書六卷，名爲《春秋左氏古義》；而多引《公》、《穀》以汨《左氏》；不知三傳各有指歸，無庸强合；若文字異同，非皆古義也。《賈服注》與杜氏互有得失，而二家注已不全，治《左氏》者，不得不以杜氏爲主。遜清儒者，多申賈服而抑杜，此一時風氣使然，非持平之論。杜氏於日月、輿地、氏族、官制之類，分門專治。吾邑顧棟高復初得其意，成《春秋大事表》六十四卷，部居别白，心裁獨出；而推溯所自，其法實本杜氏。杜氏訓詁之學雖疏，地理之學不疏。陽湖洪亮吉稚存爲《春秋左傳詁》二十卷，其他無論；而言地理，必欲摭司馬彪、京相璠等之殘文墜簡，以相詰難；故用力多而成功少也。

陳氏之言《春秋》，宗《左》爲主，而兼采《公》、《穀》，以有不同；蓋祧康成而禰陸淳者也。何休解詁，墨守《公羊》；杜預《集解》，獨宗《左氏》；雖義有拘窒，必曲爲解説；蓋專門之學如是。惟范寧《穀梁集解》，宗主《穀梁》而兼采三家，開唐啖趙陸之先聲。異漢儒專門之學派；蓋經學至此一變，而其變非自范氏始。鄭玄從第五元先習《公羊》，其解禮多主《公羊》説；而《針膏》、《起廢》，兼主《左傳》、《穀梁》。嘗云："《左氏》善於禮，《公羊》善於讖，《穀梁》善於經"，已開兼采三傳之嚆矢，晉劉兆作《春秋調人》三萬言；又爲《左氏傳解》，名曰《全綜》；作《公羊穀梁解詁》，皆納經傳中，朱書以别之，似已合三傳爲一書；而其書不傳，未曉三傳何主？今世所傳合三傳爲一書者，自唐陸淳《春秋纂例》始。其書十卷，本啖助、趙匡之説，雜采三家以意去取，合爲一書；蓋陳氏《春秋》之學所自出。陳氏言："《三傳》各有得失，不可偏執一家，盡以爲是。鄭君之《針膏肓》、《發墨守》、《起廢疾》，即此意也。然當以一傳爲主，鄭君注《左氏》未成，以與服子慎，而不聞注《公羊》、《穀梁》；是鄭君之治《春秋》以《左傳》爲主也。《陸氏纂例》云："《左氏》功最高，能令百代之下，頗見本末；因之求意，經文可知。"蓋其意亦以《左傳》爲主；但其書名曰集傳，則不主一家，無師法耳。"此可以徵陳氏師法之所在矣。

宋劉敞撰《春秋傳》十五卷，用《陸氏纂例》之體，删改三傳而爲一傳。善化皮錫瑞鹿門《春秋通論》極推之，以爲宋儒治《春秋》最優者。而陳氏則譏其删改多不當，特以劉氏之褒貶義例，多取諸《公羊》、《穀梁》。陳氏主《左傳》，而善化治《公羊》，所主不同故耳。

儒者論古，亦各視其身世而不同。甘泉焦循理堂爲《春秋左傳補疏》五卷，其序稱："杜預爲司馬懿女壻，司馬昭妹壻；作《左氏春秋集解》，於左氏云：'稱君，君無道；稱臣，臣之罪。'師曠所謂'其君實甚'，史墨所謂'君臣無常位'，皆假其説而暢衍之。以解司馬氏篡弑之惡，與孟子所稱'孔子作《春秋》而亂臣賊子懼'之指大異。"陳氏引其説，亦言："孟子曰'孔子成《春秋》而亂臣賊子懼'。左氏開卷記潁考叔、石碏二人最詳，此大有意也，君子曰：'潁考叔，純孝也！'君子曰：'石碏，純臣也。'賈逵云'左氏義深於君父'，其此之謂乎？"而清季世，章炳麟專攻左氏而言革命。乃謂：

“賈逵言‘左氏義深於君父’，此與公羊反對之詞耳。若夫稱國弑君，明其無道，則不得以義深君父爲解。杜預於此最爲宏通；而近世焦循、沈彤輩，多謂預借此以助司馬昭之弑高貴鄉公；則所謂焦明已翔乎寥廓，弋者猶視乎藪澤也！”見《太炎文録》卷二《再與劉光漢書》。斯又張革命以申杜預矣。

章炳麟以左氏張革命，康有爲以公羊説改制；應運而生，皆迫於時勢之不得不然；此頌詩讀書之所以有待於知人論世也。獨朱一新《無邪堂答問》則深斥改制之説，原其所以謂：“公羊家之説，以爲：周道既微[①]，明王不作。夫子知漢室將興，因損益百王之法，爲漢赤制；第載之空言，不如見之行事；《魯史》具存，即借其事以寓褒貶，故曰‘加吾王心焉’。夏尚忠，殷尚質。三王之道若循環。周末文勝，夫子欲變之以殷質，而具褒貶誅絶之法，不敢自專，寄之於魯。此以《春秋》當新王之義，非謂真以魯爲新王也。麟爲王者之瑞。夫子論次十二公之事，爲萬世法；王道浹，人事備；西狩獲麟，於周爲異，《春秋》則託以爲瑞。故曰：‘所聞世，著治升平；所見世，文致太平。’此張三世之義；曰‘文致’者，明其非真太平也。公羊家多非常可怪之論。西漢大師，自有所受，要非心知其意，爲此學者流弊滋多。近儒惟句容陳立卓人爲《公羊義疏》七十六卷，深明家法，不過爲穿鑿。卓人學出江都凌曙曉樓，曉樓已頗穿鑿而尚未甚，至武進劉逢禄申受、長洲宋翔鳳于庭、德清戴望子高諸家，牽合《公羊》、《論語》而爲一。于庭復作《大學古義説》以牽合之；但逞私臆，不顧上下文義。仁和龔自珍定庵專以張三世穿鑿群經，蔓衍支離，不可究詰。二千年經學之厄，蓋未有甚於此者也。良由漢學家瑣碎而鮮心得；高明者亦悟其非，而又炫於時尚，宋儒義理之學，爲所諱言，於是求之漢儒，惟董子《繁露》之言，最爲滂沛；求之六經，惟《春秋》改制之説，最易附會；且西漢今文之學久絶，近儒雖多綴輯，而零篇墜簡，無以自張其軍；獨《公羊》全書幸存；《繁露》、《白虎通》諸書，又多與《何注》相出入；其學派甚古，其陳義甚高，足以壓倒東漢以下儒者，遂幡然變計而爲此。夫《春秋》重義不重制，義則百世所同，制則一王所獨，惟王者受命於天，改正朔，異器械，别服色，殊徽號，以新天下之耳目；而累朝舊制，沿用已久，仍復並行；此古今之通義。周時本兼有四代之制，六經無不

① 既，原作“即”，今據《無邪堂答問》改。

錯舉其説，非獨《春秋》爲然。孔子殷人，雜舉殷禮，見於《戴記》者甚多，安得以爲改制之證。《公羊》文十三年傳之‘周公用白牡，魯公用騂犅’；《何注》：‘白牡，殷牲也’；此乃成王所賜，豈亦孔子所改。《明堂位》兼用四代禮樂，若非經有賜魯明文，則亦將援爲孔子改制之證。且託王於魯，猶可言也，帝制自爲，不可言也。聖人有其位，則義見於制；無其位，則義寓於事。是故孟子之論《春秋》曰‘其事’、‘其義’，不曰其制；曰‘天子之事’，不曰天子之制。衮褒針砭者，正天①子之所有事。孔子自言竊取其義，竊取云者，取諸文王也。《公羊傳》曰：‘王者孰謂？謂文王也。’開宗明義，即示人以尊王之旨。聖人作《春秋》，以文王之法正諸侯，而不以空言説經，故其義悉寓於諸侯之事；若夫典章文物，一仍其舊，曾何改焉。近儒因《記・王制》兼有殷制，遂傅合於《公羊》。夫《王制》乃漢文集博士所作，盧侍中植明言之；侍中，漢代大儒，出入禁闥，豈有本朝大掌故，懵然不知之理。近人深斥其説，乃託《王制》以穿鑿《公》、《穀》，傎倒五經。不知孝文時，今學萌芽，老師猶在，博采四代典禮以成是篇；乃《王制》摭及《公羊》，非《公羊》本於《王制》。《王制》果爲《公羊》而作，則師説具存，《繁露》何以不引其文？漢儒何以不述其例？直待千餘年後，始煩諸儒②爲之鑿空乎？乃近人因《王制》未足徵信，復援《孟子》以爲助，《孟子》明云‘周室班爵禄’，周制也，非殷制也。《孟子》言天子一位至子男同一位，凡五等。《王制》言公、侯、伯、子、男凡五等。《公羊》言伯、子、男同位凡三等，三書説各不同，烏可强爲溝合？《孟子》：‘公侯百里，伯七十里，子男五十里’，與《武成》‘分土惟三’義同。近人黜爲僞古文《尚書》，棄置弗道，然《漢書・地理志》已言周爵五等而土三等，豈《班志》亦僞乎：殷制既以公、侯、伯爲三等，則公侯不能同爲百里。書闕有間，但當闕疑，烏可鑿空。近儒致疑於《孟子》者，徒以爵禄之説，與《周官》不合。夫《周官》不合群經者多矣，何獨執此而定百里爲素王之制？《孟子》‘十一月徒杠成，十二月輿梁成’，即《國語》引《夏令》十月成梁之制。周十二月夏之十月。《孟子》所用周正也，非夏正也。近人謂孟、荀皆用孔子改制之説。按《荀子》有《王制篇》，所言序

① 天，原作“夫”，今據《無邪堂答問》改。

② 儒，原作“傳”，今據《無邪堂答問》改。

官之法，大致與《周禮》同。又云：‘田野什一，關市譏而不征，澤梁以時禁，發而不税’，説亦同於《孟子》。《孟子》明云文王治岐之制，豈得以爲殷制？《荀子》言：‘王者之制，道不過三代，法不貳後王。過三代謂之蕩法，貳後王謂之不雅。’荀子意在法後王，乃後人反誣以改制之説，此正荀子所斥爲不雅者也。夫子修《春秋》以垂教萬世，託始於文，託王於魯，定哀多微辭，上以諱尊隆恩，下以避害容身，慎之至也。聖人憲章文武，方以生今反古戒人，豈有躬自蹈之之理。《公羊》家言變周文，從殷質，文王，殷人，其所用者殷制，夫子用此，與從先進義同；豈敢緣隙奮筆，儼以王者自居。《春秋》即爲聖人制作之書，度亦不過一二微文以見意；豈有昌言於衆以自取大戾者。且亦惟《公羊》爲然，於二傳何與？於《詩》、《書》、《禮》、《易》、《論語》又何與？今以六經之言，一切歸之改制；其鉅綱細目，散見於六經者，轉以爲粗迹而略置之。夫日以制作爲事，而不顧天理民彝之大，以塗飾天下人耳目，惟王莽之愚則然耳。至以《春秋》爲漢赤制，此尤緯説之無理者。蓋自處士横議，秦人焚書，漢高溺儒冠，文、景喜黄、老，儒術久遏而不行。自武帝罷黜百家，諸儒乃亟欲興其學，竄附緯説以冀歆動時君；猶《左傳》之增‘其處者爲劉氏’也。《後漢書·賈逵傳》：“五經家皆無以證圖讖明劉氏爲堯後者，而《左氏》獨有明文。”章懷太子注：“《春秋》晉大夫蔡墨曰：‘陶唐氏既衰，其後有劉累，學擾龍，事孔甲，范氏其後也。’范會自秦還晉，其處者爲劉氏。明漢承堯後也。”此在立學之初，諸儒具有苦心；後人若復沿襲其説，則愚甚矣。”其辭辨以覈。

江都淩曙曉樓初治鄭玄禮；嗣聞武進劉逢禄申受論何氏《春秋》而好之，轉而治《公羊》，撰《公羊禮疏》十一卷，《公羊禮説》一卷。句容陳立卓人最稱高第弟子，承其緒衍，成《公羊義疏》七十六卷，《白虎通疏證》十二卷。其學由《白虎通》以通《王制》，遂旁開以《公羊》言禮一派。近世湘潭王闓運壬秋、善化皮錫瑞鹿門之學，皆由此衍；言禮明然後治《春秋》；别開湘學，又旁軼而爲蜀學，集其成於井研廖平季平，繼别爲宗；而淵源所自，不得不推淩氏爲别子之祖也。

南海康有爲之言《公羊》，得之廖平。惟廖平以《公羊》言禮制，由《白虎通》以通《王制》，爲湘學王闓運之嗣法。而康氏以《公羊》稱大同，由《禮運》以明《春秋》，則宋儒胡安國之餘論。呂祖謙與朱子書曰：“胡文定《春秋傳》多拈出《禮運》‘天下爲公’意思。蠟賓之嘆，自昔前輩共疑之，以爲非孔子語，蓋不獨親其親，子其子，而以堯、舜、禹、湯爲小康，是老聃、墨子之論。胡氏乃屢言《春秋》有意於天下爲公之世。”其間尤有同而不同者焉。

左氏浮夸，文章之士所喜誦説。鄉人龔伯偉先生敬釗問《左傳》文章評點孰爲佳？應之曰：《左繡》爲佳。而於文章之奇偶相生，左氏之錯偶於奇，一編之中，尤三致意。每聞老輩詆《左繡》論文，不脱評點八股文習氣。不過承桐城文學方張之焰，崇八家以排儷體；《左繡》獨被惡名，猶之方望溪之不喜班孟堅書爾。班孟堅之於左氏，一脈相傳；其文章之妙，在能運偶以奇，尤在凝奇於偶。運偶以奇，故舉重若輕；凝奇於偶，斯積健爲雄。而自命古文家者，乃必以偶爲諱。阮文達《研經堂三集·書昭明太子文選序後》曰：“如必以比偶非文之古者而卑之，則孔子繫《易》，自命其言曰，文者，一篇之中，偶句凡四十有八。而班孟堅《兩都賦序》及諸漢文，其體皆奇偶相生，齊梁以後溺於聲律，彦和《雕龍》，漸開四六之體。至唐而四六更卑。然文體不可謂之不卑，而文統不可謂之不正，班孟堅《兩都賦序》，白麟神雀二比，言語公卿二比，即開明人八比之先路。八比之文，真乃上接唐宋四六爲一脉，爲文之正統也。”斯其論文章之奇偶相生，真乃上接《左繡》爲一脈。世論不敢難文達，而獨致譏《左繡》，多見其不知類也。其書出錢唐馮李驊天閑、定海陸浩大瀛之手。前有高安朱文端公軾序，稱：“統括全書，指其精神脈絡，以盡行文之態，亦論文之至。”豈曰借譽之論。

唐劉知幾《史通·六家篇》曰：“《左傳》家者，其先出於左丘明。孔子既著《春秋》，而丘明受經作傳；蓋傳者轉也，轉受經旨以授後人。或曰‘傳者，傳也，所以傳示來世。’”“《國語》家者，其先亦出於左丘明；既爲《春秋内傳》，又稽其逸文，纂其别説，分周、魯、齊、晉、鄭、楚、吴、越八國事，起自周穆王，終於魯悼公，别爲《春秋外傳國語》，合爲二十一篇；其文以方《内傳》，或重出而小異。然自古名儒賈逵、王肅、虞翻、韋曜之徒，並申以注釋，治其章句。此亦《六經》之流，《三傳》之亞也。”昔劉勰撰《文心雕龍》，有《史傳篇》，亦云：“傳者，轉也，轉受經旨以授於後”，而經有今文古文之别，傳有内傳外傳之别，不僅《春秋》有之。内傳者，一經之本訓；外傳者，經外之别義。世傳《十三經》，其中有經有傳；而今古文確可識别者：《書孔安國傳》十三卷，《詩毛公古訓傳》三十卷，《春秋左氏傳》三十卷，古文也；《儀禮子夏喪服傳》一篇，《春秋公羊傳》十一卷，《穀梁傳》十一卷，今文也。此内傳也，若論外傳，則今文獨多。《易》，京房《易傳》三卷。《書》，伏生《大傳》四卷。亦有三卷本。《詩》，韓嬰《外傳》十卷。劉向《列女傳》每事引《詩》作贊，略同韓嬰，疑亦《詩外傳》之一種也。《禮大戴記》十三卷，《小戴記》四十九卷。《春秋董子繁露》十七卷，而劉向受《穀梁春秋》則采《春秋》，至漢初軼事，以爲《新序》、《説苑》，都五十篇；《新序》今存十卷，《説苑》存二十卷。而《春秋》時事尤多，大抵采百家傳記可爲法戒者，以類相從，故頗與《春秋左氏内外傳》相出入，疑爲《穀梁外傳》；《繁露》則《公羊外傳》也。皆今文也。古文，獨《左氏春秋》有外傳耳。如此之類，事摭別出，義多旁支，取與《内傳》相經緯，而非一經之本訓，故曰外傳。然則先師傳經，内傳古文多，外傳今文多，此其較也。然今古文之稱，在今日直爲不詞。漢人所以稱今古文者，以文字有漢篆與蒼籀之異，而在今日，則一體今隸，孰爲古文，特事義有不同耳，當正名曰今學古學。

欲明今學古學事義之不同，漢儒許慎撰有《五經異義》，鄭玄爲駁。《隋書》、《唐書》《經籍志》著録十卷，宋時已佚，近人所輯，有秀水王復本，陽湖莊葆琛本，嘉定錢大昭本，曲阜孔廣森本，閩縣陳壽祺本。而《陳本》上、中、下三卷，稱有條理，并爲疏證，極精覈也！井研廖平季平本《五經異義》，以考兩漢學説，成《今古學考》上、下二卷；而昔人説經異同之故，紛紜而不決者，至是平分江河，瞭如指掌焉。

卷十一　春秋　下

漢劉氏向、歆父子叙録群書爲《七略》，無四部之名而《太史公》百三十篇，馮商所續《太史公》七篇，悉以隸《春秋》，唐劉知幾《史通》論史六家，而統以二體曰："丘明傳《春秋》，子長著《史記》，載筆之體，於斯備矣。"蓋《春秋》，編年之體；《史記》，紀傳之祖也。而會稽章學誠實齋揚榷文史，譔論《通義》，獨深有會於劉氏向、歆之意，而推原紀傳本於《春秋》，蓋紀編年以包舉大端，《春秋》之經也。傳列人以委曲細事，丘明之傳也。一辨章流别，一考鏡源流，誼各有當，不必此之爲是，而彼之爲非也。

太史公綜合古今，發凡起例，創爲百三十篇。本紀以序帝王，世家以紀侯國，十表以譜年爵，八書以詳制度，列傳以誌人物；然後國故朝章，網羅一編，顯隱必該，洪纖靡遺；歷代作史者遂不能出其範圍，《漢書》以下二十三史，可考而知也。然而時移事易，體例增損，固亦有之。陽湖趙翼雲崧撰《二十二史劄記》，勘比諸史，較其異同，條爲五事，而参以鄙意，頗有可得而論者焉。其一曰本紀。古有《禹本紀》、《尚書世紀》等書，太史公用其體以叙述帝王。惟楚義帝立自項氏，政非己出，不爲立紀。項羽則宰制天下，封諸侯王，莫敢不聽命，自當人本紀。《漢書》改爲列傳，則以斷代爲史，當王者貴。惟《周本紀》、《秦本紀》，自其先世爲侯伯皆入之，頗失裁斷。然不如是，則先後參差，不得不爲變例。魏收作《魏書》，遂承用其例焉。《金史》於《太祖本紀》之前，先立《世紀》以叙其先世；此則仿《尚書世紀》之名，而視太史公爲典切矣。《三國志》但有《魏紀》，而吴、蜀二主，皆不立紀，以魏爲正統故也。《後漢書》又立《皇后紀》，蓋仿《史漢·吕后紀》之例；不知太史公以政由后出，故《高紀》後即立《后紀》。至班固則先立《孝惠紀》；孝惠崩，始立《后紀》，其體例已截然；以少帝既廢，所立者非劉氏子，故不得以僞主紀年，而歸之於后也。若東漢則各有《帝紀》；即女后臨朝，而用人行政，已皆編在《帝紀》内，何必又立《后紀》。《新唐書》武后已改唐爲周，故朝政則編入《后紀》，而宫闈瑣屑，仍立《后傳》，似得體要。《宋史·度宗本紀》後，附瀛國公及二王；不曰帝，而曰瀛國公，曰二王，固以著其不成爲君；而猶附於紀後，則以其正統緒餘，已登極建號，不得而没其實也。至馬令陸遊《南唐書》作《李氏本紀》，吴任臣《十國春秋》，爲僭大號者皆作紀，殊太濫矣。其時已有梁、唐、晉、漢、周稱紀，諸國皆偏隅，何得亦稱紀耶？其二曰世家。太史公《衛世家贊》“余讀《世家》言”云云，是古來本有世家一體，太史公用之以記王侯諸國。劉知幾《史通·世家篇》曰：“司馬遷之記諸國也，其編次之體，與《本紀》不殊；蓋欲抑彼諸侯，異乎天子，故假以他稱，名爲世家。按世家之爲義也，豈不以開國承家，世代相續。”然孔子以一布衣，栖皇終老，未嘗開國承家，而亦列之世家者；太史公見義於贊曰：“天下君王至於賢人衆矣；當時則榮，殁則已焉。孔子布衣傳十餘世，學者宗之。”豈不以孔子開來繼往，以六藝世其家；勝於天下君王開國承家，以爵土世其家邪？而宋儒王安石讀《孔子世家》，乃譏之曰：“進退無所據”，“自亂其例”。太史公所爲致嘆於“非好學深思，心知其意；固難爲淺見寡聞者道也”。《漢書》則有列傳而無世家，雖爵土弗替之王侯，亦以入列傳。然傳者，傳一人之生平也。王侯開國，子孫世襲，故稱世家。今一體改列傳，而其子孫嗣爵者，又不能不如世家之次其世系；其體世家，其名列傳，斯則進退無所據矣。然自《漢書》定例後，歷代因之。《晉書》於僭僞諸國數代相傳者，不曰世家，而曰載記。蓋以劉石苻姚諸君，有稱大號者，不得以侯國例之也。歐陽修《五代史》則於吴、南唐、前蜀、後蜀、南漢、北漢、楚、吴越、閩、南平皆稱世家。《宋史》因之，亦作《十國世家》。《遼史》於高麗、西夏，則又變其名曰《外記》。此則《本紀》之變體，而非世家之本然矣。其三曰表。太史公作《十表》，昉於周之《譜牒》，曰：《三代世表》、《十二諸侯年表》、《六國表》、《秦楚之際月表》、《漢興以來諸侯年表》、《高祖功臣侯年表》、《惠景間侯者年表》、《建元以來侯者年表》、《建元以來王子侯者年表》、《漢興以來將相名臣年表》，與紀傳相爲出入。紀傳之所有者，則綜以挈其綱；紀傳之所無者，則該以拾其遺；作史體要，莫大於是。《漢書》因之，作《七表》；以《太史公書·三代世表》、《十二諸侯年表》、《六國表》，皆無與於漢也。其餘諸侯王，皆本太史公舊表，而增武帝以後沿革以續之；惟《外戚恩澤侯表》、《百官公卿表》，則補太史公之所無。至《古今人物表》，則殊非宜。蓋以漢爲書，而表綜古今，不知限斷；劉知幾譏之，宜也。見《史通·表歷第七》。《後漢書》、《三國志》、《宋》、《齊》、《梁》、《陳》、《魏》、《齊》、《周》、《隋》諸書及《南北史》，皆無表。《舊唐書》亦無表。《新唐書》有《宰相表》、《方鎮表》、《宗室世系表》，以增舊書之所無。薛《五代史》無表，歐《五代史》亦無表，但有《十國世家年譜》。按譜之建名，起於周代。表之所作，因譜象形。故桓君山有云："太史公《三代世表》旁行斜上，並效《周譜》。"譜之與表，其實一也。《宋史》有《宰相》、《宗室》二表。而表之多者，《遼史》爲最。有《世表》、《皇子表》、《公主表》、《皇族表》、《外戚表》、《遊幸表》、《部屬表》、《屬國表》。表多，則傳可省。如皇子、皇族、外戚之類，勳名卓著者，既爲列傳；此外無功過者，則傳之不勝傳，而又不容盡没其姓氏；惟列之於表，既著明其世系官位，而功罪則附書。内而各部族，外而各屬國，亦列之爲表；凡朝貢、叛服、征討、勝負之事，皆附書以省筆墨。故《遼史》列傳不多，《遼史》列傳四十六卷。而一代之事迹賅焉，此作史良法也。《金史》有《宗室》、《交聘》二表。《交聘表》數宋人三失，而惜不知守險，不能自强，而切中事機，卓然有良史之風。《元史》有《后妃》、《宗室世系》、《諸王》、《公主》、《三公》、《宰相》六表。而《明史》五表，則仍諸史之舊有者四：曰《諸王》，曰《功臣》，曰《外戚》，曰《宰輔》。刱諸史之新例者一：曰《七卿》。蓋明太祖廢左右丞相，而分其政於吏、户、禮、兵、刑、工六部；而都察院糾核百司，爲任亦重，故合而七也。其四曰書志。《八書》乃太史公所創以紀朝章國典。《漢書》因之作《十志》。《律曆志》，則本於《律書》、《曆書》也。《禮樂志》，則本於《禮書》、《樂書》也。《食貨志》，則本於《平準書》也。《郊祀志》，則本於《封禪書》也。《天文志》，則本於《天官書》也。《溝洫志》，則本於《河渠書》也。此外又增《刑法》、《五行》、《地理》、《藝文》四志。宋儒鄭樵作《通志》，開宗明義，以爲“書契以來，惟司馬遷《史記》，會《詩》、《書》、《左傳》、《國語》、《世本》、《戰國策》、《楚漢春秋》之言，通黄帝、堯、舜至於秦漢之世，勒成一書，擅制作之規模。不幸班固非其人，遂失會通之志；由其斷漢爲書，是致周秦不相因，古今成間隔。”蓋歸獄於班《書》之斷代，無以觀其會通也。然其中亦自有别。固之斷漢爲書者，惟本紀、列傳耳。至表則有《古今人物》，所載自秦而往，不言漢事。而志之《禮樂》、《刑法》、《食貨》、《郊祀》、《五行》、《地理》、《溝洫》諸篇，尤皆上溯邃古，下迄當代，何嘗斷漢爲書而不觀其會通耶？蓋人物可以間世而一出，不礙斷代列傳。而典章必有所因而制作，何能置前不論也。至於志藝文，則增損《劉略》，删七爲六，通著六藝諸子，皆非漢人著述。更何得謂之斷漢爲書？《隋書·經籍志》雖變六略而爲四部，然兼録古今載籍，則與班同，以爲皆其時柱下之所藏也。唐宋經籍、藝文諸志因之。獨《明史·藝文》第就二百七十年各家著述，釐次成志，此則斷代著録之創例耳。而《班書》不然。然則《班書》斷代，祇限紀傳，而非所論於十志。其後《律曆》、《禮樂》、《天文》、《地理》、《刑法》，歷代史皆不能無。《後漢書》改《地理》爲《郡國》；又增《禮儀》、《祭祀》、《百官》、《輿服》四志。《三國》無志。《晉》、《宋》、《齊》書，大概與前書同。惟《宋書》增《符瑞志》，不知何所取義？史公傳《龜策》，以三代聖王重卜筮也。然且爲《史通》所疑。見《史通》外篇《古今正史第二》。若東漢而後，圖讖之學，直是妖言，篝火狐鳴，帛書牛腹，自昔覬覦非分者，莫不造爲符命以摇惑人心。沈休文乃欲以挽力征逐鹿之風，何異揚湯而止沸也。《南齊書》亦分《祥瑞》於《五行》之外，蕭子顯特欲侈其先世受命以掩其篡奪之迹耳，休文志此胡爲乎？《梁》、《陳書》及《南史》無志，《魏書》改《天文》爲《天象》，《地理》爲《地形》，《祥瑞》爲《靈徵》，餘皆相同，而增《官氏》、《釋老》二志。《齊》、《周》及《北史》皆無志。《隋書》本亦無志，今志乃合《梁》、《陳》、《齊》、《周》、《隋》並撰者，其藝文則改爲經籍。《新唐書》增《儀衛》、《選舉》、《兵制》三志。薛《五代史》志類有減無增。歐《五代史》另立《司天》、《職方》二考，亦即《天文》、《地理》而變其名也。《宋史》諸志，與前史名目多同。惟《遼史》增《營衛》、《捺鉢》、《部族》、《兵衛》諸志，其國俗然也。《金》、《元》二史志目，與《宋史》同，惟少藝文耳。《明史》志目與《宋史》同，其《藝文志》，著述以明人爲斷，斯爲特例，蓋長洲尤侗之所草創也。侗有《明·藝文志》五卷别行。然考其初載，亦有自來。《北史·宋隱傳》載，族裔世景從孫孝王爲北平王文學，非毁朝士，撰《朝士别録》二十卷。會周武滅齊，改爲《關東風俗傳》，更廣見聞，成三十卷。”而《史通·書志篇》則云：“藝文一體，古今是同；詳求厥義，當變其體。近者宋孝王《關東風俗傳》亦有《墳籍志》，其所録皆鄴下文儒之士，讎校之司，所列書名，惟取當時撰者；習兹楷模，庶免譏嫌。”豈《明史·藝文志》著録群籍，限斷當代之例所自昉乎？其五曰列傳。傳者，轉也；轉受經旨以授於後；所以詁經，非以叙人物也。而叙人物以爲傳，則自太史公始。又於傳之中，分公卿將相爲列傳。其《儒林》、《循吏》、《酷吏》、《刺客》、《遊俠》、《佞幸》、《滑稽》、《日者》、《龜策》、《貨殖》等，又别立名目，以類相從。自後作史者，各就①一朝所有人物傳之，固不必盡拘太史公舊名也。《漢書》省《刺客》、《滑稽》、《日者》、《龜策》四傳，而增《西域傳》。蓋無其人，不妨缺；有其人，不妨增。至《外夷傳》，則又隨各朝之交兵通貢者而載之，更不能盡同也。惟貨殖一款，本可不立傳。而《漢書》所載《貨殖》，又多周秦時人，與漢何涉？《後漢書》於列傳《儒林》、《循吏》、《酷吏》外，又增《宦者》、《文苑》、《獨行》、《方術》、《逸民》、《列女》等傳，獨《儒林傳》最爲後世所稱；《五經》分類叙次，各先載《班書》所記之源流，而後以東漢習經者著爲傳，以徵師法淵源之所自。列傳則《卓茂傳》，叙當時與茂俱不仕莽者，孔休、蔡勳、劉宣、龔勝、鮑宣等五人；《來歷傳》，叙同諫廢太子者，祋諷、劉褘②、薛皓、閭邱宏、陳光、趙代、施延、朱倀、第五頡、曹成、李尤、張敬、龔調、孔顯、徐崇、樂闓③、鄭安世等十七人。此等既不能各立一傳，而其事可傳，又不忍没其姓氏；故立一人傳，而同事者用類叙法，盡附見於此一人傳内，其例蓋仿於《三國志》。《三國志·倉慈傳》後，歷叙吴瓘、任燠、顔斐、令狐邵、孔乂等，以其皆良吏而類叙之；《王粲傳》後，歷叙徐幹、陳琳、阮瑀、應

① 各就，原作“就各”，今據《廿二史劄記》卷一乙正。

② 褘，《後漢書·來歷傳》作“瑋”。

③ 闓，原作“闈”，今據《後漢書》改。

瑒、劉楨及阮籍、嵇康等，以其皆文士而類叙之；歷官行事，隨事附見，以省人人立傳之煩，亦見其簡而該也。《三國志》傳目有減無增；《方術》則改爲《方伎》；《方伎傳》内，如華佗則叙其治一證，即效一證；管輅則叙其占一事，即驗一事；獨於《朱建平傳》總叙其所相者若干人，而又總叙各人之徵驗於後；蓋仿太史公《扁鵲》等傳而變通其意者也。《晉書》改《循史》爲《良吏》，《方伎》爲《藝術》，不過稍易其名；又增《孝友》、《忠義》二傳；其《逆臣》則附於卷末，不另立《逆臣》名目。《宋書》但改《佞幸》爲《恩幸》，其二凶亦附卷末。而叙次則多帶叙法，其人不必立傳，而其事有附見於某人傳内者，即於某人傳内叙其履歷以畢之，而下文仍叙某人之事，如此者甚多。蓋人各一傳，則不勝傳；而不爲立傳，則其人又有事可傳；有此帶叙法，則既省多立傳，又不没其人，此與《後漢》、《三國》之類叙，俱爲作史良法。但《後漢》、《三國》於類聚者，多在本傳後方綴履歷。此則正在本傳叙事中，而忽以帶叙者履歷入之。此則同而有不同者。其于兵刑，輒以始末備之一傳，餘文互見，端緒秩然，不克尚友孟堅，固已抗手蔚宗。《齊書》改《文苑》爲《文學》，《良吏》爲《良政》，《隱逸》爲《高逸》，《孝友》、《忠義》爲《孝義》，《恩倖》爲《倖臣》，亦名異而實同。其降敵國者亦附卷末，而類叙傳孟堅意，帶叙用休文法。《梁書》改《孝義》爲《孝行》，又增《止足》一款，其《逆臣》亦附卷末。《陳書》及《南史》亦同；惟《南史》則侯景等另立《賊臣》名目。《魏書》改《孝行》爲《孝感》，《忠義》爲《節義》，《隱逸》爲《逸士》，《宦者》爲《閹宦》，亦名異而實同；其劉聰、石勒、晉、宋、齊、梁，俱入《外國傳》。《北齊》各傳名目無所增改。《周書》增《附庸》一款。《隋書》改《忠義》爲《誠節》，《孝行》又爲《孝義》；餘皆與前史同；而以李密、楊元感次列傳後；宇文化及、王世充附於卷末。《北史》各傳名目，與前史同；增《僭僞》一款。《舊唐書》諸傳名目亦同前史，其安禄山則附卷末，不另立《逆臣》名目。《新唐書》增《公主》、《藩鎮》、《奸臣》三款；《逆臣》中又分《叛臣》、《逆臣》爲二，亦附卷末。薛《五代史》增《世襲》一款。歐《五代史》另立《家人》、《義兒》、《伶官》等傳，其歷仕各朝者謂之雜傳，又分《忠義》爲《死節》、《死事》二款，又立《唐六臣傳》。蓋五代時事多變局，故傳名亦另創也。《宋史》增《道學》一款，以別出於《儒林》，又有《周三臣傳》，餘與前史同。《遼史》亦多同前史，惟改《良吏》

爲《能吏》，另有《國語解》。《金史》無《儒學》；但改《外戚》爲《世戚》，《文苑》爲《文藝》；餘與前史同；而以金初滅遼取宋，中間與宋和戰不一，末年又爲蒙古所滅，故用兵之事，較他朝獨多；其勝敗之迹，若人人鋪叙，徒茲繁冗。《金史》則詳叙一人以爲主，而諸將之同功一體者，旁見側出，以類相從，有綱有紀，最得史法。亦有《國語解》。《元史》增《釋老》，餘亦與前史同。《明史》各傳名目，亦多同前史；惟《閹黨》、《流賊》及《土司》三傳，則前史之所無。蓋貂璫之禍，雖漢唐以下皆有，而士大夫趨勢附羶，則惟明人爲最夥，其流毒天下亦至酷；别爲一傳，所以著亂亡之源，不但示斧鉞之誅也。闖、獻二寇，至於亡明，勦撫之失，足爲炯鑑；非他小醜可比，故别立之。至於土司，古謂羈縻州也；不内不外，釁隙易萌；大抵多建置於元，而滋蔓於明；控馭之道，與牧民殊，與禦敵國又殊；故自爲一類焉。而其編纂之得當，如數十人共一事者，舉一人立傳，而同事者各附以小傳；如同事者别有專傳，而此一事不復詳叙，但云語在某人傳而已。

史筆有二。有解偶爲散以疏其氣者：紀傳則有司馬遷之《史記》，陳壽之《三國志》，蕭子顯之《南齊書》，姚察之《梁書》，姚思廉之《陳書》，李延壽之《南北史》，宋祁等之《唐書》，歐陽修之《五代史》，託克託等之《宋史》、《遼史》、《金史》，宋濂等之《元史》，張廷玉等之《明史》。編年則有司馬光之《通鑑》，記言則有《戰國策》，此一體也。有寓偶於散以植其骨者：紀傳則有班固之《漢書》，范曄之《后漢書》，房喬等之《晉書》，沈約之《宋書》，魏收之《魏書》，李百藥之《北齊書》，令狐德棻之《周書》，魏徵等之《隋書》，劉昫等之《舊唐書》。編年則有左氏之《春秋傳》，記言則有《國語》，此又一體也。大抵凝重多出於偶，流美多出於散；而其樞機之轉，只看《國語》、《國策》二書便見。昔年李續川與余論文章，問《國語》、《國策》之異同。余告之曰："《國語》、《國策》，記言體同，而文章攸殊。《國語》寓偶於散，以植其骨，《左傳》之枝流也；《國策》解偶爲散，以振其氣，《遷史》之前茅也。"續川贊其了當。

一部《二十四史》，從何説起，而《史記》、《漢書》不可不全部讀；以其四通六闢，運而無所積；一爲史學之開山，一爲經部之枝流，一爲子家之要删，一爲文章之大宗。何以言之？史家二體，編年紀傳；《史記》則以紀傳革編年之體，《漢書》又以紀傳爲斷代之祖。故曰史學之開山。《史記》《孔子世家》、《仲尼弟子列傳》、《儒林列傳》，《漢書》《律曆志》及《藝文志》之《六藝略》，又《儒林列傳》，則群經之敘録也。《史記》《五帝》、《夏》、《殷》、《周》諸本紀，《三代世表》，與《尚書》相表裏。《十二諸侯年表》，《吴太伯》、《齊太公》、《魯周公》、《燕召公》、《管蔡》、《陳杞》、《衛康叔》、《宋微子》、《晉》、《楚》、《越王句踐》、《鄭》十二世家，與《春秋左傳》相表裏。《禮書》、《樂書》，與《禮記》相表裏。至《漢書·地理志》推表山川，則《尚書·禹貢》之傳。《五行志》徵應五事，又《尚書·洪範》之傳。而《禮樂志》爲《戴禮》之支裔，《百官志》又《周官》之繼别。故曰經部之枝流。《史記》列傳，管、晏、老子、莊子、申不害、韓非、司馬穰苴、孫武、吴起、商君、孟軻、騶衍、淳于髡、慎到、荀卿諸子，既叙次其生平，又推論其著書，於書即爲叙録，於人遂爲列傳。而《太史公自序》要指六家；《漢書·藝文志》亦略諸子；纂言鈎玄，若網之有綱。故曰子部之要删。《史記》積健爲雄，疏縱而奇，以爲唐宋八家散行之禰。《漢書》植骨以偶，密栗而整，以開魏晉六朝駢體之風。文章變化，不出二塗。故曰文章之大宗也。讀一書抵千百書。

余於《二十四史》，《史記》外喜讀陳壽《三國志》，以其工描寫而别出機杼。史公筆意詼詭，尋常人物，亦描寫不尋常，如《遊俠》、《滑稽》、《貨殖》列傳是也。陳壽辭旨雅澹，極不尋常人物，而能描寫其尋常，如袁紹、公孫瓚、諸葛亮等傳是也。而明人歸有光《震川文集》中之《先妣事略》、《寒花葬志》、《項脊軒記》，衹以尋常筆墨，寫尋常細碎，却自風神疏澹，别饒意趣。姚惜抱每謂："歸震川之文，於不要緊之題，説不要緊之話。"余謂史公能於不要緊之題，説要緊之話；陳壽乃於要緊之題，説不要緊之話；各具一付本領。而震川衹於不要緊之題，説不要緊之話；後來人窮老盡氣，儘自趕不上也。

三兒鍾英問四史文章，孰爲優劣？余告之曰："馬遷短長相生，而出以雄肆；班、范奇偶錯綜，而求爲雅練；陳壽《三國》雄肆不如太史公，雅練又遜前後《漢》，而清微淡遠，妙造自然。柳子厚得其清簡，而化以奥峭，其品峻；歐陽永叔似其淡遠，而出以蕩逸，其神暇。此中低昂，非汝鈍根人所能會。"

唐太宗以何法盛等前後《晉史》十有八家，制作雖多，未能盡善；命房喬等重加撰次，分類纂輯以成《晉書》；藉功衆手，指歸不一，詳略失當；加之半出詞臣，言多駢儷，不合史裁；訶譏者衆。劉知幾《史通·雜説》則詆之曰："近者宋臨川王義慶著《世説新語》，上叙兩漢、三國及晉中朝江左事。劉峻注釋，摘其瑕疵，僞迹昭然，理難文飾。而皇家撰《晉史》，多取此書，遂取康王之妄言，違孝標之正説，以此書事，奚其厚顔。"而清修《四庫全書總目》尤相譏切，以爲："其所襃貶，略實行而獎浮華；其所采擇，忽正典而取小説；宏獎風流，以資談柄，是直稗官之體，安得目曰史傳。"至道光間，荆溪周濟止庵撰《晉略》一書，舉《晉書》中之繁蕪浮誕，及義所未安，言之不順者，悉汰之；文省而事增，什七折衷，依於司馬光《通鑑》；事以類附，例以義起，爲《本紀》六，《表》五，《列傳》三，《十六國傳》十一，《彙傳》七，宗室、篤行、清談、任達、良吏、文學、隱逸《序目》一，計六十六篇；事即前史，言成一家；其諸論贊中，於攻取、防守、地勢，必反覆曲折，確有指歸，俾覽者得所依據。自言："此書爲一生精力所萃，實亦一生志略所寓也。"則以寓平生經世之學，借史事發揮之；遐識渺慮，非徒考訂筆力過人。

"南朝四書"，《宋》、《齊》、《梁》、《陳》，其文章當以《梁書》稱首，而爲八家古文之前茅。趙翼《廿二史劄記》每極稱之，以爲："行文自出鑪錘，直欲遠追馬班。蓋以時争尚駢儷，即叙事之文，亦多四字爲句；罕有用散文單行者。《梁書》則多以古文行之，如《韋叡傳》叙合肥等處之功，《昌義之傳》叙鍾離之戰，《康絢傳》叙淮堰之作，皆勁氣鋭筆，曲折明暢，一洗六朝蕪冗之習。《南史》雖稱簡淨，然不能增損一字也。至諸傳論，亦皆以散文行之；《魏鄭公梁書總論》猶用駢偶；此獨卓然傑出於駢四儷六之上；則姚察父子爲不可及也。世但知六朝之後，古文自唐韓昌黎始。而豈知姚察父子，已振於陳末唐初也哉?"所論精卓不磨。

"北朝四書"，《魏》、《齊》、《周》、《隋》，獨《魏書》最被謗議，號稱穢史。《北齊書·收本傳》具著其迹。獨《四庫全書總目》爲之辯正，互考諸書，證其所著亦不甚遠於是非；其辭甚備。而余讀《北齊書·收本傳》曰："修史諸人，祖宗姻戚，多被書録，飾以美言。"尋所云："修史諸人"，收實總其成。而仁和譚獻《復堂日記》則云："閲《魏書》，《恩倖傳》首列王叡；其子椿即收之姑夫，而傳稱：'魏撫兄子收，情同己子。'乃不以舊恩曲回史筆，直道如此；猶蒙穢稱。"此一事爲總目所未及，足爲古人雪謗。然魏收仕於北齊，修史正在齊宣文時，故凡涉齊神武在魏朝事，必曲爲迴護。而欲以齊繼魏爲正統，故自孝武後，即以東魏孝静帝繼之；而孝武西遷後諸帝，不復作紀。按齊神武起兵討爾朱氏，廢節閔；會朝臣議，僉謂孝文不可無後；故立孝武，天下共以爲主已三年，尋與神武不協，乃走關中，依宇文泰。神武別立清河王亶子善見爲帝；是爲東魏。而孝武爲西魏，是則魏統之所繫。孝武崩，文帝立；文帝崩，廢帝、恭帝繼之；皆魏之正統也。魏澹作《魏書》，以西魏爲正統，自是正論；惜其書不傳。故西魏文帝等紀年紀事，轉見於《周書文帝即宇文泰紀》内；在《周書》爲贅懸，在《魏書》爲闕漏。讓清嘉慶間，南康謝啓昆蘊山乃撰《西魏書》以續《魏書》，爲紀一，表三，考四，傳十二，載記一凡二十四卷。著其興衰治亂，詳於因革損益。卷帙不廣，條目悉具，編年紀月以經之。旁行斜上以緯之。輯北朝之遺聞，補《魏書》所未逮。其考《紀象》也，兼正光之推步，較《天象》而益精焉。其考《疆域》也，訂大統之版圖，較《地形》而更密焉。其考《氏族》也，釐代都之門望，較《官氏①》而尤詳焉。其爲《封爵》、《大事》諸表也，則於魏收所未備者，取法於遷、固而加覈焉。特以周、隋兩朝人物之曾仕西魏者凡三百餘人。《周書》列傳，非西魏臣者十無一二；勢難廢《周書》而改爲西魏；其爲列傳，以宇文受禪爲斷；而下仕周、隋者，即不爲立傳；雖尉遲迥、獨孤信之倫，勳業爛然，亦嚴立限斷，聽其入於《周書》。然《封爵表》載其爵秩大事，《異域表》載其勳略；《百官表》載其所爲柱國大將軍之官；以與列傳互爲補苴，但録其事，不載其人；以爲方紐效績於荆襄，究非魏之勳舊。而如尉遲建功於庸、蜀，自屬周之臣子也。他如孝武謀去彊臣，非爲失德；而《周書》攸紀，橫謂斛斯椿爲群小，王思政爲諂佞；皆是曲筆，豈爲讜言。今一洗之，概從其實；斯尤明直道之公而以徵良史之筆焉。

《新唐書》《本紀》、《志》、《表》題歐陽修撰，《列傳》題宋祁撰。論者無不右歐陽而議宋氏。其實皆一孔之士，不足與論古。獨譚獻《復堂日記》謂："《唐書》文體宏遠，亦云史才，好用新字，更改舊文，多可笑哂。如'師老'爲'師耄'，'不可忍'爲'叵可忍'，'不敢動'爲'不可搖'，直兒童語；宋祁亦雅才，何以有此弊？究其師法，殆退之作俑耳。宋與歐陽，皆崇信退之，乃學焉而各得其性之所近。"其弟子餘杭章炳麟太炎遂申其意曰："退之石刻

① 官氏，原作"官民"，今據《魏書·官氏志》改。

轉益瓌怒。而宋世效韓氏爲文章者，宋子京得其辭，歐陽永叔得其勢。”《天放樓文言序》辭尤明析。而朱一新《無邪堂答問》則尤力爲子京張目，以爲：“《新唐書》實遠過《舊唐書》。子京之文，雖未追踪班、馬，亦足陵跨六代；宋人多議之，貴遠忽近之見耳。范、陳而後，自歐《五代》、李《北史》與《隋書》外，未有及《新唐書》者。然歐《五代》過求簡嚴，多所刊略。《新唐書》則無此失，雖用字間有生竄；此學古而未純熟；然亦不至軋茁以爲古。劉劉昫撰《舊唐書》薛薛居正撰《舊五代史》。以下諸史，文詞宂沓，正當以此救之；未有不簡奥而可爲古文者。歐《五代史》疏漏誠有之；而近人吹垢索瘢，殊多苛論。即如錢大昕《養新録》譏‘契丹立晉’之文，謂襲《春秋》‘衛人立晉’而誤。不知歐意，謂晉恃契丹以立國，甚其辭以醜敬瑭耳。《晉紀徐徐無黨注》甚明。曾謂歐公不悟《春秋》之晉爲人名乎？昔人言以字字有來歷，求《杜詩》，而《杜詩》反晦；漢學家亦往往有此。陳壽《三國志》以上，作史者莫不有微旨存焉。史之蕪，自沈約、魏收始。故《新五代史》爲足貴，特其詞旨甚明，而無微顯志晦之意，故去三史尚遠；要亦時代爲之，至近世之史，乃長編耳。”此爲得實之論。其後馬令、陸遊《南唐書》，皆有意仿歐《五代》。而馬令雅贍，陸遊簡潔，又以不同。然陸書後出，説者多以爲馬所不及。而譚獻《復堂日記》獨以爲：“陸遊《南唐書》簡而失之略，不如馬令書詳贍雅令，獨持正統之説爲陋。徐氏於中原，豈有君臣之義哉？此則不如陸書；而有類族辨物之義，亦遠勝陸之合傳不倫。惟其前後序贊，輒冠以嗚呼。歐《五代》創爲此體，已有譏議；顧乃揚其波乎？”其論頗極覈也。

元修《宋》、《遼》、《金》三史，論者所不貴。然余謂文章放筆爲直幹，贍而得老，約而能肆，得太史公之意者；《二十四史》中，當以《金史》爲最；不爲宋子京之軋茁爲古；亦異歐《五代》之摇曳弄姿；其宣、哀以後諸將列傳尤佳，以取材元好問手筆者爲多也。自宋而後，由退之而學史公者，得二人焉：曰歐陽修，曰元好問。歐陽南士力薄，故爲籥閒，摹退之之韻，以得史公之逸。元氏北人氣厚，力能健舉，學退之之肆，以得史公之勁。降而譲清：姚姬傳摹史公，取逕歐陽；故紓徐爲妍而多弱筆。曾湘鄉學退之，不由遺山，斯矯怒作勢而有宂詞。亦文章得失之林也。

《金史》簡老，《明史》贍該，於近代史，皆稱良筆。而《明史》即以王鴻緒明史稿爲藍本，乾隆四年，大學士[1]張廷玉等成書表進中有云"惟舊臣王鴻緒之史稿，經名人三十載之用心，首尾略具，事實頗詳，爰即成編，用爲初稿"者也。鴻緒《明史·列傳稿》二百八卷，别出爲書，實出鄞縣萬斯同季野手筆。斯同世嫻明，故萃畢生精力爲之，世有博綜之目，而論者謂館臣輕於改竄，不免點鐵之譏。然余讀汪由敦《松泉文集》中有《答明史館某論史事書》曰："王本《列傳》，聚數十輩之精華，費數十年之精力，後來何能追躅萬一；若存詆誹之見，非愚則妄。但就其中如韓林兒四人爲一傳，張士誠四人爲一傳，似耑以卷帙多寡而定；非别有義例也。去冬高安先生朱軾謂韓林兒郭子興不應同傳。退而思之：太祖曾用龍鳳年號，似不必爲諱。且用龍鳳年號。稱宋後，亦何損於太祖得天下之正。今議其不當用，可也。以爲不足存而删之，則事之非義者，當概删耶？似非所以傳信也。昨因重費商量，謬擬群雄混合之説；亦因王本韓、郭與徐壽輝、陳友諒同傳，亦無不可與張士誠、方國珍諸人同傳，雖曰調停，實仍舊貫。今若以韓林兒與群雄同列；而子興獨爲一傳，或與高安意允協。蓋滁陽封王立廟，原與林兒不同；亦有義例，非敢模稜也。"按今《明史》，郭子興、韓林兒同傳，陳友諒、張士誠、方國珍、明玉珍同傳，不同王稿，亦不用汪議。蓋以郭、韓爲太祖之所事，陳、張四人爲太祖之所敵，亦各從其類也；揆之事例，實爲允治。《汪氏書》又曰："楊憲奸險小人，王本以官爵列李善長傳後；然人實不倫；應否别附，均裁定。"又曰："王稿視《名山藏明書》諸本，不啻遠勝。明鄧元錫撰《明書》四十五卷，清初傅維鱗撰《明書》一百七十一卷，《名山藏》不知何人所作。今若無所據依，信筆增損；則其行文疵謬頗少，讀至終篇，一無可議；然但略改文法，益足形其淺陋。惟有考證事實，或有脱漏互異及前後倒亂之處，補其不逮，庶爲王氏功臣。但稗官野史，脞説叢談，無足徵信；而實録編年繫月，事迹釐然；雖是非褒貶，不足爲憑；而一人之出處，及所建之言，所任之事，首尾具在，明白無疑；故查實録以改原文，視臆斷較有把握。外間推崇王本太過，遂謂不可增損。今即以行文而論。《江陵傳》自是神宗朝第一大傳；而王稿竟就《史料·首輔傳》删節成文，其中描寫熱鬧處，皆弇州筆。弇州逞才使氣，抑

---

① "士"爲脱文，據文義補。

揚軒輊之間，往往過情；平心觀之自見。且私書不妨裝點，而乃據爲信史，即令弇州知之，恐亦未免失笑。神光以後，此類甚多”云云。據此，則知當日館臣竄改王稿，原極矜慎；而匡正其失，亦非故爲索瘢之論。至嘉慶間，禮親王昭槤爲《嘯亭續録》，中有論《明史稿》一條曰："向聞王橫雲《明史稿》筆法精善，有勝於館臣改録者。近日讀之，其大端與《明史》無甚出入；其不及史館定者，有數端焉：惠宗遜國，事本在疑似之間。今王本力斷爲無，凡涉遜國之事，皆爲刪削，不及史臣留程濟一傳以存疑。永樂以藩臣奪國，今古大變。王本於燕多恕辭，是以成敗論人，殊非直筆。然則吴溴、劉安輩亦足褒耶？不及史臣厚責之爲愈。至於李廷機與沈漼、沈一貫，畢自嚴與陳新甲同傳；未免鸞梟並棲，殊無分析；不如史臣之分傳也。周延儒、温體仁二相爲戕削國脈之人，乃不入奸臣，而以顧秉謙輩齷齪當之；亦未及史臣本也。其他謬戾處不可勝紀，史臣皆爲改正。蓋首創者難工，繼述者易善也。惟《三王福、唐、桂三王本紀》，較《史本》爲詳。至於奏牘多於辭令，奇迹罕於庸行，則二史病處正同；殊有愧於龍門；惟視《宋》、《元》二史爲差勝也。”論頗持平。又推本《春秋》誅心之律，以爲："王尚書鴻緒左祖廉王康熙之子以謀奪嫡。讀《明史稿》，於《永樂》篡逆，及姚廣孝茹瑺諸傳，每多恕辭；而於惠帝，則指摘無完膚。蓋其心有所陰蓄，不覺流露於書。故古人不使奸人著史以此。王司徒允之言，未可厚非也。”則尤辭嚴而義正矣。

昔劉知幾撰《史通》，述史有六家，而歸於二體。然編年之體，衹具人事得失；而紀傳攸作，兼詳典章因革。若其舉一朝之將相除拜，封爵襲替，而絲聯繩貫以爲之表；羅一代之兵刑禮樂，文物制度，而原始要終以爲之志；此則紀傳之所獨，而爲編年有未逮也。獨怪後之爲紀傳者，馬、班而遠，徒萃精於紀傳；如陳壽、李延壽書，皆無表志。沈約、蕭子顯、魏收書，及唐初所修各史，皆有志無表。《舊唐書》、《五代史》亦如之。其有志有表者，又或詳略失宜，讀史者病焉。至宋熊方、錢文子迺有補志補表之作。爰及前清，踵出者衆，網羅放失，開卷釐然。上海姚文枬嘗仿《史》、《漢》叙傳之體，叙録其書，然而未盡。輒爲補其闕遺，著目於左。

西漢郡國兵制，孟堅附入《刑法志》。京師衛士，見於《百官表》。不立兵志，非疏闕也。録錢文子《補漢兵志》一卷。搜采本書，使散者畢萃，雖云借抒胸臆，於史學亦有功矣。

宋以前《十七史》，自《史記》、《漢書》外，惟《新唐書》有表，餘蓋闕如。録萬斯同《補歷代史表》五十三卷①。媧皇之石，厥功偉哉！

史之無表，自後漢始。録熊方《補後漢書年表》十卷，蓋補表之蓽路藍縷矣。然海昏不其壽亭各條，《四庫全書總目》糾之。後有作者，削其瑕疵，摭其未備，以成一書，抑亦熊氏之功臣也。録錢大昭《後漢書補表》八卷。

藝文有志，昉於《班書》，所以辨章學術。而隋、唐、宋、明，亦有著録。或稱經籍，名異實同；而《後漢書》以下，多闕不爲者。嘉定錢氏，史學世家，考鏡群籍，補其放闕。繼起有作，亦復不鮮。録錢大昭《補續漢書藝文志》二卷；侯康《補後漢藝文志》四卷，《補三國藝文志》四卷；姚振宗《補後漢藝文志》四卷，《三國藝文志》四卷；曾樸《補後漢書藝文志》一卷，《考》十卷；秦榮光《補晉書藝文志》四卷；顧懷三《補五代史藝文志》二卷；錢大昕《補元史藝文志》四卷；倪璠《補遼金元三史藝文志》一卷。

郝冀公《續後漢書》有《職官録》，然雜采《史記》、前後《漢書》、《晉書》之文，紀載冗沓，未可據爲三國典要。況《班書·百官表》，實承《史記》將相大臣年表之例。後世史臣，但爲之志，失初意矣。録洪齮孫《三國職官表》三卷。

兵之有志，始於《新唐書》。自是樂清錢氏文子遂起而補《漢書》之闕。越數百年，乃復有錢氏者，起而補《晉書》之闕；若有淵源者然。録錢儀吉《補晉兵志》一卷。

崔鴻作《十六國春秋》，並爲年表；今久佚矣。録張庭碩《十六國年表》一卷。以太史公《十二諸侯》、《六國年表》、《秦楚之際月表》例之，雖補入《晉書》可也。

自漢以來，言地理者宗班《志》。司馬彪《續漢書志》，差可繼武。嗣後群雄糾紛，疆域割裂；志之也愈難，而志之疏且闕也彌甚。然爲其所難，正當於群雄糾紛時見之。有能究心於此而爲其所難，豈不可珍也哉！録洪亮吉《三國疆域志》二卷，東晉《疆域志》四卷，《十六國疆域志》十六卷。

今《隋書》十志，乃梁、陳、齊、周、隋五代史志；《史通·古今正史

---

① 五十三卷，原作“五十九卷”，按《補歷代史表》五十三卷，今據實數改補。

篇》可證；則謂《梁書》無《地理志》不可也。然《晉書》有《地理志》，而洪亮吉《東晉》一種，史學家珍之。況梁固未有專志乎？録洪齮孫《補梁疆域志》八卷。

嘗怪司馬彪志《輿服》；沈約、蕭子顯志《符瑞》、《祥瑞》；而《食貨》、《兵刑》之大闕焉。輕重顛倒，莫此爲甚。後漢南齊，未有爲之補輯者。録郝懿行《補宋書刑法志》一卷，《食貨志》一卷。

李延壽《南北史》無表志。録汪士鐸《南北史補志》十四卷。然沈約、蕭子顯、魏收及唐之史臣，既各爲之志矣；雖闕有間，則志固可以緩補；而表則不可不補者也。録周嘉猷《南北史表》六卷。

魏收作《魏書》，立《官氏志》。託克託修《金史》，立《部族表》。有元起自北方，宜同斯例，而史臣闕焉；是安可以不補。録錢大昕《元史氏族表》三卷。

凡補志十四家，成書八十八卷；補表七家，成書九十卷；斯誠稽古之淵藪，而爲史家之别録也。

讀史當知史例史意。劉知幾《史通》明史例。章學誠《文史通義》籀史意。而趙翼《廿二史劄記》，每一史融貫全書，而類族辨物，出以互勘，極《春秋》屬辭比事之能事；史例史意，互發交明，遠勝錢大昕《廿二[①]史考異》、王鳴盛《十七史商榷》之瑣碎考證。錢氏《考異》、王氏《商榷》，咸主考證，而有不同。譚獻《復堂日記》謂："錢氏《考異》，體例尤嚴。論著述，則錢託體高。論啓發，則王爲功多。"誠哉是言。

讀史尤貴貫串。編年之史，莫如司馬光《資治通鑑》、畢沅《續資治通鑑》。紀事則有高士奇《左傳紀事本末》，袁樞《通鑑紀事本末》，陳邦瞻《宋史紀事本末》、《元史紀事本末》，谷應泰《明史紀事本末》，皆貫串群史之書。掌故則"三通"并稱。然鄭樵《通志》，惟《二十略》爲精義獨闢，餘皆雜鈔史文，故應不如《通典》之義蘊宏深。杜佑《通典》通經義以貫史實，與章學誠《文史通義》推史義以窮經學，疏通致遠，則書教也；皆振古奇作。而論典制詳贍，莫如馬端臨《文獻通考》，宜與司馬《通鑑》同讀。《通鑑》編年繫月以通貫歷代之事實；《通考》博學詳説以通貫歷代之典章；《通鑑》爲《二十四史》紀傳之總會；《通考》为《二十四史》書志之總會；相爲經緯，

---

① 二，原作"一"，今改正。

可改稱爲“二通”也。

讀史尤當知地理。而太倉陸桴亭世儀每教人“欲知地理，須是熟看《通鑑》；將古今來許多戰争攻守去處，一一按圖細閲。天下雖大，其大形勢所在，亦不過數項。如秦蜀爲首，中原爲脊，東南爲尾。又如守秦蜀者，必以潼關、劍閣、夔門爲險。守東南者，必以長江上流荆襄爲險。此等處，俱有古人説過做過，只要用心理會。其或因事遠遊，經過山川險易，則又留心審視，以證吾平日書傳中之所得，久之貫通，胸中自然有箇成局”。然而託之空言，未及見之行事之深切著明。吾鄉顧祖禹景范爲《讀史方輿紀要》一百三十卷，中《歷代州域形勢》九卷，《南北直隸十三省封域山川險要》一百十四卷，《川瀆異同》六卷，《天文分野》一卷，而開方繪圖以冠於編。貫穿諸史，出以己所獨見，徵引浩博，考證詳明，於山川形勢險易、古今戰守攻取成敗得失之迹，皆得其要領；以古今之方輿，衷之於史；即以古今之史，徵之於方輿；《職方》、《廣輿》諸書，襲謬踵謬，名實乖錯，悉據正史考訂折衷之。其後清高宗敕撰《通鑑輯覽》，而地理之志，多采其説焉。此真數千百年所絶無而僅有之書也。然有開必先，未嘗無所本。宋儒王應麟爲《通鑑地理通釋》十四卷。其書以《通鑑》所載地名異同沿革，最爲糾紛，而險要阨塞所在，其措置得失，亦足爲有國者成敗之鑑；因各爲條例，首歷代州域，次歷代都邑，次十道山川，次歷代形勢，而終以唐河湟十一州，石晉十六州，燕雲十六州，旁徵博引，有本有末；雖不及《讀史方輿紀要》之博該；而規模粗具，叙列朝分據戰攻，陳古監今，儻爲顧氏之大輅椎輪焉。

有史學家，有史家。史家記事述言，次第其文；左丘明、太史公，是也。史學家發凡起例，籀明其義；劉知幾、章學誠，是也。劉知幾作《史通》，章學誠纂《文史通義》，千載相望，駢稱絶學。然而有不同者：劉知幾别出經生而自成史家，章學誠綜該經學而貫以史例；劉知幾著書言史法，章學誠發凡籀史意；劉知幾議館局纂修之制，章學誠明一家著述之法。其大較然也。

章學誠嘗以世士以博稽言史，則史考也。以文筆言史，則史選也。以故實言史，則史纂也；以議論言史，則史評也；以體裁言史，則史例也。唐宋至今，積學之士，不過史纂、史考、史例。能文之士，不過史選、史評。其間獨推劉知幾、曾鞏、鄭樵，皆良史才，生史學廢絶之後，能推明古人大體。然鄭樵有史識而未有史學，曾鞏具史學而不具史法，劉知幾得史法而不得史意。故欲徧察其中得失利病，爲一家之學，上探《尚書》、《春秋》，下該遷《史》、班《書》，甄别名實，品藻流别，約爲科律，爲《文史通義》一書。竊嘗隱括其意以明史法，必備三書，具三物，歷二程，參二法，而後可以成家。就類例言，當備三書。仿紀傳正史之體而作《紀傳》。仿律令典禮之體而作《掌故》。仿《文選》、《文苑》之體而作《文徵》。三書相輔而行，闕一不可；合而爲一，尤不可也；而要其原本於《六經》。《六經》皆史也。後世襲用而莫之廢者，惟《春秋》、《詩》、《禮》三家之流别耳。《紀傳》正史，《春秋》之流别也；《掌故》典要，《官禮》之流别也；《文徵》諸選，《風詩》之流别也。獲麟絶筆以還，後學鮮能全識古人之大體，必積久而後漸推以著也。馬《史》、班《書》以來，已演《春秋》之緒矣。劉氏《政典》，杜氏《通典》，始演《官禮》之緒焉。吕氏祖謙《文鑑》，蘇氏天爵《文類》，乃演《風詩》之緒焉。並取括代爲書，互相資證，無空言也。就組織言，當具三物，孟子曰："其事"，"其文"，"其義"，《春秋》之所取也。夫史之爲道，文士雅言，與胥吏案牘皆不可用。然捨是二者，則無以爲史。即簿牘之事，而潤以《爾雅》之文，而斷之以義。譬之人身，事者其骨，文者其膚，義者其精神也。必斷之以義，而書始成家。故史之大原，本乎《春秋》。《春秋》之義，昭乎筆削。筆削之義，不僅事具始末，文成規矩。以夫子"義則竊取"之旨觀之，固將綱紀天人，推明大道，所以通古今之變，而成一家之言者，必有詳人之所略，異人之所同，重人之所輕，而忽人之所謹。繩墨之所不可得而拘，類例之所不可得而泥，而後微茫秒忽之際，有以獨斷於一心。及其書之成也，自然可以參天地而質鬼神，契前修而俟後聖。此一家之學所以可貴也。就程序言，當歷二程。由此類而著述。班氏撰《漢書》爲一家著述矣；劉歆、賈護之《漢記》，其比類也。司馬撰《通鑑》，爲一家著述矣；二劉、范氏之《長編》，其比類也。比次之書，則掌故令史之孔目，簿書記注之成格，不名家學，不立識解；以之整齊故事，而待好學深思，心知其意者之裁定；其事雖本柱下之所藏，其用止於備稽檢而供采擇，初無他奇也。然而獨斷之學，非是不爲取裁。就述作言，當參二法。一曰文集而參紀傳之法。二曰紀傳而參本末之法。史之紀傳，事不複出，蘄於互見。如《史記》、《漢書》，於《高紀》，則云語在《項傳》；於《項傳》，則曰事具《高紀》。如此者多，匪惟紀傳爲然；古人之文，一集之中，亦無緟複。且如稱人之善，見於祭文，則不復見於志；

見於志，則不復見於他文；後之人讀其全集，可以互見也。又有互見於他人之文者。劉夢得作《柳子厚文集序》曰："凡子厚名氏，與仕，與年暨行己之大方，有退之之志若祭文在。"歐陽公作《尹師魯志》，不言近日古文自師魯始；以爲范公祭文已言之，可以互見。事無緟複，文相牝牡；此之所略，彼之所詳。此文集而參紀傳之法者也。特是紀傳苦於篇分，同爲一事，分在數篇，斷續相離。司馬光《通鑑》病紀傳之分，而合之以編年。袁樞《紀事本末》又病《通鑑》之合，而分之以事類。紀事本末之作，本無深意；而因事命篇，不爲成法，文省於紀傳，事豁於編年，則引而伸之，擴而充之，遂覺窮變通久以復於《尚書》之因事裁篇，反本修古，不忘其初。而諸史有作，人有同功一體，傳以類聚群分；以人爲經，以事爲緯，《金史》、《明史》，厥例尤夥。蓋承袁氏本末之體，而會其意者也。此紀傳而參本末之法者也。遜清作者，代不乏人。文集而參紀傳之法者，餘姚邵廷寀念魯《思復堂文集》是也。紀傳而參本末之法者，邵陽魏源默深《元史稿》是也。邵氏之集，章學誠之所及見者也。《思復堂文》，多爲明人傳記，以存一代掌故；與四明全氏祖望《鮚埼亭集》同指；而全氏著書嘗排詆之。然論文章，則不如《思復堂》遠甚。蓋全氏修辭飾句，蕪累甚多，不如《思復堂》辭潔氣清。若其泛濫馳驟，不免蔓衍宂長；不如《思復堂集》雄健謹嚴，語無枝剩。至於數人共爲一事，全氏各爲其人傳狀碑志，敘所共之事，複見疊出；不如古人文集，同在一集之中，必使前後虛實，分合之間，互相趨避，乃成家法。而全氏不然。以視《思復堂集》全書止如一篇，一篇止如一句，百十萬言，若可運於掌者，相去又不可以道里計矣。魏氏之史，章學誠之所未及見也。其書大體以《開國功臣》、《平金功臣》、《平蜀功臣》、《平宋功臣》、《某朝相臣》、《某朝文臣》、《治歷》、《治水諸臣》等名，爲列傳標題；然後以一人爲主，而與之有關者，胥以類敘入；每篇之首，先提綱挈領爲之敘述以清眉目。原始要終，主從分明。是則仍紀傳之體而參本末之法，神明其意，爲從此百千年後史學開山。章學誠別出心裁，而語欠融貫，爲條其凡如此。

一生問現代史學之趨勢若何？余告之曰：現代治國史者不外兩派：大抵言史例史意者一派，紹明章學誠之緒論；如張爾田、何炳松，是也。一派考證上古，以疑經者疑史，揚康有爲之唾餘；顧頡剛爲此中健者。張爾田著《史微》，顧頡剛著《古史辨》，皆爲後生所喜誦說。然而語多鑿空，意圖騁臆。獨嚴復每勸人讀宋、元、明史，以爲“吾儕今日思想風俗政治，直接間接，可於宋、元、明史籀其因果律”。顧獨無爲之者。不過宋、元、明事證確鑿，時代相接；不如上古荒渺之便於鑿空，史例史意之可騁臆談耳。

丁生學賢來，談上古史，涉《竹書紀年》。余告之曰：君子治學，總須不囿於風氣；而卒爲風氣所囿者，俗學也。即以上古史而論：《竹書紀年》豈可爲典要，而世論偏疑太史公而信《紀年》，又或執以難《尚書》，此真大惑不解。第一，世所傳《竹書紀年》，不必即出西晉人所見。第二，作者原書，必出西晉忿世嫉俗之士，所謂“舜禹之事，吾知之矣”，以寄其慨。《晉書·束皙傳》：太康二年，汲郡人不準盜發魏襄王墓，或言安釐王冢，得《竹書》數十車，其《紀年》十三篇，記夏以來至周幽王，爲犬戎所滅，以事按之，三家分晉，仍述魏事，至安釐王之二十年，蓋魏國之史書，大略與《春秋》皆多相應。其中經傳大略，則云“夏年多殷，益干啓位，啓殺之，太甲殺伊尹，文丁殺季歷”云云。世傳《紀年》起自黄帝，而不止記夏以來；至云“夏年多殷，益干啓位，啓殺之”，則又今本之所無。蓋《今本紀年》，夏自禹至桀十七世，有王與無王，用歲四百七十一年。商湯滅夏以至於受二十九王，用歲四百九十六年，則是夏年不多於殷也。又云：“禹立四十五年①，禹薦益於天。七年，禹崩，三年喪畢，天下歸啓，帝啓元年癸亥，帝即位於夏邑。二年，費侯伯益出就國。六年，伯益薨，祠之。”則是益不干啓位，亦無啓殺之之事也。既與《晉書》所稱大異。而黄伯思《東觀餘論》歷引杜預以爲駁難，謂：“預云《紀年》起自夏、商、周；而此自唐虞以降皆録之。預云《紀年》皆三代王事，無諸國别；而此皆有諸國。預云《紀年》特記晉國，起殤叔，次文侯、昭侯；而此記晉國世次自唐叔始；是二者又與《紀年》異矣。及觀其紀歲星事，有杜征南洞曉陰陽之語。”即此可徵世所傳《紀年》，匪西晉人所云《汲冢書》明也。《汲冢書》作者必出當日畸士，如嵇康之輩，目睹曹魏司馬氏借禪讓以行篡弑，意有所鬱結不得攄，託古諷今，故爲謬異其説。陳壽《魏志·文帝丕傳》叙受漢禪，乃爲壇於繁陽。裴松之注引《魏氏春秋》曰：“帝升壇禮畢，顧謂群臣曰：‘舜禹之事，吾知之矣。’”《王粲傳》附嵇康，裴松之注引《魏氏春秋》曰：“山濤爲選曹郎，舉康自代。康答書拒絶，

① “年”爲脱文，今據《竹書紀年》補。

因自説不堪流俗而非薄湯、武。大將軍司馬昭聞而怒焉。”康《與山巨源絶交書》自稱：“每非湯武而薄周孔，會顯世，教所不容。”而《紀年》云：“益干啓位，啓殺之。”又云：“伊尹放太甲於桐，乃自立；王潛出自桐，殺伊尹。”與孟軻稱説不同。此真所謂“非湯武而薄周孔，會顯世，教所不容”者也。特干忌諱，故託出汲冢以避世罔耳。在作者别識心裁，特以發嘅，而必據爲典要，以疑《尚書》，則甚矣人之好怪也。

卷十二　小學

詁與訓有殊。詁者所以通古今之言。訓者所以籀章句之指。詁者，古言也；古今異言，以今言解古言，使人易知也。訓者，順也；聖人發言爲經，語有緩急，順以爲解，勿乖其指也。二者交濟，莫可一闕。詁而不訓，其失則拘而流於瑣；漢儒是也。訓而不詁，其弊也臆而失之疏；宋儒是也。自昔解詁，必本聲音。先擇同音之字；如《中庸》“仁者，人也”。不獲，乃求之一音之轉，如“義者宜也”。不獲，乃求之雙聲，如《易傳》“象者，材也”，“漸者，進也”，“頤者，養也”；《孟子》“序者，射也”。又不得乃求之疊韻；如《易傳》“乾，健也”，“坤，順也”，“坎，陷也”，“離，麗也”。《孟子》“庠者，養也”，“校者，效也”。聲韻咸不可得，乃求諸習慣易知之字。《爾雅・釋詁》，漢儒箋經大率如此，可考而按也。

劉熙《釋名》，以諧聲解詁，得《爾疋》之意。許慎《説文》，以同體分部，本《急就》之語。

休寧戴震東原爲漢學大師，皖派開山。每謂有志聞道，當先從事於字義制度名物，以通六經之語。考諸篆書，由《説文》以睹古聖人制作本始；更念《爾疋》爲承學津筏，又殫心其書，遂爲後來治學者開一法門。其學一傳而爲金壇段玉裁懋堂。段玉裁闡揚師説，窮微極博，撰《説文解字注》，因字形以説字音字義；謂："《説文》、《爾疋》相爲表裹。治《説文》而後《爾疋》及《傳注》明。《説文》、《爾疋》及《傳注》明，而後謂之通小學，而後可通群經之大義。"而於是漢學之機括以發。然《爾疋》本爲詁經，而《説文》衹以解字，桐城方東樹植之爲《漢學商兑》，辨之極詳。其大指以爲："許君自序，緣秦初作隸書而古文絶。漢初，猶試諷籀書，試八體。其後尉律不課，小學不修，莫達其説。宣平以後，張敞、杜業、揚雄諸儒，通其學者，著《訓纂篇》等書，始稍稍略復存之。及新莽居攝，甄豐頗改定古文，而《壁書》及張蒼所獻《春秋左氏傳》，及郡國所得山川古文，時人不識，共相非訾，詭更正文，鄉壁虚造，變亂常行，不合孔氏古文，謬於篆，故博采通人，考之賈逵，作《説文》。其書以秦篆爲本，合以史籀大篆及古文。古文者，《易孟氏》、《書孔氏》、《詩毛氏》、《禮周官》、《春秋左氏》、《論語》、《孝經》及山川奇字。據此云云，是許君作《説文》，本以經古文解説文字，非以文字訓詁經義。許沖上表言'今五經之道，昭炳光明。而文字者，其本所由生'云云，語意分明。蓋謂經義本解已著，此特引證，用以説解文字耳。《説文》既作，復作《五經異義》，則許氏未嘗以專用《説文》足證經矣。《説文》所引經文，多有一字殊見。如《易》既引'以往吝'，又引'以往遴'。《書》既引'旁逑孱功'，又引'旁救僝功'，'方鳩僝功'。《詩》既引'褻袢'，又引'紲絆'。《論語》既引'色勃如也'，又引'色艴如也'。此類甚多。當由經師各承一家之學，各以所見爲定本，是以不合；而許君亦不能定之。今於許君所不能定，而欲求之《説文》以定，益以惑矣。《説文》所引異字，即今經文讀某之字。洪容齋及近人錢大昕氏嘗録出凡數百字。今經文皆不復見，不適於用，不與馬、鄭相應，是後人尚不能得其所異之字，又何能以之定經義之説乎？許君本以六書之義解説文字，謂聖人不虚作，必有依據；所謂依據者，指六義也；凡以明聖人作此字之義，有一定依據也。若夫經義則不然。有一字作一義用，有一字作數義用，今執《説文》以一字一義考經，所以致以文害詞，以詞害意，穿鑿而不可通也。蘇子瞻曰：'字同義異，必欲一之，雕刻綵繪以成其説，是以六經不勝異説，而學者疑焉。'又不僅是。顧亭林曰：'六經之文，左、公、穀，毛萇、孔安國、鄭衆、馬融諸儒之説，未必盡合。況叔重生於東京之中世，所本者不過劉歆、賈逵、杜林、徐巡等十餘人之説，而以爲盡得古人之意，然歟否歟？五經未遇蔡邕等正定之先，傳寫人人各異。今其書率多異字，而以今經校，則《説文》爲短；又一書之中，有兩引而其文各異者；後之讀者，將何所從？且其書流傳既久，豈無脱漏。’即徐鉉亦謂：‘篆書日久湮替，錯亂遺脱，不可悉究。’又序《韻譜》曰：‘今承詔定《説文》，更與諸儒精加研覆；又得李舟所著《切韻》，殊有補益；其間有《説文》不載，而見於序例注義者必爲脱漏，並存編録。’可知《説文》本有脱漏。今漢學諸人堅謂此書所闕者，必古人所無，或見他書所有而疑，或別指一字以當之。改經文以就《説文》，不亦支離迴護之甚耶？”其辭頗覈。而湘潭王闓運壬秋每教學者，亦曰：“説經以識字爲貴，而非識《説文解字》之爲貴。”及爲郭生序《六書討原》，則曰：“許雖博訪，未求理董；至其釋帝從刺，畏鬼如虎，顯違經訓，殆等俳優；馬頭四羊，猶愈於此。”則於叔重大有微辭。亦言《説文》以治經訓者不可不知。

《説文》九千三百五十三字，以形相從，分別部居。而清儒自戴東原以下，則欲以聲相從，別作一書。戴氏《答段若膺論韻書》稱：“作《諧聲表》，使以聲相統，條貫而下如譜繫”云云。顧徒有其説而未成書。段若膺遂師其意以成古《十七部諧聲偏旁表》，而序其端曰：“考周秦有韻之文，某聲必在某部，至嘖而不可亂。故視其偏旁以何字爲聲，而知其音在某部；易簡而天下之理得也。許叔重作《説文解字》時，未有反語，但有某聲；某聲即以爲韻書可也。自音有變轉，同一聲。而分散於各部各①韻，如一‘某’聲，而‘某’在厚韻，‘媒’、‘腜’在灰韻。一‘每’聲，而‘悔’、‘晦’在隊韻，‘敏’在畛韻，‘晦’、‘痗’在厚韻之類。參差不齊，承學多疑，要其始則同諧聲者必同部也。《三百篇》及周秦之文備矣。輒爲《十七部諧聲偏旁表》，補古六藝之散逸；類列某聲某聲，分繫於各部以繩今韻，則本非其部之諧聲而闌入者，憭然可睹矣。”而陳氏則用段氏十七部，分爲十七卷，每卷若干部，以所諧之聲爲部首；諧其聲者下一字書之；又諧此字之聲者，又下一字書之；有高下至四五列者，名曰《説文聲表》，子母相生，朗若列眉矣。

顧炎武撰《詩本音》十卷，《易音》三卷，江永撰《古音標準》四卷，皆以《詩三百篇》之用韻，旁證《易象》、《楚辭》及周秦諸子有韻之辭，觀其

---

① “各”爲脱文，今據《六書音均表》卷二補。

統同以明古音。論者以爲明陳第撰《毛詩古音考》四卷，《屈宋古音義》三卷，開前路之驅。而遠溯明以前，著一書以明古音者，實自宋武夷吴棫才老始。蓋棫音《詩》音《楚辭》，據其本文，推求古讀。朱子注《詩》，遂用棫説。特棫以叶韻爲説，而陳第則以爲古人之音原與今異；凡此所稱叶韻，皆即古人之本音耳。然駁吴棫叶韻之説者，實自楊慎撰《古音略例》一卷先開其鐍。慎書取《易》、《詩》、《禮記》、《楚辭》、老、莊、荀、管諸子有韻之詞，標爲略例，謂棫於《詩》必叶音，不思古韻寬緩，如字讀自可叶，何必勞脣齒，費簡册？第因慎例而推闡加密，遂開清儒音學之先河，不得數典而忘其祖也。

卷十三　諸子

道與儒不相兼，道者明道，儒家隆禮。道之大原出於天，禮之所起施於人。天人之分，即儒道之辨。近儒張爾田尤有味乎其言之，以爲："道家宗旨，明天者也；故其言道也，則曰：'有物混成，先天地生；吾不知其名，字之曰道。''道法自然。'《老子》儒者宗旨，明人者也；故其言道也，則曰：'道者，非天之道，非地之道，人之所道也。'《荀子》孔子儒而兼道，故明天人相與之際。道家純任天道，孔子則修人道以希天。儒家務盡人道，孔子則本天道以律人。"語見所著《史微·内篇》。修人道以希天者，《春秋》教也。本天道以律人者，《易》學也。子所雅言，《詩》、《書》執《禮》。孔子以《詩》、《書》、《禮》、《樂》教，弟子蓋三千焉。而《易》、《春秋》不與者，性與天道不可得聞也。其後子思、孟軻衍其道統，則曰："天命之謂性，率性之謂道。"《中庸》"盡其心者，知其性也；知其性，則知天矣！"《孟子·盡心上》是"道法自然"之意也。荀卿傳其儒學，則曰："《書》者，政事之紀也。《詩》者，中聲之所止也。《禮》者，法之大分，類之綱紀也，故學至乎《禮》而止。"《荀子·勸學篇》是《詩》、《書》執《禮》之教也。漢代經生，近承荀學。宋儒理學，上衍道統。

荀子道性惡，故重師法；重師法，則不得不勸學。而學之所以有成功者，有二道焉：曰專，曰積。唯專，乃能積漸。唯積，斯以徵專。“目不能兩視而明。耳不能兩聽而聰。螣蛇無足而飛。梧鼠五技而窮。螾無爪牙之利，筋骨之强，上食埃土，下飲黄泉；用心一也。蟹六跪而二螯，非虵蟺之穴，無可寄託者；用心躁也。”此“專”之説也。“不積蹞步，無以致千里。不積小流，無以成江海。騏驥一躍，不能十步，駑馬十駕，功在不舍，鍥而舍之，朽木不折。鍥而不舍，金石可鏤。”此“積”之説也。“積土成山，風雨興焉。積水成淵，蛟龍生焉。積善成德，而神明自得，聖心備焉。爲善不積耶？安有不聞者乎？”此荀子之所爲“勸”，而學之所以有成功也。若論爲學之次第，則甚致謹於義與數之辨。以爲：“其數始乎誦經，終乎讀禮；其義則始乎爲士，終乎爲聖人；真積力久則入，學至乎没而后止也。故學數有終，若其義則不可須臾舍也，爲之，人也。舍之，禽獸也。”此義與數之别也。而禮則學數之終，道德之極。故曰：“道德仁義，非禮不成。”“禮者，法之大分，類之綱紀也；故學至乎禮而止矣；夫是之謂道德之極。”此其大略云爾。

《歐陽文忠集》有《鄭荀改名序》，中謂：“荀卿子獨用《詩》、《書》之言”；未爲知荀子也。按孟子曰：“頌其《詩》，讀其《書》。”《萬章下》《史記·孟子列傳》曰：“序《詩》、《書》，述仲尼之意，作《孟子》七篇。”趙岐《孟子題辭》曰：“孟子通《五經》，尤長於《詩》、《書》。”陳氏此記，歷舉孟子引《詩》者三十，論《詩》者四，引《書》者十八，論《書》者一；至於諸侯之禮，則曰：“吾未之聞。”卷三《孟子篇》則是獨用《詩》、《書》之言者，孟子，而非荀卿子也。至荀卿子著《儒效篇》，則以不知隆禮義而殺《詩》、《書》爲俗儒，隆禮義殺《詩》、《書》爲雅儒。其《勸學篇》則曰：“禮者法之大分，類之綱紀也。故學至乎禮而止矣；夫是之謂道德之極。將原先王，本仁義，則禮正其經緯蹊逕也；若挈裘領，詘五指而頓之，順者不可勝數也。不道禮憲，以《詩》、《書》爲之，譬之猶以指測河也，以戈舂黍也，以錐飡黍也，不可以得之。”以視孟子之斷斷於“頌《詩》讀《書》”者，不可同年而語矣。然則隆禮貴義者，荀卿之學。而頌《詩》讀《書》者，孟子之學也。

閲阮元《曾子章句》、《子思子章句》而發所疑焉。竊按《漢書·藝文志》部録諸子，必謹師承；如儒家《曾子》十八篇，《宓子》十六篇之系曰孔子弟子；《李克》七篇之系曰子夏弟子；《孟子》十一篇之系曰子思弟子；皆其例也。獨世稱子思爲曾子弟子；而《子思》二十三篇，系之曰孔子孫，而不稱曾子弟子；且以次《曾子》十八篇之前；細籀二子所著書，子思稱《詩》、《書》而道盡性，肇啓孟子，傳道統；曾子善言禮而隆威儀，毗於荀卿，爲儒宗；其功夫一虚一實，其文章一華一樸，故不同也。近儒章炳麟爲《徵信論》曰："宋人遠迹子思之學，上隸曾參，尋《制言》、《天圓》諸篇，與子思所論述殊矣。《檀弓》記曾子呼伋；古者言質，長老呼後生，則斥其名；微生畝亦呼孔子曰丘，非師弟子之徵也。《檀弓》復記子思所述，鄭君曰'爲曾子言難繼，以禮抑之'；足明其非弟子也。近世阮元爲《子思子章句》，亦曰'師曾迪孟'；孟軻之受業，則太史公著其事矣；師曾者何徵而道是耶？"見《太炎文録》。知言哉！

荀子之學多與孟子違，然按荀子書，明稱孟子者廑三篇；其中有非孟子之所學者，有引孟子之逸文者。如《非十二子篇》非思孟之造五行，《性惡篇》駁孟子之道性善，此非孟子之所學者也。又《性惡篇》引孟子曰："今人之性善，將皆失喪其性故也。"楊倞注："孟子言失本性故惡也。"《大略篇》："孟子三見宣王不言，門人曰：'曷爲三遇宣王而不言事？'孟子曰：'我先攻其邪心。'"楊倞注："以正色攻去邪心，乃可與言也。"皆爲《孟子》七篇所不載；此引孟子之逸文者也。《韓詩外傳》取《荀子·非十二子篇》而删其非子思、孟子之語，王應麟《困學紀聞》遂謂非子思、孟子者，爲韓非、李斯之流，託其師説以毁聖賢；此欲爲荀子回護耳。然按《揚子法言·君子篇》："或曰：'子小諸子，孟子非諸子乎？'曰：'諸子者，以其異於孔子者也。孟子異乎不異？'或曰：'荀卿非數家之書，侻也。至於子思、孟軻，詭哉！'曰：'吾於荀卿歟？見同門而異户也。唯聖人爲不異。'"則雄所見《非十二子篇》，蓋有非子思、孟子之語矣。

《詩》爲儒者六藝之一，而賦者古詩之流。《漢志·詩賦略》區分五種，而專門名家以自樹幟者，曰屈原、陸賈、孫卿。陸賈、孫卿既隸儒家，而陳氏亦謂屈原、宋玉雖詩賦家，而推究其學，則出儒家。然則詩賦家者，儒家之支與流裔。子以四教，而文冠首。聖門四科，而文學其一。子貢曰："夫子之文章，可得而聞。"顔淵稱博我以文。而韓非《顯學》，譏切"儒以文亂法"。然則文者儒之所顯以别異於諸子；而詩賦一略，揆之六藝，則《三百篇》之雲仍；以衡十家，亦儒者之别材。揚子雲鄙薄賦以"壯夫不爲"《法言·吾子篇》，而謝儀曹詩，則又謂："高文一何綺，小儒安足爲?"雖辭指之軒輊有異，而歧文章以别出於儒，則一指而同歸；不如杜子美詩"風流儒雅是吾師"之咏宋玉爲得其通。而劉勰《文心雕龍》有《詮賦篇》，亦謂："賦者，受命於詩人，拓宇於《楚辭》。"亦衡文章流别者之所不可不知也。然而窮其淵源，尚未悉其流變。吾則見爲辭賦家者流，蓋原出詩人風雅之遺，而旁溢爲戰國縱横之説。縱横家者流，本於古者行人之官。觀《春秋》之辭命，列國大夫聘問諸侯，出使專對，蓋欲文其言以達旨而已。至戰國而抵掌揣摩，騰説以取富貴；其辭鋪張而揚厲，變其本而恢奇焉，不可謂非行人辭命之極也。孔子曰："誦《詩》三百，授之以政，不達；使於四方，不能專對；雖多，亦奚以爲?"是則比興之旨，諷諭之義，固行人之所肄也。縱横者流推而衍之，是以能委折而入情，微婉而善諷也。賦者，古詩之流，而爲縱横之繼别。比興諷諭，本於詩教。鋪張揚厲，又出縱横。故曰："賦者鋪也"，鋪張揚厲，體物寫志也。體物寫志，故曰古詩之流。鋪張揚厲，乃見縱横之意。余讀太史公爲《屈原列傳》，叙原之作《離騷》，必先之曰："嫺於辭令。"又卒之曰："屈原既死之後，楚有宋玉、唐勒、景差之徒者，皆好辭而以賦見稱；然皆祖屈原之從容辭令。"其後司馬長卿之《子虚》、《上林》，與宋玉之《登徒》、《高唐》，遂客主以首引，極聲貌以窮文，皆祖屈原之從容辭令，一脈相傳；妙在疏古之氣，寓於麗則；腴而奥，圓而勁，有縱横之意，無排比之迹。宋玉以女色爲主，長卿以遊畋爲主，所以諷也；而見用意處，不在鋪張揚厲，正在閒閒一二冷語。此文章之體要，而辭賦之寫志。然使一直説出，有何意味。後人無鋪張之才，純以議論見意，於是乖體物之本矣。

《管子》八十六篇，《漢書·藝文志》以入道家，其義蓋本太史公。觀太史公論六家之要指，謂："道家無爲，又曰無不爲；其術以虚無爲本，以因循爲用；無成勢，無常形。"而傳管子之相齊，則曰："下令如流水之原，令順民心，故論卑而易行，俗之所欲，因而與之。俗之所否，因而主之。其爲政也，善因禍而爲福，轉敗而爲功；貴輕重，慎權衡。桓公實怒少姬，南襲蔡；管仲因而伐楚，責包茅不入貢於周室，桓公實北征山戎；而管仲因而令燕修召公之政。於柯之會，桓公欲背曹沫之約，管仲因而信之，諸侯由是歸齊。"豈非所謂"以虚無爲本，以因循爲用；無成勢，無常形"者乎？其可徵於管子書者曰："無爲之道，因也，心術者，無爲而制竅。"《心術上》亦與太史公之言相符，故《漢書·藝文志》以入道家也。自《隋書·經籍志》始以入法家；陳氏之説誤也。

道法自然，老子之指；而究其用，卒陷於大不自然。侯官嚴復又陵好以英哲家斯賓塞爾《群學》論衡《老子》，以爲："質之趨文，純之入雜，由乾坤而純至於未既濟，亦自然之勢也。老氏還淳返樸之義，猶驅江河之水而使之在山，必不逮矣。夫物質而强之以文，老氏訾之，是也。而物文而返之使質，老氏之術非也。何則？雖前後二者之爲術不同，而其違自然，拂道紀，則一而已矣。故今之治，莫貴乎崇尚自由。自由，則物各得其所自致；而天擇之用，存其最宜。而太平之盛，可不期而自至。"見熊氏刻《嚴復評老子》。正與陳氏引趙邠卿、崔實政論之意相發。

老子曰："天長地久。天地所以能長久者，以其不自生，故能長生。是以聖人後其身而身先，外其身而身存，非以其無私耶？故能成其私。"然則長生修仙以蘄不死者，固非老子之所許矣。而方士之言神仙長生者，多託老子；何也？列子《楊朱篇》載："孟孫陽問楊子曰：'有人於此貴生愛身以蘄不死，可乎？'曰：'理無不死。''以蘄久生，可乎？'曰：'理無久生。生非貴之所能存。身非愛之所能厚。且久生奚爲？五情好惡，古猶今也。四體安危，古猶今也。世事樂苦，古猶今也。變易治亂，古猶今也。既聞之矣。既見之矣。既更之矣。百年猶厭其多，況久生之苦也乎？'孟孫陽曰：'然，速亡愈久生，則踐鋒刃，入湯火，得所志矣。'楊朱曰：'不然。既生，則廢而任之，究其所欲，以俟於死；將死，則廢而任之，究其所之，以放於盡；無不廢，無不任，何遽遲速於其間乎？'"此則道家之貴身任生，而壹仍乎道法自然之指者也，豈長生修仙以蘄不死之謂哉！

楊朱爲老學之一支。其説具見《列子·楊朱篇》。而中亦有別："古之人，損一毫，利天下，不與也。悉天下，奉一身，不取也。故智之所貴，存我爲貴。力之所賤，侵物爲賤。然身非我有也，既生，不得不全之。物非我有也，既有，不得不去之。身固生之主，物亦養之主。雖全生身，不可有其身。雖不去物，不可有其物。有其物，有其身，是橫私天下之身，橫私天下之物，其唯聖人乎？公天下之身，公天下之物。"此貴身任生之指，豈非老子所謂"聖人後其身而身先，外其身而身存"；"非以其無私，故能成其私"者耶？至云："從心而動；從性而遊。""肆之而已，勿壅勿閼。恣耳之所欲聽，恣目之所欲視，恣鼻之所欲向，恣口之所欲言，恣體之所欲安，恣意之所欲行。”則輕身肆志之意爾。而要歸本於老之道法自然。世言戰國衰滅，楊與墨俱絶。然以觀漢世所稱道家楊王孫之倫，皆厚自奉養。魏晉清談興，王、何之徒，益務爲藐天下，遺萬物，適己自恣，偷一身之便；則一用楊朱之術之過；而老莊不幸蒙其名。

余觀儒謹執禮，道任自然。章太炎言：“執禮者質而有科條，行亦匡飭。禮過故矜，平之以玄。玄過故蕩；持之以禮。禮與玄若循環，更起用事。”先秦而降，數千年間，漢初尚黄老；漢武禮儒者；魏晉談老莊；唐宋宗孔孟；迭爲王厭，唯孔與老；寧有墨學迴翔之餘地者。而墨學中興，不過輓近數十年間爾。自歐化之東漸，學者慚於見絀，反求諸己而得一墨子焉。觀其兼愛非攻，本於天志，類基督之教義。而《經》、《經説》、《大取》、《小取》諸篇，可以徵西來之天、算、重、光諸學，又於邏輯之指有當。由是談歐化者忻得植其基於國學焉。此輓近墨學之所爲翹然特出，而代王於久厭之後者也。然皮傅歐化，何必墨氏。楊朱爲我，夫豈不可。西人自由，以不侵人之自由爲界；猶之楊氏爲我，以侵物爲賤乎？吾國古哲名理，何所不孕包；獨鰓生不學，乃自輕其家丘耳。

孟子以楊朱爲我爲充塞仁，而斥之曰無君；墨子兼愛爲充塞義，而斥之曰無父；其畢生心事，在距楊墨。楊朱拔一毛而利天下不爲，即其無君之罪案。君之爲言群也，不必作君主解。然楊朱旨在存我，而以侵物爲賤；以公天下之身，公天下之物，爲至人，語見《列子・楊朱篇》。則是爲我而非無君也，未嘗充塞仁也。墨子兼愛，以兼相愛，交相利爲言；利我之道，即存愛他；故必先從事乎愛利人之親，然後人報我以愛利吾親；語詳墨子《兼愛篇》。則是兼愛而非無父也，未嘗充塞義也。楊朱爲我，而尊重個人之自由，有似法蘭西之民主政治。墨子兼愛，而流爲極端之干涉，頗類蘇俄之勞農政治。

墨子有《尚同篇》，莊生有《齊物論》，標題攸同，而歸趣不一。莊生任不齊以爲大齊。墨子壹衆異以統於同。一放任，一專制。

《孟子》“墨者夷之”章，本人情以立言。然觀《墨子・節葬篇》，亦自言之有故，持之成理。而荀子《禮論篇》則曰：“刻死而附生謂之墨。夫厚其生而薄其死，是敬其有知而慢其無知也；是奸人之道而倍叛之心也。君子以倍叛之心接臧穀，猶且羞之。而況以事其所隆親乎?”其大指歸於稱情而立文。大抵儒者順人情，故久喪以爲盡哀，厚葬以爲飾終。墨者上功用，故久喪以爲廢事，厚葬以爲傷財。此儒墨之辨也。又不廑是。吾見墨氏尚同，儒者明分。尚同，斯貴兼以斥别。明分，故等衰之有差。《墨子·兼愛下》曰：别士之言曰：“吾豈能爲吾友之身若爲吾身，爲吾友之親若爲吾親。”别士之言若此。兼士不然。曰：“必爲其友之身，若爲吾身；必爲其友之親，若爲吾親；然後可以爲高士於天下。”斯墨氏之上同也。儒者則不然。《孟子·盡心下》曰：“君子之於物也，愛之而弗仁；於民也，仁之而弗親；親親而仁民，仁民而愛物。”朱子《集注》引楊氏曰：“其分不同，故所施不能無差等。”則是明愛之有差等而貴明分也。《荀子·富國篇》曰：“禮者貴賤有等，長幼有差，貧富輕重皆有稱者也。無君以制臣，無上以制下，天下害生縱欲，欲惡同物，欲多而物寡，群而無分則争，争者禍也，救患除禍，則莫若明分使群矣。故無分者，天下之大患也。有分者，天下之本利也。兼足天下之道在明分。”則是明禮之不可無等差而貴明分也。此儒墨之辨也。

自晉魯勝序《墨辯注》謂“墨子著書作《辯經》，以正名本。惠施、公孫龍祖述其學，以正别名顯於世。”畢沅云：“《經》上下、《經説》上下四篇，有似堅白異同之辯。”《墨子》畢氏刻本，孫星衍附記此語。至近代梁啓超、胡適盛衍其説。獨章士釗明其不然。大指以爲：“施、龍祖述墨學，説創魯勝，前未有聞。《漢書·藝文志》，名墨流别，判然不同。施、龍之名，隸名而不隸墨。《荀子·解蔽篇》曰：‘墨子蔽於用而不知文。惠子蔽於辭而不知實。’墨、惠並舉，而所蔽之性，適得其反；謂爲師承所在，詎非讕言。今觀惠、墨兩家，同論一事，其義莫不相反。如惠子言：‘一尺之棰，日取其半，萬世而不竭。’墨子言：‘非半勿新，則不動；説在端。’凡注墨者率謂此即惠義；而不悟兩義相對，一立一破，絶未可同年而語也。且以辭序徵之，以惠爲立而墨爲破。何以言之?惠子之意，重在取而不在所取；以爲無論何物，苟取量廑止於半，則雖尺棰已耳，可以日日取之，歷萬世而不竭也。墨家非之，謂所取之物，誠不必竭，而取必竭。一尺之棰，決無萬世取半之理。蓋今日吾取其半，明日吾取其半之半，明日吾於半之半中取其一半，可以計日而窮於取；奚言萬世。何也?尺者，端之積也；端乃無序而不可分；於尺取半，半又取半，必有一日全棰所餘兩端而已；取其一而遺其餘，餘端凝然不動；不能新，即不能取也，故曰：‘非半勿斱則不動，說在端。’此其所言果一義乎？抑二義乎？略加疏解，是非炳然可知。而從來治墨學者未或道及。”因作《名墨訾應考》，著如上例若干條，以徵名、墨兩家倍僪，決非相爲祖述，如魯勝所云。然名、墨兩家之倍僪不同，陳氏說已發其鐍。以爲：“墨子言‘白馬，馬也’。而公孫龍則云‘白馬非馬’。其說云：‘求馬，黃黑馬皆可致。求白馬，黃黑馬不可致。故曰白馬非馬。’墨子言：‘苟是石也白，敗是石也盡與白同，是石也。’而公孫龍則云：‘堅白石三可乎？曰不可。視不得其所堅，拊不得其所白，見與不見離。且猶白以目以火見而火不見；則火與木不見而神見。神不見而見離。堅以手而手以棰，是棰與手知而不知，而神與不知神乎？是之謂離焉。’皆較墨子之說更轉而求深。”而要其兩義相對，一立一破，豈不足以徵名、墨兩家之倍僪不同。所與章氏異者，特章氏言惠爲立而墨爲破；而徵以陳氏之說，則又似墨爲立而龍爲破爾。要以陳氏之說近是。何者？蓋墨氏作辯經以正名本；而名家玄異同以泯名相；此其秪也。

《漢書·藝文志》：“陰陽家《鄒子》四十九篇，《鄒子終始》五十六篇，其書皆亡。獨太史公《孟子荀卿列傳》著其學；謂騶衍睹有國者益淫侈，不能尚德，若《大雅》整之於身，施及黎庶矣。乃深觀陰陽消息，而作怪迂之變，《終始大聖之篇》，十餘萬言。其語宏大不經，必先驗小物，推而大之，至於無垠。先序今以上至黃帝，學者所共術，大並世盛衰，因載其禨祥度制，推而遠之，至天地未生，窈冥不可考而原也。先列中國名山大川，通谷禽獸，水土所殖，物類所珍，因而推之及海外，人之所不能睹。稱引天地剖判以來，五德轉移，治各有宜，而符應若茲。以爲儒者所謂中國者，於天下乃八十一分居其一分耳。中國名曰赤縣神州；赤縣神州內自有九州，禹之序九州，是也；不得爲州數。中國外如赤縣神州者九，乃所謂九州也；於是有裨海環之，人民禽獸莫能相通者如一區中者乃爲一州；如此者九，乃有大瀛海環其外；天地之際焉。其術皆此類也。然要其歸必止乎仁義、節儉、君臣上下六親之施；始也濫耳。”檃括其指，在明終始。終始者，終而復始，運之無垠也；要以推明時間無垠，空間無垠。時間無垠者：“先序今以上至黃帝，學者所共術，大並世盛衰，因載其禨祥度制，推而遠之；至天地未生，窈冥不可考而原也。”“稱引天地剖判以來，五德轉移，治各有宜，而符應若茲。”空間無垠者：“先列中國名山大川，通谷禽獸，水土所殖，物類所珍，因而推之及海外，人之所不能睹。以爲儒者所謂中國者，於天下乃八十一分居其一分耳。中國名曰赤縣神州；赤縣神州内自有九州，禹之序九州，是也；不得爲州數。中國外如赤縣神州者九，乃所謂九州也；於是有裨海環之，人民禽獸莫能相通者如一區者乃爲一州；如此者九，乃有大瀛海環其外；天地之際焉。"曰天地之際者，地道之終，天運之始也。然時間無垠，空間無垠，而人生有垠。何以竟此有垠之人生？要其歸必止乎仁義、節儉、君臣上下六親之施而已矣。此騶衍之意也。騶衍之學，推大至於無垠；而要其歸必止乎仁義、節儉、君臣上下六親之施；其即《大易》"知崇禮卑"，子思"極高明而道中庸"之意也夫。

騶衍之學，近本《詩》五際，而遠出羲和。何以明其然？《漢書·藝文志》："陰陽家者流，蓋出於羲和之官，敬順昊天，曆象日月星辰，敬授民時。"而羲和曆象授時之學，詳著《尚書·堯典》。陰陽家宋司星子韋疑承其流。一衍而爲《洪範》五行。再衍而爲《齊詩》五際。《漢書·翼奉傳》載奉治《齊詩》，奏封事曰："臣聞之於師曰：天地設位，懸日月，布①星辰，分陰陽，定四時，列五行，以視聖人，名之曰道。聖人見道然後知王治之象，故畫州土，建君臣，立律曆，陳成敗，以視賢者，名之曰經。賢者見經，然後知人道之務，則《詩》、《書》、《易》、《春秋》、《禮》、《樂》是也。《易》有陰陽，《詩》有五際，《春秋》有災異，皆列終始，推得失，考天心，以言王道之安危。臣奉竊學《齊詩》，聞五際之要"孟康曰："《詩内傳》曰：五際，卯、酉、午、戌、亥也。陰陽終始際會之歲，於此則有變改②之政也。"云云。因曆引《小雅·十月之交》、《大雅·文王》之詩，以明天道終而復始，窮則反本，故能延長而無窮也。太史公稱："騶衍睹有國者益淫侈，不能尚德，若《大雅》整之於身，施及黎庶矣。"自來注家於《大雅》無解；疑即如翼奉封事所引《大雅·文王》之詩也。《文王》之二章曰："亹亹文王，令聞不已。"四章曰："穆穆文王，於緝熙，敬止。"此所謂整之於身也。而卒章終之以"儀刑文王，萬邦作孚"；此所謂"施及黎庶"也。文王，則"有國"之"尚德"者也。然則陰陽五行之學，本於《詩》、《書》也。孟子案往舊造説，謂之五行，《荀

---

① 布，原作"帀"，今據《漢書·翼奉傳》改。

② 改，原作"政"，今據《漢書》注改。

子·非十二子篇》以徵天人之與；故《詩》、《書》爲所專長。趙岐《孟子題辭》荀子著篇《天論》以明天人之分；則《詩》、《書》在所必殺矣。《荀子·儒效篇》曰："隆禮義而殺《詩》、《書》。"

荀子之學，終於讀禮，而深擯陰陽五行不言。然孔子言禮，未嘗不推本陰陽五行。其著於《禮運》者曰："故人者，其天地之德，陰陽之交，五行之會，五行之秀氣也。故天秉陽，垂日星。地秉陰，竅於山川。播五行於四時，和而後月生也；是以三五而盈，三五而闕。五行之動，迭相竭也。五行四時十二月，還相爲本也。五聲六律十二管，還相爲宫也。五味六和十二食，還相爲質也。五色六章十二衣，還相爲質也。故人者，天地之心也，五行之端也，食味别聲被色而生者也。故聖人作則，必以天地爲本，以陰陽爲端，以四時爲本，以日星爲紀，月以爲量，鬼神以爲徒，五行以爲質，禮義以爲紀①，人情以爲田。"此騶衍之陰陽，所謂"要其歸，必止乎仁義、節儉、君臣上下六親之施"也。其徵五行之動迭相竭，而稱"五行四時十二還相爲本"云云，即騶子終始義也。

言陰陽五行，而要其歸，必止乎仁義、節儉、君臣上下六親之施；古之人有行之者，言其可徵。董仲舒《春秋繁露》有《五行對》、《五行之義》、《陽尊陰卑》、《王道通三》、《天辨人在》、《陰陽位》、《陰陽終始》、《陰陽義》、《陰陽出入》、《天道無二》、《基義》、《四時之副》、《人副天數》諸篇。班固《白虎通德論》有《五行》、《三綱六紀》、《情性》諸篇。大抵以性情法陰陽，以視聽言動、喜、怒、哀、樂法五行；配陰陽，立之名曰仁義，配五行，立之名曰仁、義、禮、智、信。漢儒所謂"性與天道"者類如此。

騶衍之五德轉移，一衍而爲董仲舒之《春秋繁露》，再衍而爲劉向之《洪範五行傳》，三衍而爲邵雍之《皇極經世》。傳荀卿之經學，而潤色以騶衍之陰陽五行者，漢儒也。闡孟子之性學，而潤色以騶衍之陰陽五行者，宋學也。源遠流長如此。豈非顯學也哉！

太史公《孟子荀卿列傳》稱："荀卿嫉濁世之政，亡國亂君相屬，不遂大道而營於巫祝，信禨祥，鄙儒小拘。""鄙儒小拘"之拘，法《漢書·藝文志》叙陰陽家者流，稱"及拘者爲之，則牽於禁忌，拘於小數，舍人事而任鬼。"

① 紀，《禮記》通行本作"器"。

“舍人事而任鬼”，即太史公所謂“不遂大道而營於巫祝，信禨祥”也。“鄙儒小拘”，蓋即斥子思、孟軻“案往舊造説，謂之五行”，騶衍之“五德轉移”而言。

騶衍談天，以爲“儒者所謂中國者，於天下乃八十一分居其一分”云云。桓寬《鹽鐵論·論鄒篇》，王充《論衡·談天篇》，並譏其迂怪，虚妄。至輓近世，吾邑薛福成庸庵乃著《大九州解》，按諸地圖，覈實測算；語見《庸庵文集外編》，以爲騶衍之説，非盡無稽；或者古人本有此學，騶子從而推闡之耶？《尚書·堯典》載羲和之官仲叔四子，曆象日月星辰，分宅四裔。南交則今之安南也。朔方幽都，則今之黑龍江之上原也。東西至日之所出入，則更遠矣。而《漢志》以爲陰陽家者流出於羲和。或者大九州之説所從衍乎？

儒、墨謂天下之治，起於相愛；而韓、商則以天下之治，起於相畏。韓非屢稱管、商之法；《五蠹篇》然管子不廢禮義廉恥；《牧民篇》商君務去孝弟仁。《靳令篇》而韓非實汲商君之流，薄教化，去仁愛，專任刑法，而欲以致治。特其推主道而言因循，言無爲，則又同《管子》《心術》、《白心》上下、《内業》諸篇之指，而原於道德之意。大抵韓非無教化而去仁愛，同於商君之任刑；而言因循以原道德，又似管子之心術；其大較然爾。

儒家正名以齊禮；法家稽名以準法；而名家則玄名以歷物。故曰：“山淵平，天地比，齊秦襲，入乎耳，出乎口，鈎有鬚，卵有毛，是説之説難持者也；而惠施、鄧析能之。”《荀子·不苟篇》飾詞以相惇，巧譬以相移，徧爲萬物説，説而不休，飾人之心，易人之意，然不然，可不可，與儒者之必正名，法家之言刑名參同者大異。顧宋王堯臣奉勅撰《崇文總目》稱：“名家者流，所以辨覈名實，流别等威，使上下之分不相踰越。”此可以論儒法之正名，而非所論於名家者流。墨子言“辨者將以明是非之分，審治亂之紀，明同異之處，察名實之理，處利害，決嫌疑。”《小取》則是所謂“作《辨經》以正名本”，而亦與名家者流異趨。古之言名家者，既以混於儒法；班固《漢書·藝文志》、章學誠《校讎通義》是也。今之言名家者，又不知以别墨；梁啓超、胡適是也。

《漢書·藝文志》著録名七家，就其可考者：鄧析、尹文爲一派，不忘正名以施治，而推本於大道無稱；則老子“道可道，非常道，名可名，非常名”之指也。惠施、公孫龍爲一派，專於玄名以歷物；則老子“同出異名，玄之又玄”之意也。大抵名家爲道家之支與流裔，猶之陰陽爲儒家之支與流裔云爾。

儒家《論語》有“必也正名”章，荀子有《正名篇》，墨家墨子有《經》上下、《經説》上下、《大取》、《小取》，雜家《吕氏春秋》亦有《正名篇》，而不得爲名家。名家玄名實之紐以破名；諸家謹名實之覈以正名，故不同也。尹文原道以言名，徵名之本體。鄧析正名以制法，顯名之大用。而惠施、公孫龍則玄名以體道，見名之還原。

惠施、公孫龍之玄名，由於歷物之意；此所同也。惟惠施就人之所見爲異者而籀其同；公孫龍就人之所見爲同者而析其異。大一小一，畢同畢異，惠施同於不可同者也。白馬非馬，堅白石離，公孫龍離所不可離者也。然則惠施之歷物以同，而公孫龍之歷物於離。歷物同，而所以歷則異。

《莊子·天下篇》叙慎到、田駢，以爲“常反人不見觀”；此亦名家之支與流裔。《史記·孟子荀卿列傳》：“慎到、田駢，皆學黄老道德之術。”老子“正言若反”，而慎到、田駢“常反人不見觀”，即學老子。所謂“常反人不見觀”者，以不見觀見，以無名明名，以不可道道“常道”。“常道”之常，即“常反人不見觀”之常，皆以絶對不變之真常爲言。《韓非子·解老篇》曰：“夫物之一存一亡，乍死乍生，初盛而後衰者，不可謂常。唯夫與天地之剖判也俱生，至天地之消散也不死不衰者謂常，而常者無攸易。”常道不可道，可名非常名，此之謂“正言若反”，亦此之謂“常反人不見觀”。佛法相宗非相，諸子名家無名。世儒紛紛以西洋形式邏輯爲言，死著句下，那能明其理趣？

晉魯勝《墨辯注序》謂：“名者，所以列同異，明是非”；祇限於儒者之正名，墨學之辯經；而非所論於名家之惠施、公孫龍日以其知與人辯，特與天下之辯者爲怪。《史記·平原君列傳集解》引劉向《别録》曰：“齊使鄒衍過趙。平原君見公孫龍及其徒綦母子之屬，論白馬非馬辨，以問鄒子。鄒子曰：‘不可，彼天下之辯，有五勝三至，而辭正爲下。辯者，别殊類使不相害，序異端使不相亂；抒意通指，明其所謂；使人與知焉，不務相迷。故勝者不失其所守，不勝者得其所求；若是，故辯可爲也。及至煩文以相假，飾辭以相惇，巧譬以相移，引人聲使不得及①其意；如此害大道。夫繳紛争言

① 及，原作“反”，今據《史記集解》改；下同。

而競後息，不能無害君子。’坐皆稱善。”鄒子所稱“辯者，别殊類使不相害，序異端使不相亂，抒意通指，明其所謂”；亦限於儒者之正名，墨學之辯經。“及至煩文以相假，飾辭以相惇，巧譬以相移，引人聲使不得及其意；如此害大道”；則惠施、公孫龍之所以爲辯，而與儒、墨不同者也。

縱横家者流，亦名家之支與流裔；而同出於“煩文以相假，飾辭以相惇，巧譬以相移”。以此而闡之爲學，則爲惠施、公孫龍；以此而施之於用，則爲蘇秦、張儀。惠施、公孫龍，莊生稱之辯者，《天下篇》而范雎、蔡澤，亦世所謂一切辯士。《史記·范蔡傳贊》大抵名家之出而用世也，出之以謹嚴，則爲申、韓之刑名；流入於詭誕，則爲蘇、張之縱横。《漢書·藝文志》著録縱横十二家百七篇，其書皆不見。世傳《鬼谷》十二篇，曰《捭闔》、《反應》、《内揵》、《抵巇》、《飛箝》、《忤合》、《揣篇》、《摩篇》、《權篇》、《謀篇》、《決篇》、《符言》而以《本經陰符》殿於後，或説即《蘇秦書》。《史記·蘇秦列傳集解》引阮孝緒《七録》有《蘇秦書》。樂壹注云：“秦欲神秘其道，故假名鬼谷。”程子曰：“儀、秦學於鬼谷，其術先揣摩，然後捭闔；捭闔既動，然後用鉤鉗。”今觀《鬼谷》之書，奇變詭偉，要與《戰國策》相表裏終始；而其學則出於太公《陰符》，近人湘潭王闓運壬秋《湘綺樓日記》有一條謂：“符者，行人所以爲信也。符有陰陽，蓋記所言於符陰，言山川、物産、形要之説，故其書以羅數國富，指陳形勢爲主。唐人僞造《陰符經》，乃以爲兵書，非也。”光緒六年八月十八日記。頗出臆説，而與《漢志》所稱縱横家出行人之説有合。設誦《鬼谷》以籒其學，讀《國策》以驗諸用；而引蘇、張之事，徵鬼谷之書，依仿韓非《喻老》、《韓詩外傳》驗之行事，深切著明之例，則於縱横家言思過半矣。

《韓非》有《難言篇》、《説難篇》，《吕氏春秋》有《順説篇》，皆本《鬼谷書》《揣》、《摩》、《抵巇》、《飛箝》之法；當用《大戴記·夏小正》、《管子·弟子職》裁篇别出之例，附於縱横家之末。

諸子有流别，以宗旨分也。文章有家數，以體氣分也。而欲以諸子之流别，論定文家之宗旨者，其論則發於會稽章學誠實齋。其大指以爲：“世之盛也，典章存於官守，禮之質也。情志和於聲詩，樂之文也。迨其衰也，典章散而諸子以術鳴，故專門治術，皆爲官禮之變也。情志蕩而處士以横議，故百家馳説，皆爲聲詩之變也。後世專門子術之書絶而文集繁；學者惟拘聲韻之爲詩，而不知言情達志，敷陳諷諭，抑揚涵泳之文，皆本於詩教。《文史通義·詩教上》而古之賦家者流，原本詩教，出入戰國諸子。假設問對，莊、列寓言之遺也。恢廓聲勢，蘇、張縱横之體也。排比諧隱，韓非《儲説》之屬也。徵材聚事，《吕覽》類輯之義也。雖其文逐聲韻，旨存比興；而深探本原，實能自成一子之學，與夫專門之書，初無差别，《漢書·藝文志》詩賦一略著録《屈原賦》二十五篇以下共二十家爲一種，《陸賈賦》三篇以下共二十一家爲一種，《孫卿賦》十篇以下共二十五家爲一種，名類相同，而區種攸别，亦如諸子之各别爲家。《校讎通義·漢志詩賦第十五》至唐宋詩文之集，則浩如煙海矣。今即世俗所謂唐宋大家之集論之：如韓愈之儒家，柳宗元之名家，蘇洵之兵家，蘇軾之縱横家，王安石之法家，皆以生平所得，見於文字。旨無旁出，即古人之所以自成一子者也。其體既謂之集，自不得强列以諸子部次矣。因集部之目録而推論其要旨，以見古人所謂言有物而行有恒者，編於叙録之下。《校讎通義·宗劉第二》。子有雜家，雜於衆，不雜於己；雜而猶成其家者也。文有别集，集亦雜也，雜於體，不雜於指；集亦不異於諸子也。"《文史通義·外篇·立言有本》厥後仁和譚獻復堂好持其論，而未有闡發。獨儀徵劉師培申叔《論文雜記》益推而衍之，以爲："古人學術，各有專門，故發爲文章，亦復旨無旁出，成一家言，與諸子同。試即唐宋之文言之：韓愈、李翺之文，正誼明道，排斥異端。如韓愈《原道》、《原性》及《答李生書》等篇，而韓文之中，無一篇不言儒術者。歐歐陽修、曾鞏繼之，以文載道。儒家之文也。南宋諸儒文集，多闡發心性，討論性天之作，亦儒家之文。子厚柳宗元之文，善言事物之情，出以形容之詞；如永州、柳州諸遊記，咸能類萬物之情，窮形盡相，而形容宛肖，無異寫真。而知人論世，復能探原立論，核覈深刻。如《桐葉封弟辨》、《晉趙盾許世子義》、《晉命趙衰守原論》諸作，皆翻案之文也。宋儒論史多誅心之論，皆原於此。名家之文也。明允蘇洵之文，最喜論兵，如《上韓樞密書》等篇皆是，而論古人之用兵者尤多。謀深慮遠，排兀雄奇。兵家之文也。子瞻蘇軾之文，理多未確；惟工於博辯，層出不窮，運捭闔之詞，而往覆卷舒，翻空易奇。縱横家之文也。陳同甫亮之文，亦以兵家兼縱横家者也。王介甫安石之文，侈言法制，因時制宜，而文辭奇峭，推闡入深。法家之文也。若夫邵雍之徒，爲陰陽家。王伯厚應麟之徒，爲雜家。而葉水心適之徒，則以法家而兼兵家。近代以還，文儒輩出。望溪方苞、姬傳姚鼐，文祖韓、歐，闡明義理，趨步宋儒。此儒家之支派也。慎修江永、輔之金榜綜核禮制，章疑别微。近儒治三禮者，如秦蕙田、凌廷堪、程瑶田之流，咸有文集，集中亦多論禮之作。考《漢志》① 言名家出於禮官，則言禮學者必名家之支派也。若膺段玉裁、伯申王引之考訂六書，正名辨物，近儒家喜治考據，分惠、戴兩大派，皆從《爾雅》、《説文》入手；而諸家文集，亦以説經考字之作爲多。古人以字爲名，名家綜核名實，必以正名析詞爲首，故考據之文亦出名家。皆名家之支派也。叔子魏禧、崑繩王源洞明兵法，推論古今之成敗，疊陳九土之險夷，落筆千言，縱横奔肆，與老蘇同。此兵家之支派也。子居惲敬之文，奇峭崚悍，取法半山，亦喜論法制。安吴包世臣之文，洞陳時弊，兵農刑政，酌古準今，不諱功利之談，爰立後王之法。此法家之支派也。朝宗侯方域之文，詞源横溢。明末陳卧子等之文皆然。簡齋袁枚之作，逞博矜奇，若決江河，一瀉千里。俞長城諸家之文亦然。此縱横家之支派也。若夫詞章之家，亦侈陳事物②，嫻於文詞，亦當溯源於縱横家；所以仲瞿王曇稚威胡天遊，雖多偶文，亦屬縱横家也。雍齋沈濤于庭宋翔鳳之文，雜糅讖緯，靡麗瑰奇。凡治常州學派者，其文必雜以讖緯之詞，故工於駢文且以聲色相矜。此陰陽家之支派也。若夫王錫闡、梅文鼎之集，亦多論天文曆譜之文；然皆實用之學，與陰陽家不同。古人治歷所以授時也。王、梅之文，殆亦農家之支派歟？大紳汪縉、台山羅有高之文，妙善玄言，析理精微。彭尺木紹升亦然。凡治佛學者，皆能發揮名理，而言語妙天下。此道家之支派也。維崧陳維崧、甌北趙翼之文，體雜俳優，涉筆成趣；凡文人之有小慧者類然。此小説家之支派也。旨歸既别，夫豈强同；即古③人所謂文章流别也。惟詩亦然。子建曹植之詩，温柔敦厚，近於儒家淵明陶潛之詩，澹雅沖泊，近於道家。陶潛雖喜老莊，然其詩則多出於《楚辭》。若嵇康之詩，頗得道家之意。郭璞之詩，亦有道家之意。太沖左思之詩，雄健英奇，近於縱横家。鮑明遠鮑照之詩亦然。若楊素之詩，則近於法家，蓋在心爲志，發言爲詩，諷咏篇章，可以察前人之志矣。隋唐以下，詩家專集，浩如淵海；然詩格既判，詩心亦殊。少陵杜甫之詩，惓懷君父，許身稷契。杜句云："許身一④何愚，竊比稷與契。"是爲儒家之詩。杜句云"法自儒家有"，此少陵詩文出於儒家之證。若夫朱紫陽之詩，亦儒家之詩也。

---

① 漢志，原作"漢制"，按此沿《論文雜記》之誤，今改正。
② "物"爲脱文，今據《論文雜記》補。
③ "古"爲脱文，今據《論文雜記》補。
④ 一，原作"亦"，按此沿《論文雜記》之誤，今改正。

太白李白之詩，超然飛騰，不愧仙才。是爲縱横家之詩。後世惟辛棄疾、陳亮之詞，慷慨激昂，近於縱横。襄陽孟浩然之詩，逸韻天成。出於陶淵明。子瞻之詩，清言霏屑。蘇詩妙善玄言，得之老佛。是爲道家之詩。儲光羲、王維之詩，備陳穡事，寄懷曠佚，是爲農家之詩，山谷黄庭堅之詩，出語深峻，開派西江。是爲法家之詩。由是言之，辨章學術，詩與文同矣。要而論之：西漢之時，治學之士，侈言災異五行；故西漢之文，多陰陽家言。東漢之末，法學盛昌；故漢魏之文多法家言。西漢之文，無一篇不言及天象者。三國之文，若鍾繇、陳群、諸葛亮之作，咸多審正名法之言，與西漢殊。六朝之士，崇尚老莊，任性自然；其文多道家言。隋唐以來，詩賦取士，託物取譬；其文多小説家言。宋代之儒，正己正物，講學相矜；其文多儒家言。明之亡也，士大夫感慨國變，多言經世，抵掌而談；其文多縱横家言。及於近代，溺於箋注訓詁，正名辨物；其文多名家言。雖集部之書，不克與諸子并列；然因集部之目録以推論其派别源流，知集部出於子部；則後儒有作，必有反集爲子者。”發凡起例，推勘盡致，可謂章學誠之忠臣，斯文之鈐鍵。惟自我論之：誠竊以爲章氏、劉氏之明文章流别，有不同於《漢志》、《劉略》之《詩賦略》者。夫《漢志》、《劉略》著録詩賦之明流别，固已。而明詩文流别之必以諸子爲例，此則章氏之義，而非《漢志》、《劉略》之例本爾。大抵《漢志》、《劉略》辨章群言，不名一塗。諸子九流以宗旨分，詩賦三家，以體氣分。其著録宋玉、賈誼、司馬相如之隸屈原，朱建、嚴助、朱買臣、司馬遷、揚雄之隸陸賈，廣川惠王越賦以下二十二家之隸孫卿，不過如鍾嶸《詩品》之品裁詩人，著其源出於某人，以爲體氣文格之近似，而非如諸子九流之論宗旨也。試以唐宋人集爲例：設文以韓愈爲一家，李翺、皇甫湜、張籍唐，歐陽修、蘇洵軾轍、曾鞏、王安石宋，元好問金，姚燧元，文之出韓愈者附焉。以張説爲一家，蕭穎士、李華、裴度、段文昌、權德輿、元稹①、劉禹錫唐，宋庠祁、胡宿、蘇頌宋，張溥明，吴偉業、王士禎清，文之似張説者附焉。以歐陽修爲一家，虞集、柳貫元，宋濂、楊士奇、歸有光明，汪琬、方苞、姚鼐清，文之出歐陽者隸焉。以李夢陽爲一家，何景明、王世貞、李攀龍、陳子龍明，胡天遊清，文之似何、李者附焉。以杜甫爲一家，韓愈、孟郊唐，黄庭堅、陳師道宋，元好問金，詩

① 稹，原作“楊”，今改正。

之出杜甫者隸焉。以白居易爲一家，温庭筠、李商隱唐，楊億、劉筠宋，楊維楨元，詩之宗香山者隸焉。其他詞曲，胥本《漢志》、《劉略》詩賦分家爲例，不必如章氏之以子治集，劉氏之反集爲子；而於聲色格律之中，自得文章流别之意；使讀之者舉綱張目，窮源竟委，而得以疏通倫類，考鏡家數；并知文章流别之不同於諸子流别。硜硜之愚，所爲與章、劉有間者也。遂以附於篇。

卷十四　西漢

唐蔚老詒我番禺陳澧蘭甫《東塾讀書記·西漢》一卷，原十三，坊本未刻，乃新出。歷舉西漢之焯然名家者十二人，曰陸賈、河間獻王、賈誼、董仲舒、太史公、司馬相如、賈山、桓次公著《鹽鐵論》、淮南子、王吉、劉子政、揚子雲；而力稱河間獻王之“修學好古，實事求是”；以爲模楷。謂淮南子云：“有符於中，則貴是而同今。古無以聽其説，則所從來者遠而貴之耳。”《修務訓》此説雖亦貴是而不重好古。然《論衡》云：“俗好高古而稱前聞。前人之業，菜果甘甜。後人所造，蜜酪辛苦。”《超奇篇》此即《淮南》所謂“從來者遠而貴之”，拘儒頗有此病；病在好古而不求是也。又謂：“好言陰陽災異，實漢儒之病。”則是漢儒之所貴，在“修學好古，實事求是”；而不在“好言陰陽災異”也。此亦陳氏論學之眼；猶之其論漢《易》之言訓詁舉大誼，而不喜理納甲卦氣之説也。語見卷四。

閱《陸賈新語》十二篇，開宗明義，《道基第一》，以爲：“君子握道而治，據德而行，席仁而坐，仗義而行，虛無寂寞，通動無量，故制事因短而動益長，以圓制規，以矩立方。”又稱：“道莫大於無爲”，《無爲第四》而頌舜之無爲而治。蓋儒而入道，衍子思、孟軻一派，而非荀卿之純儒也。子思

《坊記》以《春秋》律《禮》，《緇衣》以《詩》、《書》明治。趙岐《孟子題辭》稱："孟子長於《詩》、《書》"，而《史記·賈本傳》稱"陸生時時前稱説《詩》、《書》"；其著書亦多引《詩》、《書》、《春秋》，固與荀卿之"隆禮義而殺《詩》、《書》"《儒效篇》者不同。此其同於思、孟者一也。又《論衡·本性篇》引陸賈曰："天地生人也，以禮義之性。人能察己所以受命則順。順，謂之道。"是即子思"天命之謂性，率性之謂道"、孟子"性無有不善"之説也。此其同於思、孟者二也。然則陸賈者，其思、孟之支與流裔耶？惟按之《史記》、《漢書》，其書有不可信者。《史記》賈本傳稱："陸賈爲高帝言：'秦任刑法不變，卒滅趙氏；鄉使秦已并天下，行仁義，法先聖；陛下安得而有之。'"是即賈生著論《過秦》之指。而高祖乃謂生："試爲我著秦所以失天下，吾所以得之者何？"陸生乃粗述存亡之徵，凡著十二篇。高帝未嘗不稱善，號其書曰《新語》。"徵"者，即徵秦漢之所以存亡也；此《新語》之所由作，豈其語有泛設哉？今《新語》泛稱道德，而無一言著"秦所以失天下，漢所以得之者何"；是謂答非所問。高祖何由稱善，不可信一也。又《漢書·司馬遷傳》稱："遷取《戰國策》、《楚漢春秋》、《陸賈新語》作《史記》。"則是《陸賈新語》與《戰國策》、《楚漢春秋》同爲記事之書，疑如《晏子春秋》、《劉向説苑》之比，其中必有著"秦所以失天下，漢所以得之者"，故史遷采以入《史記》，必其見之行事之深切著明，而非託之空言。《楚漢春秋》之采入《史記》者，張守節《正義》猶引之，今佚不可見。《戰國策》取九十三事，皆與今本合。獨取《陸賈新語》者無徵。其不可信二也。惟馬總《意林》所載，皆與今本合，而李善注《文選》，亦有所采，則僞造此書者，當在唐以前耳。

《漢書·藝文志·諸子略》，儒家有《賈誼》五十八篇，《新唐書·藝文志》則稱《賈誼新書》，其中《問孝》、《禮容語上》兩篇，有其目而亡其書，僅存五十六篇。章學誠《校讎通義》謂《賈誼》五十八篇收於儒家，然與法家當互見。按《史記·屈原賈生列傳》曰："賈生名誼，洛陽人也，年十八，以能誦《詩》屬《書》聞於郡中。吳廷尉爲河南守，聞其秀才，召置門下，甚幸愛。孝文皇帝初立，聞河南守吳公治平爲天下第一，故與李斯同邑而嘗學事焉，乃徵爲廷尉。廷尉乃言賈生年少，頗通諸子百家之書。文帝召以爲博士。"則是賈生不以儒徵，而廷尉言生頗通諸子百家之書也。文帝召以爲博士者，召以爲諸子百家之博士。《漢書·楚元王傳》載劉歆《移書太常博士》曰："天下衆書，往往頗出，皆諸子傳説，猶廣立於學官，爲置博士"者是也。然考生所著書，《過秦》則著其仁義不施，以爲監戒。又以爲漢興至孝文二十餘年，天下和洽而固，當改正朔，易服色，法制度，定官名，興禮樂，乃悉草具其事儀法，色尚黄，數用五，爲官名，悉更秦之法。庶幾於《漢志》叙儒家者流，所謂"順陰陽，明教化，遊文六藝之中，留意仁義之際"者；故以隸於儒。而歆書亦稱之曰："在漢朝之儒，賈生而已。"《漢志》之著録《賈誼》入儒，《孝文傳》十一篇同；蓋皆取其宗旨，而非論其生平也。《史記》、《漢書·儒林傳》稱："文帝本好刑名之言，不甚好儒術；其治尚清静無爲，以故禮樂庠序未修，民俗未能大化。"則是文帝者，喜刑名法術之學，而其歸本於黄老；《十一篇》其所著書，注文帝所稱及詔策，而以隸儒者，豈不以文帝除收帑及肉刑，求直言，除誹謗祠官，勸農等詔，皆爾雅温厚，有儒者氣象；庶幾所謂"順陰陽，明教化，遊文六藝之中，留意仁義之際"者邪？無疑於《賈誼書》矣。

賈誼儒而明法，董仲舒儒而通陰陽。賈誼頗通諸子百家之書，董仲舒著書不稱子。《西京雜記》載董仲舒夢蛟龍入懷，乃作《春秋繁露》，此書記劉歆所撰。而《論衡·案書篇》則曰："董仲舒著書不稱子者，意殆自謂過諸子也。"其書推本《春秋》以言天人相與之際，而往往及陰陽五行，漫濫旁衍，若亡紀極；然要其歸必止乎仁義，有與孟子相表裏者。何以明其然？《孟子·萬章上》稱堯舜以徵天視民視，天聽民聽之義；猶董子《賢良策對》案《春秋》之中，以明天人相與之際一也。《孟子·滕文公下》："《春秋》，天子之事也，是故孔子曰：'知我者，其惟《春秋》乎？罪我者，其惟《春秋》乎？'"趙岐注："設素王之法，謂天子之事也。"又《離婁下》："王者之迹息而《詩》亡，《詩》亡然後《春秋》作。晉之《乘》，楚之《檮杌》，魯之《春秋》，一也；其事則齊桓、晉文，其文則史。孔子曰：'其義則丘竊取之矣。'"趙岐注："竊取之以爲素王也。"夫《滕文公下》推孔子作《春秋》之功，可謂天下一治；比之禹抑洪水，周公兼夷狄，驅猛獸，而稱之曰天子之事。《離婁下》又從舜明於庶物，説到孔子作《春秋》以爲其事可繼舜、禹、湯、文、武、周公。此與《繁露·三代改制質文第二十三》所稱"《春秋》應天作新王之事；絀夏新周故宋"同指。孟子曰"《春秋》天子之事"，猶董子言以《春秋》當新王；故《趙注》用《公羊》素王之說；素王，謂空設一王之法。此其二也。程子曰："仲尼只說一個仁，孟子開口便說仁義。"孟子之言仁義也混。如《梁惠王上》："未有仁而遺其親者也。未有義而後其君者也。"《離婁上》："仁之實，事親是也；義之實，從兄是也。"仁義駢舉，而未析其所以異。而董子之言仁義也析；如《仁義法第二十九》："春秋之所治，人與我也。所以治人與我者，仁與義也。以仁安人，以義正我。故仁之爲言人也，義之爲言我也。是故《春秋》爲仁義法。仁之法，在愛人，不在愛我。義之法，在正我，不在正人。我自不正，雖能正人，弗予爲義。人不被其愛，雖厚自愛，不予爲仁。"仁義對稱，而勘明其所以異。要其歸，在於説仁義而理之矣；而《繁露》足匡《孟子》所未逮，三也。孟子儒而通陰陽，董仲舒亦儒而通陰陽。《繁露》多陰陽五行之談，雖無徵於《七篇》；然荀子非子思、孟軻，謂其"案往舊造説，謂之五行，甚僻遠而無類，幽隱而無説，閉約而無解"。《漢書·藝文志》兵家陰陽有《孟子》一篇，則是孟子別有其書，四也。獨《深察名號第三十五》[①] 謂："善出性中，而性未可全爲善；猶米出禾中，而禾未可全爲米也。善與米，人之所繼天而成於外；非在天所爲之内也。天之所爲有所至而止；止之内謂之天性。止之外謂之人事。事在性外，而性不得不成德。民之號取諸瞑；使性而已善，則何故以瞑爲號?"斯則與孟子性善之説有異耳。

司馬遷之學，出於董仲舒《春秋》，而與父談異趣。王鳴盛《十七史商榷》謂："太史公《自序》，述其父談論六家要指，謂陰陽、儒、墨、名、法、道德也，其意五家各有所長，亦各有所短，并致其不滿之詞；而獨推崇老氏道德，謂其兼有五家之長，而去其所短；且又特舉道家之指約易操，事少功多，與儒之博而寡要，勞而少功兩兩相較，以明孔不如老。此談之學也；而遷意則尊儒。父子異尚，猶劉向好《穀梁》，而子歆明《左氏》也。漢初黄老之學極盛。君如文景，宫闈如竇太后，宗室如劉德，將相如曹參、陳平，名臣如張良、汲黯、鄭當時、直不疑、班嗣。《漢書叙傳》處士如蓋公《曹參傳》、鄧章《袁盎傳》、王生《張載之傳》、黄子《司馬遷傳》、楊王孫、安丘望之[②]《後漢

① 此處原有衍文"《實性第三十六》"。

② 之，原作"子"，今據《十七史商榷》改。

書·耿弇傳》等，皆宗之；而遷獨不然。觀其下文稱引董仲舒之言，隱隱以己上承孔子，其意可見。”語見卷六。《史記·孔子世家》曰：“乃因史記，作《春秋》，上至隱公，下訖哀公十四年，十二公；據魯，親周，親當作新①。故殷，運之三代，約其文辭而指博。”則與《繁露》“絀夏新周故宋”之説有合。而《自序》則明引董生，以見“孔子之時，上無明君，下不得任用，故作《春秋》，垂空文以斷禮義，當一王之法”；亦本董子以《春秋》當新王之旨，而自明百三十篇之所爲作，則曰：“自周公卒五百歲而有孔子。孔子卒後，至於今五百歲，能有紹明世，正《易傳》，繼《春秋》，本《詩》、《書》、《禮》、《樂》之際，意在斯乎？意在斯乎！”“斯”者，指百三十篇而言；自謂繼《春秋》而攸作也；而託之於先人有言者，蓋儒者善則稱親之義也。若論載筆之法，則以兩語賅之曰：“厥協六經異傳。”曰“整齊百家雜語”。如《五帝本紀》：“予觀《春秋》、《國語》。”《殷本紀》：“自成湯以來采於《詩》、《書》。”《十二諸侯年表》：“太史公讀《春秋曆譜諜》。”《吴太伯世家》：“余讀《春秋》古文。”《伯夷列傳》：“學者載籍極博，猶考信於六藝。”此所謂“厥協《六經》異傳”也。又《五帝本紀》：“《尚書》獨載堯以來；而百家言黄帝，其文不雅馴；擇其言尤雅者。”《孝武本紀》：“余究觀方士祠官之言。”《管晏列傳》：“吾讀管氏《牧民》、《山高》、《乘馬》、《輕重》、《九府》及《晏子春秋》。”《司馬穰苴列傳》：“余讀《司馬兵法》。”《孫吴列傳》：“《孫子》十三篇，吴起兵法世多有。”《仲尼弟子列傳》：“悉取《論語》弟子問，并次爲篇。”《孟子荀卿列傳》：“余讀《孟子書》。”“自如孟子至於吁子，世多有其書。”《商鞅列傳》：“余嘗讀商君《開塞耕戰書》。”《屈原賈生列傳》：“余讀《離騷》、《天問》、《招魂》、《哀郢》。”《酈生陸賈列傳》：“余讀陸生《新語書》。”此所謂“整齊百家雜語”也。曰“厥協”，曰“整齊”，而觀其會通。一以《六經》爲衡。《伯夷列傳》所謂：“學者載籍極博，猶考信於六藝”者也。《漢書·司馬遷傳贊》乃謂：“遷論大道，先黄老而後《六經》。”此自述其父談論六家要指耳，於遷何與？但不便斥老；斥老，則形父之短耳。

《揚子法言·問神篇》云：“或曰：‘淮南其多知歟？曷其雜也?”曰：‘人

① “親當作新”原在“約其文辭而指博”之後，且爲大字，今據文義改爲注文，移於此。

病以多知爲雜。'"而上元梅曾亮伯言《柏梘山房集·淮南子書後》曰："淮南子剽竊曼衍，與安所爲文不類。"此實似是而非之論。按《漢書·藝文志》雜家《淮南内》二十一篇，《外》三十三篇。師古曰："《内篇》論道，《外篇》雜説。"今所存者二十一篇，蓋内篇也。後漢高誘爲之注解而序其書，稱："其旨近老子，淡泊無爲，蹈虚守靜，出入經道，及古今治亂存亡禍福，世間詭異瓌奇之事，無所不載；然其大較歸之於道，號曰《鴻烈》。鴻，大也；烈，明也。以爲大明道之言也。"則是立言有宗，其大較歸之於道；善有元，事有會，則亦何病以多知爲雜也。本二十篇，《要略》一篇，則叙目也。自來無言《淮南子》僞者，然自來亦無言劉安作者。而梅氏乃稱其"剽竊曼衍，與安所爲文不類"。不知《漢書·淮南王傳》，稱："安招致賓客方術之士數千人，作爲《内書》二十一篇"；本不言安作，而出衆人手筆；如《吕氏春秋》二十六篇之"出秦相吕不韋輯智略士作"也。《史記·吕不韋傳》、《漢書·藝文志》何必以"與安所爲文不類"爲嫌乎？高誘序亦言"天下方術之士多往歸焉；於是遂與蘇飛、李尚、左吴、田由、雷被、毛被、伍被、晉昌等八人，及諸儒大山、小山之徒，共講論道德，總統仁義而著此書"；正合《漢書·藝文志》序雜家者流，稱"出議官，兼儒墨，合名法"，蓋出於當日衆人之雜議，各抒所見而作；以故列入雜家。而雜家之所以異於儒、道、名、墨諸家者，蓋所由來者不同。諸家本師説傳授。雜家出衆議駁雜也。雜家者言，無不"剽竊曼衍"者；蓋與議者不專一家，尊其所聞故也；尊其所聞，故不嫌"剽竊"；不專一家，故旁涉"曼衍"；勢所必至，何必以此致譏於淮南乎？然淮南不以集衆爲諱，而以裁定之權，自命一家言；故其宗旨，未嘗不約於一律；斯又出於賓客之所不與，雜而猶成其家者出。

《鹽鐵論》者，漢始元六年，公卿賢良文學所與共議者也；桓寬輯而論纂，本末具見《漢書·公孫劉車王楊蔡陳鄭列傳贊》；所論皆食貨之事，而遊文六藝，言必稱先王；自《隋書·經籍志》皆依《漢書·藝文志》列儒家。然宋高似孫《子略》曰："漢世近古，莫古乎議。國有大事，詔公卿列侯二千石博士議郎雜議；是以《廟祀議》、《伐匈奴議》、《捐珠厓議》，而《石渠論經》亦有議，皆所以謂詢謀僉同。"此蓋雜家之支與流裔；而與《漢志序》稱"雜家者流，蓋出議官，兼儒墨，合名法，知國體之有此，見王治之無不貫"；其意有合者也。而增廣條目，極其論難，著數萬言，成一家之法者，則西漢有《鹽鐵論》，東漢有班固《白虎通德論》；儻以《吕氏春秋》、《淮南鴻烈》爲例，當入雜家。如以《鹽鐵論》、《白虎通德論》遊文六藝，當入儒家。則《淮南鴻烈》，其大較歸之於道，何不入道家乎？

《漢書·藝文志·諸子略》儒家著録劉向所序六十七篇，注："《新序》、《説苑》、《世説》、《列女傳頌圖》也。"按《漢書·楚元王傳》曰："向本名更生；元帝初即位，中書宦官弘恭、石顯弄權。前將軍蕭望之、光禄勳周堪、光禄大夫給事中張猛相繼譖死，更生傷之，乃著《疾讒》、《摘要》、《救危》及《世頌》凡八篇，依興古事，悼己及同類。"疑《疾讒》、《摘要》、《救危》及《世颂》，蓋皆《世说》中篇目；即《世说》也。《傳》又曰："成帝即位，向睹俗彌奢淫，而趙衛之屬起微賤。踰禮制。向以爲王教由内及外，自近者始；故采《詩》、《書》所載賢妃貞婦、興國顯家可法則，及孼嬖亂亡者，序次爲《列女傳》，凡八篇，以戒天子。及采傳記行事，著《新序》、《説苑》凡五十篇；奏之。"覩向所序《新序》、《説苑》凡五十篇，合《世説》八篇。《列女傳》八篇，凡六十六篇；視《志》稱所序六十七篇尚少一篇，不知爲何。"所序"云者，明其述而不作；如傳所云"依興古事"，"采取《詩》、《書》所載"，及"采傳記行事"是也。《世説》今亡。《新序》、《説苑》亦殘。《隋書·經籍志》載《新序》三十卷，《説苑》二十卷，合五十卷；卷即是篇，與《漢書》五十篇之數合。今傳《新序》十卷，《説苑》二十卷，皆每卷一篇，則《新序》亡二十篇；然據烏程嚴可均景文《鐵橋漫稿·書説苑後》稱："宋本《説苑》有劉向序，言凡二十篇，七百八十四章；今本《説苑》計六百六十三章；視《向序》少一百二十一章。"是《説苑》亦非完書。餘姚盧文弨抱經《群書拾補》中有《新序校補》、《説苑校補》。所録皆《春秋》至漢初軼事，而《春秋》時事尤多，大抵采百家傳記可爲法戒者，以類相從；故頗與《春秋内外傳》、《戰國策》、《太史公書》相出入。兩書體例相同，大指亦復相類，其所以分爲兩書之故，莫之能詳；有一事而兩書異辭者，蓋采摭群書，各據所見，既莫定其孰是，寧傳疑而兩存；蓋其慎也。高似孫《子略》謂："先秦古書，甫脱燼劫，一入向筆，采擷不遺；至其正紀綱，迪教化，辨邪正，黜異端，以爲漢規監者，盡在此書。"固未免推崇已甚。至其推明古訓以衷之於道德仁義，庶幾"遊文六藝，留意仁義"。不失儒者之旨已。《列女傳》存而亡其圖。《别録》曰："臣向與黄門侍郎歆所校《列女傳》，種類相從，爲七篇。”《初學記》卷二十五引。而《漢書》本傳稱“《列女傳》凡八篇”者；據王回《序》云：“此書有《母儀》、《賢明》、《仁智》、《貞順》、《節義》、《辨通》、《嬖孼》等目，而各頌其義，圖其狀，總爲卒篇。傳如《太史公》記，頌如《詩》之四言，而圖爲屏風。”圖今亡。獨儀徵阮福喜齋仿宋刻《列女傳》，有晉大司馬參軍顧愷之圖畫，疑摹漢圖也。郝懿行妻王圓照，汪遠孫妻梁端，陳衍妻蕭管道，俱有《列女傳》注本。然向所序，依興故事，不同諸子之立意爲宗。章學誠《校讎通義》曰：“《説苑》、《新序》雜舉春秋時事，當互見《春秋》之篇。《世説》今不可詳，本傳所謂‘《疾讒》、《摘要》、《救危》及《世頌》諸篇依興古事，悼己及同類’也；似亦可以互見《春秋》矣。惟《列女傳》本采《詩》、《書》所載婦德可垂法戒之事，以之諷諫宫闈；則是史家傳記之書。而《漢志》未有傳記專門，亦當附次《春秋》之後，可矣。至其引風綴雅，託興六義，又與《韓詩外傳》相爲出入；則互注於《詩經》部次，庶幾相合；總非諸子儒家書也。”《漢志・諸子篇》《列女傳》蓋自《隋書・經籍志》即入雜傳類云。

劉向述而不作以依興古事，揚雄獨抒己見以橅範經文。《太玄》橅《易》，《法言》橅《論語》，《方言》橅《爾雅》。屬辭比事，《春秋》教也；劉向以之。鉤深索隱，《易》學也；揚雄以之。然《易》剛柔無常，兼權進退，而揚雄爲《太玄》，則偏主於柔退，其指壹本老氏。《朱子語録》曰：“揚子爲人思沈，會去思索。其學本似老氏，如清静淵默等語，皆是老氏意思。”此宗旨之不同也。又《太玄》雖準《易》而作；然託始高辛、太初二曆而爲之；故《玄》有方州部家；凡四重而爲一首九贊；首名以節氣起止，贊義以五行勝尅；通七百二十九贊有奇，分主晝夜，以應三百六旬有六日之度，首準一卦，始於《中》，準《中孚》；而終於《養》，準《頤》。二十四氣，七十二候，與夫二十八宿錯居其間，先後之序，蓋不可得而少差也。夫卦氣之説，出於孟喜，而其書不傳，其説不詳。《漢書・京房傳》曰：“分六十卦，更直日用事，以風雨寒温爲候。”注引孟康曰：“分卦直日之法，一爻主一日；六十卦爲三百六十日；餘四卦震、離、兑、坎，爲方伯監司之官；所以用震、離、兑、坎者，是二至二分用事之日。”其説亦見於《易緯稽覽圖》、《是類謀》，所云卦氣起《中孚》，以一卦主六日七分。六十卦主一歲三百六十五日四分日之一”；大誼略同。此《玄》之所準者也。然朱一新《無邪堂答問》則論《太玄》雖揚雄擬《易》而作，然自爲一書；其數并非《易》數，《易》數自一而二，二而四，四四而八以逮於六十四，皆偶數。《太玄》自一而三，三而九，以逮於八十一皆奇數。《老子》謂："一生二，二生三，三生萬物。"算數如是。積算至三，則可生萬。《大戴禮・易本命篇》："天一、地二、人三，三三而九，九九八十一。"孔巽軒補注，以太乙主客算明之，是也。九九八十一，爲變之極；可引之，而至於無窮；故黄鐘以八十一分立數；十二律皆由此生。揚雄精算術，依《太初》以作《太玄》，與老氏之言適合。其用數則《漢書・律曆志》詳言之；《困學紀聞》引葉石林之言是也。三爲生物之數，《太玄》用之。五爲天地中數，司馬光《潛虚》用之。惟邵康節《皇極經世》用偶數，乃《易》之本數耳。《易》明陰陽，陰陽一奇一偶，故以二起數。程子謂先天是加一倍法。蓋兩儀生四象，四象生八卦；康節本此爲推，非有他異。其於天地人物，皆以四事分配，亦此意也。以《太玄》非《易》之本數，班氏入之儒家，位置最當。此用數之不同也。按《漢書》雄本傳稱："玄首四重也，非卦也，數也。其用自天元推一晝一夜陰陽數度律曆之紀，九九大運，與《太初曆》相應；亦有顓頊之曆焉。"則是《太玄》推律曆節候而作，其説至明；卷首所列舊圖，具七十二候。顧明龍泉葉子奇撰《太玄本旨》九卷，一掃星曆之説，謂《太玄》附會律曆節候而强其合，不無臆見；因别爲詮釋。亦如《易》家之有王弼，廢象數而言義理者也。

司馬光《揚子序》曰："韓文公稱《荀子》以爲在軻、雄之間。又曰：'孟子，醇乎醇者也，荀與揚大醇而小疵。'三子皆大賢，祖六藝而師孔子。孟子好《詩》、《書》。荀子好《禮》。揚子好《易》。古今之人，所共宗仰。然揚子之書最後；監於二子而折衷於聖人，潛心以求道之極致，至於白首，然後著書；故其所得爲多。孟子之文直而顯，荀子之文富而麗，揚子之文簡而奥，惟其簡而奥也故難知。"韓退之盛推孟，司馬光獨宗揚，宋儒多在韓退之門下討生活；歐、蘇、曾、王之論文，二程、張、朱之尊孟，其燦然者已。獨司馬光超然絶出，不同尋常；其論學不信孟子，《疑孟》有書。其文章直起直落，質實駿爽，不爲描頭畫角，而真氣貫注；王安石推其文類西漢，可謂卓然有以自立者。世人淺見寡識，論古文限於唐宋八家。而不知司馬光疏疏落落，其雄駿掩韓、歐而上之。余故特表而出之云。

閲《史記・儒林列傳》，取《漢書》校一過。竊謂《儒林列傳》，而仲尼弟子七十七人，及孟子、荀卿不與者，以其身通六藝，而不專一經也。《漢書·藝文志·諸子略》稱："儒家者流，遊文六經之中，留意仁義之際。"《論衡·超奇篇》曰："能説一經者爲儒生。"而《儒林》所列，"能説一經者爲儒生"也；儒之不名家者也。班固作《漢書》，亦崇儒家而薄儒生，《揚雄傳》稱雄"不爲章句訓詁，通而已"；以見爲章句訓詁之通者少也。何謂通？《藝文志·六藝略》言："古之學者耕且養，三年而通一藝；存其大體，玩經文而已。是故用日少而畜德多，三十而五經立。"此之謂"遊文《六經》"，亦此之謂"不爲章句訓詁，通而已"。而儒生則不然，能説一經，爲章句訓詁。《易》之有施、孟、梁丘，《書》之有歐陽、大小夏侯，《詩》之有齊、魯、韓、毛，《禮》之有大小戴、慶氏，《春秋公羊》之有嚴、顔，《史記》、《漢書》著入《儒林傳》者皆是，亦稱辟儒。《藝文志·諸子略》叙儒家稱："惑者既失精微，而辟者又隨時抑揚，違離道本，苟以譁衆取寵，後進循之，是以五經乖析，儒學寖衰。此辟儒之患。""五經乖析"者，謂其"能説一經"，而不能"遊文六經"也。又《六藝略》稱："後世經傳既已乖離，而博學者又不思多聞闕疑之義，而務碎義逃難，便辭巧説，破壞形體，説[1]五字之文至於二三萬言；桓譚《新論》云："秦近君能説《堯典》，篇目兩字之説，至於十萬言。但説'曰若稽古'，三萬言。"後進彌以馳逐；故幼童而守一藝，白首而後能言，安其所習，毁所不見，終以自蔽，此學者之大患。"亦指儒生而言。若夫儒家者流，則不專一經，不爲章句訓詁，"存其大體，玩經文而已"；遊文六經，留意仁義；其著書則録入諸子，不專經而名家；其人則助人君，順陰陽，明教化，而特顯以專傳；若賈誼、董仲舒、劉向、揚雄者是也。大抵儒生不工文章；而儒家者流，則無不能文者，亦稱鴻儒。《論衡·超奇篇》曰："能精思著文，連結篇章者爲鴻儒"；是也。《漢書》之例：儒生入《儒林》。儒家立專傳。而范曄《後漢書》以賈逵、鄭玄兼通五經，立專傳而互見儒林；亦用《班書》賈誼、董仲舒、劉向互見儒林之列也。

譚漢學者，多誦訓詁而昧理學。不知宋儒有理學，漢儒亦有理學。而治漢儒理學，尤不可不讀《春秋繁露》、《白虎通》兩書。《春秋繁露》有江都凌曙曉樓注，《白虎通》有句容陳立卓人疏證，皆以名家。《爾雅》、《説文》只

① 説，原作"就"，今據《漢書·藝文志》改。

知逐字解詁，而全體大用欠分曉；但言詁訓名物，未明義理。而讀《春秋繁露》及《白虎通》；則以《繁露》爲春秋之名宗，闡《春秋》慎辭謹於名倫等物之意；《白虎通》爲禮家之名宗，發禮官，正百物，叙尊卑，控名而責實之指；義理徵於訓詁，而人倫道妙之全體大用，即見名物訓詁之中；然後復由訓詁名物以通義理，塗徑頓闢。然後淮而讀《小戴禮記》四十九篇，以見威儀節文，不過以徵理之不可易；而知控名責實，義理之即名倫等物而見。此漢儒之理學也。漢儒以禮爲理，承荀卿禮宗之緒。宋學認性即理，發孟子性善之指。漢儒蹈禮履仁，附會陰陽家言。宋學明心見性，多雜禪宗説。漢儒只於威儀事爲，著實體認；而宋學則性天道奥，愈勘愈深。此其較也。

卷十五　鄭學

漢儒有專家，有通學。《十三經》所采者，《詩》有《毛公傳》，《公羊》有何休學；專名一經，學無旁涉，專家也。獨鄭君戒子，自稱“博稽六藝”；不限顓經，通學也。大抵西京多顓家，而後漢喜通學。

《後漢書·鄭玄傳》稱：“凡玄所注，《周易》、《尚書》、《毛詩》、《儀禮》、《禮記》、《論語》、《孝經》、《尚書大傳》、《中候》、《乾象曆》；又著《天文七政論》、《魯禮禘祫議》、《六藝論》、《毛詩譜》、《駁許慎五經異義》、《答臨孝存周禮難》，凡百餘萬言。門生相與撰玄答諸弟子問《五經》，依《論語》作《鄭志》八篇。”今可考見者：《詩毛傳箋》、《周禮注》、《儀禮注》、《禮記注》，皆足本也。其散佚而有輯本者，就所睹記，則有盧見曾刻雅雨堂叢書輯本《鄭氏易注》十卷，丁杰輯補《乾鑿度鄭注》二卷，陳春刻湖[1]海樓叢書本丁杰《輯補周易鄭注》十二卷，此《周易》也。岱南閣別行本孫星衍輯《尚書馬鄭注》十卷，焦氏叢書本焦循撰《禹貢鄭注釋》二卷，學津輯本《尚書中候鄭注》五卷，此《尚書》也。問經堂輯本《箴膏肓》一卷，《起廢疾》一

① 湖，原作“胡”，今改正。

卷，《發墨守》一卷，此《春秋》也。浮溪精舍本宋翔鳳輯《論語鄭注》十卷，此《論語》也。知不足齋本臧庸輯《孝經鄭氏解》一卷，嚴可均四録堂類集本《孝經鄭氏注》一卷，此《孝經》也。問經堂本王復輯《五經異義》許慎并《駁義》鄭玄一卷，《補遺》一卷，學海堂本陳壽祺撰《五經異義疏證》三卷，秦鑑刻汗筠齋叢書本錢東垣等校《鄭志》三卷，《附録》一卷，別下齋刻本陳鱣輯《六藝論》一卷，此五經總義也。又有黄奭輯刻漢學堂本《高密遺書》十四種，曰《六藝論》、《易注》、《尚書注》、《尚書大傳注》、《毛詩譜》、《箴膏肓》、《釋發疾》、《發墨守》、《喪服變除》、《駁五經異義》、《答臨孝存周禮難》、《三禮目録》、《魯禘祫議》、《論語注》、《鄭志》、《鄭記》；可謂夥頤沈沈矣。

鄭君自稱曰："博稽六藝，粗覽傳記。"范曄贊論曰："括囊六典，網羅衆家。"蓋該六藝而言，則不顓一經。執一經以説，則不主一家。《後漢書》玄本傳稱："師事京兆第五元，先始通《京氏易》、《公羊春秋》、《三統曆》、《九章算術》。又從東郡張恭祖受《周官》、《禮記》、《左氏春秋》、《韓詩》、《古文尚書》。以山東無足問者，乃西入關，因涿郡盧植事扶風馬融。"箋《毛詩》，則旁采魯、韓。注《周官》，則兼及《儀禮》、《禮記》。今古之學兼綜，門户之見盡祛，觀其會通，擇善而從，此所以爲通也。《後漢書·儒林傳》曰："許慎以五經傳説臧否不同。於是撰爲《五經異義》。時人爲之語曰：'五經無雙許叔重。'然則"博稽六藝"，蓋許慎之所同；而"網羅衆家"，則鄭君之所獨。許慎撰《五經異義》，明今古之分，以敦崇古學；鄭君駁《五經異義》，破今古之樊，以兼采今説。此其較也。世人駢稱許鄭而不別白其辭，夫豈若是其班歟？

卷十六　三國

東漢經學之所爲不同於西京者，由專而通。魏晉經學之所以立異於東漢者，由鄭而王。由專而通者，大道無方，學術會通之自然。由鄭而王者，世情忌前，後生奪易之私意。《三國志·王肅傳》稱："肅善賈、馬之學而不好鄭氏，采會異同，爲《尚書》、《詩》、《論語》、《三禮》、《左氏解》，及撰定父朗所作《易傳》，皆列於學官。其所論駁朝廷典制郊祀、宗廟、喪紀輕重，凡百餘篇。"又云："肅集《聖證論》以譏短玄。"然玄名家，在能兼綜今古，采會同異。而肅難玄，則當別白今古，辨析同異，如許慎《異義》之學可也。而肅不然。不過玄用今文，而肅難以古文；玄用古文，而肅難以今文；惟鋭意於奪而易之，王肅《孔子家語序》云："鄭氏學行五十載矣，義理不安，違錯者多，是以奪而易之。"故爲立異耳。觀於《聖證論》以按《五經異義》而可知也。善化皮錫瑞鹿門《禮經通論》亦歷著之。

劉知幾云："王肅注書，好發鄭短，凡有小失，皆在《聖證》。"其書久佚，馬國翰《玉函山房輯佚書·聖證論》一卷。

《漢書·藝文志》有《孔子家語》二十七卷。顔師古注："非今所有《家語》。"世所傳《家語》，凡四十四篇，王肅注。《禮·樂記》稱："舜彈五弦之琴以歌《南風》”，鄭注：“其詞未聞。”孔穎達《疏》載肅作《聖證論》，引《家語》阜財解慍之詩以難康成。又載馬昭之説，謂“《家語》，王肅所增加，非鄭所見”。王柏《家語考》曰：“四十四篇之《家語》，乃王肅自取《左傳》、《國語》、《荀》、《孟》、二《戴記》割裂織成之。孔衍之序，亦王肅自爲也。”自昔疑之者多，而未有專書。至清乾隆間仁和孫志祖頤谷撰有《家語疏證》六卷，以爲“説經而不尊信鄭康成，宜大道歧而巵言出也。背康成，由王肅；信王肅，由宋人。王肅之背經誣聖，由僞造《家語》、《孔叢子》及作《聖證論》改易漢以上郊祀、宗廟、喪紀之制”。惜魏時王基、孫炎、馬昭難王之書皆不傳，因博集群書，凡肅所勦竊者，皆疏通證明之，以證肅之竄改謬妄，以明《家語》之非古本。刊版流播，學者稱快。又集駁《聖證論》及疏證《孔叢・小爾雅》之非古本，其書未成。獨傳《家語疏證》一書。海寧陳鱣仲魚序其端曰：“《尚書孔傳》及《家語》，俱王肅一人所作。《尚書》二十八篇，漢世大儒皆習之。肅固不敢竄改，唯於僞增之篇，并僞爲《孔傳》以逞其私，至於《家語》，肅以前儒者絶不引及，肅詭以孔子二十二世猛家有其書，取以爲解。觀其僞《孔安國後叙》云：‘以意增損其言’，則已自供罪狀。然而肅之自叙，首即以鄭氏學爲‘義理不安，違錯者多，是以奪而易之’。夫叙孔子之書，而先言奪鄭氏之學，則是附會古説，攻駁前儒可知矣。又《自叙》引語云：‘牢曰子云吾不試，故藝。’談者不知爲誰，多妄爲之説。《孔子家語》‘弟子有琴張，一名牢，字子開，一字張，衛人也’。考鄭注《論語》：‘牢，弟子子牢也。’肅之所謂談者，即指鄭氏。夫《論語》記弟子不應稱名；漢《白水碑》，琴張、琴牢判爲二人，安得牽合若此耶？馬昭去肅未遠，乃於《家語》，一則曰‘王肅增加’，再則曰‘王肅私定’，斯言可爲篤論。”然籀馬昭語氣，曰增加，則有原文，有增加似不全僞造也。今按四十四篇，雜采《荀子》、《小戴記》者三十三篇，全襲《大戴記》者五篇；惟《致思》、《觀周》、《辯政》、《辯物》、《七十二弟子解》、《本性解》六篇，别本他書。

《晉書・范寧傳》稱：“時以浮虚相扇，儒雅日替。寧以爲其源始於王弼、何晏蔑棄典文，不遵禮度，遊辭浮説，波蕩後生，二人之罪，深於桀紂，桀紂暴虐，正足以滅身覆國，爲後世鑑戒耳；豈能迴百姓之視聽哉！吾固以爲一世之禍輕，歷代之罪重，自喪之釁小，迷衆之罪大也。寧崇儒抑俗，率皆如此。”然何晏解《論》，集漢儒訓詁之善，古義廑存。輔嗣注《易》，開宋儒義理之先，新蹊自闢。模楷儒林，亦自名家；何嘗蔑棄典文，如寧所譏乎？

王弼《易注》，説漢《易》者屏之不論不議。獨江都焦循理堂以弼通借解經，法本漢儒，撰《周易補疏》而序其端曰："昔趙賓解'箕子'爲'荄兹'，或詡其説曰，非王弼輩所能知也。然弼之解箕子，正用趙賓説；孔穎達輩不能申明之也。非特此也。如讀彭爲旁，借雍爲甕，通孚爲浮而訓爲務躁，解斯爲廝而釋爲賤役，諸若此，非明乎聲音訓詁，何足以明之？東漢末以《易》學名家者，稱荀、劉、馬、鄭，荀謂慈明爽。劉謂景升表，表之學受於王暢，暢爲粲之祖父，與表皆山陽高平人。粲族兄凱爲劉表女壻；凱生業，業生二子，長宏，次弼，粲二子既誅，使業爲粲嗣。然則王弼者，劉表之外曾孫，而王粲之嗣孫，即暢之嗣元孫也。弼之學，蓋淵源於劉，而實根本於暢。宏字正宗，亦撰《易義》。王氏兄弟皆以《易》名，可知其所受者遠矣。故弼之《易》雖參以己見，而以六書通借解經之法，尚未遠於馬、鄭諸儒，特貌爲高簡，故疏者概視爲空論耳。弼天資察慧，通儁卓出，蓋有見於説《易》者支離附會，思去僞以得其真，而力不逮。故知變卦之非而用反對，知五氣之妄而信十二辟。唯之與阿，未見其勝也。解龍戰以坤上六爲陽之地，固本爻辰之在己；解文柔文剛以乾二坤上言，仍用卦變之自泰來，改换其皮毛，而本無真識也。然於觀則會及全蒙，於損亦通諸剥道。聰不明之傳，似明比例之相同；觀我生之交，頗見升降之有合。機之所觸，原有悟心。然則弼之《易》，未可屏諸不論不議也。"可謂明於獨炤，不隨衆詬者。

魏受漢禪而學風迥異。（一）東漢經學極盛，崇尚儒者，而魏氏承漢，譚學喜老莊，從政師商韓，競以儒家爲迂闊，不周世用。（二）東漢士風敦厚，服膺先儒，辨其參差而不没其多善，辭氣謙恭，無嚚争求勝之心。其焯焯可考信者，鄭玄破先儒而不明引其説，又以馬季長弟子，不欲正言相非，依違而言；見卷十五《鄭學》。不如三國時王弼、虞翻以所長笑人，好爲詆誹，既失博學知服之義，且開露才揚己之風，此學者之大病也。

卷十七　朱子

陳氏《鄭學篇》引王西莊云："學者若能識得康成深處，方知程朱義理之學，漢儒已見及。程朱研精義理，仍即漢儒意趣；兩家本一家。"《十七史商榷》卷六十四以爲："昔之道學家，罕有知漢儒見及義理之學者。更罕有知程朱即漢儒意趣者。"而此篇則引朱子《論語訓蒙口義序》云："本之注疏以通其訓詁，參之《釋文》以正其音讀，然後會之諸老先生之説以發其精微。"《語孟集義序》云："漢魏諸儒正音讀，通訓詁，考制度，辨名物，其功博矣。學者苟不先涉其流，則亦何以用力於此。"遍舉《文集》、《語類》之發此義者，以明朱子之守注疏，治訓詁，由訓詁以通義理。然朱子《答黄直卿書》："爲學直是先要立其本，文義却可且與説出正義，令其寬玩味，未可便令考校同異，研究纖密；恐其意思促迫，難得長進。"朱子好考證之學，而又極言考證之病。陳氏乃申論之曰："讀書，玩理與考證，自是兩種工夫。朱子立大規模，故能兼之。學者不能兼，則不若專意於其近者也。朱子時爲考證之學甚難，今則諸儒考證之書略備，幾於見成事物矣。學者取見成之書而觀之，不甚費力，不至於困矣。至專意於其近者，則尤爲切要之學。而近百年來，爲考證之學者多，專意於近者反少，則風氣之偏也。"此則承漢學極熾之後，而爲補偏救弊之談；陳氏生平宗旨所在，而東塾讀書之眼；學者不可不知。所謂“專意於其近者”，即在人倫日用之間。孔子曰：“已欲立而立人，已欲達而達人；能近取譬，可謂仁之方也已。”《中庸》謂：“忠恕違道不遠，施諸己而不願，亦勿施於人。”此之謂近，亦此之謂“立其本”也。

陳氏之指，在融通漢宋。然在清乾隆以前，未嘗有標揭漢學以詆宋儒者。太原閻若璩百詩、甘泉江藩鄭堂撰《漢學師承記》，嘗揭舉之爲漢學開山之祖者也。然若璩以《古文尚書疏證》有大名，而古文二十九篇之僞，朱子《語録》已發其覆；特證佐未具，俟若璩出而蒐集，加以論定焉爾。若璩作《毛朱詩説》，右《集傳》而左《毛序》，此其於漢學殆不僅有騎牆之見而已。至濟陽張爾岐稷若、婺源江永慎修二人，則又篤信朱子，彰彰可考者也。張爾岐之《儀禮鄭注句讀》，江永之《禮經綱目》，咸用朱子《儀禮經傳通解》之法；而江氏《近思録集注》，尤理學之圭臬，張氏且嘗以有明甲申之變，由於秉國成者，非薄程朱之一念有以致之，語著《蒿庵閒話》；何嘗以漢學標舉乎？吴縣惠周惕元龍、子士奇天牧及孫棟定宇三世傳經，棟所造尤邃，著《周易述》、《古文尚書考》、《春秋補注》、《九經古義》等書。論者擬之漢儒，在何邵公、服子慎之間。而惠氏《紅豆山齋楹帖》云：“六經宗孔孟，百行法程朱。”亦何嘗以漢學標舉乎？休寧戴震東原爲皖派開山，其學本出江永，作《原善》、《孟子字義疏證》，雖與朱子説經牴牾，然采朱子説以撰《毛鄭詩考正》，則亦未嘗故立崖岸。金壇段玉裁若膺受學於震，議以震配享朱子祠。又跋朱子《小學》稱：“或謂漢人言小學，謂六書，非朱子所云，此言尤悖。夫言各有當，漢人之小學，一藝也。朱子之《小學》，蒙養之全功也。”段氏以精研《説文》之人，而推朱子《小學》以崇之漢人《小學》之上，何嘗標揭漢學以詆宋儒乎？江藩爲惠定宇再傳弟子，其師吴下余蕭客古農執贄於惠氏。辯生末學，始標揭漢學以撰《師承記》，門户角張。段氏外孫仁和龔自珍璱人即不謂然，詒箋諍曰：“大著讀訖，其曰《漢學師承記》，名目有十不安焉。改爲《國朝經學師承記》，敢貢其説：夫讀書者實事求是，千古同之，此雖漢人語，非漢人所能專。一不安也。本朝自有學，非漢學；有漢人稍開門徑而近加邃密者；有漢人未開之門徑；謂之漢學，不甚甘心。不安二也。瑣碎餖飣，不可謂非學，不得爲漢學三也。漢人與漢人不同，家各一經，經各一師，孰爲漢學乎？四也。若以漢與宋爲對峙，尤非大方之言，漢人何嘗不談性道。五也。宋人何嘗不談名物訓詁，不足概服宋儒之心。六也。近者有一類人，以名物訓詁爲盡聖人之道，經師收之，人師擯之，以誣漢人，漢人不受，七也。漢人有一種風氣，與經無與，而附於經，謬以裨竈、梓慎之言爲經，因以汨陳五行，矯誣上帝，爲説經。《大易》、《洪範》，身無完膚，雖劉向亦不免，以及東京内學，本朝人何嘗有此惡習，本朝人又不受矣。八也。本朝別有絶峙之士，涵泳白文，刱獲於經，非漢非宋，亦其是而已矣；方且爲門户之見者所擯。九也。國初之學，與乾隆初年以來之學不同。國初即不專立漢學門户，大旨欠區別。十也。有此十者，改其名目，則渾渾圜圜，無一切語弊矣。”江藩不從，其鄉人焦循理堂亦有異議。桐城方東樹植之遂作《漢學商兑》，以爲反脣之論；是爲漢宋之争所由始也。

方東樹生乾嘉漢學極盛之日，撰爲《漢學商兑》上、中、下三卷；其指在申宋學以詘漢學；急言極論，殫見洽聞，詞筆既明快，足以達其所見；考據尤詳該，足以證其不誣。漢學家每以考據傲宋學之不逮；而東樹即以考據發漢學之覆；晰而不枝，覈而能當，即以其人之道，還治其人之身，實開後來陳東塾、朱無邪一派；博學明辨，未可以文章之士而少之也。其書仿朱子《雜學辨》例，摘録漢學家議論，各爲辨正。而綜其指要，大端有六：一曰宋儒明義理之不廢訓詁。昔宋周公謹有言曰：“伊洛之學行於世，至乾道、淳熙間盛矣。其能發明先賢旨意，溯流徂源，論著講解，卓然自爲一家者，新安朱氏元晦尤淵深精詣。蓋其以至高之才，至博之學，而一切收歛歸諸義理；其上極於性命天人之微，而下至於訓詁名數之末，未嘗舉一而廢一；蓋孔孟之道，至伊雒而始得其傳，而伊雒之學，至朱氏而始無餘藴；必若是而後可言道學也已。”而漢學家議論，乃以宋儒廢注疏，使學者空言窮理，啓後學荒經蔑古空疏之陋。然此可以譏陸王，而非所論於朱子。朱子教人爲學，諄諄於漢魏諸儒，正音讀，通訓詁，考制度，釋名物，學者不先涉其流，則亦何以用力；而所爲《四書集注》，唯重發明義理者，以訓詁名物，注疏已詳，不復爲解。故曰：“邢昺《論語疏》集漢魏諸儒之説，其於章句訓詁名物之際詳矣；學者讀是書，其文義名物之詳，當求之注疏，有不可略者。”又曰：“秦漢以來，聖學不傳。儒者惟知訓詁章句之爲事，而不知復求聖人之意，以明夫性命道德之歸。然或徒誦其言以爲高，而不知深求其意，遂致脱略章句，陵藉訓詁，坐談空妙；而其爲患反有甚於前日之陋者。”又曰：“自秦漢以來，儒者不知反己潛心，而以記覽誦説爲事；是以有道君子，深以爲憂。然亦未嘗遂以束書不觀，坐談空妙，爲可僥倖於有聞也。”又曰：“或遺棄事物，脱略章句，而相與馳於虛曠杳渺之中。”又曰：“其有志於爲己者，又直以爲可以取足於心而無事外求也；是以墮於佛老空虛之邪見，而義理之正，法度之詳，有不察也。”此指陸子。又引《説文》解《易・恒卦》；又於《大有》用享，以爲亨享字，《易》中多互用；因言文字音韻，是經中淺事，故先儒得其大者，多不留意。然此等處不理會，却費無限辭説牽補，卒不得其意，亦甚害事。據此，朱子教人讀書平實如此；可知朱子非廢訓詁名物不講，如漢學諸人所訾謗也。又諸漢學家皆譏義理爲鑿空，亦是詖辭。須知孔子繫《易傳》及子夏、子貢、孟子、《禮記》、《大學》、《中庸》諸篇及《孝經》等，凡引《詩》、《書》，皆不拘求訓詁；即漢儒如費直、匡衡亦然，不獨程子也。然而朱子訓詁諸經，一字一句無不根極典謨，每謂：“擺落傳注，須是二程先生，方始開得此口；若後學未到此地位，便承虛接響，容易呵叱，恐屬僭越氣象。”特不如漢學家之泛引駁雜耳。一曰漢學言訓詁之必衷義理。戴東原嘗言：“訓詁者，義理之所從出；非别有義理出乎訓詁之外也。”又言：“吾自十七歲時，有志聞道，謂非求之《六經》孔、孟不得。非從事字義名物制度，無由通其語言文字”云云。若是，則與朱子固爲一家之學矣。顧所以斥宋儒者，則曰：“以理爲學，以道爲統，以心爲宗，探之茫茫，索之冥冥；不如反而求之《六經》。”昔程子受學於周茂叔，亦曰“反而求之《六經》”；則程朱固未嘗舍《六經》而爲學也。且所謂求於《六經》者，何也？非謂求其道，求其理，求其心耶？戴氏力禁言理，而所以反求之於《六經》者，僅在於形聲、訓詁、名物、制度之末；譬如良農舂穀，盡取精鑿以去，貧子不知，方持穅秕以傲之，何以異於是。古今學問大抵二端：一小學，一大學。訓詁、名物、制度，祇是小學內事。《大學》直從明新説起；《中庸》直從性道説起；此程朱之教所主，爲其已成就向上，非初學之比。如顏子問仁，問爲邦，此時自不待與之言小學事矣。子夏固謂草木有區别，是也。漢學家昧於小學、大學之分，混小學於大學，白首著書，畢生盡力，止以名物、訓詁、典章、制度，小學之事，成名立身；用以當大人之學之究竟；絶不復求明新至善之止；痛斥義理性道之教；不知本末也。夫謂義理即在訓詁，是也。然訓詁不得義理之真，致誤解古經，實多有之。若不以義理爲之主，則彼所謂訓詁者，安可恃以無差謬也。古人一字異訓，言各有當。漢學家説經，不顧當處上下文義，第執一以通，乖違悖戾，而曰義理本於訓詁，其可信乎？言不問是非，人惟論時代，以爲去聖未遠，自有所受。不知漢儒所説，違誤害理者甚衆。如荀悦《申鑑》云：“文有磨滅者，音有楚夏，出有先後，或學者先意有所措定，後世相仿，彌以滋僞。”朱國楨《湧幢小品》云：“古人古事古字，散見雜出，各不相同；見其一，不見其二，闃然糾駁，未免爲古人所笑。”不明乎此，而强執異本異文，以訓詁齊之，其可乎？漢學諸人，釋經解字，謂本之古義者，大率祖述漢儒之誤，傅會左驗，堅執穿鑿，以爲確不可易；如以“箕子”爲“荄滋”，“枯楊”爲“姑陽”，“蕃庶”爲“蕃遮”。數百千條，迂晦難通。何義門云：“但通其訓詁而不辨義理；漢儒之説，皆高子也。”信乎朱子有言：解經，一在以其左證之異同而證之，一在以其義理之是非而衷之，二者相須，不可缺，庶幾得之！今漢學者全舍義理而求之左驗，以專門訓詁爲盡得聖道之傳，所以蔽也。總而言之：主義理者，斷無有舍經廢訓詁之事！主訓詁者，實不能皆當於義理。何以明之？蓋義理實有時在語言文字之外者。故孟子曰：“以意逆志，不以文害辭，辭害意也。”宋儒義理，原未嘗歧訓詁爲二而廢之；有時廢之者，乃正是求義理之真而去其謬妄穿鑿，迂曲不可信者耳。若其不可易者，古今師師相傳，如朱子《詩集傳》訓多用毛、鄭，何遽能廢之也。漢學之人，主張門户，專執《説文》、《廣雅》小學字書，穿鑿堅僻，不顧文義之安，正坐斥義理之學，不窮理故也。考漢學諸公，大抵不識文義，故於義理多失；蓋古人義理，往往即於語氣見之；此文章妙旨，最精之説；漢學不解也。如臧氏琳説《孟子》“夫子之設科也”，子爲予字之誤。不知此句若作孟子自道，則不特文勢弛緩不屬，令人索然，且似孟子自承認門人爲竊；大儒取友，乃收召無賴小人，污辱門牆，害義甚矣。漢儒之説，所以有不可從者，此類是也。按趙氏注稱“孟子曰夫我設教授之科”云云，又《章旨》云“雖獨竊屨，非己所絶”，是殆直作孟子自認也。又據唐《石經》謂《詩》“蕭蕭馬鳴”當作“肅肅”，因引《毛傳》爲證。無論《開成石經》最劣，不足信據；而杜子美在前已用“蕭蕭”，非石刻作肅，後人妄改加艸也。即謂木版在大曆之世，而子美讀已如此，可知非後人刓改也。《毛傳》言不讙譁，正形容得是時出師氣象，及詩人措語之妙，言但耳聞馬鳴，目見旆旌，肅然不聞人聲，故以不讙譁雙釋二句。若肅專屬馬，則此傳止當在“馬鳴”一句，下旆旌是無知物，非有血氣，豈亦可以不讙譁詁之乎？要之，此詩連下文皆有肅意，正不必獨於馬用本義；故朱子移《毛傳》不讙譁於徒御不驚之下，而於下節有聞無聲，亦以至肅解之也。劉勰云：“詩人感物，聯類不窮，流連萬象之際，沈吟視聽之區，寫氣圖貌，隨物宛轉；屬采附聲，與心徘徊。故灼灼狀桃花之鮮，依依盡楊柳之態，杲杲爲日出之容，瀌瀌擬雨雪之狀，喈喈逐黃鳥之聲，喓喓學草蟲之韻。”由勰此論，則肅肅狀馬聲甚拙，不及蕭蕭字遠甚；非但失義，并失情景之妙。臧氏謂蕭涼蕭條，并入近人辭氣。不知風雨瀟瀟，亦非近人詩也。瀟，《説文》水名。若詩人以狀風雨聲，則亦蕭涼意。又如段氏玉裁説《左傳》“人盡夫也”，當爲天字之説。不知此句緊對上文父與夫句作答；又以見其母爲機速婦人，一時相紿倉卒情事，不暇顧理，口角如繪之妙；若作天字，則是其母正告以三綱之義，分義至重；安得人盡云云而方教之以背其天乎？語不知偏正，理不知倒邪，而鹵莽著書，真所謂詅癡符也。古人言各有當，漢學家每執一以解之，其意主於破宋人之説；其辭務博辨廣徵，案往舊造説以讐人而奪之，而遂不顧畔道離經矣。又陳見桃據《爾雅》切磋琢磨四者，各爲治器之名，非有淺深；朱子釋爲磋精於切，磨密於琢，殆强經以就己説云云：按《毛傳》雖本《爾雅》，作四事解。然《爾雅》本以釋《詩》。訓詁之體，未暇釋意。武公作詩，子貢賦詩，不據《爾雅》。况《毛傳》云“道其學而成也；聽其規諫以自修，如玉之琢磨也”；亦本《大學》傳作二義；不析切與琢，磋與磨分言者；古人無此行文法，故貴以意逆志也。朱子釋之至明而確，事理昭然，正合子貢之意。陳氏不諳文義，又不知説經與訓詁體例不同；又昧於事物之理而妄譏之，謬矣。漢學説經，所譏於唐宋諸儒，謂經字曰譌，經義不合者，數百十條，大抵斷截小文，媟黷微辭，皆若此類；雖非閎旨所關，而疑似亂真，姑舉此數條以見例，學者推類以盡其餘可也。至戴氏之譏程子曰：“《中庸》開卷説性即理也，如何説性即是理?”豈知程子此語，正用康成《樂記注》“理即性也”語。戴氏極詆程朱，固奉康成爲宗主矣；何又失檢《禮注》，漫肆詆訶。若夫性即是理，此句與孟子性善同功，皆截斷衆流語，固非衆賢小儒所能見及。考證文章，皆欲爲明義理也；漢學諸人，其蔽在立意蔑義理，所以千條萬端，卒偏於謬妄不通，貽害人心學術也。戴氏後猶知悔之，其稱天下有義理之源，有考覈之源，有文章之源。既而曰：“義理，即文章考覈之源，義理復何源哉！吾前言過矣。”及其臨終，則曰："生平讀書絶不復記；到此方知義理之學，可以養心。"此與王弇州臨殁服膺震川同爲迴光返照。蓋其天姿聰明本絶人，平日特爲風力陰識所鼓，不能自克；臨殁之際，風力陰識之妄漸退，而孤明炯焉。乃焦循作《申戴》，又從而爲之辭也。漢學惠、戴開山，惠棟雖標漢幟，尚未厲禁言理；而厲禁言理，則自戴氏始。一曰窮理必以明心。戴震禁言理，詆程朱不當别言有理具於心。而其先黄震、顧炎武禁言心，以理流行於天地古今，特具於心，而不當以心爲主；皆邊見邪見，非正知見也。孟子曰："權，然後知輕重；度，然後知長短。物皆然，心爲甚。"古今神聖一切智愚動作云爲，皆心之用也。今爲學欲明聖人之道，而拔本塞源，力禁言心；不知果有當於堯、舜、禹之意否邪？黄氏《日鈔》説《尚書》"人心惟危，道心惟微"四語云："此本堯命舜之辭。舜申之以命禹，加"危微精一"於"允執厥中"之上，所以使之審擇而執其中耳，此訓之之辭也，皆主於堯之執中一語而發，豈爲心設哉！近世喜言心學，舍全章本旨而獨論人心道心；甚者單摭道心，而直謂心即是道。蔡九峰作《書傳》，乃因以三聖傳心爲説，指十六字爲傳心之要，而禪學者借以爲據矣。"唐虞之世，未有禪病。今以梁以後禪學，豫代古帝防之，動欲改避經文，抑何可笑。漢學之徒，益推而極之，以爲荀子引"人心之危，道心之微"出《道經》，直證以爲出於《道藏》，而快朱子傳心之説，見斥於其徒。愚以爲此二語，既爲荀子所引。下文又曰："危微之幾，惟明君子而後能知之。"則荀子視此二語亦不輕矣。夫所惡於禪學即心是道者，謂其專事明心，斷知見，絶義理，用心如牆壁，以儌倖於一旦之灑然證悟。若夫聖人之教，兢業以持心；又精擇明善以要於執中，尚有何病。蓋單提"危微"二語，雖警惕提撕，意猶引而不發；至合下精一執中，則所以區處下手功夫至密，道理直盛得水住；而猶妄議之，可謂昧矣。或又謂心一而已，安有人心道心？孟子曰："仁，人心也。"是人心不可指爲欲心。不知孟子此言，探其本始言之，即性善之旨，所謂道心也；然固不可謂一切人之心，皆全於仁而無欲也。故又嘗曰："失其本心"，"陷溺其心"；夫陷溺而失之者，即欲心人心也。若謂人皆無欲心，則《記》所稱"易慢之心"，"非僻之心"，果何心也？試令夫人自捫其心，果皆仁而無欲乎？惟夫人心本仁而易墮於人欲之危；是以聖人既自擇而守之以執其中，又推以爲教於天下萬世。千言萬語，欲使同歸於仁而已。然固不能人人皆自覺悟以返於仁；則賴有此四言之教，相傳不刊，以爲迷塗之寶炬慧燈；所以歷代帝王兢兢守之，不敢失墜；此所謂傳心者也。嘗試論之：以爲禪家即心是道，與陽明本心良知，大略亦皆是道心一邊，所以差失作病痛；正爲少精一以執中耳。初學之士，欲審善惡邪正，全在察人心道心危微二端之幾；懋修之儒，欲誤認道心墮禪之失，全在精一執中之學。黄氏乃畏病而不識病源，轉欲去其藥，浸假而并欲去其軀體，輕於立論，真妄庸也。顧亭林乃益推衍黄氏之意曰："心不待傳也，流行天地，貫徹古今而無不同者，理也；理具於吾心而驗於事物。心者，所以統宗此理而别白其是非；人之賢否，事之得失，天下之治亂，皆於此判。此聖人所以致察於危微精一之間，而相傳以執中之道，使無一事之不合於理，而無有過不及之偏者也。禪學以理爲障，而獨指其心；曰不立文字，獨傳心印。聖賢之學，自一心而達之家國之用，無非至理之流行；明白洞達，人人所同，歷千載而無間者，何傳之云？"其辭甚辨。但如顧氏所云"心者，所以統宗此理"，"聖人所以致察於微危精一"，"相傳以執中"，"使無不合於理"；是顧氏已不能舍心以言理。又云："聖賢之學，自一心達之家國之用，無非至理，歷千載而無間。"是顧氏已自明言聖人以其心統具此理以傳於千載。夫理具於心，無古今一也；今言理而不許言心，譬如言世人但取足於米，不必言禾；此不爲童昏之見耶？考朱子作《記疑》一卷，中有論傳心一條，實爲宋明之季諸儒所宗；今録以正黄氏、顧氏之辨爲不得其理。其辭曰："先聖後聖，若合符節，非傳聖人之心，傳己之心也。己之心，無異聖人之心，廣大無垠，萬善皆備；欲傳聖人之道，擴充此心而已。"朱子辨曰："學聖人之道，乃能知聖人之心。知聖人之心以治其心，而至於與聖人之心，無以異焉；是乃所謂傳心者也；豈曰不傳其道而傳心，不傳其心而傳己之心哉？且既曰己之心矣，則又何傳之有。"按此言傳心非傳聖人之道，固爲大謬；黄氏、顧氏又以第傳聖人之道而不當言心，益爲鶻突。孟子論見知聞知，又曰："先聖後聖，其揆一也。"夫其所以知者何也？非以其心知之耶？則後聖心之所知，即前聖心之所傳也。大抵考證家用心尚粗疏，故不喜言心言性，言理言道；又會有禪學心學之歧，爲其藉口；此中是非雜糅，如油著麵；本不易明。黄氏、顧氏以言心爲墮禪，論雖滅裂，猶實有其害。近漢學家以致知窮理爲墮禪，直是亂道。不知禪之失，正在不求心窮理；而禪之妙，亦正在不許求心窮理；纔一求心窮理，便非禪。故其説曰："汝他日做得一把茅蓋屋，止成得一個知解宗徒。"又曰：

“不可以知知。不可以識識。”又曰：“不涉思議。”又曰：“心無所住。”又曰：“將心用心，却成大錯。”夾山三欒，汾洲正鬧，皆切切嚴禁用心，以理爲障，以斷知見爲宗，離想爲宗。六祖五宗相傳秘密皆如此。今漢學家咎程朱以言心言理墮禪，豈知程朱是深知禪之害，在不致知窮理；故以致知窮理破彼學而正吾學之趣耶？惟聖人吾儒之學，無不求心窮理；而禪家則切禁求心窮理，其事正相反。漢學者標訓詁名物爲宗，無以破程朱言理之正，則一借禪以誣之。不知程朱言人心道心，精一執中，致知窮理，正是破禪。又不知己之禁不許言心言理，乃是用罔，正與禪同病。而又或居身行己，湛溺忿欲，卑惑苟妄，且爲禪之所呵棄，鄙薄不屑；不此之念，而反咎程朱救墮禪之病爲墮禪，顛倒迷謬，悖者以不悖爲悖。究之儒禪兩邊，皆不曾用功；徒取門面字樣，紙上文句，耳食程朱闢禪緒論，反以噬之，混以誣之。世俗不學無聞者衆，驚聞其説，不辨涯涘；因附和之以爲信然云爾。一曰説文非可證經，語詳《小學篇》；一曰宋儒以力行爲實事求是，漢學以考證爲實事求是；所以號於天下一也，而歸趣大異。朱子曰：“聖賢説性命，皆是就實事上。言盡性，便是盡得三綱五常之道。言養性，便是養得此道而不害。至微之理，至著之事，一以貫之，非虚語也。”陸子曰：“古人自得之，故有其實；言理則是實理，言事則是實事；德則實德，行則實行。”又曰：“宇宙間自有實理。所貴乎學者，爲能明此理耳。此理苟明，則自有實行實事。”又曰：“千虚不博一實，吾生平學問無他，只是一實。”又曰：“古人皆是明實理，做實事。”又曰：“做得功夫實，則所説即實事，不説閒話；所指人病，即是實病。”袁絜齋燮言：“嘗見象山讀《康誥》，有所感悟；反己切責，若無所容。”據此，則是宋儒窮理盡性而所以反求之《六經》，其實如此。漢學家皆以高談性命爲便於空疏，無補經術，争爲實事求是之學，衍爲篤論，萬口一辭，牢不可破。以愚論：實事求是，莫如程朱；以其理信而足可推行，不誤於民之興行；然則雖虚理而乃實事矣。漢學諸人，言言有據，字字有考，只向紙上與古人争訓詁形聲傳注；駁雜援據群籍證佐數百千條，反之身己心行，推之民人家國，了無益處；徒使人狂惑失守，不得所用；然則雖實事求是，而乃虚之至者也。一曰宋儒窮理，漢學言禮。阮氏元曰：“朱子中年講理，晚年講禮，誠有見於理必出於禮也。如殷尚白，周尚赤，禮也；使居周而有尚白者，以非禮折之，則人不能争；以非理折之，則不能無争矣。故理必附於禮以行。空言理，則可彼可此之邪説矣。然則《三禮注疏》，學者不可不讀。”其説蓋本顧亭林。亭林在關中論學曰：“諸君，關學之餘也；横渠藍田之教，以禮爲先。孔子教顔子博文約禮，而劉康公亦云民受天地之中，所謂命也，是以有動作威儀之則以定命。然則君子爲學，舍禮何由。某年過五十，始知不學禮，無以立。”然亭林論率履之禮，阮氏主注疏訓詁名物之禮。亭林①以孔門執禮約禮，斥明儒心學縱恣之失。阮氏以注疏名物制度，砭宋儒格物窮理之學。宗旨各有在也。不知禮是四端五常之一，理則萬事萬物咸在。所謂“禮者理也，官於天也”；“禮者，天理之節文”；天叙天勑云云，皆是就禮一端，言其出於天理；非謂天理盡於禮之一端，而萬事萬物之理，舉不必窮也。周子言理曰：“禮者，是就四德分布者言；非以一禮盡四德之理也。”蓋分言之，則理屬禮；合論之，仁義智信皆是理。理幹是非，禮是節文。若不窮理，何以能隆禮，由禮而識禮之意也？子夏曰“禮後”，則是禮者爲迹，在外居後；理是禮之所以然，在内居先；而凡事凡物之所以然處皆有理，不盡屬禮也。今漢學家厲禁窮理，第以禮爲教；又所以稱禮者，惟在後儒注疏名物制度之際，益失其本矣。至其援朱子晚年修禮經諸説，此乃誣朱子中年言理，晚始悔而返之於禮者；與陽明、朱子晚年定論，其事恰相反；而其用意之私，爲説之巧，伎倆則適相同。斯其辨覈漢宋之學，剖析疑似之際，箴廢起疾，議論鑿鑿。自來漢學家深疾其言，而無有針鋒相對以爲駁難者；豈不以言有據依，洞中肯會；陰實無可措辭，陽爲不足重輕；姑以爲不值一辨，而置之不論不議之列云爾。

陳氏引黄梨洲云：“自周元公以主静立人極開宗。明道以静字稍偏，不若專主於敬。伊川則以敬字未盡，益之以窮理之説，而曰：‘涵養須用敬，進學在致知。’《宋元学案》卷十六而推論之，以爲：‘朱子又益之以讀書之説，而曰：窮理之要，必在於讀書。’蓋三變而愈平愈實，愈無弊矣。”此可作《理學宗傳》一則提要讀。

朱子之學，極高明而道中庸，道問學以尊德性。而在當日别出朱子以自名家者，不出兩派：有尊德性而不道問學者，象山是也；有崇事功而恥言尊德性者，永嘉、永康是也。朱子《答敬夫論中庸章句書》云：“大率擺落章

① 此處原有衍文“禮”。

句，談説玄妙，慣了心性。”《答吴伯豐書》云：“元來道學不明，不是上面欠却工夫，乃是下面元無根脚。”《答陳安卿書》云：“不可一向如此向無形處追尋。”《答許順之書》云：“不要説得太高妙無形影，非惟教他人理會不得，自家亦理會不得。”此朱子之所以殊象山也。陳同甫亮言於孝宗曰：“今世之儒士，自以爲正心誠意之學者，皆風痺不知痛癢之人也。舉一世安於君父之讎，方且低頭拱手，高談性命之學，不知何者謂之性命乎？”此永康、永嘉之所爲譏朱學也，亦論朱學者所不可不知。

朱一新與陳氏同時，而爲《無邪堂答問》五卷，表章朱子，商兑漢學，則尤與陳氏若合符契，而有足以相發者。其論以爲漢學家喜稱師法，而不許宋學之言宗旨；喜言訓詁，而不許宋學之言心性；喜譚考據，而不許宋學之明義理；喜議禮，而不許宋學之説理；可謂知其一而不知其二者也。古者多言禮而少言理，以禮樂之事，童而習之，有迹象之可循；聖門以下學之功示人，故不空言理。宋儒則言理居多，仍與約禮之旨無異。蓋禮經殘闕，古今異宜，大而朝聘燕饗，小而宫室器服，多非後人耳目之所習，與之言禮，雖老師宿儒，或不能盡通其義。古人制禮之精意，何莫不由天理而來，故曰：“禮也者，理之不可易也。”《禮·樂記》語。禮有文有本；其文之委曲繁重者，非後世所能行，亦非愚夫所能喻；則不得不舉禮之精意言之。漢學家以是攻宋儒，未之思也。惟其即博文，即約禮，故無後世過高之弊與泛濫之失。朱子教人讀書，而讀書必歸於窮理；讀書窮理即博文約禮，語雖殊而意則一。於二陸之直指本心者，則慮其過高而失下學上達之旨；於東萊之多治史學者，則慮其泛濫而貽玩物喪志之譏。至明季及乾嘉以來，而其言無一不驗，故擇術不可不慎，程朱所以爲聖學正宗者，此也。宋學書甚多，先擇其要者讀之。《近思録》爲《四子書》之階梯。朱子《語類》、《文集》，精博無匹，學者最宜致力。《性理大全》，近人束諸高閣。不知宋五子書，布帛菽粟！性理中如《太極圖説》、《通書》、《西銘》、《正蒙》，探性道之原，抉陰陽之秘；淺人自不解，乃以空虚斥之！《大全》博采宋元儒説，發明其義，研窮秒忽，足以羽翼《六經》。諸儒之言，精實淵深，豈容一毫粗心浮氣於其間耶？宋學以闡發義理爲主。義理者，從考證中透進一層；而非精於考證，則義理恐或不確；故朱子終身從事於此，非遺棄考證之謂也。朱了言：“考證别是一種工夫，某向來不曾做此。”自謙之詞。今讀《語類》，隨舉一事，無不通貫；而考證之粗迹，悉融其精義以入之：斯其文初無餖飣之習，莫非經籍之光，宋五子尚已。若漢之董江都、劉中壘、匡稚圭、揚子雲諸人，皆有此意。西漢之學，所以高出東漢也。西漢大儒最重微言，宋儒則多明大義；然精微要眇之説，宋儒固亦甚多。其言心言性，乃大義之所從出，微言之所寓。漢學家獨禁人言之，則無論《周易》一書，專明性道；即《四子書》中言心性何限。古書言性，有以性命言者，即宋儒所云義理之性也。有以才質言者，即宋儒所云氣質之性也。疏家每不甚分析，然此不足爲孔、賈病，彼時常解如此。性命道德之説，至宋儒始精。宋儒之有宗旨，猶漢學之有家法。拘於家法者非；然不知家法，不可以治經。好立宗旨者非；然不知宗旨，不可與言學術。學術者，心術之見端，差之毫釐，謬以千里，聖賢無不於此致慎焉。《論語》一書多言仁；仁，即聖門之宗旨。《孟子》七篇，言性善，言仁義。仁義，性善，即孟子之宗旨。其他諸子百家亦皆有之。惟其有心得，而後有宗旨；故學雖極博，必有至約者以爲之主；千變萬化，不離其宗；《六經》無一無宗旨也。苟徒支離曼衍以爲博，捃摭瑣碎以爲工，斯渺不知其宗旨之所在耳。夫樂之旨在和，禮之旨在敬。《禮記》開卷即言敬；《大小戴》之所述者，莫不以是爲宗；此禮經之大義。漢儒謂之大義，宋儒謂之宗旨，其揆一也；故不合於《六經》大義者，不可以之爲宗旨。《六經》大義，心之所同然者也。心之所同然者何也？謂理也，義也。義理之學，宋儒以之爲教，孔孟曷嘗不以爲教。漢學家惟惡言理，故與宋儒爲仇。理義之悦我心，猶芻豢之悦我口；豈苦人以所難哉！先王本理以制禮，以禁慝也。有禮斯有樂，以導和也。古樂既亡，禮亦爲文飾之具；宋儒因亟以理明之，又恐人矜持拘苦，而屢以從容樂易導之。今讀其遺書，以理爲教，實多以禮爲教。而戴東原則曰："程朱憑在己之意見而執之曰理，以禍斯民。"且謂"聖人以體民情，遂民欲爲得理"。見《東原文集·孟子字義疏證》。夫程朱正恐人之誤於意見，故有窮理之功；東原乃謂其認意見爲理。漢學家略涉宋學藩籬而以之攻宋儒，首推戴東原。乾嘉諸儒，東原與錢竹汀并推巨擘；一精於經，一精於史。竹汀博洽過東原，湛深不逮，而弊亦較少；其言名物、制度、曆算、音韻，固足津逮來學。至東原《孟子字義疏證》語多支離，謬不勝究；大率以人欲爲性之本然，當順而導之，不當逆而制之；此惟聖人所欲不踰矩者乃可；豈中人以下之欲，皆能如是乎？欲仁，欲也；欲利，亦欲也。使徒欲遂其欲，而不以義理爲閑，將人皆縱其欲而滔滔不返，不幾於率獸而食人乎？欲本兼善惡言，宋儒曷嘗謂欲有惡而無善。特理欲對言，則理爲善而欲爲惡，故《樂記》言天理人欲，《易》言懲忿窒欲，《論語》言克伐怨欲，經典中此類甚多，東原概置之，而但援欲立欲達以爲説。不知《説文》欲訓貪欲，《論語·憲問章》馬注同。貪之爲義，惡多而善少。東原精研訓詁，豈獨不明乎此！古書凡言欲者皆有善有惡。程朱《語録》亦然；其教人遏欲存理，特恐欲之易縱，故專舉惡者，烏可以辭害意。惠定宇爲漢學大宗，東原等群相應和。惠氏經學雖深，未免寡識，其言龐雜無緒，未得漢儒家法。《九經古義》摭拾前人棄置不用之説，其所推衍，亦罕精要，與臧氏庸《拜經日記》略同。《史通·補注篇》謂劉昭注《漢書》，如人有吐果之核，棄藥之滓，愚者重加摭拾，潔以登薦，惠、臧之書，殆亦類此。然而惠、臧尚無惡於朱子。國初諸儒宗朱子而得其精意者，在上則李文貞，在下則陸桴亭，皆非佔畢與空疏可比。桴亭學問淹貫，於宋儒中兼取東萊、永嘉之長；《思辨》一録，言經濟者甚多，而不爲迂遠難行之論；天文、輿地、律吕、禮樂、河漕、兵制、農田、水利，無不究心，而一歸於儒術。蓋朱子爲學之方，本自如此。天算、音韻、律吕之學，桴亭雖不及文貞之深，而操履純懿尤過之。陸清獻論學之正，律己之嚴，致用之純實，固不待言；至研窮義理，剖毫析芒，則諸儒皆不能逮；其學專宗程朱，即濂溪、明道亦不甚取。蓋有鑑於明末心學流弊，故辨别至嚴；此乃其時爲之，後人不得以是爲疑也。張楊園宗旨純正，踐履甚粹，《經正備忘》諸録，多自得之言；集中與何商隱、屠子高、沈德孚諸書，議論皆透闢；惟精博稍不逮二陸。顧亭林敦尚風節，與孫夏峰同；論學頗重事功，略與永嘉相近；生平史學深於經學；而剛介之節，得諸孟子者尤多。其書沾溉藝林，爲功甚大；但持論間有粗疏偏激處，讀者亦不可不知。後來漢學家重其書，但取其能考訂耳；此則葉公之好龍，鄭人之買櫝。特是校讎之學，則漢學家闡揚亭林之考訂，若於此獨有偏勝。其最精者，若高郵王氏父子之於經，嘉定錢氏兄弟之於史，皆陵跨前人。竹汀史學絶精，即偶有疏誤，視王西莊輩固遠勝之，第此爲讀史之始事；史之大端，不盡於此也。王文肅文簡之治經亦然；其精審無匹，視盧召弓輩亦遠勝之。子者，經之緒餘。周秦諸子文字訓詁，又多與經相出入；故王氏并治之；其訂《國策》、《史》、《漢》，亦用此例；顧往往據類書以改本書，則通人之病。若《北堂書鈔》、《太平御覽》之類，世無善本；又其書初非爲經訓而作，事出衆手，其來歷已不可恃；而以改數千年來漢唐諸儒斷斷考訂之本，不已傎乎？然王氏猶必據有數證而後敢改，尚不失慎重之意。若其徒則求異前人，單文孤證，務爲穿鑿以改本文；不知古人同述一事，同引一書，字句多有異同；非如今之校勘家，一字不敢竄易也。今人動以此律彼，專輒改訂，使古書皆失真面目，此甚陋習，不可從。凡本義可通者，即有他書顯證，亦不得輕改。大抵爲此學者，於己甚勞，而爲人則甚忠；竭畢生之精力，皆以供後人之取攜，爲惠大矣。故此學終古不廢，亦不可不從事其間；第以此爲登峰造極之事，遽欲以傲宋儒，則所見甚陋。漢學家訶佛罵祖，不但離文與行而二之，直欲離經與道而二之，斯其所以爲蔽。朱氏答問，數年數過；其學漢宋兼權，六通四闢，閎通精實，兼而有之。卓犖爲桀，以漢學治宋學，以宋學通漢學；足與陳氏此記相發，通方而不爲拘虛，蔚成風氣，以結遜清儒林之局。而近見梁任公爲《清代學術概論》，乃置之不論不議之列，多見其不知類也。故以卒於篇。

（世界書局，1936 年 12 月版）

校訂後記

錢氏之治學，畛域極廣。早年他的文章頗有盛名，曾因此三度入幕掌文書，退而爲小學國文教師，不再問政，雖熟講勤改，嘵口瘏音，自朝至於日中昃不遑，乃怡然有以自得也。後出任江蘇省立第三師範學校國文教席兼授讀經課，始悟文學可通國學之郵。由治經而旁及小學者有年，頗重視讀書方法之研討。即以此文學、經學、小學爲基石，推而廣之，以理群書，由是博治史部、子部與集部之學，積四十載。中年以後，錢先生執教各大學國文系，講壇宣説，首先解題；學程綱要，必修目録；牖啓塗轍，此爲樞機。故其四部之著述，皆延梁啓超一脈而益加精湛。

衆所周知，回歸書齋的梁啓超先生，不甘寂寞，從“整理國故”開始，力圖在學術界上造成一種適應新潮的國學，著書講學，身體力行，真是不可小視！不論民國九年（1920）出版《清代學術概論》和《墨經校譯》兩書，還是民國十二年（1923）發表《治國學的兩條道路》、《讀書法》和《國學入門書要目及其讀法》三文，都對錢基博那一代學者群體産生了巨大的影響力。受其指引，錢先生也頗留意於“辨章學術，考鏡源流”，注意從治學門徑和讀書法上指導後學。他常言：“法者，如規矩準繩，工師所藉以集事者也；無法則雖般輸之能，無所用其巧。”[①] 因此，錢先生嘗試撰寫了不少方法論方面的著作，其中《國文研究法》、《國學必讀》和《讀書稽古法》三書，無疑是其這一時期的代表性作品。

民國十四年（1925）九月，錢先生北上清華任大學部國學教授，先後發表了《〈論語〉解題及其讀法》（1925）、《清華園解題記》（1926），對梁啓超同類著作“加以是正”。故而梁任公先生在《要籍解題及其讀法》一書中，不得不回應説：“我希望國内通學君子多做這類的作品，尤其希望能將我所做的加以是正。例如錢先生新近在《清華週刊》發表的《〈論語〉解題及其讀法》之類。同時我也要鞭策自己在較近期内對於别的要籍能再做些與此同類的工作。”[②] 這裏説的“錢先生”，就是指錢基博。錢氏後來亦在《〈四書〉解題及其讀法》序中交待了其中的緣由：“余以十四年講學北平，遇梁任公貽以《要籍解題》一册，中《論語》、《孟子》意有異同，别纂爲篇，任公不之忤也!”從此拉開了錢基博一生撰寫經典要籍解題書系的序幕，一發而不可收。

不過，梁啓超僅有的兩部（篇）解題著作重點在解題、辨僞和讀法，較少涉足“版本”；有的内容過於簡略，有的内容又過於偏執，難免深淺不一，比例失調，恰如任公自嘲的那樣：“匆匆忙忙，現蒸熱賣，那裏能有滿意之作!”與梁啓超《要籍解題》相比，錢基博的經典要籍解題書系，不僅數量衆多，涉及面廣，某些要籍解題甚至單獨成書，篇幅不小，而且内容從一部典籍的時代背景、解題、作者、版本一直談到讀法、校勘、訓義，綱舉目張，舉重若輕，真可謂“深人無淺語”!

自民國十六年（1927）錢基博任教無錫國專開始，先後講授了“目録學”、“《東塾讀書記》”、“要籍解題”和“版本學”等課程。目録學每週三學時，全年開課，六學分，二年級必修；教材有《四庫簡明目録》兼自編講義[③]；教學

① 錢基博：《中學校國文科教授文法之商榷》，《教育雜誌》，1916 年 8 月第 16 期。

② 梁啓超：《要籍解題及其讀法》，《清華週刊》叢書社 1925 年版，第 3～4 頁。

③ 《無錫國學專修學校概況》，教育部立案，1933 年，第 12 頁。

綱要是："不知目録，則讀書不知從何下手。本學程所以明《七略》、四部分合之得失，進而追尋中國一切學術之源流。"① "《東塾讀書記》" 每週二學時，半年開課，二學分，二年級或三年級選修②。"版本學" 每週二學時，半年開課，二學分，二年級第二學期必修；教學綱要是："述研究版本之目的及其制度之變遷，與夫校讎、目録、藝術等相互之關係，以實用爲主，非僅備骨董家譜録之用而已。"③ "要籍解題" 每週一學時，全年開課，一學分，二、三年級選修；教學綱要是："四部之書，浩如烟海；畢生精力，有所難窮。本學程精擇四百餘種加以解題，皆人人必讀之書，無泛淫泛濫之弊，有事半功倍之收。"④ 其中，關於 "目録學" 的授課内容與次第，其高足弟子王紹曾先生曾有這樣的回憶："先講章學誠《校讎通義》，目的使我們瞭解目録學不徒在甲乙部次，疏通倫類，更爲重要的，在於辨章學術，考鏡源流。接着講《漢書·藝文志》，使我們認識，我國一切學術無不來源於先秦，'不通《漢書·藝文志》不可以讀天下書'（王鳴盛引金榜語）的道理。然後講《四庫簡明目録》，附之以《書目答問》。"⑤ 而關於 "《東塾讀書記》" 的教學宗旨，王紹曾先生亦有説明："先生爲什麼特别服膺陳澧呢？因爲陳澧作《東塾讀書記》，旨在救漢學之弊。清儒好言許、鄭之學，到嘉道之際，其流弊較之乾嘉爲尤甚。物極必反，窮而思通，於是在西漢文學之外，陳澧獨闢蹊徑，欲以溝通漢宋，祛門户之見。先生於陳氏之學，深有會心。所以在講授目録學時，往往糾《四庫提要》抑宋揚漢之失。這在《後東塾讀書記》中時有反映。"⑥ 由此可知，除了 "讀原著、讀元典" 之外，對目録學、版本學課程的高度重視，也是無錫國專教學的一個顯著特色。並且，在錢基博的影響下，三十年代國專的主講教授之一——"同光體" 大詩人陳衍及其高弟葉長青，都曾長期擔

① 《私立無錫國學專修學校十五週紀念册》，1936 年，"章則" 第 15 頁。

② 《無錫國學專修學校概況》，教育部立案，1933 年，第 19 頁。

③ 《私立無錫國學專修學校十五週紀念册》，1936 年，"章則" 第 16 頁。

④ 《私立無錫國學專修學校十五週紀念册》，1936 年，"章則" 第 16～19 頁。

⑤ 王紹曾：《錢子泉先生講學雜憶》，《華中師範大學學報》（紀念錢基博先生誕生百週年專輯），1987 年 12 月。

⑥ 王紹曾：《錢子泉先生講學雜憶》，《華中師範大學學報》（紀念錢基博先生誕生百週年專輯），1987 年 12 月。

任“要籍解題”課程[①]，並撰有長篇論文《要籍解題》[②]。

同時，錢基博也在上海光華大學國文系主講“古籍鳥瞰”和“目録學”課程。“古籍鳥瞰”乃錢先生最早開設的文獻學課程之一，教學宗旨是：“以《東塾讀書記》爲主，而輔以版本之大要。”[③] 每週三學時，全年開課，六學分，三、四年級選修；民國二十四年（1935）改爲必修[④]，可見他對此課的重視程度。而“目録學”稍晚一些開設，大約遲至民國二十四年（1935）纔在光華的課程表中出現，爲三、四年級選修課程，全年開課，六學分。

抗戰開始後，錢基博抱定“擊蒙禦寇”之志，不顧病痛日增，千里轉徙湖南安化縣藍田鎮，協助老友廖世承創辦國立師範學院。他又率先在國文系開設“版本學”和“要籍目録”課程。據民國二十八年（1939）三月公佈的“學程草案”[⑤]，這兩門課程均列爲選修課，各三學分。當時，國文系主講教師僅有錢基博、周澂二人，所以版本學和要籍目録課，自然由錢先生擔任。

綜上所述，我們應該可以得出一個較爲準確的結論，即以教授上海聖約翰大學做爲“分水嶺”，錢先生的治學路徑便呈現出了這樣的特點：民國十三年（1924）之前，錢基博的教學對象主要是小學生、中學生和師範生，無論是講授國文，指導讀經，還是設計師範學校“古書治要”課程，他都有意識地打通小學、文章學與國學門類之間的藩籬，希圖從讀書法上點撥學生，真正收到“事半功倍”的教學效果；民國十三年（1924）之後，錢基博則執教大學國文系，不僅積極開設與目録學、版本學等相關的文獻學課程，而且還陸續撰寫了大量經典要籍解題書籍，提倡會通，重視古代文獻的整理實踐，將版本、目録、校讎之學與讀書法融爲一體，對傳統文化的普及，對國學人材的培養，起到了無可替代的作用。以下嘗試總結錢氏的文獻學成就，分別從目録學、版本學、校勘學三個方面展開論述。

---

① 劉桂秋：《無錫國專編年事輯》，中國大百科全書出版社 2011 年版，第 127 頁。

② 陳衍：《要籍解題》，《國專月刊》，1935 年第 2 卷第 1 期、第 4 期，1937 年第 5 卷第 2 期、第 3 期、第 5 期。

③ 錢基博：《改訂中國文學系學程》，《光華年刊》第 6 期，1933 年 8 月。

④ 《私立光華大學章程》，1936 年，第 47 頁。

⑤ 錢基博：《修正師範學院國文系必修選修學程草案意見》，《國立師範學院季刊》第 2 期，1939 年 3 月 25 日。

關於目録學：

在中國目録學史上，論及圖書目録，當以《漢書·藝文志》和《四庫簡明目録》最爲方便適用；而提起推薦書目，人們首先想到的是清人龍啓瑞的《經籍舉要》和張之洞的《書目答問》。姚名達在其《中國目録學史》一書中説："書籍繁多，初學者每苦不得要領，故舉其要目，俾易着手，亦目録學之任務也。宋張洪、齊熙輯朱熹言論爲《讀書法》，略有此意，然尚無書目。清道光末，龍啓瑞撰《經籍舉要》，始擇取諸生急需精讀之書，略述其内容得失，指示讀法。……於經史子集之外，復以約束身心、擴充學識、博通經濟、文字音韻、詩古文詞、場屋應試六項分類，頗合初學之用。張之洞的《書目答問》，即仿其意而作者也。"① 如何"俾易着手"，方合"初學之用"，恐怕就是目録學首先要解決的任務吧。

自民國十六年（1927）錢基博任教無錫國專開始，先後講授了"目録學"、"《東塾讀書記》"和"要籍解題"等課程，同時他也在上海光華大學國文系主講"古籍鳥瞰"和"目録學"課程，之後又在湖南國立師範學院國文系開設"要籍目録"課程，積纍了豐厚的教學經驗和研究成果。筆者所知，他确實没有目録學學科方面的理論專著存世，但其一生中撰寫的大量推薦類書目和解題類著作，仍可看作其目録學思想與具體的國學教學内容相結合的産物，尚有許多未發之覆，其間的學理義藴值得繼續探究。

一、推薦類書目

（一）導讀書目

（1）《三師〈群書治要〉叙目》：《群書治要》一書，迺錢基博在江蘇省立第三師範學校時所編，凡輯入鄭樵《校讎略》、《四庫書目叙》、章學誠《校讎通義》、曾國藩《聖哲畫像記》、曾國藩《諭子書》（自《曾文正公家訓》摘録）、黎庶昌《周以來十一書應立學官議》、鄭孝胥《讀書淺言》、沈同芳《經史國文補習科答問》、盎特魯博士之讀書法、胡適《一個最低限度的國學書目》、梁任公《國學入門書要目及其讀法》、徐劍緣《評胡梁二先生所擬國學書目》等十一家之論。錢先生指出：書籍浩瀚，豈可盡讀！故而讀書不在多寡，要在通知其類。他不僅批評胡適所謂"一個最低限度的國學書目"，有其

---

① 姚名達：《中國目録學史》，上海古籍出版社 2002 年版，第 340 頁。

名而無其實，而且還提出了自己的“最低限度”之書目：“最低限度之下，又求低焉，於經曰《四書》，於史曰《通鑑輯覽》，於子曰《諸子文粹》，於集曰《古文辭類篹》，則庶幾要之又要，低無可低者也！”① 最后分别介紹了四部“最低限度”之書籍的讀法。

（2）《“古書治要”之教材舉例》：民國十四年（1925）初，孟憲承起草《六年師範國語課程》，特增設“古書治要”一學程，其教學宗旨是：“辨古書部次類例之大凡，審古學源流沿革之要删。”錢先生爲之編訂教材目録，輯爲六類：一曰“小學源流”，選六家九篇；二曰“經部源流”，選九家十九篇；三曰“子部源流”，選十五家二十四篇；四曰“史部源流”，選七家九篇又八十事；五曰“集部源流”，選十九家二十一篇；六曰“古書源流”，選四家四篇。該書目既能體現“辨章學術，條析流派，以示塗轍，户牖方來”② 之編輯意圖，又可視爲《國學文選類纂》一書的最早雛形。

（3）《近代提要鈎玄之作者》：此書目發表於民國二十三年（1934），選目精審，提綱挈領，亦爲指導初學掌握治學門逕而撰。內容涉及六個方面，博綜群書，鈎提玄要，有宗旨以自名家學，有條貫以啓示塗轍。其中，經部：皮錫瑞《經學歷史》、陳澧《東塾讀書記》。史部：梁啓超《中國歷史研究法》、趙翼《廿二史劄記》。子部：陳鍾凡《諸子通誼》。集部：姚永樸《文學研究法》、劉熙載《藝概》。通論：章學誠《文史通義》、張爾田《史微》、章炳麟《國故論衡》。餘藝：葉德輝《書林清話續話》、葉昌熾《語石》、康有爲《廣藝舟雙楫》。共十三家之言，皆於古今流變，洞中奥會，讀一書通千百書，如振裘之得領，如絜網之有綱。

（二）出版書目

（1）《無錫縣立圖書館刊刻“錫山先哲叢書”計畫書》：民國七年（1918），錢基博兼任無錫縣圖書館館長；次年春，他就館中庋藏鄉賢著述之未刊本及舊刊之孤本，分經、史、子、集編制備刊書目。凡經部十種三十一册，史部十種四十册，子部二十三種四十册，集部二十八種六十五册，都七

① 錢基博：《三師〈群書治要〉叙目》，《無錫新報·思潮月刊》，1923年12月16日。

② 錢基博：《“古書治要”之教材舉例》，《新教育》，1925年4月第10卷第3期。

十一種一百七十六册。爲之製訂的“錫山先哲叢書”出版計畫書，書目詳盡而計劃切實，真正達到了“蒐刻遺文，表彰幽隱”的目的，於地方文獻保全不少。

(2)《選印〈四庫全書〉平議》：民國二十二年（1933），教育部委託商務印書館，以“四庫本”照原式影印。定名爲《四庫全書未刊珍本》；而以三百種爲限。一時南北目録學者，議論蠭起，莫衷一是。錢先生則認爲：“誠竊以爲選印‘庫書’，‘四部’不必求備。子部之精要者，不過周秦、漢魏數十種；而諸家刻本不少，往往一書有數本者。遜清子學，邁絕往古，名家讎刻，寧《四庫》所收子部諸本之能望項背！故子部可删不選。而經、史、集三部，則頗多罕傳之要籍，亟宜選刊以資探討者。然要當知學有流别，而匪所貴於矜奇嗜異，斷斷未刊。”[①] 故而他提出選印《四庫全書》書目是：（一）經部宜取其於漢許鄭、宋五子之外，别出名家以自開風氣者；凡七十七部一千三百十卷。（二）史部宜擇其與“二十四史”、“通鑑”、“三通”互爲詳略，以資考異者；不用原類例，統分事實、典制兩類；每類以所分時代爲次；凡三十三部一千七百八十五卷。（三）集部則宜擇取異軍特張以别出於詩聖李、杜、蘇、黄，文宗韓、柳、歐、蘇之外，而自出手眼，以成家數者。凡一百四十五部四千三百四十五卷。三部分合計二百五十五部七千四百四十卷，要之義取博識，事資異聞，文貴别裁，不必矜言未刊，而自卓出尋常，以與世所傳各叢書相爲經緯，互出詳略；而書不貴其複出，義則資乎參觀，如經之有内外傳，子之有内外篇矣！

二、解題類著述

目録解題源於劉向創立的叙録體，是古人整理文獻時派生出來的一種書體，一方面“條其篇目”，另一方面“撮其指意”，極便初學。錢先生的解題類著述在繼承前人的思想上又進一步發展，形成了解題與論世（時代背景）、叙傳（作者）、本子（版本）、讀法五者圓融爲一的特點，或可視爲解題目録之創格。

目前已知的錢氏要籍解題類著述，大約有二十部（篇）左右，數量之多，

① 錢基博：《選印〈四庫全書〉平議》，《光華大學半月刊》，1933 年 10 月 10 日第 2 卷第 1 期、10 月 25 日第 2 期、11 月 10 日第 3 期、11 月 25 日第 4 期。

門類之全，學理之精深，文字之典雅，鮮與倫比。其豐富的學術實踐反映了他深邃的目録學思想。

這批著述就内容而言，略可分爲兩大類：（一）專論。大致又可分爲四類：經學有《讀孔穎達〈五經正義〉題記》、《〈四書〉解題及其讀法》、《〈周易〉解題及其讀法》、《讀〈禮運〉卷頭解題記》、《喪禮今讀記》；史學有《〈文史通義〉解題及其讀法》；諸子學有《讀〈莊子·天下篇〉疏記》、《〈老子道德經〉解題及讀法》、《讀〈莊子南華真經〉卷頭解題記》、《讀〈韓非子〉卷頭解題記》、《名家五種校讀記》、《孫子章句訓義》、《〈般若波羅密多心經〉解題及其讀法》、《〈金剛般若波羅蜜經〉解題及其讀法》；文學有《〈古文辭類纂〉解題及其讀法》、《〈文心雕龍〉校讀記》、《鍾嶸〈詩品〉校讀記》、《〈古詩十九首〉解題及其讀法》。（二）通論。有采用解題義例者，如《清華園解題記》；有采用舉要義例者，如《古籍舉要》。這兩大類解題書系，專爲啓發後學所作，既可體現錢基博先生宏闡國學的治學特點，又能反映傳統目録學向現代學術邁進的印迹。

然就體例而言，亦可分爲兩大類：（一）單一體例：（1）只講解題（或稱舉要）者，如《清華園解題記》、《讀孔穎達〈五經正義〉題記》、《讀〈禮運〉卷頭解題記》、《讀〈莊子南華真經〉卷頭解題記》、《讀〈韓非子〉卷頭解題記》；（2）只講讀法者，如《喪禮今讀記》；（3）只講章句訓義者，如《讀〈莊子·天下篇〉疏記》。（二）綜合體例：（1）既講校勘，又講讀法者，如《〈文心雕龍〉校讀記》、《名家五種校讀記》、《鍾嶸〈詩品〉校讀記》；（2）既講解題，又講作者（傳）、本子（版本）、讀法者，如《〈四書〉解題及其讀法》、《〈周易〉解題及其讀法》、《〈文史通義〉解題及其讀法》、《〈老子道德經〉解題及讀法》、《〈古文辭類纂〉解題及其讀法》；（3）既講解題，又講讀法者，如《〈古詩十九首〉解題及其讀法》、《〈般若波羅密多心經〉解題及其讀法》、《〈金剛般若波羅蜜經〉解題及其讀法》；（4）既講解題，又講别傳（作者）、訓義者，如《孫子章句訓義》。要籍不同，體例亦隨之而變化，但無一不是使讀者"俾易着手"，方便"初學之用"。

近十年來，學術界對錢基博學術諸多領域的研究雖説已經起步，但較爲系統的論述還是遠遠不夠。上述要籍解題類著作當中，就有幾種我們非常陌生，恐怕也是第一次聽説。筆者自覺有責任加快整理進度，使學者們盡早了解錢氏解題類著述的全貌。在已有的研究當中，最值得稱道的學者惟有徐豔芳老師與涂耀威、史振卿二位學友。二〇〇七年前後，徐老師連發兩篇論文[①]，探討了錢先生的目録學思想及其成就，見解深刻，説理透闢，給筆者啓迪不少。至於涂耀威、史振卿二位年輕學人，則專就錢氏要籍解題類著述立論[②]，闡發隱幽，極見心思，實獲我心。在此不必重復轉述，讀者可仔細參看。

關於版本學：

民國初年，由於版本學尚未從目録學中完全獨立出來，所以錢基博早期所講的“目録學”，其實有時就是在講版本學。例如他在上海光華大學國文系雖未開設獨立的“版本學”課程，但其“古籍鳥瞰”一課，教學宗旨“以《東塾讀書記》爲主，而輔以版本之大要”，自然也會涉及版本學的學科内容。民國二十二年（1933）以後，無錫國專正式開設了“版本學”課程，在第二學年第二學期必修。而錢基博於民國二十七年（1938）創建湖南藍田國立師範學院國文系，首次公佈的選修學程當中就有“版本學”課程。

錢基博先生雖不以版本學名家，但他非常重視版本在歷史文獻校勘過程中的作用。其版本學專著《版本通義》一書，反映出他對版本與版本學的意義，以及古籍版本的源流，版本學的發展階段，都有着非常成熟的學科認識。

不過，對於《版本通義》的研究，整個二十世紀似乎少有人關注，學術界專門的研究論文幾乎沒有。值得一提的是，遠在新疆師範大學中文系攻讀碩士學位的魯遠軍先生，卻在二〇〇〇年一月發表了一篇題爲《從〈版本通義〉看版本研究思想》的論文[③]，算是填補了一項空白。文章從四個方面入手，即（一）關於“版本”；（二）關於“宋版書”；（三）“版本”與“四部”

---

① 參見徐豔芳《考鏡源流、辨章學術——錢基博的目録觀》，《圖書情報工作》，2007年9月第9期；《錢基博先生的目録學思想及成就》，《錢基博研究》，王玉德主編，華中師範大學出版社2008年版。

② 參見涂耀威《錢基博文獻學成就三論》，《圖書與情報》，2007年第1期；《錢基博經典要籍解題著述發微》，《華中師範大學研究生學報》，2008年6月第2期；史振卿《錢基博古籍解題管闚》，《錢基博研究》，王玉德主編，華中師範大學出版社2008年版。

③ 魯遠軍：《從〈版本通義〉看版本研究思想》，《新疆師範大學學報》（哲社版），2000年第1期。

分類；（四）版本研究的積纍、會通和實踐，全面考察了這部專著中有關版本研究的思想内容，顯示出一定的理論深度。

而真正具有“突破”性意義並引發文獻學領域廣泛關注的研究，來自於華東師範大學古籍所嚴佐之教授及其弟子們。一方面，他們對《版本通義》一書的文本進行了一番細注詳解，把注釋當精讀，在充分理解認識的基礎上再下判斷，結論自然“確定無疑”，經得起討論；另一方面，從版本學學科發展的角度來認識這部舊作，又通過與《書林清話》相比較而後呈現《版本通義》的學術價值與特色，高屋建瓴，論評精當。其中，鄭春汛《〈版本通義〉學術特色淺議》一文①，頗能代表“嚴門”的篤實學風。該文從《版本通義》的書名、編撰、思想三個方面解析其學術特色，思路清晰，見解獨到，令人信服。就書名而言，作者認爲從“書林”到“版本”，是主題的飛躍，從此奠定了《版本通義》在版本學史上的地位；從“清話”到“通義”，則是體例的完善，反映出《版本通義》是一本梳理版本學源流的著作，是真正意義上的學術理論專著。就編撰而言，《版本通義》對《書林清話》史料來源的借鑑與發揚，使其學術宗旨更突出，學術源流更明白，更能準確傳達出作者的編撰目的；同時，《版本通義》由“會”而“通”，是對《書林清話》的超越。就思想而言，《版本通義》旗幟鮮明地批評了版本研究當中的“骨董”習氣，回歸重視版本文獻價值的學術正途；該書作爲錢氏給學生授課時所用的講義或用於指導的參考讀物之一，牖啓塗轍，推介善本，充滿了教學意味。

此外，學者涂耀威還注意到了一個有趣的現象，即在錢氏大量出版的要籍解題類著述中，都有對古籍版本的優劣、演變情況的詳盡考證，見微知著，充分反映了錢基博先生深厚的版本學素養和見識。例如《〈古文辭類纂〉解題及其讀法》中，論述“古文辭類纂之本子”説到：“此《纂》當爲姚氏未及論定之書。而通常習見者三本：一嘉慶季年姚氏門人興縣康紹鏞巡撫粤東得武進李兆洛所藏刊本，而李氏任讎校焉。一道光五年江寧吴啓昌刊本，姚氏弟子管同、梅曾亮、劉欽任讎校焉。《康刻》据乾隆中葉姚氏主講揚州梅花書院訂本。而《吴刻》則据姚氏晚年主講鍾山書院所授本，與康刻本互爲異同。

① 鄭春汛：《〈版本通義〉學術特色淺議》，《圖書館理論與實踐》，2008年第3期。

……輓近以來，徐州徐樹錚尤喜談姚氏之學，加墨此《纂》，且集上元梅曾亮、武昌張裕釗、桐城吴汝倫諸家批點，旁考諸集評識，標於《康刻》眉間，而折衷以己意，最爲精審！桐城文章老宿馬其昶、姚永概諸人，序而刻焉，所謂諸家評點《古文辭類纂》是也。則又於康、吴、李三家刻之外，别成一家矣!"① 讀此一論，對《古文辭類纂》的版本情況、優劣當可瞭然於心，也可看出錢基博先生於版本學之造詣。

由此可見，《版本通義》不僅爲版本學構建了一個系統而完整的學科理論體系，而且其"書在必讀，本取可得"的致用思想也廣受讚譽。有學者因此斷言："錢基博先生一生不以版本學家名世，但是，他是個當之無愧的版本學家。"②

關於校勘學：

衆所週知，錢基博先生平生尤以擅長章學誠文史校讎之學著名，他在比勘版本的同時，也非常重視對經典要籍的校勘。代表作有《〈文心雕龍〉校讀記》、《名家五種校讀記》、《鍾嶸〈詩品〉校讀記》、《孫子章句訓義》等。

《〈文心雕龍〉校讀記》分兩個部分，一是"校勘"，一是"指發"。前者是對各個版本不同之處的比較，後者是對《文心雕龍》内容和主旨的闡述。在校勘過程中，錢基博摭采衆本，擇善者而從之，所謂"略避雷同，再加剞劂"，他對版本要求甚高。在對鍾嶸《詩品》一書進行校勘的過程中，注重他校和理校，用了何文焕《歷代詩話》本、乾隆辛亥金溪王氏謨重刊《漢魏叢書》本、張海鵬《學津詩源》本進行校勘，參考價值極大。而於《孫子章句訓義》中，錢基博采明談十山嘉靖刊本、清孫星衍平津館校刊本、正統道藏本、湖北崇文官書局本，"於是參驗四本，擇善而從，句分節解，寫爲章句"，章句疏解既精，又旁參歐西兵法史例以爲比較，新見疊出，故常被認爲民國時期文人談兵的巔峰之作。

《名家五種校讀記》爲先秦名家五種著作《尹文子》、《鄧析子》、《慎子》、《惠子》和《公孫龍子》的校讀記，可説是錢先生校勘古籍最見心力的一部著

---

① 錢基博：《〈古文辭類纂〉解題及其讀法》，上海中山書局 1929 年版，第 8 頁、第 10 頁。

② 段福德：《錢基博〈版本通義〉述評》，《重慶科技學院學報》（社會科學版），2010 年第 8 期。

作了。除《惠子》分“徵文記”、“傳”兩部分外，其餘四種皆分“校讀記”、“傳”、“後叙（序）”三部分；在“校讀記”中，又於各篇分“校勘”和“提要”。

其中《尹文子》部分完稿於民國二十年（1931）一月十六日，地點在無錫國學專修學校。所用校本主要有四：涵芬樓影印正統道藏本、涵芬樓影印江南圖書館藏明翻宋本、中華書局翻印金山錢熙祚守山閣本和湖北崇文官書局刻百子全書本。以“道藏本”爲底本，亦旁逮日本尾張刊唐魏徵《群書治要》、武英殿聚珍刻唐馬總《意林》所采。《鄧析子》部分爲錢先生同年一月二十一日叙於光華大學。所用校本主要爲三：涵芬樓影印江南圖書館藏明初刊本、中華書局翻印金山錢熙祚指海本和湖北崇文官書局刻百子全書本。以“指海本”爲主，旁及唐馬總《意林》、清馬驌《繹史》所采。《慎子》部分爲同年二月十四日叙於後東塾之南牖。所用校本亦爲三本：一者金山錢熙祚守山閣叢書本，此本有校記，并輯佚文綴於後，頗稱善本；一者湖北崇文官書局刻百子全書本；一者涵芬樓影印江陰繆荃蓀藕香簃寫本。錢先生認爲“守山閣叢書本”爲最佳，故以之爲底本，間采其餘兩本。有些篇章有“校勘”和“提要”兩部分，有些則只有“校勘”而無“提要”。而惠子之書留存下來的非常少，僅有零星内容存於其他諸子的著作中，如《莊子》、《荀子》、《韓非子》。莊子與惠子爲好友，所以《莊子》一書記載兩人的事迹、言論較多。或因此之故，錢先生作徵文記（即輯佚），而非校讀記，篇幅亦很短。《公孫龍子》爲錢先生同年三月六日叙於後東塾之南牖。其所用校本主要有三本：涵芬樓影印正統道藏本、烏程嚴可均校道藏本和湖北崇文官書局刻百子全書本。又以金山錢熙祚守山閣校本、馬驌《繹史》爲輔助。以“道藏本”爲主，讎記異同。自古名家基本典籍中就有很多錯訛，學生閱讀頗感不便，故錢先生對名家留下的著作做了基本的文獻匯校，汰蕪存英，提要鈎玄，且對名家五子作傳記及後序，有功於學術不淺。

人們常説：“對校”校“版本”，“本校”校“異同”，“他校”校“真僞”，“理校”定“是非”。我再舉一個的例子，説明錢先生“理校”古籍的高明之處。他在《〈老子道德經〉解題及讀法》中説：“老子言道德，世人所知也；而老子之所以言道德者，則或世人所未知”，指出兩個方面：首先説“老子之觀道，始於‘知常’終於‘歸玄’，兩義一貫，斯通道紀”。那什麼是《老子》

中的“常道”呢？清代學者俞樾説：“常與尚，古通。尚者，上也；常道猶之言上道也。”錢先生指出這種“通假”之法是不對的，無法理解《道德經》之原意，而認爲“常”是“絕對不變之稱”。沒有想到，錢先生去世十多年之後，馬王堆出土帛書《老子》中的“常道”寫作“恒道”，就不存在“常”與“尚”通假的問題了。① 由此也可見，校勘古籍和疏通文旨不是一個容易做到的事情。

毫無疑問，錢基博在目録學、版本學和校勘學等文獻學諸多領域均取得了重大貢獻，遺著浩繁，嘉惠士林。放眼二十世紀中國學術史上，如錢氏這般極其重視治學方法以指示後學者，並世學人中實無第二人，尤其是他的解題（舉要）類著作，以經典要籍爲對象，包括經、史、子、集四部之書，特色鮮明，學問精純，誠如涂耀威先生所言：“以發其闡奥，牖啓後學爲目的；以辨章學術，考鏡源流爲宗旨。論學術，深入淺出；溯源流，正本清源。注重會通，重視文獻整理實踐，將版本、目録、校讎之學視爲一體，對經典要籍的普及，起到了重要的作用。”② 時至今天，這些書仍有重讀的必要！

本書迺《錢基博集》“目録版本學”部分，全一册，輯入了錢先生所撰關於目録學、版本學方面的論文七篇，兩部經典名著（《版本通義》和《古籍舉要》），以及一部討論治學方法的殘缺書稿（《讀書稽古法》），約計三十萬字。

七篇論文當中，五篇屬於目録學，一篇屬於版本學，而最后一篇不好歸類，内容在於梳理近五十年許慎《説文》學研究史，大略不出治學方法一塗。其中，《版本學》是一篇短小精致的演講稿，言簡意賅，見識不凡，原刊於《無錫圖書館協會會報》第三期，極有可能是錢先生來無錫縣圖書館講演時的記録稿。此外，《讀書稽古法》是一部佚著，得來不易，所以異常珍貴。原有八章，今存導言和前兩章，合計三萬四千餘字，散見於上世紀二十年代的無錫地方報紙《無錫新報》上。該書體例嚴密，導言而外，分章論述讀書方法，解説詳備，見解高明，實乃錢氏早年治學方法之樞機。八章分別是：一曰曉音讀，二曰明訓詁，三曰辨析章句，四曰考核本事，五曰明定界説，六曰貫

---

① 熊鐵基：《再讀〈老子·道德經〉解題及讀法》，《錢基博研究》，王玉德主編，華中師範大學出版社 2008 年版。

② 涂耀威：《錢基博經典要籍解題著述發微》，《華中師範大學研究生學報》，2008 年第 15 卷第 2 期。

通大義，七曰比較異同，八曰搜輯遺佚。該書由我的學生鄧盼同學整理點校，並進行了初步的研究與闡發。

《版本通義》迺中國版本學史上第一部以“版本”命名的學科研究著作，成書於民國十九年（1930）五月，民國二十年（1931）四月由上海商務印書館初版印行，收入《萬有文庫》之“百科小叢書”；民國二十二年（1933）一月再版；民國二十八年（1939）九月三版。一九五七年一月續出增訂本，改交北京古籍出版社出版。全書分篇凡四：原始第一，歷史第二，讀本第三，餘記第四。由於该書民國初版本非常流行，一再重印，所以此次我們選擇底本時，雖以一九五七年增訂本爲準，但參照初版本進行整理，所有增補之處和文字差異皆一一注明，以方便讀者研究。

著名目録版本學家嚴佐之先生在上海世紀版《版本通義》的“導讀”中指出：錢氏的這部《版本通義》是繼葉德輝《書林清話》之後又一部重要的版本學專著，學術價值巨大。可令人遺憾的是，好些人好多年來都不甚重視《版本通義》及其作者錢基博，衹知道他是錢鍾書的父親，只認爲《版本通義》是對《書林清話》的簡單抄襲。經過多年的潛心研究之後，嚴先生逐漸體會出了該書的優長之處，認爲《版本通義》有很多過人的地方，凡版本學中重要的知識和《書林清話》中沒有章節分開的內容，都給它梳理得井井有條，並且在其中體現了作者獨特的“義例”和“義理”等版本學思想。他還進一步斷言，當今版本兩大流派——圖書館版本學派（側重版本鑑定）和研究型版本學派（側重學術源流考證）的“開山之作”分別是《書林清話》和《版本通義》。

《古籍舉要》則是上世紀三十年代錢先生的另一部重要的目録學著作，迺其課從子錢鍾漢等研讀陳澧《東塾讀書記》，“時有申論，隨記成册”，故名《後東塾讀書記》。與陳記相比，內容“有相發者，有相難者，每卷得如干事，盡四十五日之力訖事”①。是書總計十七卷，分論《孝經》四條，《論語》十條，《孟子》十三條，《周易》九條，《尚書》九條，《詩》四條，《周禮》七條，《儀禮》五條，《禮記》三條，《春秋上》十條，《春秋下》二十條，小學五條，諸子三十一條，西漢十二條，鄭學三條，三國五條，朱子六條。前十

① 錢基博：《古籍舉要》，世界書局 1933 年版，第 1 頁。

一卷以經籍爲綱目，後六卷以學術爲衡論。

該書成稿於民國十九年（1930）八月，民國二十二年（1933）十月由上海世界書局初版印行；民國二十四年（1935）四月再版。一部精深的學術著作，不滿兩年就再版，可見其受歡迎的程度。讓人感覺有趣的是，此書封面題名“古籍舉要”，而錢先生的自序則明言“署曰《後東塾讀書記》”，難免裏外矛盾。若按今天的出版質檢製度，好歹都是個“責任事故”。我又猜想當時的出版者，一定是覺得“後東塾讀書記”略顯小氣，不如“古籍舉要”來得“高端上檔次”，所以就擅自做主了。雖説書名可换，但内容卻不敢改動絲毫，更何況錢老先生是個大名人，該借光時還得下手。民國二十五年（1936）十二月，世界書局又發奇想，居然主動糾正錯誤，將此書“更名”爲《後東塾讀書記》，以與陳澧《東塾讀書記》匹配合印，正文則一字未易。其出版廣告詞曰：“蘭甫陳澧先生，生平好學，孜孜不倦；經子百家，無不瀏覽；平日將讀書之心得，筆之於書，而成《東塾讀書記》。後有現任光華大學中文系主任錢基博先生之《後東塾讀書記》，考據精審，足與前書媲美。”結果自然是“三版書罄”，賺足了大衆的眼球。

人到中年，百味雜陳；案牘勞形，冷暖自知。

感謝老一輩歷史學家章開沅先生和朱英教授、范軍社長等衆多學術前輩的愛護與提攜，使我有幸成爲華師的一份子。重入春風，再做桃李！此刻内心的喜悦和感動，真真是無法用言語來表達，因此倍覺珍惜。而匆匆寫完這篇文字，時令已然到了秋高氣爽的“入學季”。我也必須整理心緒，準備行囊，嚮着夢寐以求的學術殿堂出發。“歷史是劃上句號的過去，史學是永無止境的遠航。”走進桂子山，融入新的群體，這對於像我一類的“學術草根”來説，不僅僅是一生的榮耀，也代表了另一段征程即將開始。

是爲校訂後記。

傅宏星

二〇一三年九月三日識於湖南科技學院國學研究所